法学教育研究

Legal Education Research

2020 第三十卷 杨宗科 主编

法律出版社
LAW PRESS·CHINA

法学教育研究 （第30卷）

Contents

· Comparative Study ·

· Management Framing ·

理论探讨

论 AI 与法学教育耦合赋能的动因、范式及进路*

刘　蓓**

摘　要：AI 正在强势崛起赋能法学教育发展，新技术正在催生法学教育新业态。同时，法学教育也在逆向为 AI 的全面发展提供法律保障的人才供给。AI 与法学教育耦合赋能的动因、范式及进路等跨域问题的研究将有益于二者耦合赋能的双赢局面铺开。首先，AI 与法学教育耦合赋能具备宏观上的统合发展动因、微观上的双赢发展动因，所以 AI 与法学教育的融合互动成为必然。其次，AI 与法学教育耦合赋能的范式与传统法学教育范式产生诸多差异，具有“跨学科与专业式”“多维嵌入式”“个性式”特点，为 AI 与法学教育耦合赋能的进路指明了基本方向。最后，二者耦合赋能的进路上可细致以人工

* 基金项目：本文系 2018 年司法部一般项目“人工智能时代算法治理的法律制度构建研究”（项目编号：18SFB2010）；2018 年吉林省科技厅规划项目“人工智能在吉林省社会治理中的功能与限度研究”（项目编号：20180418053FG）的阶段性成果；2019 年度吉林省教育科学规划项目“东北老工业基地振兴战略下吉林省理工院校法律人才培养问题与对策研究”（项目编号：GH19105）阶段性成果。

** 刘蓓，长春工业大学计算法学研究所副教授，法学博士。研究方向：民商法、计算法学。

智能法学的多环节为路线进行可操作化建议。当然,AI为教育教学的变革创造了无限可能的同时也可能带来负面现代性危机,加速人的工具理性回流,所以也要时刻警惕陷入唯技术论的陷阱。

关键词:AI　法学教育　耦合赋能　动因　范式　进路

AI科学技术的全面发展已成为我国重大战略性议题,这也是为了构筑我国AI发展的先发优势,保证我国可以在AI科技世界竞逐中居于领跑位置,跻身创新型与科技强国。为有效抓住这一关键历史契机,AI布局发展中形成了诸多重要抓手,教育则成为其中关键一环。国家、地方近年陆续出台、落地的一系列促进AI发展的政策中覆盖着对教育配套发展的新要求。①

法学教育作为教育的重要组成部分,形成与AI进入耦合赋能的增益性互动发展。一方面,学校存在大量常规性、反复性、标准性的教育活动,例如教材内容趋向标准化,教育实体制度与教育程序的相对稳定,教育主体信息相对真实可信,这些特性均为AI设计与部署的可行因素。各国精细化的智能教育产品纷纷问世,我国部分实验基地已在摸索建构"智能教育城市""智慧校园"等。AI正切实地翻转着传统的教育生态。而法学教育正是人工智能赋能的排头兵,正处于接受人工智能的全方位嵌入与赋能的进行时。另一方面,法学教育的智能转型过程实质也是在为AI的全面和纵深发展提供法律保障的人才供给,无论是"法律AI"(人工智能法律)还是"AI法律"(法律人工智能)都需要相适应思维的法律人才的参与、驾驭。②

为促推二者耦合赋能双赢局面的进一步铺开,下面将依次通过剖释AI与法学教育耦合赋能的动因,发现梳理二者耦合赋能的新范式,摸索

---

① 中央政府出台《"互联网+"人工智能三年行动实施方案》《促进大数据发展行动纲要》《新一代人工智能发展规划》等,教育部印发了《教育信息化2.0行动计划》《高等学校人工智能创新行动计划》《关于开展人工智能助推教师队伍建设行动试点工作的通知》等。

② 参见马长山:《AI法律、法律AI及"第三道路"》,载《浙江社会科学》2019年第12期。AI法律进路旨在把AI纳入法律规制框架之内,而法律AI进路则力图把法律转化为智能系统。

二者耦合赋能的多环节进路问题来实现这一研究目的。

一、人工智能与法学教育耦合赋能的动因

（一）宏观上的统合发展动因：AI 的“强社会面相”发轫要求二者统合

AI 自身的科技迭代性是前所未有的，其强悍的迭代性增强了其在社会各类型应用场景的嵌入性，几近席卷社会通盘领域。再通过“人工智能 +”的方式，在该领域进行全面扩张、蔓延。简言之，AI 带有显豁的“强社会面相”。[③] 所以我们看到，全球 AI 技术突破性进步与成熟能力远远强于其他任何一项技术，其在理论研究与算法实践等方面不断破壁。AI 健旺的数据处理能力、自我学习与深度学习能力正在尝试翻转与重塑传统经济的组织模式与架构，厘革传统社会运行的形态与面目。

在人工智能引发的“智能经济”与“智能社会”现象兴起、蓬勃的同时，中央及地方政府接连出台了一系列推动人工智能发展的战略规划。法律系统作为与政治、经济、社会互相嵌套系统，同样在接受人工智能技术的洗礼。AI 技术被布施在法律实践的各个环节。例如，“智慧法院”“智慧检务”“智慧律所”“智慧仲裁”等。相关智能产品不一而足，如“智能法官”“智能律师”等。AI 在迅速提升法律的实践效能，再造法律职业业态。法律生态与 AI 的互嵌融合逐渐走向渊深。技术不再是绝对的“技术无罪”，在“法治”与“技术风险”的指引下，法律规范对象已被 AI 等信息技术“信息化”。法学研究的视野已覆盖人工智能，那么法学教育也无法排除信息技术的嵌入。促进 AI 与法学教育的纵深嵌合，是对法学教育智能化迭代发展的寄望，也是信息经济对法学教育提出的协同诉求。法学教育只能选择以深切的自我革新来回应寄望与诉求，才可以获得持续发展的机遇与充满可能的未来。

---

③ 参见龙卫球：《人工智能立法的“技术—社会 + 经济”范式——基于引领法律与科技新型关系的视角》，载《武汉大学学报（哲学社会科学版）》2020 年第 1 期。

(二)微观上的双赢发展动因:法学教育智能化升级与人才反哺

结合方今经济、社会、政治的信息化特质与法学教育知识结构的专业特征,才能勾勒出信息化法学人才理当齐备的法律质素。人工智能技术的运用既是信息化法学人才应齐备的通用素质标准,亦是法学教育需要凭借的手段。以精细化的视角,才能有效寓目AI与信息化法学教育的辩证关系。

一方面,工欲善其事,必先利其器,人工智能通过教育通用AI、法律AI两种类型对法学教育的赋能。按照《新一代人工智能发展规划》的明确要求,④AI作为教辅工具运用在法学专业教育中已是大势所趋。信息化法学教育必须携带深邃的互联网与人工智能技术的时代形迹,以互联网与人工智能为技术基础的智慧课堂将演变为未来法学教育模型的常态。因此,法学课堂与载体的智能化是法学教育改革的要旨之一。法学理论与实验课堂是达成教学使命的核心载体,所以法学课堂的智能化是法学教育智能化的根蒂。法学课堂的智能化要充分凭借信息智能技术对法学教育的重塑功能,这是利用AI技术促推法学教育革新的精细呈现。AI不仅加速着法学课堂信息化、智能化的颠覆性改造,同时也鞭策着信息化法学教育课程体系的翻新,形塑着法学教育中多环节、多维度的智慧教育教学系统。AI技术对教育各环节、各维度的陶染对法学教育方法、教学流程、教学过程、教学服务、教育体验、教学效果评估均提出崭新呼吁,法学教育必须做出及时的回应以免被淘汰。“人工智能技术在法学教育和教学管控等环节的全流程应用成为不可逆转的趋势。”⑤AI对法学教育的赋能可以从两个方面观察:

一是教学通用AI的应用。首先,教学通用AI可以实现对教学的助力,例如在教学中适用APP、微信程序等辅助教师在授课过程中的部分基础工作,如出勤考核、随堂作业的收取与批阅、教学互动信息采集、结

---

④ “利用智能技术加快推动人才培养模式与教学方法的改革,构建包含智能学习、交互式学习的新型教育体系。开展智能校园建设,推动人工智能在教学、管理、资源建设等全方面的应用。”

⑤ 邓恒:《互联网人工智能为法学人才培养带来“新智慧”》,载《中国教育报》2019年5月9日,第7版。

课考核成绩统计与分析等。其次,教学通用 AI 可以在课时、课表、教师、教室等的安排与调变中极大地提升效能。最后,教学通用 AI 可以实现即时收到学生关于课堂、课程等的反馈与分析,促进学生与教师间的无障碍交流互动。如区块链技术基于自身的"留痕—透明—可追溯""集体账本—防伪造"等优势特征,未来可以尝试用在学生的征信、学术、升学、就业、资质证明等领域的管理,这可能会动摇传统教育评价体系。⑥

二是"法律 AI"的应用。为了更好地促进 AI 与法学的互嵌融合,一些专门适用于法学领域的 AI,即追求以代码与算法来描述法律的人工智能落地。⑦ 法律 AI 是将人工智能技术(算法)作为法律演进的载体,是以法律视角的计算为本。首先,法律 AI 的法学数据处理能力赋能法学研究,使用大数据可以揭破、拓宽一般定量法学研究无法触及的细节、视野。这要求在法学人才培养过程中领略、掌握这种法律 AI 的适用、操作。其次,法律 AI 运用深度问答、论证挖掘等技术从法律数据中学习、提取信息。⑧ 诸此文本解析技术为法律研究、教育与实务带来了倾覆性的蜕变。如学者、法官、检察官、律师可以倚靠法律 AI 搜集、处理海量理论文献、案例、裁判文书等检索有价值的信息,这必然将大大助推法学教育的发展。

另一方面,法学教育通过为"AI 法律"的建设提供人才供给来赋能 AI 发展。一项新技术发展到一定程度固然会波及法律议题,AI 的"强社会面相"导致其影响力辐射社会各个场域。然而"双刃科技"的技术风险通常与其效能成正比,当智能技术极大赋能社会时,其技术风险也在频繁拷问着传统法律、道德、伦理。对人工智能的开发与运用不能只滞留于技术维度,其带来的社会伦理阴影潜藏着巨大的法律与伦理风

---

⑥ 目前教育评价体系源于 18 世纪的普鲁士学制体系,与工业社会发展相匹配。参见马陆亭等:《加快推进教育和人工智能的融合发展》,载《国家教育行政学院学报》2019 年第 12 期。

⑦ 通过建模设计、知识图谱等技术来把法律规则转化为可以自动推理的系统,甚至还能通过数据挖掘,深度学习等技术使之成为可以自动更新与迭代升级的自适应的智能系统。参见马长山:《AI 法律、法律 AI 及"第三道路"》,载《浙江社会科学》2019 年第 12 期。

⑧ 参见邱昭继:《文本解析技术及其在法律实践中的应用》,载《中国法律评论》2019 年第 2 期。

险。人工智能的发展与适用带来的伦理挑战主要涉及安全隐患(安全性)、信息隐私侵犯(隐私性)、算法决策歧视(平等性)、人工智能主体地位(主体性)等系列问题。这些技术风险面临的是立法漏洞与监管盲区,业界对于信息化法学人才需求的跨域性、多元性及紧迫性,催促法学教育改革需要快马加鞭。信息化法学教育扮演着为AI的产业化与规范化提供智力保障与智库作用的重要角色。

二、人工智能与法学教育耦合赋能的范式

正是源于人工智能与法学教育耦合赋能具有不可逆转的强势动因,人工智能与法学教育二者耦合赋能的范式才会出现以下显豁的新特征。

(一)跨学科与专业式

AI从外部上具有"强社会面相—跨域性"特征,可以横跨"公法—私法""立法—执法—司法—守法""法律—技术"。跨域"公法—私法"有其必要性与可行性,目前AI规制研究多采用"跨域式"新研究范式。第一,AI规制研究多采用"跨域式"有其必要性。AI立法作为科技立法的特别领域法,是一般与具体的结合,自身与其他法律的交叉。算法研究范畴必须摆脱传统路径依赖,不能仅局限于单一领域做研究。所以目前AI规制研究多采用"跨域式"新研究范式。围绕人工智能技术的法律规制问题,需要横跨私法与公法领域,学者都不可避免地横跨在侵权法、行政法、法经济学等理论框架下。从另一种逻辑路径来看,AI的法律规制无法简单通过立法实现,必须寻求"法律运行"各环节联合规制策略,即立法—执法—司法—守法(主环节联合)+理论研究、教学(两个补充环节的联合)。第二,AI规制研究多采用"跨域式"有其可行性。算法决策于私法、公法(商业平台算法决策、算法施政、主权安全)领域的技术过程有相似性、涉及的核心法律问题趋同,完全可实现以算法为对象的跨域式研究。但依然要注意场景化算法规制权利、义务、责任差异性。

从AI具有"强社会面相—跨域性"特征来看,与之匹配的法学教育

也必然建立全新的“跨域范式”。信息化法学人才的知识系统必须有交叉学科、专业的知识融合。遵循此规律,《新一代人工智能发展规划》也提出要“加快‘人工智能 + 法律’复合型人才培养,鼓励学科交叉与融合”。信息化法学教育跨学科、专业的课程体系对法学教育迎合 AI 法治建设具有重大价值。AI 技术催生出的全新的生活与行动方式,势必亟须配套的治理体系,这关乎立法、执法、司法、守法的法学生态面临全面的智能升级。人工智能技术通过教育内容和教学载体嵌入法学教育,法学教育的新型范式“跨学科与专业式”已经在一批先知先觉的法学院系中初具雏形。

(二)多维嵌入式

法学教育体系的多维智能化,即采 AI 技术之长促进教育教学更公平、更全面、更高效,从而构建法学人才培养的全方位智慧学习环境。

首先,“人工智能 +”正全面嵌入法学教育的各个环节、不留死角。AI 具有嵌入优势,嵌入优势指 AI 技术可以嵌入整个社会运行系统,对社会进行无所不在的嵌入和改造。⑨ 在法学教育中,AI 产品已经切入法学教育主环节,从教学、测评到管理等。AI 嵌入法学教育的各个环节重构了教育主体之间的关系。人工智能可以即时搜集教育数据并处理,与法学教育的运行保持精确的契合性,极大地拓展了法学教育施行的广度、深度,形成了法学教育新业态。法学教育两个核心面向,一面是法学理论,一面是法学实践。“人工智能 +”模式为法学理论与实践育人的全环节均提供了充分的技术支持,利于法学教育通过互联网、人工智能等现代化技术构建全环节的智能法学教育环境。如电子文献平台的建设高效帮助学生直接获取海量理论文献。法律法规随时可以通过网络寻找。使用案例检索库,学生可以精准搜取所需案例。另外,要结合法学理论与实践教育教学目标进行精细定位,对法学教学具体内容即时更新,通过“人机交互式”等教学模式实现“线上—线下”和“课上—课下”全覆盖。如法学教育慕课为学生提供了多元化施教方选择权,学生可以

⑨ 参见张凌寒:《算法权力的兴起、异化及法律规制》,载《法商研究》2019 年第 4 期。

在本校教师与其他法学院系的教师中选择,以适合自己的受教偏好。

其次,“人工智能+”正全面嵌入法学教育时间维度,不再以一次事件判定学生学习效果。在信息化教育语境下,学生每一次的学习行为、效果可以实现以数据形式沉淀并储存,如此便可以保证对每位学生的认知的连续性与全面性。AI设计可以达到将学生信息精细化分析,对每类步骤函数反映。互联网中的智能法学逻辑是将学生真实身份通过各种时间维度的积分系统[⑩]的计算激发对不同学生的个体性反馈模式。教学与管理开始运用学习评估与决策AI,高校管控模式正经历信息化洗礼。学生曾经的学习行为数据既有利于阶段性评价成绩,也对其未来学习行为的预测、建议有诸多帮助,可以辅助法学教育施教方进行个性化教育,实现法学育人在时间维度的升维。AI使对学生的教育活动具有了时间维度,而传统法学教育几乎欠缺时间维度考量。记忆数据的价值正如海德格尔的论断:时间是认知存在的视野。未来或许像法律职业资格考试这种以一次成绩论英雄的职业“铁门槛”会松动,形成一些缓冲职业地带。记忆数据让学生不仅是时间点的存在状态,而且是拓宽至时间的连贯存在。

(三)个性化式

AI技术可以以极小的运行成本完成为学生主体量身定制场景化、个性化学习模型这一复杂工作。从教育学理论来讲,法学教育通过教学的即时互动完成对学生学习效果信息的分析及总结。AI技术在信息与数据搜集、分析等方面有独特的机器优势。如上文所述,人工智能将教学与实践、理解与应用、获取与分析全部纳入视野,让法学教育过程多维赋能,教育关系进一步微观化、具象化,促使受教方更高效地获取知识,进行有个性化的自我学习。人工智能技术已经渗透至日常法学教育互动中的微观层面,这就可以解决法学教育的学生个体差异问题,将直接提升法学教育的育人质量和效率。

未来教育可能出现学习范式从1.0转到2.0,[⑪]实现“教—学”的翻

---

⑩ 例如,“成绩分”“活跃度”“贡献值”等各类积分系统。

⑪ 参见周建华:《人工智能给教育带来的变革随想》,载《创新人才教育》2019年第4期。

转,变成以“学—教”为主的范式。AI 产品必定成为最强劲的教辅工具,未来的法学教育将会是传统教师和 AI 教师协同并存。每位教师辅之以若干 AI 助教,评估每位法学学生的学习效果,实现规模化因材施教。在信息时代中的“数字原住民”学生不再从教师的唯一传播渠道获取法学知识。学习对象(法学专业知识、技能与方法)将呈个性化分布,知识面涉猎更加个性化。相对地,教师的职业危机也会到来,擅长驾驭人工智能教学技术的教师将部分取代不掌握人工智能教学技术的教师。

具体而言,AI 技术在实现法学知识点的精细化拆分后可以形成法学知识谱系图,结合学生求教过程中的数据痕迹精准分析、评估学生所长与所短。例如,AI 技术可以将物权法中的“物权变动”拆分为若干知识点,这种拆分精细度远比教师拆分的结果更加入微。虽然 AI 技术是与计算机科学、心理测量学、教育学、心理学、脑科学结合,但其毕竟与人类大脑在构成、机理、运作规律等方面存在诸多差异。又如,AI 技术可以将法学学生情商要素细拆为几十类(观察能力、语言能力、沟通能力、危机处理能力等),这对培育和发展法学学生的职业素养无疑有重要帮助。AI 技术内附自适应学习系统可以对法学学生个体的思维路径、学习习惯、心理质素、个人品格、知识吸收值等进行个性诊断并画像。

总而言之,AI 技术重构“学—教”个性化学习的架构是通过对法学学生的各种记忆数据的沉淀评估,结合不断出台的新的法规与司法解释,为受教方提供个性化学习计划。这种方案并非一蹴而就,会依据更新数据进行阶段性重新输出、推送学习方案,[12]从而为法学学生提供个性化的服务。

三、人工智能与法学教育耦合赋能的进路:以人工智能法学为线

关于 AI 与法学教育耦合赋能的新范式“跨学科与专业式”、“多维

---

⑫ 参见周建华:《人工智能给教育带来的变革随想》,载《创新人才教育》2019 年第 4 期。

嵌入式”与“个性式”的梳理归纳,可以为我们摸索 AI 与法学教育耦合赋能的进路指明基本方向。下面以人工智能法学教育多维环节为路线进行可操作化建议:

(一)人工智能法学的学科布局

针对人工智能法学作为新兴的交叉二级学科面临的挑战以及迎临的机遇,有学者从不同的方向作出设想,为人工智能法学教育研究提供了宝贵的思路。

一种设想是,在法学一级学科下设二级学科“人工智能法学”。例如,西南政法大学人工智能法学院院长陈亮教授在首届人工智能法学教育论坛中提出:在人工智能时代中建构新的 AI 法学理论话语群体,助力改革 AI 法学理论研究与教学,亟须增设人工智能法学学科。构建和完善人工智能法学体系,加强学科规范建设,以传统的法学研究入手,将其独立成学科和体系。在法学体系中对人工智能法学的体现是在根本上认可人工智能法学的重要性,这样可以更加系统地完善这一学科,并且可以有理论、有基础地发展。西南政法大学自主设置了学科目录以外的法学二级学科——人工智能法学,这使人才的培养有了学科支撑,有了学科的支持进而会更加完善整个法学体系。全面地构建人工智能法学学科,有助于对人工智能的法学教育更加系统理论的研究,在填补中国法学教育空白上具有极为重要的意义。按照陈亮教授的强调,人工智能法学二级学科在学科内涵、学科方向、学科体系、学术队伍等问题上的逐个击破,亟待群策群力的集体智慧贡献。

另一种设想是,在人工智能社会科学学科化背景下,下设二级学科“人工智能法学”。华东政法大学人工智能与大数据指数研究院院长高奇琦教授提出“智能社会科学”的概念,并提出智能社会科学应由智能政治学、智能社会学、智能法学、智能经济学、智能教育学、智能心理学、智能语言学等二级学科构成。⑬ 高教授认为有关智能社会科学的学术热点在国际上尚未形成,我国在智能社会科学上的实验与建构将成为国

---

⑬ 参见高奇琦:《人工智能的学科化:从智能科学到智能社会科学》,载《探索与争鸣》2018 年第 9 期。

际上学科创新的先锋。其主张智能社会科学的尝试不仅是学科发展的勇于探索,更是中国学术共同体力争国际话语权的重要支撑。

本文认为,第一种设想更为可行。因为即使没有人工智能社会科学学科化背景下的智能法学二级学科,法学院系也会推进法学教育在跨学科与跨专业上的尝试与实验。按照第二种设想会造成人工智能社会科学学科与法学学科在二级学科上的重复建设。

(二)人工智能法学的理论研究

AI 技术向社会全领域的迅速蔓延、融合,为法学研究提供了诸多研究主题与素材,拓深、拓宽了法学研究的界域。近年学者纷纷关注大数据、算法、人工智能等前沿代码技术的法律规制,并贡献了大量研究成果。"科技 + 法律"代表着法学研究的前沿议题,目前世界各国的研究步伐基本处于同一方阵。我国目前相关问题的理论研究现状裁定了"科技 + 法律"人才库储备和人才培养的建设尚处于起步与摸索阶段。需要进一步明确、细化、科学化学术研究动向与充实成果积累,这些都将潜移默化地助益于信息化法学人才培养。

我国的一批有先见先知的法学院系已在法学研究与法学教学方面发挥自身优势,契合《新一代人工智能发展规划》要求领占先机,迅速建立了"人工智能 + 法律"学院、研究中心或实验室,打造法律与人工智能"产学研"一体化基地,培养法律人工智能复合型人才。例如,在北京大学建立北京大学法律人工智能实验室/研究中心;华东政法大学建立了人工智能与大数据指数研究院;西南政法大学建立了人工智能法学院;北京理工大学法学院也在尝试融合"法律 + 技术"。⑭

(三)人工智能法学的培养方案、课程体系

跨学科和跨专业的新培养方案与课程建设是信息化法学教育的重要有益探索环节。人工智能法学担负的人才培养使命根据《新一代人工智能发展规划》,"人工智能 + 法律人才"大体包括两类:"一是服务于'建成更加完善的人工智能法律法规、伦理规范和政策体系'目标的人

---

⑭ 参见龚向前、李寿平:《"法律 + 科技"复合型高端人才培养的实践与思考》,载《学位与研究生教育》2019 年第 2 期。

工智能法律人才;二是服务于'智慧法庭'建设目标的技术人才。"[15]总体来看,人工智能法学教育是法律、技术、伦理内容的"三合一"。

第一,摸索、构建、完善契合AI深度适用的专业知识模块与知识体系。这需要紧跟信息化时代步伐,回应信息化时代新诉求,传统的法学院课程通常侧重于单一的法律课程,这种安排使大多数从法学院毕业的研究人员及工作人员通常只会根据传统的法律观点和法律理论来研究法律问题,解决问题缺乏多样性。[16] 所以需要摸索并持续完善契合AI深度适用的专业知识模块与知识体系,为法学人才的智能质素优化与人才培养的智能化提供理论与制度供给,为信息化法学教育提供齐备的理论教育;此外,需要紧密连接法律职业实践,系统梳理我国已经在人工智能规制问题上的实践经验与积累,即时充实法学理论教育。

第二,为适应工程应用的需要,也要注重技术层面人才培养。关注人工智能与法律推理、专家系统、司法裁量建模、量刑辅助系统等问题的基础计算机或工程技术知识。由于AI技术需要专业知识才能驾驭,然而传统法学专业高数课程都没有开设,与AI技术更是存在专业鸿沟,法学院系可尝试从选择法律(非法学)研究生和本科法学双学位着手专门培养人工智能法学人才,在有一定的技术类跨学科知识背景上再叠加法学教育,这可以作为一种低成本的实践尝试。对于完全缺乏技术学科底蕴的法学学生则需要开设基础计算机技术等课程作为公共基础课,再配合部分技术类选修课程,如关于计算机、软件编程、人工智能等。总之,法学院系要在法学与相关学科、专业(计算机科学、电子技术、数学、物理学、心理学等)的布局进行宏观设计。例如,日本采用了"AI通识教育+双专业"体制培养模式。日本以结业证的方式硬性要求高校学生接受AI通识教育,掌握基本代码机制和AI伦理。同时,日本推行"主专业+

---

[15] 陈亮:《人工智能法学学科建设中遇到的几个问题》,载《人民法院报》2018年7月4日,第7版。

[16] 参见张吉豫:《大数据时代中国司法面临的主要挑战与机遇——兼论大数据时代司法对法学研究及人才培养的需求》,载《法制与社会发展》2016年第6期。

副专业”双专业体制，弱化文理壁垒。[17]

第三，法学教育中融入人工智能伦理教育。AI 技术的全面泛化已经引发一连串伦理议题，如人工智能与人的关系定位、个人隐私泄露、智能机器人的性质等。这些是法科生研究的客体，也是法科生必须接受的基本伦理塑造。因此，要在常规教学活动中规范学生安全、理性、科学使用 AI 技术，深化 AI 安全使用规范意识。开设 AI 伦理课程，传授法学学生基本技术伦理知识和方法论，引导学生正确理清、处理与 AI 的关系。

（四）人工智能法学教育以法律职业为引导

高校的法学教育作为法律职业的发展元力量，为法律行业及社会各个领域输送法学专业人才。由于法律 AI 正在尝试介入、翻转法律职业运行的传统业态，这间接转变为对法学跨学科专业力量的迅猛需求。这要求高校法学人才培养必须主动、迅速做出回应。法律职业也应该提高对业态变化的敏锐性，加强行业动态监测与分析，为人工智能法学教育建设提供数据、咨询、建议等服务。只有遵从规律，对准法学教育与法律职业的接口，才能高效地重塑法学教育模式。

传统法学教育一直面临学校教育知识与法律实践知识之间的断层问题。而在现在人工智能技术大肆进入法律行业的环境下，这种交流的需求将越发迫切。由于法律 AI 未来会极大地扭转传统法律工作性质、内容及模式。法学院系唯有与法律实务部门、AI 技术研发部门保持紧密的联系，才有可能精准地结合 AI 技术环境与法律职业需要革新传统教育结构。

（五）人工智能法学的教师队伍建设

通过法学教师与法律 AI 的通力合作，可以帮助教师减免机械性重复劳动，如对基础教学环节中的测试、作业的学生数据集录与分析。老师的精力可以被更多地解放到教学方法创新、复杂决策、情感关怀激励

---

[17] 参见《平成 29・30 年改訂学習指導要領のくわしい内容》，载文部科学省网，http://www.mext.go.jp/a_menu/shotou/new-cs/1383986.htmz，最后访问日期：2019 年 11 月 25 日。转引自李哲等：《日本人工智能战略及人才培养模式研究》，载《现代教育技术》2019 年第 12 期。

中。虽然法律AI技术极大赋能法学教育,为教师打造了优越的教学工作场景,但是所有教师将经历优胜劣汰法则的考验。面临这场翻转性的教学革新,教师如果想免于“劣汰”命运,必须做到迅速直面AI技术应用。

第一,教师人文素养方面的建设。挖掘法学教师不可替代的功能,避开人工智能擅长领域。因为最终人只能由人来培养,不能由机器代替,教师永远是学生成长的领路人。⑱ 教师除了教书,还需育人。学生法学职业伦理、操守的培育和法治情怀的培养需要教师谆谆告诫、循循善诱。学生在学习和实践中的法学心理与情感、法学实践交往能力、法学思维能力、法学想象力与创造力、法学社会责任感、法学实操能力、法哲学思辨能力、相关科学和人文素养、法学团队协作能力等均需要通过教师有温度地诲人不倦与师生共同体的群体性学习来完成。

第二,教师技术素养方面的建设。开展人工智能技术基础培训,补强法学教师技术短板,提升法律AI操作能力。想要培育人工智能法学教育人才,首先需要教师队伍先进行自身知识与实操能力的增补。

综上所述,AI正在强势崛起多维度嵌入、赋能法学教育发展,催生法学教育新业态。同时,法学教育也在逆向为AI的全面发展提供法律保障的人才供给。探求AI与法学教育耦合赋能的动因、范式及进路等问题的答案将有益于二者耦合赋能的双赢局面铺开。AI与法学教育耦合赋能具备宏观上的统合发展动因与微观上的双赢发展动因,所以AI与法学教育的融合互动成为必然。AI与法学教育耦合赋能的范式与传统法学教育范式产生诸多差异,体现出强烈的“跨学科与专业式”、“多维嵌入式”与“个性式”,为AI与法学教育耦合赋能的进路指明了主要方向。二者耦合赋能的进路上可细致地以人工智能法学教育多维环节为路线进行可操作化建议。此外,人工智能法学教育革命的产生与推进在整个社会系统中并非孤立,既要以崭新高效能的技术为基底,也要求

---

⑱ 参见顾明远:《人工智能时代的教育挑战》,载《创新人才教育》2019年第4期。

配套的社会宏观的人文环境的跟进协同。⑲ 当然,人工智能打造的全新的“学—教”场景,一方面解放了法学教师和学生的低效能劳动;另一方面也可能会引发法学学生学习粗浅化、茧状学习与发展、职业伦理与情感学习不足及工具理性加速回流等问题。⑳ 所以有必要提醒人工智能与法学教育耦合赋能不要陷入唯技术论的最大陷阱。

On the Motivation, Paradigm and Approach of Mutual Assistance between AI and Legal Education

Liu Bei

Abstract: AI is boosting to accelerating the development of legal education, and new technologies are giving birth to new forms of legal education. At the same time, legal education is also providing talent that offer legal services for the comprehensive development of AI. Research on the cross-domain issues such as the motivation, paradigms, and approaches of the coupling and empowerment of AI and legal education will be beneficial to the win-win situation of the two. Firstly, the coupling empowers the momentum of the comprehensive development on the macro-levels and the momentum of the win-win development on the micro-levels. Therefore, the integration and interaction of AI and legal education becomes inevitable. Secondly, there are many differences and divergences between the paradigm of the coupling of AI and legal education and the traditional paradigm of

⑲ 参见马陆亭等:《加快推进教育和人工智能的融合发展》,载《国家教育行政学院学报》2019 年第 12 期。

⑳ 参见李泽林、陈虹琴:《人工智能对教学的解放与奴役——兼论教学发展的现代性危机》,载《电化教育研究》2020 年第 1 期。

legal education, which are reflected by the "cross-disciplinary and professional style", "multidimensional embedding style", "customized style" and so on. All these new approaches indicate the fundamental development direction. Last, the coupling of AI and legal education can provide operational suggestions for many aspects for an AI-empowered discipline. Certainly, AI has created infinite possibilities for the reform of education and teaching, but it may also bring a negative modernity crisis, which may accelerate the return of instrumental rationality on human beings. Therefore, it must always be vigilant to fall into the trap of technicalism.

Key Words: AI, legal education, coupling empowerment, motivation, paradigm, path

人工智能时代法学教育变革的思考*

吕泽华**

摘　要：人工智能时代来势汹涌，智慧教育系统的生成必将对传统的教育形式产生巨大的冲击。“人”的社会而非机器的社会，体现出教育永远是对“人”进行文化传承发展、人性塑造的活动。人工智能会改变需要培养的法律人，在其职业素质和职业能力要求上会有重大变革，形成简单重复劳动逐渐消亡，法律推理、判断能力提升以及法学创新能力、人性本质上的更高要求。智能教育会让法学教育呈现标准化的基础教育，精准性的职业定制培训，创新性的人才培养机制，共享与互通的法学教育模式。法学教育者要以积极的主动精神投入到智能化教育改革中，欣然接受重复性脑体劳动解放的红利，华丽转身投入到更有创造性的法治思想塑造、法学理论研究工作中，为培养更有人性、更加专业、人与人工智能协同配合的新型法律人才而成功转型。

---

* 基金项目：本文系2019年度教育部人文社会科学研究规划基金项目“量刑证明庭审实质化问题研究”（项目编号：19YJA820033）和2019年度北京理工大学研究生教育教学改革项目“人工智能的发展对法科研究生教学模式与方法的影响与改革研究”（项目编号：2019JYJG015）的研究成果。

** 吕泽华，中国海洋大学法学院副教授，博士生导师。研究方向：刑事诉讼法学、证据法学。

关键词:人工智能　法学教育　教学改革　人性

当下,“人工智能”已经成为最流行的时髦术语,专著、期刊论文、学术会议等多以“人工智能”为主题来进行演绎猜想。“以人工智能为代表的智能科技必将在未来大幅改变人类的教育和生活。人类需要深入思考和探索机器智能与人类智能的关系,学会与人工智能共存共处,也需要深入思考和探索人工智能背景下人的学习、人的存在。”①目前智能检务、智慧法院已经开启了智能科技司法探索与应用的大门,其也必将对法学教育产生巨大的冲击与影响:在凸显法学教育“育人”本质的同时,冲击重复型、简单型法律职业,甚至影响智能型的法律活动,产生新型的法律职业人需求,新生智能型法学教育等时代问题。如何让法学教育插上智能科技的翅膀飞向法治文明发展的更高境界,亟待研究与探索。

一、人工智能时代引发对法学教育本质的思考

面对汹涌而来的人工智能时代,很多专家认为社会上的很多人力职业,包括教师工作将被人工智能取代。2013年9月,牛津大学的卡尔·弗瑞(Carl Frey)和迈克尔·奥斯本(Michael Osborne)发表的《就业未来》研究报告估计,2030年美国47%的工作将有较高的被取代风险。②同样,花旗银行与牛津大学在2017年年初发布的一个研究显示,到2040年左右,在中国的现有工作岗位中,77%要被淘汰或被智能机器人所代替。这不仅包括流水线上的工人,也包括会计、律师、记者等目前看来高

① 朱永新等:《“人工智能与未来教育”笔谈(上)》,载《华东师范大学学报(教育科学版)》2017年第4期。

② 参见[以]尤瓦尔·赫拉利:《未来简史》,林俊宏译,中信出版社2017年版,第295页。

大上的很多职位。[③] 人工智能在改变着我们未来的社会工作与生活，现在的一些传统教育内容将会消亡，传统教育形式将会被取代。这不能不引发我们对教育活动本质的思考。人工智能时代究竟能改变教育什么？无法改变的又是什么？对这些问题的思考，会让我们更加清醒地认识到人工智能时代来临后，我们将改变什么，保持什么，更好地应对人工智能时代法学教育的历史担当。

教育活动的本质，是教育所具有的功能与价值的永恒本色，应该具有不因任何时代变迁而嬗变的根本特质。对教育活动本质的揭示，有助于在人类历史发展的变迁中，对教育活动有更加清醒的认识，不致陷入对教育活动认知上的恐慌与虚无忧虑。教育是在人的认知发育过程、知识技能积累过程、情感价值观培育过程中，给予唤醒、帮助和引导。[④] 不难发现，无论时代如何发展、变迁，教育始终是一项面向"人"进行的培养与塑造活动，教育是以人为本的，具有作用对象的不变性。从教育的功能、作用来看，教育是培养符合时代发展要求的"现代人"与"未来人"的作用；教育就是一个实践"培养人、塑造人"的探索过程，就是在不断思考"培养什么样的人""塑造怎么样的人"的一个探索过程；教育承担着传承发展人类文明成果，弘扬培育人类文化的历史责任。教育是塑造与提升"人性"，培养具有健全人格、创新思维、全球视野、社会担当的一代新人。[⑤] 对于生理成长期中的教育对象来说，教育是对婴幼儿、青少年迅速成长为现代成年人，实现成年人不断完善提高的一项事业。这些是教育所应具有的本质特征，是永恒不变的教育功能所在。除非"人"的社会不复存在，人不再有意义，否则只要是有人的社会，有人的生存、生活与交往的环境，则对人的培养与提高将是永恒的教育主题。培养符合当时和未来时代生活与工作要求的时代人是教育不变的目的追求。

---

③ 参见伏彩瑞等：《"人工智能与未来教育"笔谈（下）》，载《华东师范大学学报（教育科学版）》2017年第5期。

④ 参见伏彩瑞等：《"人工智能与未来教育"笔谈（下）》，载《华东师范大学学报（教育科学版）》2017年第5期。

⑤ 参见朱永新等：《"人工智能与未来教育"笔谈（上）》，载《华东师范大学学报（教育科学版）》2017年第4期。

传承与创新人类历史文明、文化成果则是教育天然的纽带功能。

具体到法学教育活动,其教育的本质是传承发展法治精神、法治文化,塑造各类法律职业人的一项活动。“教育是人的灵魂的教育,而非理智知识和认识的堆积。”⑥因此,法学教育更以塑造具有公正意识、正义追求的法律人为根本宗旨,而并不仅仅是法律知识的直接传授。法学教育具有教育活动目标的特定性,教育成果专门性的特点。以司法活动为例,司法是解决人类社会矛盾与冲突的制度,是实现社会文明、有序、和谐的重要规则、制度。其作用对象是有关“人的社会活动”,制度运行靠“人”的参与和决断。智能科技的司法引入,会实现司法活动的更加客观性、评价的统一协调性、诉讼效率性,但不能替代司法活动所具有的“人”的活动性质,尤其是作为社会中的个体独立的人,会因其个性的成长经历、环境、文化、传统熏陶、利益与价值权衡等差异而具有不同的判断标准与决断选择。这是社会化的人与个性化的人所独有的判断功能,是不能完全由智能科技替代的。因此,法律职业人的培养仍然存在。而且,更为关键的是,法律的公正内涵、法律的制度规则体系构建,是一项不断发展与认识深化的过程,具有体现不同地域、时空的文化、思想、政治制度、社会传统、人性心理的思想追求与创新发展。因此,法律思想文化的传承与发展,体现不同国家、地域、社会、时代、情感、心理的司法制度的培养要求,都需要法学教育来完成。教育,法学教育,不会因人工智能时代的到来而消亡,而只能会因智能科技的司法引入,智能科技提升的法治文明而塑造更为先进、文明、优秀的法律人。

二、人工智能时代对法律人塑造的影响与挑战

认识到教育是围绕“人”进行的培养人、塑造人的本质内涵,也就明确了法学教育培养“法律人”的永恒功能价值。但智能科技的引入,会

⑥ [德]雅斯贝尔斯:《什么是教育》,邹进译,三联书店1991年版,第4页。

改变需要培养的“法律人”的具体内涵，产生人工智能时代需要培育的法律职业素养要求。

（一）人工智能时代会改变需要培养的“法律人”

大数据、云计算、物联网、人工智能的发展与应用，会产生智慧型、智能型的人类社会，甚至产生与人共存的有智能的智慧机器人。这样，智能科技的司法引入，会替代很多重复性的体力劳动，甚至一些脑力劳动，[⑦]从而人在司法活动中的职业功能定位会发生变化。就当前弱人工智能司法应用来说，智能办案系统的开发将会在重复性脑体劳动、格式化的文书写作、海量数据的检索与统计分析上实现自动化、智能化。因此，律师、法官、检察官常规性的事务工作、重复性的文书起草、案件检索、法律法规查询等工作将首先被智能化。这样，人工智能不仅减轻了司法人员的重复性脑体劳动、事务性工作，更关键的是提升了司法业务的广度与深度。司法人员需要在初级智能产品的基础上运用法学专业知识与法学专业素养进行人类智慧、价值与经验的选择与判断，完善现行弱人工智能司法产品。而到了强人工智能时代，人工智能会在海量数据信息分析比较基础上产生法律专业的分析判断，会对社会多样的价值需求进行权衡选择，形成具有机器智能的办案产品。此时，司法职业人需要对智能产生的司法结果进行人性的思考与评价，以智能结果为基础进行更高层次的理性、人性、情感、价值判断上的选择。这必然产生对法律人所应具有的职业技能的变更要求：法律知识的记忆可能不再是重要的，因为智能司法完全可以胜任与完成；相反，人性的培养、正义道德观的塑造、各种价值观评价与判断能力可能成为培育重点。人工智能时代的法律职业人将会站在法律职业的更高起点——智能司法文明的层次上开展更高级的司法文明的创造以及人性道德准则、人性理性的选择与追求。因此，人工智能时代的法律人会有不同于现代法律职业人培养目的的要求，会呈现新的培养侧重点，新的法治文明的价值追求。

（二）法律人的职业素质和能力面临新的挑战

如今，人工智能技术已经在法律领域中广泛应用，美国有 IBM 个人智

---

⑦ 比如，模式化的裁判文书的生成、数据化的智能裁判机制的产生等。

能律师ROSS,英国有机器人律师DoNotPay,国内有蓬勃发展的雪亮工程、智慧检务、智能审判,“法狗狗”“小梨”等智能计算机系统,这正在日益改变着法律职业的现状。“在法律领域中,人工智能在处理一些法律问题时,具有人类无可比拟的优势。不仅可以短时间内完成大量重复性的工作,提高工作效率,还可以分析案件、预测审判结果、选择诉讼策略,提高解决问题的准确率。尤其当‘超级人工智能’技术出现时,法律人视为资本的专业知识、审判技术、法律思维、情感关怀、习惯规范等可能被人工智能享有,人们独有的伦理体系有可能面临着被侵入、破坏、重建的危险。”⑧人工智能正在对法律职业人的职业素质和职业能力产生新的挑战。

首先,记忆性、重复性、程式化、技术操作性的职业能力将被取代。法律活动中所有能够标准化、统一性、格式性、重复性的劳动,都可以因为弱人工智能的司法适用,而被自动化、智能化处理。法律知识的记忆、案件办理的流程范式、具体工作的程序规范、文书格式的标准化、案件查询的内容、法律咨询的内容等都不再是法律人所应具有的职业能力要求。这些高效而精确的法律信息搜集、归类、存储、检索以及文件阅读等能力都已经成为“弱人工智能”需具备的基本功能。⑨

其次,法律信息数据采集与分析评判能力、法律专业理性判断能力将被人工智能系统极大的提高。更高级的法律推理、案件论证、结论提取、案件预测、法律咨询等功能是高级人工智能发展的方向。⑩ 因为人工智能系统的数据采集能力强,信息获取量大,具有数据的分析判断能力,会大大提高法律案件信息分析的广度。同时,人工智能是“类脑”发展的技术,必然会应用人类法律理性推理能力,产生具有高度精准性的类脑推理,案件论证能力。因此,在类案处理、法律意见生成、证据事实

---

⑧ 吕殊洁:《面对人工智能,法律人的新挑战》,载《天津日报》2019年9月23日,第9版。

⑨ 参见谢鹏:《人工智能对律师职业的影响及应对》,载法制网,http://www.legaldaily.com.cn/Lawyer/content/2018-11/22/content_7699713.htm,最后访问日期:2018年11月22日。

⑩ 参见谢鹏:《人工智能对律师职业的影响及应对》,载法制网,http://www.legaldaily.com.cn/Lawyer/content/2018-11/22/content_7699713.htm,最后访问日期:2018年11月22日。

认定等方面产生高度智能化产品。这会整体提升法律职业人的专业能力，摒弃由于个体经验、能力、常识的不足，拓展案件分析的数据信息量，提升案件分析处理理性程度，促进司法整体的理性公正水准。

再次，法律职业伦理、法律职业道德水准被人工智能所规制。人工智能可因其具有技术性、专业性、客观性、一视同仁性、受众性广等特点，使法律服务的整体水准提高，也使法律服务更加的标准化，透明化。法律职业人不再具有传统法律服务的闭锁性、专业性的垄断，也就不再有挟持专业而进行的不当操作了。人工智能所构建的法律服务系统，也会更加透明、程序更公正，使更多的法律服务在智能型司法系统规制下运行，法律职业道德水准自然提升。

最后，人性心理、情感选择、价值判断、理性创造力成为法律职业素养的最后阵地。人性心理、情感选择、价值判断、理性创造力是人的本性和智能特点所在，既有人的共性本质，也具有人的个体特性。强人工智能是否能达到如此人性程度，则仍无定论。而强人工智能再强，甚至具有了这些人性特点，其也并非真正的人性，而只能是智能的“人”性。在脑体能力可以逐渐替代甚至超越的情形下，内化于人的本质的人性，则成为法律职业人最后的独占领地。而人性心理存在健康与否，情感选择存在合情理与否，价值选择存在理性与感性的协恰，理性创造力应有道德约束，所以，法律职业人在人性的塑造上具有了更大的塑造与追求的可能。

三、人工智能引发法学教育革新

因应人工智能时代对法律人的影响与挑战，法学教育需要重塑法律人的培养要求。并且，法学教育人工智能的引入，还会在回归“学习者”本身，进行个性化学习、创造性人才培养上产生新的动力。

（一）人工智能时代应重塑法律人的培养要求

人工智能时代，法律人职业素养和职业能力面临被取代、需坚守、发展与创新的抉择，法律人的培养要求将有新的内涵与发展。首先，法学教育将从知识传授型向理性塑造型转变。知识本身就具有更新发展的特点,相比人工智能对知识的存储、提取、适用的全覆盖与便捷性,人的记忆功能将天然具有劣势,满足不了未来法律职业的知识储备要求,因此,必须借助人工智能实现法律知识的及时搜寻、提取、分析与适用。这样,对知识的评析、选择、创造将成为未来法律人塑造的基本素养所在。其次,法学教育将从法律职业技能培养向法律职业的专业培养发展。虽然法律职业具有分工操作的需要和特点,但人工智能的司法应用会逐渐抹平法律职业的技能性分工培养要求。因为,职业教育往往是分工型、技能型的教育,而这种具有技能型特点的工作往往具有经验性、重复性、工作程序化的特点,而这正是人工智能首先替代的工作。随着人工智能的发展,法律职业技能性的培养要求将会缩小,法律职业所具有的共性能力——法律精神的塑造、法律理性的提升、价值判断的选择、人性要素的显现以及法律创造性能力的培养凸显出来。再次,法学教育将向人性塑造、价值选择合理性发展。如前所述,人性根本的要素需要净化、提升与整合、发展:需要弘扬的是人类优秀文化成果与优秀基因;需要发展的是真、善、美的更高人性追求;需要培养的是更合理的价值判断与选择能力。最后,法学教育将向遵从个性化追求的创新型人才方向转型。法律人工智能将法律活动中非智能的工作都取代了,并呈现一定程度的智能性法律活动,自然留给人的是人性与智性法律活动了。人性中追求个性的自由选择,情感倾向,自然会有个性化的追求,因此法学教育将向培养个性化追求的人才培养方向发展。同时,智能性法律活动的人工智能参与,必然使人类智能的创造性能力成为法律智能上的更高要求。

(二)人工智能时代挑战传统的法学教育模式

综观人类教育发展历程,教育已经从"师者,传道授业解惑"的经学教育、经历工业革命引发的技术技能教育、科学高等教育、自由教育(liberal education)或通识教育(general education)、高等工程教育发展为信息化时代的"以学生为中心(SC)"的教育,[11]现在又提出了"创造有意

---

[11] 参见赵炬明:《论新三中心:概念与历史——美国SC本科教学改革研究之一》,载《高等工程教育研究》2016年第3期。

义的学习经历”的教育理念与教育实践活动。[12] 因此，教育将不再是仅仅关注教师传授式的输入与学生知识性考试输出的“填鸭式”教学；教育将不再是以“教材—教师—教室”的旧三中心教学模式，而是发展到探寻学习的发生机理与机制，学生学习的过程，学习的影响要素，学习的效果有意义的“以学生发展为中心、以学生学习为中心、以学习效果为中心”的新三中心教学模式。[13] “以学生为中心”的教学理念和“创造有意义的学习经历”的课程设计原则是超越“理解—记忆”型的低层次学习向应用型、分析型、创新型的高层次学习[14]目标追求的全新教学理念与教学实践。基于此，需要打开学习过程的“黑箱”，搭建探寻学习过程、符合学习成长、达成学习效果的教学方式。而这种全新的教育教学理念将在人工智能时代的法学教育中得到更为具体的体现。教育人工智能的目的就是在人工智能技术的支持下，使教师和学生能够更清楚、更深入、更全面地理解学习是怎样发生的，并且在外界因素，如社会、经济和技术等因素的条件下，学习又是如何被影响的，如何通过灵活运用人工智能技术中的“智能”工具，为学习者的高效学习和真实体验提供支持。[15]

首先，基础性、常识性的法律知识培养将会以标准化的人工智能教育模式呈现。法律职业入门级的基础性、常识性教育会以统一性、标准性的课程体系呈现，并通过在线课程、智能教育的统一形式来实现。通过法学基础教育的智能化塑造，可实现优质教育资源的集中整合，实现法律基础知识的共识性生成、法律规范的系统性梳理、典型案例的配套

⑫ 参见［美］L. 迪·芬克等：《创造有意义的学习经历——综合性大小课程设计原则》，胡美馨、刘颖译，浙江大学出版社2006年版。

⑬ 参见赵炬明：《论新三中心：概念与历史——美国SC本科教学改革研究之一》，载《高等工程教育研究》2016年第3期。

⑭ 基于布鲁姆的认知水平层次论，对认识水平层次论的进一步分类是：识记（remember）、理解（understand）、应用（apply）、分析（analyze）、评价（evaluate）和创造（create）六个等级。

⑮ 参见闫志明等：《教育人工智能（EAI）的内涵、关键技术与应用趋势——美国〈为人工智能的未来做好准备〉和〈国家人工智能研发战略规划〉报告解析》，载《远程教育杂志》2017年第1期。

搭建、优质法律习题的智慧生成等。智能化的法律基础教育成果的形成,将是法律基础教育的最优化、受众最广化的实现。这样也让人类的法学教师从繁重的、重复性的基础知识传授中解放出来,从事更有创造性的教育与科研活动。在基础法律教育上法学教师将充当智能教育的辅助者、学生学习的陪伴者、答疑者角色。当然,法学教师也能在智能型基础教育模式生成上充当设计者、引领者角色。

其次,智能型教育将会实现精准化、个性化的法学教育目的。[16] 在人工智能时代,“教”与“学”也将会向“精准教育”的方向发展,就像现代医学正朝着“精准治疗”的方向发展一样。[17] 同样,创新人才离不开个性化的教育培养,未来教育必将走向个性化。[18] 人工智能时代,人工智能与人的智能将是共融关系、协同关系,并不是排斥关系。智能仅是服务于人,造福于人的活动,而不是消灭人的活动。即使是智能型的法律活动,仍是有关人的法律活动,解决涉及人的法律活动,需要有人来参与的法律活动。在人工智能时代的法律人会因智能科技的辅助而产生职业功能内容上的差别,不同个体的基因类型、个性特点、人生阅历、成长背景、价值取向、利害评判、正义观念等的差异也会产生个性化的法律人要求。这些都将在智能型法律教育体系中得到个性化的、定制性的、精准性的教育实现。智能教学评估机制会针对不同的受教育者形成个性化的教学评价结果,并基于此制定个性化的教育成长路径。针对不同的法律教育要求,定制不同的法律教育规划与教学体系内容,实现不同的法律培养需求。根据受教育者不同的秉性、兴趣爱好,甚至是通过智能科技评价的基因、智力检测分析,实现对不同受教育对象精准的未来职业规划与塑造。

再次,智能型法学教育将会让教育活动更具新颖性、创新性、终身

---

⑯ 参见伏彩瑞等:《“人工智能与未来教育”笔谈(下)》,载《华东师范大学学报(教育科学版)》2017 年第 5 期。

⑰ 参见伏彩瑞等:《“人工智能与未来教育”笔谈(下)》,载《华东师范大学学报(教育科学版)》2017 年第 5 期。

⑱ 参见吴晓如、王政:《人工智能教育应用的发展趋势与实践案例》,载《现代教育技术》2018 年第 2 期。

性。在智能型法学教育体系下，教学内容会实现智能性的及时更新，知识的发展将会呈现指数级增长。大数据会让多方面、多层次的最新信息及时得到汇聚、分类与梳理、分析与总结。教学内容的知识更新性更快，同步性更强，教学内容新颖性更新，教学效果会非常贴近司法实践，紧密跟随知识、思想前沿发展动态。智能型的法学教育也会让教学更加充满创造性。教师和学生会在智能型法学教育所呈现的智识成果基础上开展更深入的学术思考，因为人脑就是一个智慧的源泉，是思考的载体，必然会产生更高深、更高层次的创新性法学思想，更快、更高地推进法学发展。在智能教育时代，“教”与“学”也将会向“终生学习”的方向发展，就像现代医学正朝着“终身防御”的方向发展一样。[19] 在人工智能时代，将永远不存在永恒的专家和学生，任何人如果懈怠，都不能跟进智能法学发展的步伐，会被智能法学的发展所淘汰。任何一个人想跟进法学发展的步伐，都有可能发挥后发优势，借助智能法学教育系统顺利搭上智能教育的快车，实现弯道超车。所有的人，都是专家，也都是学生，都需要在智能的法学教育系统中不断地求知、交流、探索与发展。教育与学习将是互融与终身的。

最后，智能型法学教育也可以实现与其他学科教育的联通性。智能型教育体系的形成，也会实现法学教育与其他学科教育的互联互通，使学科界限逐渐模糊。围绕法律实践问题，社会生活问题会产生多学科知识的综合应用，智能型的教学体系将成为对这些社会问题、法律问题的思考与解决的一门综合性学科应用的教学。这不仅会让传统的部门法界限得到突破，更会让法学与其他学科之间的障碍得以打通，这样就可以突破传统教学学科狭隘问题，实现多学科融合的教学人才培养目标。在智能型的教育教学体系中，人工智能将以人为本，构建多学科融合的课程体系。法学智能教育将不再是以文凭来评价一个人的能力与资格，而是以受教育者所参与学习的课程及课程考核结果作为评价依据，尤其会以其工作业绩和在智能型的法学系统中所做出的智慧性贡献作为评

---

⑲ 参见伏彩瑞等：《“人工智能与未来教育”笔谈（下）》，载《华东师范大学学报（教育科学版）》2017 年第 5 期。

价依据。

四、人工智能时代法学教育教学的变革回应

未来的教育，是人类与智能机器共存的“教”与“学”。在人工智能时代，我们的使命不光是要跟上这个时代，更重要的是引领与创新我们的教学。[20] 智能型的法学教育发展，不仅需要智能型技术应用的更快、更高的发展与应用实践共同推进，也需要法学教育理念、法学教育模式、法学教育人士的积极跟进与转变。

（一）人工智能法学教育需要整体合力

以数据驱动引领教育信息化发展方向，以深化应用推动教育教学模式变革，以融合创新优化教育服务供给方式，将是人工智能教育应用的未来发展趋势，也是人工智能时代教育发展的鲜明任务和重要机遇。[21] 不仅需要国家政策上大力扶植教育智能化的发展，更需要教育教学单位积极投入智能化教育改革之中。可喜的是，国家目前积极鼓励加快教育改革以适应未来的变化，并在《国家中长期教育改革和犯罪规划纲要(2010～2020年)》中明确了任务。实际上，我们已经进入了一个“反思教育、重塑教学和再定义大学”的时代。[22] 智能型教育模式是历史发展的必然，是必然面临的发展趋势，与其等、靠，不如积极地参与其中。应积极调动可用的社会力量，整合各方面的资源积极投入教育智能化应用与开发上。要合理地分配教育资金、资源用于智能型教育改革，不能再在传统教育模式上投入更多的精力、财力，因为智能型教育模式生成，会颠覆、推翻大多数的传统教育模式、管理模式等。还要注意发挥市场优势，校企联合具有关键性的作用。如果学校不能解放思想，仍以教育行

---

[20] 参见伏彩瑞等：《“人工智能与未来教育”笔谈（下）》，载《华东师范大学学报（教育科学版）》2017年第5期。

[21] 参见梁迎丽、刘陈：《人工智能教育应用的现状分析、典型特征与发展趋势》，载《中国电化教育》2018年第3期。

[22] 参见席酉民：《人工智能时代的高等教育》，载《世界教育信息》2018年第4期。

业老大自居,不思进取,将会受到社会企业形式开发的智能型教学系统的冲击,从而失去在智能化教育时代的先机。目前,教育已经在发生快速的变化,而且变化得越来越快。全球目前有700所大学在互联网上提供上千个课程,每年有5000万人在网上学习这些课程。[23] 因此,积极的校企联合,校内外教育资源的合作,“产学研”教学改革将是学校能否在智能型教学改革大潮中激流勇进的关键举措。

(二)落实人工智能法学教育改革的重点举措

智能型法学教育模式是人工智能时代法学教育的发展趋势、必然选择,必须落实发展规划与关键举措。除了政府出台政策、制定长远规划,提供资金支撑外,还应该充分发挥社会人工智能科研力量和市场资金的供给能力。其中教育教学单位是真正的实施单位,应该集合人工智能研究院所、教育教学改革部门、法学教学单位的师资骨干积极主动开展智能型法学教育模式的研究与改革。一是网络教学、在线课堂应是信息网络时代智能型法学教育模式的初级产品,是取代重复性劳动,制定标准化、统一性教学模式的基础。这是当前最为基础与紧迫的教学改革工作,是进一步的智能型教育模式发展的基础。二是积极开展智能科技产品进入课堂教学的改革,让智能型的教育产品服务于智能型的教学改革。智能型教育科技产品的研发需要人工智能技术开发人员的智识努力,必须降低其使用门槛,提高使用的简单性与便捷性,能够倚重信息化教育网络系统,从云端获取更好的资源以提升教学效果。[24] 三是融入智能教育培训、智能监控与反馈、智能分析与调整、智慧开发与创新激励的个性化、智能型教学体系设计与开发。将智能型法学教育产品的研究与开发与智能型教学产品的教学改革同步进行,体现人工智能直接贴近司法实践,直接反馈实践改革成果的效果。四是教学内容既要面向人工智能司法实践需求,也要体现法学思想、法学理论、法学思维、法学理性逻

---

[23] 参见伏彩瑞等:《“人工智能与未来教育”笔谈(下)》,载《华东师范大学学报(教育科学版)》2017年第5期。

[24] 参见朱永新等:《“人工智能与未来教育”笔谈(上)》,载《华东师范大学学报(教育科学版)》2017年第4期。

辑、法律人性道德伦理培养的内容。而这些教学内容的形成与创新发展则是法学教育、法学研究人员的教育价值所在。

五、余论

如何应对人工智能时代的教育变革,适用新的教育角色,是教育转型过程中需要解决的“法学教育者”的角色功能定位转型问题。法学教学人员、教育管理人员、教辅人员要积极地认识到智能型教育改革的现实,积极投身到智能型教育教学改革实验与革新中,努力地转型自己的发展方向:面对那种最早可能被智能型教育改革所淘汰的教学内容、教学形式,要尽快地华丽转身,投入到更有创造性的教学活动中。当然,在智能型教学改革中,重复性的教学活动,仍需要法学教师运用自己的教学经验积极配合智能型教学技术人员开发教学课程体系,发挥课程设计者的功能。对教学管理人员、行政服务人员来说,也要转变观念,不能有因智能科技取代大量重复性工作而被“抢饭碗”的失业恐惧感。

首先,法学教育工作者应该了解与思索智能型法学教育活动的模式特点,及其职能定位转型。了解与认识人工智能、大数据、云计算、物联网等技术,但并不是要学习这些技术手段,技术的仍然归技术专业人士来处理,重要的是要认识这些智能科技应用于法学教育会产生什么样的影响,从中探索出即将到来的法学教育形势是什么。只有这样,才能为法学教师的自我定位与角色功能有新的认识,并做好充分的思想准备和智识储备。

其次,应积极投身到智能型法学教育的变革活动中,将法学教学的成熟经验和教学素材与智能科技有机融合,促进法学教育智能科技转型的顺利实现,推动智能型法学教育的尽快发展,这是必然面临的课题,是无法躲避的必然经历,也是广泛的法学教育资源的共享与互促的需要,更是实现自我法学教学能力提升以实现角色功能转型的必然调整过程。

最后,教育的本质不会改变,仍是传承与发展人类法治文化、法治思想,塑造新时代的法律人。因此,无论教育变革为何,对法的理念、理论的思考与探索,对法律职业道德的塑造,对各种价值的分析判断能力,对人性的深入挖掘与积极塑造,以及创新性的科研工作,仍将是法学教育工作者不变的使命。倚重智能科技的帮助,法学教育工作者会在大数据的实证主义模式下开展进一步的学术活动,并在智能分析的结果基础上从事更高层次的创造性科研工作。智能型教育改革,不是法学教育的消亡,而是法学教育工作者进一步的脑力与体力的极大解放,会极大地提升法学思考的层次与深度、广度,形成更具有科学价值的法学学术研究成果。应该认识到,人工智能时代的到来只会让我们人类生活的更幸福、更舒适,使我们的法学教育更有效率、更有成效,我们培养的法律人才将会更有质量,我们的法治社会也将会更加健全。

Reflections on the Reform of Legal Education in the Era of Artificial Intelligence

Lü Zehua

Abstract: In the turbulent era of artificial intelligence, the generation of the intelligent education system will have a huge impact on the traditional forms of education. The society of "human beings" rather than machines is distinctive that the education is always an activity of cultural inheritance and humanity shaping upon people. Artificial intelligence can also change the legal profession that need to be cultivated, and there will be significant changes in their professional quality and professional ability requirements, resulting in the gradual disappearance of simple and repetitive work, the improvement of legal reasoning and judgment ability, and the higher requirements of legal innovation ability and human nature. The intelligent education will make legal education present the standardized basic education, the precise professional tailored training, the innovative talent training mechanism, and the shared and interoperable legal education resources. The law educators should devote themselves to the reform of intelligent education with a positive and active spirit, accepting the benefits from the liberation of repetitive brain labor with pleasure, and turning to the work of molding the thoughts of rule of law and the study of law theories which are more creative. In this way, the cultivation of humanistic and professional new legal talent that works with artificial intelligence harmoniously can be realized.

Key Words: artificial intelligence, legal education, education reform, humanity

什么是科学的法律职业伦理观

——兼评李旭东《法律职业伦理》

李　路*

摘　要：法治建设需要加强法律职业伦理建设。法律职业伦理是保障法律职业者忠诚履行代理责任、自觉运用理性知识能力监护与兑现法律权利的道德风险防护装置，不然，法律职业者作为理性代理人的忠诚义务就会被自然人的逐利动机所压垮。科学的法律职业伦理体系应满足以下要素：准确把握约束条件，概念清晰，规则可普遍化、执行公平权威高效。法律职业伦理规则不可陈义过高，不可矛盾含混。法律职业伦理自治要求有效的动力与防护装置，可以依赖的装置包括：理性的法律知识能力所教导的节制和职业共同体内部离散化的监督机制所造就的平滑的他律。依据前述标准，李旭东编著的《法律职业伦理》体现了良好的科学品味，值得予以关注。

关键词：科学方法　法律职业　伦理观

法律职业伦理是我国法学职业教育中的一门必

---

* 李路，厦门大学法学院法学理论专业博士研究生。研究方向：法律科学方法、政治哲学、刑事司法问题。

修课,也是一门晚近才引起广泛重视的课程。作为一门新兴细分学科,就其概念、规制对象、目标、规则、运思与实践方法,学界尚未达成深度共识,论及相关伦理规范在法律职业领域中的应用效果则莫衷一是,即以同情的态度看,说其有待优化应不为过。鉴于成熟的法律职业伦理观念对推进法律职业共同体建设显著的重要性,兹结合李旭东先生编著的《法律职业伦理》(下称李著)一书,谈谈如何科学认识法律职业伦理相关问题的几点意见。之所以选择该书,是因为在同类教材中,其体现了良好的科学品味。

一、法律职业伦理问题的特殊性

问题始于形成问题的条件,而对特定问题基本约束条件的识别与把握决定了解题的思路与效果。因此法律职业伦理问题的特殊性取决于法律职业的特殊规定性。现代社会存在广泛而深入的职业分工,每个行业都有特有的职业伦理规范。比如,有人去做美容手术,医师助理说要先给她拍张照片,问其作何用途,则称“好对比手术前后的差异啊”,并拿出以往顾客手术前后的照片向她详细介绍,她当即起身,不做了;某位家长有女儿在海外长大,中文能力有限,回国后常常为公司做翻译,家长不放心,问中文够不够用,要不要把译好的东西发我看看,替你把把关?女儿一瞪眼:公司的文件,怎么能给外人看?我国某作家在演讲中回忆起童年生活在老北京的经历,当时作为穷学生的他,常走进一家高级文房四宝店流连不去,掌柜看其衣着知其买不起,便每每起身奉上一杯热茶。以上事例从正反两个方面示范了不同行业从业者的伦理行为表现,但他们都有一个突出的特点,即行为者的自治性或者自主性:医疗美容行业的顾客意识到交易对象缺乏尊重其隐私权的自觉,便可以抬脚就走。而文具店的穷学生知店老板仁厚,日后则可能成为其潜在顾客。一言以蔽之,属于社会自治范围的交往行为,符合正义在特定领域的基本原则,即自作自受——双方的交往行为没有明显的外部性或者公共性。

而法律职业则不同,它具有以下几个显著的特点:一是非选择性或者选择有限。因关切自身权利处于激烈讼争中的当事人,无论其诉诸法官、检察官,或者求诸律师,前者基于法律管辖的规定,当事人没有或者只有很有限的选择权,后者则基于较高的专业性壁垒,当事人往往无力充分行使其选择权。二是代理性。法官、检察官作出法律决定的行为是公共权力的代理行为,律师的行为是基于当事人委托的代理行为。所谓代理行为,意为"自作而他受",无论法律职业者如何行事,其职业行为后果均由相关当事人概括承受,此处体现出了职业行为与行为后果的分离。三是职业行为的强制/权威性。司法裁判以国家的名义作出,以国家垄断占有的有组织的暴力为基础,通过直接强制或暴力威慑的方式确保纠纷中的当事方遵守和服从其决定。事实上,现代法治理论的一个基本主张,就是法治至上,这意味着无论其表现于经济合同、婚姻家庭、监狱或者断头台,司法裁判的效力都是最高的和最终的,具有不可再救济性。四是管辖的广泛性。这是指法律管辖的领域庞大且有急遽扩张的趋势,法律职业者主导了一种全面性的秩序。这一方面是因为法的统治被认为是一种正义的公共治理方式,法律裁判因其自身特性更受信赖;另一方面也是其他权力部门基于自身利益有意让渡难题的结果。以美国为例,其历史上关于法院与其他权力分支的关系,曾有以道格拉斯为代表的司法至上论和以林肯、杰斐逊挑战和限制司法权的"三驾马车论",随着国会、总统不断把难以解决的道德文化和政治争议推给法院,从而回避对可能造成民众分裂的问题直接表态,而"最高法院将法院从被动性转为主动性,完全可以自行决定案件管辖权的范围",这一"皆大欢喜的约定","直接导致了司法审查的'反多数难题'",并使最高法院最终由汉密尔顿的"最不危险的部门"变成了毕克尔的"最危险的部门"。① 总之,法律职业者以当仁不让的精神,专管别人的事,尤其是大事难事,管得越来越宽,而且最终说了算,其负担可谓重矣。

---

① 徐斌:《被遗忘的宪法条文》,载《读书》2011 年第 4 期。

问题是:(1)法律职业者凭什么替人排忧解难,而且自己说了就算?(2)以切身利害托之的民众何以信任法律职业者?这涉及法律职业的基本功能和优越性主张问题,即法律职业共同体以其自身特性作出了某种优越性宣称和效果承诺。而如何确保法律职业群体兑现此种承诺(管得更好),正是法律职业伦理的根本任务。

先看必要性。法律管辖的排他性和至上性,蕴含了某类社会事务应由法律职业者决定,且只能由法律职业者决定,这直接与经济学原理冲突。现代经济学首重自由与自治,其原理可以用弗里德曼的一句名言概括:“花自己的钱办自己的事,既省又好;花自己的钱办人家的事,只省不好;花人家的钱办自己的事,只好不省;花人家的钱办人家的事,既不省又不好”。此名言流传已广,为人所津津乐道。但该命题既凝练地传达了深刻的洞见,又包含了严重的错误。简略分析之,前述命题隐含了经济学上最重要的假设之一——“理性人假设”,照此假设,人有充分的理性,应该自我管理,并且自作主张令其完全能照管好自身的利益。但这个前提是有问题的,它谬在混淆了能力与意愿是两种不同的东西。人真的都是充分理性的吗?作为回应,历史学家会举出无穷的实例,证明人往往甚至主要不是为理性所支配,而是他们的偏见、信仰、短视和贪婪的奴隶,进而人类历史总体是悲剧性的。新闻记者会请他阅读当天报纸的社会新闻版面,警察会邀他去基层公安派出所略作观摩,而神经生物学家甚至会告诉他自由意志可能并不存在,遑论理性的自由意志。而笔者则有现成而直接的生活经验可做例证:亲戚新购别墅装修,郑重其事货比三家,最后选定某融资公司提供全套豪华装修材料和家具,交易条件是其向公司存入定期定额款项且免息,材料家具免费。该陷阱是一个简单的数学问题,久劝不听,装修入住新居半年后,成年家人头晕脱发,儿童咳嗽数月不止。检测原因是甲醛等室内污染物中毒,只能弃屋另赁居所——自我做主的结果是既不省也不好。可见,该命题谬在没有正确区分“理性人”和“经济人”,才导致经济学家自蔽双眼,对人的条件中的根本困难及其社会后果视而不见。正是经济人有追求自利的强烈动机,但并不保证具有相应的理性能力。作为挽救,只需将理性人假设替换为经济人假设。修正后的命题是:“花自己的钱办自己的事,事主最有意愿(willing)做到既省又好……”之所以说该命题中包含了深刻的洞见,是因为如其安排,则事主能够展现出充分运用其理性能力的良好意愿,它筛选并排斥了自命高尚且装睡不醒的殷勤代理人,并且符合自作自受的简洁正义原则,而这会反过来激励事主最大限度地发挥其理性潜能。

那么理性显著不足的问题如何解决呢?毕竟真实的社会时刻警醒着我们:人的理性有限,而且理性在个体与群体间的分布极不均匀。正是在此时,法律职业者登场了。现代法治理论的解决方案是,就人类事务,划分私人领域和公共领域,给予社会主体对其私人事务充分的自治权。对于前者,一旦当事人自治不能或者双方合意解决问题的假定能力失灵,纠纷产生了,则由法律职业者凭其理性能力替补冲突双方的理性不足,接管纠纷事务并作出裁决,这一制度安排由两项法律原则予以保障:不告不理原则和不得拒绝裁判原则。对于后者亦如此,公共问题公共协商,纠纷久商不决形成僵局,则由法律职业者依请求决定之,以避免可能的大规模暴力冲突,这本身就具有了反多数决策的特征。正是社会行为或者诉争的不相容性和冲突升级的现实危险性,迫使人们让渡个体自主的权力,由代表政治国家的第三方公共权威来调纷解争。这是必要性。

再看可能性。为什么定分止争的最终权力委托给法律职业者,而不是国家权力的其他分支政府或者议会?历史上的英国国王詹姆斯一世即有此问,他似乎是抱着玩票的心态要求主持一场庭审,以为法官不过是“国王的影子和仆人”,而自己和其他人一样具有理性,因此只要国王愿意,他就可以主持任何法庭的审判。柯克大法官安抚国王“上帝的确赋予了陛下卓越的技巧和高超的天赋”后转而强调,法律事务不应当由“自然的理性”,而应当依据“技艺理性”来决定,而法律是一门需要长时间地学习和实践才能加以把握的技艺。由此,法律职业者的身份属性似乎渐次清晰了,法律职业者之所以独担重任,既不是因为他们是权力精英,也不是因为他们是财富精英,而是由于他们以知识精英自居,其并不主张自身的智力优越或者具有非比寻常的自然理性,而是诉诸经由长期的法律职业教育和实践训练所得的知识理性。

但是,这仍然是一个顾此失彼的安排。假定法律职业者经由法律知识训练确实获得了引导塑造社会秩序的充分理性能力,但是由于法律职业行为本质上的代理性而导致的良好意愿存疑的难题,使“如何确保法律职业者忠诚地关切他人与公共利益”这一问题更加尖锐化了。要么是修正后的弗里德曼命题错了,要么我们就必须为与其不符的主张辩护。倘若法律人是理性人不假,但法律人首先是自然人这一事实更加基础和本原。何以这一群体只听从公共理性的召唤而断然拒绝私人理性的驱使?无私而公正地照管他人利益的高尚情操何以轻易压倒经由数十万年的自然选择深嵌在基因里的自私激情?理论上法律职业者的决定均以法律的名义作出,但实际上他们承担的职责除了忠实地适用法律规则外,还包括迫于客观条件(包括法律规则空缺,规则含混、规则因过时而公认不义及不得拒绝裁判原则)而产生的解释、修补和完善法律规则的职责,以及基于法律规则的抽象秉性而广泛运用的自由裁量权,这显然是一种建立在有疏漏的社会契约(法律规则)基础上的贤人统治。权力不是必然导致败坏吗?更何况是最高的和最终的决定权。不满的民众及其政治压力并不足以约束法律职业者,因为法律争议作为一个问题被提出,即表明民众内部已经分歧重重,彼此消耗,更不用说法官的确被赋予特权,用以检核并拒绝与其法律知识不相符的意见的有效性。反观现实,一个孙某果案即导致违法滥权的 19 人被定罪处刑,另有 6 人被处分,其中多数是法律职业者且不乏位高权重之辈。法律职业者既然已经是理性最充沛的职业群体了,难道再委托更明智高尚的哲学王替补他们的理性与道德不足,再委托监督者监督哲学王……就像俄罗斯套娃一样,层层嵌套?或者只能寄希望于权力滥用、不义早行之后再被揭发,再予追惩?抑或,鉴于法律职业的特殊地位,法律职业者的功能使命决定性地受制于其道德自律能力,我们可以且只能寄望于法律职业共同体的自我约束与法律专家的同行监督。如此,法律职业的特殊负担性主要转化为对法律职业伦理自治功能期待上的重负,这是法律职业伦理问题殊异性的要害。

李著以作为一种现代现象的职业分工开篇，分析了传统社会中的职业、现代职业分化及其基本特点，并以之参照，对法律职业的特殊性展开深入分析，其关于法律职业法律性、正义性、信托性（委托性）的归纳准确把握了法律职业的主要特征；进而讨论了法律教育对于法律职业的重要性，指出法律职业准入考试不能替代法学院教育，强调法律教育与研究对法律职业发展具有重要的保障与监护作用，如此体例安排及立论表明，李著着眼于法律职业的现实条件，展现了清晰的问题意识，且准确地阐发了法律职业者作为知识精英的身份属性和培养造就合格的法律职业者的方法途径。②

二、澄清法律职业伦理与道德概念的含义

伦理与道德是一组具有高关联性、经常混用的词语。鉴于二者使用频度高、应用场景广泛复杂以及日常使用中语义的含混性，有必要予以专门分析。李著对澄清上述概念的含义给予了特别的重视，专辟两节分别讨论了伦理与道德、职业伦理与职业道德的概念，其分析方法是主张“意义即用法”③的语用学方法。

在日常语言中，伦理与道德指涉和评价的对象、内容多有交叉，但仍有两点显著的不同。一是伦理是世俗性的，它专注于评价、调整人群内部的关系和行为，而道德具有某种超越性的评价功能，它除了安排人际秩序，还经常与宗教上的神秘权威相联系，④比如评价一个人是否履行了对上帝的道德义务。假如一个儒家士大夫流落孤岛，他就不能再说自己是一个儒家，因为在孤身一人的场景下，儒家伦理所有处理人与人关系的信条都失去了对象。但若是一个基督徒处于同样的境遇，他仍是一个基督徒，只要

② 参见李旭东编著：《法律职业伦理》，华南理工大学出版社 2019 年版，第 1 ~ 14 页。

③ 李旭东编著：《法律职业伦理》，华南理工大学出版社 2019 年版，第 1 ~ 15 页。

④ 参见李旭东编著：《法律职业伦理》，华南理工大学出版社 2019 年版，第 1 ~ 14、18 页。

其内心仍然遵守与上帝的信约,正如流落荒岛并不影响鲁滨逊每日例行祈祷。二是与之相应,伦理规则始终是主体间性的角色伦理,道德则可以是个人化、向内探索的,可以表现为纯粹的自律行动。除此之外,伦理与道德概念可以互相替代使用,尤其是规则化的伦理命题习惯上多称道德规则。

生活中,如果某人行为有亏,我们会说他缺德。说一个人不道德,通常是由于其行为损人利己,侵害了他人的正当利益。而如果一个人总是舍己利他,就是道德高尚的表现。可见,"利他性"是日常道德评价的主要依凭。但是科学的道德观念并不能满足于褒扬利他性。这一是因为自然人在生物学上的规定性,决定了专门利他只能是一种零星的社会现象,它不典型、不普遍,鼓励利他不能系统地解决德性匮乏问题,反而具有误导性;二是从行为演化的角度,专门利他的道德举动不可持续,一部分人总是吃亏,就是鼓励更多的人挖空心思等着占便宜,俟其蔚然成风,会发现"老实人"早就已经消失不见了;三是倘若加上竞争的因素,就会出现《镜花缘》中"君子国"里的情景:遍地君子的国度中发生的数桩买卖,卖者无不竞相贬低自己的货物以索贱价,买者则非出高价不肯纳,生活中竞相逐利的交易不难发现均衡点,竞相让利的交易却没有合理的均衡点可作依凭,结果纠纷没完没了,最后只能借助路人的干预,用强制性的办法解决纷争,⑤其弊不言自明。单纯的利他性不能解决权利的分际问题,冲突仍然存在。

道德认知最大的难题是人们对于道德内容的竞争性定义,这种出于利己动机或文化偏见对道德话语权的争夺,导致了道德内涵的高度复杂性。分歧甚至严重到两种不同的道德话语主张的规则可能正相反。另外还要特别注意传统道德的含混性,如艾伦·德肖维茨在《法律创世纪》中考察了《圣经》中的上帝律令,发现圣经道德始终在挑战今世公认的正义原则,以至于他只能得出这样的结论:圣经"述说的是无法无天与冤屈如何激发了改变与改善"。"圣经之所以伟大,也就在于通过冤屈的故事,来传达正义公理之必要的观念",⑥圣经道德的背后展现了一种横暴性权力的内核。

---

⑤ 参见茅于轼:《中国人的道德前景》,暨南大学出版社2008年版,第1~3页。

⑥ [美]艾伦·德肖维茨:《法律创世纪:从圣经故事寻找法律的起源》,林为正译,法律出版社2011年版,第210页。

至于传统儒家道德主张的等级秩序，正是现代道德弃如敝履的东西。

现代法律与法律职业者的道德观念决定性地表现为“平等性”。这是由于法律方法的核心是“相同问题相同处理”，特定行为是否可普遍化是现代法律评价的主要依据。普遍化检验是康德道德观的基本方法，但是科学的法律伦理观不能直接继承康德的道德概念。首先，因为康德是一个严厉的道德家，他的普遍化要求过于严苛，不承认任何文化特殊性，而现代法律既褒扬理性，又不能不理性地向习俗做出一定程度的让步。其次，因为法律是工具善，是组织善好社会的中间环节，它必须兑现其承诺的东西。而康德的道德是自身善，是唯一的无条件的善，它不看后果，因为依赖后果会使道德成为偶然。[7] 但是人们守法恰是出于满足自身安全、财产等欲望的关切。行动出自欲望，这正是康德道德概念的反面。最后，康德的道德不是社会契约，因为社会契约是他律的，而康德的道德只能出于自由和自律。

法律职业伦理是法律职业从业者为维护自身职业的专业性与权威性、保障其专业公信力与信誉而发展起来的行为规则。[8] 其实质是一种经由监督法律职业者正确适用法律以监护法律权利严格兑现的伦理体系。法律权利需要法律职业者的监护，是一个自明的事实。比如法律讲求平等，但对平等的目标仍然需要解释，不久前的中国社会对于人们在财富、才能上显著的不平等，解决的方法是将高的向低的方向强行夷平，所以才会出现“三代贫农是一种最高的道德优越”“白卷英雄”“外行领导内行”等社会标准。尽管法律职业者是高度知识化的人，但法律职业的代理性特征还要求其自愿成为无私的理性人，以满足忠诚代理的强烈社会期待，这正是法律职业伦理的中心任务。这是一个简单的任务吗？揆诸历史，由于道德分歧的广泛性和道德内容的含混性，不仅使道德治理常常无效，而且寄希望于道德治理本身就被科学家们视为一种粗鄙的古代思维方式。简要地考察历史即可发现，如果道德成为一种权威的社

---

⑦ 参见［美］阿兰·布鲁姆：《巨人与侏儒》，秦露等译，华夏出版社 2007 年版，第 324 页。

⑧ 参见李旭东编著：《法律职业伦理》，华南理工大学出版社 2019 年版，第 35 页。

会准则,则围绕道德话语的竞争的激化会引发道德主张的极端激进化,进而导致普遍的道德伪善、道德攻讦和层出不穷的道德表演家。道德治理之所以前景不妙,是因为传统道德的内容往往模糊空洞甚至自相矛盾,又缺乏权威的监督执行机制。道德竞争容易败坏为凌空蹈虚的道德投机,正是由于投机者清楚地知道,他的道德表演不必玩真的,也没法玩真的。正是基于此种暗淡的前景,法治才取代德治成为现代社会治理的正道。而现代法律职业伦理不得不反其道而行之,作出更加艰巨的功能性宣称,则必须提出强有力的科学论据,以证明其使命非虚。这种论据应该且只能是:现代法律职业伦理概念愿意接受严格科学标准的检验。对于伦理的内容,既要接受普遍化原则检验,也要接受融贯性原则的检验;对于伦理行动者,要接受行为一致性的检验;对于执行机制,要接受对其专业性、权威性、有效性的检验;对于实施成本,要接受效率原则的检验……质言之,只有自觉运用科学思维,围绕法律职业伦理自治的有效性问题,既叩问它的前提,又追究它的结果,还要考察它的过程,直至其对自身功能效果作出最严格的、能够经受公共验证的可靠性担保。法律职业伦理概念必须建立在科学思维的基础上,这是它的特殊功能性与人性条件决定的。

以科学的眼光来看,李著对伦理与道德、职业伦理与职业道德相关概念以及法律职业伦理概念的特殊条件性的分析满足了含义清楚、条件真实的要求。⑨

三、法律职业伦理规则的两个必要秉性

法律职业伦理规则科学化的目标,着眼于排除法律职业共同体实现伦理自治的障碍。根据经验,法律职业伦理规则的大弊有两点:一是陈义过高;二是矛盾含混。陈义过高是指伦理规则提出的德性主张过于激

---

⑨ 参见李旭东编著:《法律职业伦理》,华南理工大学出版社2019年版,第1~23、27~34页。

进高蹈，超过了合理的限度，至少大部分人做不到。陈义过高的原因是未能准确把握规则赖以运转的人性条件和社会条件，以致伦理规则缺乏根基，徒托空言。那么什么是人性的条件呢？根据亚里士多德“城邦之外，非神即兽”，⑩可见城邦中的人处于神与兽中间的某个位置，你可以说人非神非兽，也可以说人亦神亦兽。人性的这种居间性或者说善恶兼备的复杂性是其条件之一；亚里士多德又有言，“人天生是政治的动物”，⑪意指人有天生的社会性，他依赖于城邦，关心政治生活，而在哲学家的理性精神的启发下，人能够过一种高贵的、善好的生活——趋近于神。同处轴心时代的中国古哲墨子似乎对此附议了亚里士多德，因为在其看来，性如素丝，“染于苍则苍，染于黄则黄”，二者都暗示了人性的可塑性或者说具有某种潜能，这是人性的条件之二。墨子还暗示了人性的环境依赖性，这是人性的条件之三。

人性是神性与兽性的混同，这导致了人性认知的巨大困难，思想史上对于性善还是性恶的规定聚讼不休。（还有法学家别出心裁地主张“中人”的人性观点，对此笔者只能自认是“智短汉”，无言可对）不过，近代政治科学家无一例外地选择从人性的最低点出发构建理想社会的蓝图，这是因为历史考察发现神人尚未可见，而兽行却满目皆是。更是因为科学的社会理论，必须能够接受极端环境（如自然状态）的考验，忽略了极端环境，承诺中的社会就失去了坚实的基础。⑫ 如同古人在关于善的愿望上达成了共识，现代人在关于恶的知识上取得了一致。霍布斯首先举起了反叛的大旗，他的“自然状态”旨在替代社会起源的圣经解释，以理性取代启示。他坚持人不是亚里士多德的“政治动物”，而是“怕死动物”，因为以宗教战争驱动的英国内战的经历警醒着他，对暴死的恐惧这一自然激情裹挟着他，在（宗教）道德的高贵性与自我保存之间作出了根本抉择，他专注于自我保存。为了自我保存他愿意放弃高贵的道德、放弃救赎甚至放弃自由以确保利维坦权力的优先性，只要国家承诺

⑩ 参见赵汀阳：《坏世界研究》，中国人民大学出版社 2009 年版，第 39 页。

⑪ 赵汀阳：《坏世界研究》，中国人民大学出版社 2009 年版，第 39 页。

⑫ 参见赵汀阳：《坏世界研究》，中国人民大学出版社 2009 年版，第 7 页。

保障其生命——畏死的激情为自然人忠诚于公民社会提供了持久的动机。洛克对此亦步亦趋,他对霍布斯的审慎修正,是将所有人最根本的关切替换为“舒适的自我保存”(在生命权后附加上财产权)。⑬ 契约论思想家们取向霍布斯的道路继续前进:鉴于宗教冲突的危险性以及宗教道德的不可让步性,唯一的选择是将宗教从公共领域永久地驱逐到私人领域。作为宗教贬值的后果,经济学才成为政治学的中心主题,这是基于契约论思想家有意地拘囿自己的视野、调低期望,以期将现代社会的目标建立在了低俗而稳固的基础之上。

政治科学家之所以倾心低俗而稳固的基础,并不是因为低俗本身足够诱人,而是由于只有低俗的目标和原则才足够普遍,而只有普遍的东西才足够稳固。在性善与性恶的人性规定之间,近代政治科学家专注于预期并提防性恶潜能促成的野蛮。在人性中共存的善恶的激烈拉锯中,究竟是谁取得了胜利?有一个绝佳的例子,就是史书上记载的“易子相食”。人相食,不恶吗?在因饥饿而垂死的极端条件下,仍无法径直吃掉孩子,没有不忍之心吗?在自然激情的驱使下,最终选择交换一下再吃,以稍微缓解沉重的道德压力——低俗的自然人性完胜。科学家得分,道德玄想家输掉了比赛。恋爱中的男女承诺为对方上天摘星星,真正的科学家在旁冷峻地检视梯子够不够长——他绝不应许不可能之物,只承诺凡俗大众踮脚伸手能够触及的东西,翻拣人性的工具箱后,他们以“可得”来定义“应得”。看看反面的教训:中国历史上的王莽改革和王安石变法。二人都是最严格意义上的道德圣人,朝着最崇高的道德目标推行全面社会改革,二者都提出了感人的伦理主张,但都缺乏相应的知识工具、人性认知工具和规则工具准备,最后都以全面灾难性的结局收场,并葬送了各自的王朝。王安石变法失败的示范效应尤其深远:它成了中国古代大规模政治改革的绝响。

科学的法律职业伦理观绝不让伦理规则超载以宣示其崇高性,因为它从历史的经验证据中吸取了教训:陈义过高、缺乏足够普遍的人性动

---

⑬ 参见[美]列奥·施特劳斯:《自然权利与历史》,彭刚译,三联书店2003年版,第206页。

机支持的道德改善计划只会造就一个个"厌人类者":斯威夫特、卢梭、康德[14]……以卢梭为例,它坚持"人生而自由",却最终发现"人无往不在枷锁之中",他主张"公意"的不可让步性却无处寻求,失望至极的他最终的反抗方案是做一个"孤独的人",他悉心教导儿童爱弥尔体会自然状态下的自由与自爱,以期望他经由同理心获得拒绝支配他人的道德自觉。爱弥尔回归社会后的命运尚不可知,但一生以日内瓦公民自我定义的卢梭终于得偿所愿:他被日内瓦驱逐,成了一个无家可归的真正的"孤独的人"。崇高的道德家卢梭的结局是悲剧性的——他最后的教诲对于随时需要组织大规模陌生人社会协作的现代社会毫无启发性可言。教训是:"试图改进人性,是世界上最伟大的蠢事"[15]——"除非经由科学方法发现了正确的分际"——科学家为上述断言添了一个附注。

科学的伦理观确实致力于改进人性,或者更准确地说,它致力于通过改变人性运行的博弈论规则环境,以图改进人性的行为表现,因为"低俗"的原则是相对于高贵的道德玄想而言的,相较于朝不保夕的悲惨的自然状态,低俗而稳固的现代社会简直太高贵了。

法律职业伦理规则悬格太高有两个后果:一是规则被束之高阁,无人问津,因为都做不到或者只有极个别英雄才做得到;二是选择性问责,这一结果更为不堪。只对个别或少数触犯规则者追究责任,被追究者不会归责于自己行为失当,而只会归因于自己运气不佳,或归因于与执纪者的人情远近。若是后者,理性的代理人很可能会积极地"利用职务之便"与执纪者"加强关系"。或者怨结谤随,令执纪者再次适用规则时需要下更大的决心,而决心是稀缺之物。

矛盾含混是指规则的内涵外延不够清晰以及不够融贯。其表现包括法律职业伦理规则追求不能共存的目标(或行为)、顾此失彼的目标(或行为)、模糊不清因而缺乏共识的目标(或行为)。[16] 规则矛盾含混的

---

⑭ 参见[美]阿兰·布鲁姆:《巨人与侏儒》,秦露等译,华夏出版社2007年版,第437页。

⑮ [美]阿兰·布鲁姆:《巨人与侏儒》,秦露等译,华夏出版社2007年版,第437页。

⑯ 参见李旭东编著:《法律职业伦理》,华南理工大学出版社2019年版,第86~87页。

后果包括:规则所约束的职业行为不能建立稳定的后果预期;规则不能有效识别伦理上的不当行为,导致争议和低效;规则适用错误和不一致。如果“伦理规则的有效性是建立在违规后果的确定性而不是违规后果的严苛性的基础上”这一判断是对的,那么清晰融贯就是法律职业伦理规则不得不满足的科学标准。

四、法律职业伦理的动力与保障机制

根据前文,社会公众因其理性不足而面临着假定的自治能力失灵问题,自治不能进而产生纠纷与冲突,为避免冲突升级后产生的暴力泛滥以及因为纠纷得不到迅速合理解决而导致的不信任蔓延问题(这会拉高社会合作的成本),法律职业者被赋予特权,以其理性法律知识能力替补裁决纠纷,并根据法律对争讼双方的权利予以具体而公正的分配。法律职业者以其界定秩序与权利的最后受托人身份,不宜有凌驾其上的更高监督者,其忠诚义务的落实只能求诸共同体内部的伦理自治。不过,伦理自治的宣言似乎容易沦为一种空洞的姿态或者没有根基的意志行为,除非它能认真对待伦理自律的可能性问题。

遵守规则的普遍意志应向何处寻求呢?简略考察康德和罗尔斯的方案会有启发。如前所述,康德提出了极其严苛的可普遍化权利—义务主张,他虽是严厉的道德家,但并不天真,其完全理解自然人是怎么回事,故不惜以三个悬设即“上帝存有、自由意志、灵魂不朽”作为其道德观念的地基,上帝实际上是其道德规则的最终看护人。不过,康德并非信徒,事实上,由于他对上帝存在之公认证明卓有成效的攻击,被描述成“神学上的罗伯斯比尔,一个无情的、不屈不挠的上帝死刑执行人”。⑰不信上帝又倚靠上帝,何以如此呢?其本人有言:“理性在神学知识中有何利益?不是思辨的,而是实践的利益……我们的道德需要上帝的理念

---

⑰ [美]艾伦·伍德:《康德的理性神学》,邱文元译,商务印书馆2014年版,第4页。

来增强力量。”⑱据此可知,康德方案的核心是教导所谓“高贵的谎言”,其实践效果如何,识者自有评鉴。与康德相仿,罗尔斯同样提出了激进的平等主义正义论主张,但他没有寻求上帝的庇护,而是诉诸其极富特色的原初状态下的“无知之幕”。无知之幕是怎么回事此不赘述,只需指出紧要的一点是为作者之发明,而非发现。从现代科学的观点来看,前述两方案前提存疑,实践效果不免堪忧。但二者并非可以等量齐观,具体说,无知之幕不如上帝的理念。因为至少在康德生活的时代,基督教义仍具有举足轻重的精神力量,例如康德的老仆人兰佩即因主人的渎神之举而痛苦不堪,康德或许正因此获得启发:上帝的理念虽属虚幻,却是现实的、历史的力量之源。与之相较,无知之幕的特色却在于其完全的虚构性:在社会契约的谈判桌前,人皆不知其贫富、愚智、美丑、健康与否,也不知自身之好恶、性情、趋舍,现实的人被抽象为只剩下一张没有面貌的人脸。既然大家都不知道自己的利害所在,无脸人为谁而谈、谈成怎样也就无关紧要。他/她甚至不被允许有冒险的欲望,而只能心满意足地甘于计算着不比别人少得的平庸。因价值歧异可能导致尖锐冲突的根本困难,则因无知之幕垂下后问题并不存在而一并取消。实际上,罗尔斯要为平等主义寻求意志根基,完全可以找到现实的替代物。例如,他可以诉诸社会阶层流动性,劝说人们为不可知的未来买一份保险并不怪诞;可以论证基本权利的保障有利于缓释弱者的反抗意志,这有利于胜利者的长远利益和安全,正如《起火的世界》所揭示的那样;他还可以论证通过保障相对平等,有利降低社会焦虑和整体竞争烈度,以促进普遍幸福,正如北欧福利国家显示的那样……但我猜想作者未必会满足于此,因为这些基础虽然真实但并非绝对普遍,而且寻求科学的基础显得零敲碎打远非一劳永逸。罗尔斯的正义论在观点上投合了时代口味,但他的方法是中世纪的,似乎并不介意真实为何物。

法律职业伦理自治要求有效的动力和防护装置,科学的保障机制包括:理性的法律知识能力所教导的节制和职业共同体内部离散化的监督

---

⑱ [美]艾伦·伍德:《康德的理性神学》,邱文元译,商务印书馆2014年版,第17页。

机制所造就的平滑的他律。法律职业者的本质属性是法律知识精英,理性的法律知识能力经由规范化的法学教育和司法实践训练而习得,而此种知识能力会导向节制的秉性。节制并非自制。[19] 自制是讲我有一个欲望,我与欲望对抗并压制之,即经由自我斗争“超我”战胜“本我”,或言“义务”战胜了“自然秉性”。节制则取径不同,它讲的是我有很多欲望,彼此冲突或竞争的欲望需要取舍调和,以使其各自获得恰当的比例与位置,形成秩序。举例而言,一个已婚男士被一美貌佳人所吸引,倩影萦怀百爪挠心。他不能骗自己佳人其实是个丑八怪,也不能说服自己其实并无倾慕之意,这时他有两个选择:一是告诫自己有此念头违背了道德义务;二是系统评估所得、成本与风险,天平的一边是佳人缱绻,另一边是可能破碎的夫妻关系、受损的亲子关系、社会声望、时间、金钱、事业,或者只需要想想可能被悍妻妒妇挠破的脸……前者正是自制,后者乃是节制。法律职业者的节制能力包括两个显著的方面:一是由于熟稔世情人心、法律冲突及其约束条件所获得的先见之明——不必等到俊脸真被挠破即可通晓此等现实风险;二是整体性、类型化、平衡性思考的职业思维——其导向的不是基于道德律令的自我斗争,而是以欲望节制欲望,以意见对勘意见,以力量钳制力量,以法律理由平衡法律理由,以诉求主张检核诉求主张。简言之,一定程度的先见之明与免于偏执,[20]这是节制的要义,也是有效伦理自治的重要驱动力。

职业共同体内部离散化的监督机制所造就的平滑的他律是伦理自治的保障。首先,法律共同体有效自治的关键,与其说是依靠个体自律,不如说是取决于能否造就共同体内部合适的他律。诸多行为科学实验反复表明了,纯粹的自律并不可靠,哪怕仅仅是加入他人的“在场感”这一变量,也会引发明显更积极的行为反馈。平滑的他律是指共同体内部的监督应抓早抓小,不必等到积重难返阻力巨大时,再寄希望于陡峻的一跃。要么对违规行为不闻不问,要么将问题提交专业法庭,如此养痈成患是伦理自治的劲敌。实际上,进入专业法庭的伦理违规案件只可能

---

[19] 参见刘小枫、陈少明主编:《美德可教吗》,华夏出版社2005年版,第2~23页。
[20] 参见刘小枫、陈少明主编:《柏拉图与天人政治》,华夏出版社2009年版,第79页。

是极少数,如果数量过多,则可以视为自治失败的标志。同时专业法庭问责不太可能频繁发生,因为启动问责需要投入成本和决心,二者都是稀缺之物。法律职业群体的伦理风气之完善,不是朝夕之事,其所由来者,渐矣。正如没法要求一个人直接提胯蹦上二楼,但是可以做到让他拾级而上。反过来,倘要防止高速行驶的汽车坠下悬崖,在崖边陡然竖起阻拦索并不是好办法,适宜的办法是自其偏离正轨时即持续增加摩擦系数。例如,对于法官与当事人及其代理人的私下交往,可以要求其自行申报,无正当理由瞒报漏报者可以径行给予申诫或其他适宜处理,并记入伦理档案。当然,此类约束机制应以必要、高效为限,以节约法律职业者日渐稀缺的注意力资源。"离散化"的要求是指内部监督应避免科层化、少数长官说了算,而是要趋向去中心化、内部透明化、专业化。质言之,法律职业伦理自治的有效性取决于违规后果的确定性而非制裁的严厉性,事实上,制裁越严厉的问责行为越难被启动。而如果收益极大问责风险极小,赌一把恰是一种理性的行为。也因此,离散而平滑的他律才是可靠的监护机制。

五、结论

法律职业伦理是保障法律职业者忠诚履行代理责任、自觉运用理性知识能力监护与兑现法律权利的道德风险防护装置,不然,法律职业者作为理性代理人的忠诚义务就会被自然人的逐利动机所压垮。法律职业伦理规则不可陈义过高,不可矛盾含混。法律职业伦理自治要求有效的动力与防护装置,可以依赖的装置包括:理性的法律知识能力所教导的节制和职业共同体内部离散化的监督机制所造就的平滑的他律。

以本文的前述主张衡量,李著展现的良好的科学品味主要反映在:自觉应用语用学方法澄清相关概念含义;深入阐发了法律职业伦理的功能要求;介绍了中外有代表性的法律职业伦理规范文本并加以概括分析,进而简要述评其得失,常有中肯之见;准确把握本国法官、检察官等职业群体伦理治理面临的主要约束条件、困难与挑战;对部分法律职业伦理规范中不融贯、不科学的内容,提出了切中肯綮的批评和合理化建言。对相关伦理规范的意图、依据、原理进行了清晰的归纳提示,满足了作为教材重要的功能性诉求。总之,李著是一部思路清晰、体系完整、语言平实、富于洞察力的课程教材,对读者或有较强的启发性。当然也有不足之处,李著引用法律职业规范文本采取的是分类摘要、述评的形式,因此相关规范内容均不完整,对于学习者可能会造成不便,建议再版时可考虑将重要伦理规范文件完整附录其后。

What is a Scientific Legal Professional Ethics

—A Review of LiXudong's Legal Professional Ethics

Li Lu

Abstract: The construction of rule of law requires the strengthening of legal professional ethics. Legal professional ethics can be considered as the prevention and protection instrument against the moral risks that guarantee law practitioners' loyalty to perform their representation responsibilities and conscious application of guard and practice their legal rights with rational knowledge and skills. Otherwise, law practitioners' loyalty would be substituted and ruined by the profit-chasing motives. A scientific legal professional ethics system should meet the following requirements: accurate presentations of the required elements, clear concepts, the confirmative and coherent rules, universalization, moderate interpretations, fair, authoritative and effective implementation. The rules for legal professional ethics should not be empty and contradictory. The autonomous governance of legal professional ethics requires effective impetus and prevention instrument, which include: the self-restriction that instructed by law knowledge and skills and the working supervision mechanism with intrinsic discretization characteristics, both of which work together to create a coordinative disciplinary mechanism. On the basis of these standards, it is worth to pay special attention to Li Xudong's *Legal Professional Ethics*, which shows the abovementioned scientific standards and style.

Key Words: scientific methods, legal profession, ethics

法学学科高层次人才成长规律探究
——基于学者学术成长轨迹及学术影响力的实证分析*

韩玉亭**

摘　要：从法学类长江学者特聘教授群体的学术成长轨迹来看，其教育背景中学术近缘以及学术链现象普遍存在，培养单位的多元化程度对其科研培养时间以及独立科研后的成才时间均具有影响，学历层次越高分布趋势越集中。其工作背景总体格局呈现出向优势院校集聚的态势，其演化趋势由综合性院校一枝独秀转向综合性院校和理工科院校齐头并进。学术晋升中实现"国家导向逻辑"与"学术创新逻辑"的融合与博弈是其行动逻辑，学术锦标赛是其外在动力机制，快速实现常规学术晋升是其前提性要件，长期专注的学术积累是其共性特质。从法学类长江学者特聘教授的学术影响力来看，学术显示度、学术生产力、学术被关注度、学术传播度与其综合影响力密切相关。在其当选前后学术生产

* 基金项目：本文系2017年江苏省高校哲学社会科学研究基金项目（项目编号：2017SJB0205）阶段性成果之一，同时受到了南京师范大学法学院教育改革研究项目的支持。

** 韩玉亭，南京师范大学法学院讲师，中国法治现代化研究院研究员，江苏高校区域法治发展协同创新中心研究人员，法学博士。研究方向：社科评价方法。

力、下载被引比、学术显示度与学术被关注度波动明显。法学各类优秀人才人选分布相对集中,优势积累效应明显。其在促进生产资料分配正义的同时也进一步加剧了学者群体的社会分层。

关键词:长江学者特聘教授　法学学科　学术成长轨迹　学术影响力

一、研究进展及背景

自美国著名社会学家罗伯特·金·默顿(Robert King Merton)①开创了科学社会学的研究范式以来,学术精英群体的成长轨迹逐渐成为国内外学术研究的热门领域。国内外学者的研究主要集中在以下几方面:有些学者从宏观的角度关注科学社会学理论体系的建构问题,如罗伯特·金·默顿、杰里·加斯顿(Jerry Gaston)、科尔兄弟(Jonathan R. Cole & Stephen Cole)等;有些学者从特定学科领域、特定群体等相对中观的层面对科学奖励系统进行了实证性的研究,如马陆亭、哈里特·朱克曼(Harrier Zuckerman)、刘少雪等;有些学者从微观的视角关注学术精英成长轨迹中的某一个方面,如吴殿廷等学者主要关注学术精英的学术链现象,刘崇俊等学者主要关注科学精英的优势积累问题,林聚任主要关注学术精英的性别分化问题,李福堂主要关注学术精英的地域分布问题。

纵览前人研究成果,不难发现以下几方面还存在学术增长空间:其一,尽管前人已有关于诺贝尔奖群体、院士群体、长江学者群体相关的研究成果,但法学类长江学者特聘教授群体样本尚未纳入之前学者的研究视域当中,因此本文是对前人研究的整合与拓展;其二,尽管前人已有关于可能制约学术精英成长因素的推论式描述,但基于法学领域精英学者学术成长轨迹的实证性研究尚有进一步深化的空间,因此本文是对前人

① 默顿教授撰写的博士毕业论文是最早的科学社会学著作,其提出了著名的“默顿命题”。参见[美]罗伯特·金·默顿:《十七世纪英格兰的科学、技术与社会》,范岱年等译,商务印书馆2000年版,第368页。

研究的聚焦与深化;其三,尽管前人已逐渐开始运用学术引证情况来评估学者的学术影响力,但之前尚未有学者从国家重要获奖荣誉重合率、成果引证率、下载率、下载被引比、权威期刊发文数、成果总数、H指数、G指数这一系列的观测点对法学类长江学者特聘教授的学术影响力进行客观全面的统计分析,尤其缺乏以若干核心观测点为样本数据对比精英学者在当选长江学者特聘教授前后是否存在明显的波动来理性审视法学精英学者的学术影响力是否存在"马太效应"的实证性研究成果,因此本文是对前人研究的继承与发展。

二、研究样本、考察指标及研究方法

1998年教育部联合李嘉诚基金会共同推出了长江学者奖励计划,该人才计划一经推出便成为中国国家高层次人才培养支持体系的重要组成部分。"长江学者奖励计划"(1999~2003年)前五届入选的学者均为自然科学领域的学术精英。自2004年开始长江学者奖励计划岗位所涉及的学科也逐渐从自然科学领域拓展到了人文社会科学领域。② 2015年开始,长江学者奖励计划新增了青年学者项目。

就法学学科而言,自2004年陈兴良教授被聘为首位法学领域的长江学者特聘教授以来,截至2018年8月,长江学者奖励计划共产生了35位特聘教授、4位讲座教授、22位青年学者。但鉴于国家从2015年开始仅在中西部地区和东北地区高校设置讲座教授项目,原先东部地区的讲座教授项目不再继续,同时考虑到青年学者无论是在学术成长轨迹方面还是学术影响力方面均无法与特聘教授采用同一套评价标准,因此本文主要选取了法学学科已聘任的特聘教授作为实证考察的样本,其样本容量为35。

在确定了研究样本之后,需要进一步设置一系列的研究指标:其一,

② 参见张学见:《文科长江学者群体特征简论》,载《江汉论坛》2016年第10期。

研究样本总体特质指标，在这个一级指标之下进一步设置了性别比例、年龄分布、地域分布、学科分布这四个二级指标；其二，研究样本成长轨迹指标，在这个一级指标之下进一步设置了教育背景、工作背景、学术晋升路径这三个二级指标；③其三，研究样本学术影响力指标，在这个一级指标之下进一步设置了精英学者学术影响力综合评价指标体系、当选特聘教授前后学术影响力波动状况、各类人才奖励计划人选的聚合状况这三个二级指标。④

在研究方法上，本文综合运用了CV研究法⑤、SPSS相关统计分析法、同类比对法等一系列的实证研究方法，力求深入地挖掘精英学者的学术成长规律，客观地审视当前国家高层次人才支持计划的培养效果。基于此，纵横深浅四大主线贯穿本文研究始终。所谓纵向主线主要关照法学精英学者从本科到博士阶段的教育背景变迁轨迹、从学生到学者身份的职业背景变迁轨迹、从讲师到教授身份的学术生涯变迁轨迹，进而相对理性地审视法学精英学者的学术成长轨迹；所谓横向主线主要关照法学精英群体在性别比例、年龄分布、地域分布、学科分布方面的基本状况，进而从宏观上把握法学精英群体分布的基本格局；所谓深度主线主要关照精英学者群体学术影响力分布格局及其背后的相关制约因素，从而逐步推动精英人才评价和发掘工作从"经验加感觉"向"数据加事实"转变；⑥所谓表层主线主要关注法学精英人才当选特聘教授前后学术影响力波动状况以及各类不同人才奖励计划人选的聚合分布状况，从而客观地审视当前国家高层次人才支持计划的培养效果。

---

③ 参见高勇：《长江学者学术成长路径研究》，清华大学2014年硕士学位论文，第20页。

④ 参见韩玉亭：《中国法学生产力分布格局检视——基于国家社科基金法学类立项课题的统计分析》，载《重庆大学学报（社会科学版）》2017年第6期。

⑤ 参见周建中、肖小溪：《科技人才政策研究中应用CV方法的综述与启示》，载《科学学与科学技术管理》2011年第2期。

⑥ 参见孙忠法：《大数据能为人才工作带来什么？》，载《智慧中国》2016年8月5日，第8版。

三、法学类长江学者特聘教授群体的总体分布规律

法学类长江学者特聘教授群体的总体分布规律主要围绕性别比例、年龄分布、地域分布、学科分布这四个方面来展开。

就法学类长江学者特聘教授群体的性别比例而言,呈现男女比例失衡的局面,同时综合对照组的相关数据可发现女性学者在学术圈所占的比重与学者群体的人才层次呈现背离分布的态势。具体而言,35名法学类长江学者特聘教授样本中仅包含了两位女性学者,分别为东南大学法学院的刘艳红教授和辽宁大学法学院的杨松教授。为较直观地感受样本数据的性别比例状况,笔者特引入了几组参照数据(见图1),即人文社会科学领域长江学者特聘教授的性别比例数据⑦、知名法学院校教授性别比例数据⑧、普通高校专任教师性别比例数据。从图1来看,法学类长江学者特聘教授群体的性别比例与人文社会科学类别的数据基本持平,而知名法学院教授群体的相关统计数值达到了20%,远高于前两类群体。在四个群体的统计数据当中普通高校专任教师性别比例的数据分布最为均衡。总体而言,女性学者在学术圈所占的比重与学者群体的人才层次呈现背离分布的态势,即人才层次越高,女性学者分布越少。这种背离分布的态势或可用"有限差异论"予以解读。即这种背离分布的态势是由一系列社会外在因素的"激发"机制以及个人内在"回应"机制综合作用的结果。⑨ 社会外在因素的激发机制包括了传统的职业分

---

⑦ 人文社会科学领域长江学者特聘教授性别比例数据参见王帆等:《人文社会科学领军人才成长特征研究——基于长江学者特聘教授的分析》,载《中国人民大学教育学刊》2015年第4期。

⑧ 此处笔者采用了重点抽样的方法,分别统计了中国人民大学法学院、北京大学法学院、武汉大学法学院、吉林大学法学院四个法学院当中女性教授占全院教授的比例,然后取四个学院占比数据的平均值。

⑨ 参见林聚任:《论中国科学界的性别分化与性别隔离》,载《科学学研究》2000年第1期。

工与制度结构、文化观念、婚姻家庭状况、[10]科研软环境等;而个人的内在“回应”机制则包括了克服社会外在因素阻碍的动力要素、个体性格要素、前期学术积累、学术敏感度、科研产出能效比等。在控制其他变量因素的情况下,女性学者较男性学者而言所面临的社会外在激发机制的消极作用更为明显,这也就意味着她们要想获得同样的学术声望需要用更多的“回应”机制与外在的消极激发机制实现抵消。更为关键的是,这种“激发”和“回应”综合作用机制具有记忆效果,某些细小或有限的差异会伴随着记忆效果的不断重复而实现“滚雪球效应”,最终导致在高层次人才队伍中性别比例分布失衡。[11]

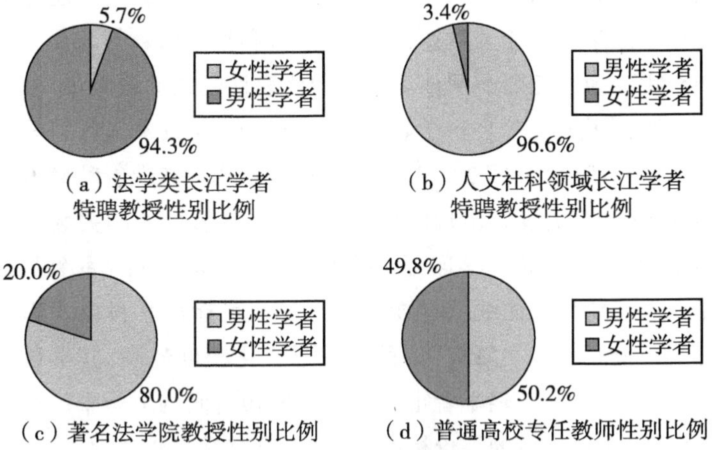

图 1　不同层次学者群体中的性别比例

资料来源:参见 2017 年度普通高校专任教师性别比例源于教育部官方统计数据,载教育部官网,http://www.moe.gov.cn/s78/A03/moe_560/jytjsj_2017/qg/201808/t20180808_344693.html,最后访问日期:2018 年 8 月 24 日。

就法学类长江学者特聘教授群体入选年龄分布状况而言,其总体呈现为倒 U 形分布,基本吻合人文社会科学领域长江学者特聘教授入选

[10] 参见董美珍:《试论科学女性的价值取向》,载《科学技术与辩证法》2000 年第 6 期。

[11] 参见林聚任:《论中国科学界的性别分化与性别隔离》,载《科学学研究》2000 年第 1 期。

年龄段的分布规律,相较自然科学领域入选特聘教授群体的年龄要晚5~10年。具体而言,法学类长江学者特聘教授群体中入选年龄最小的为仅40周岁的中国政法大学于志刚教授,入选年龄最大的为55周岁的中山大学徐忠明教授,入选平均年龄为47.4周岁,入选年龄段分布最为集中的是46~50周岁,共21人,所占比重达到61.8%。为更加直观地感受法学类长江学者特聘教授群体入选年龄分布状况,特选取了教育学类以及物理学类特聘教授的相关年龄数据进行了横向对比(见表1),从表1来看,教育学类长江学者特聘教授的入选年龄分布规律与法学类基本类似,其入选平均年龄略高于法学类。而从物理学类长江学者特聘教授的相关对比数据来看,无论是年龄数据的最小值、最大值还是平均值均远远小于法学类的相关数据,其中最小值和平均值数据均保持了8岁左右的差距。为避免因参照样本选取的代表性问题而影响最终结论,笔者进一步验证了人文社会科学领域与自然科学领域入选特聘教授群体的年龄段分布状况(见图2),人文社会科学领域长江学者特聘教授的入选年龄在46~50周岁时出现峰值,而自然科学领域的相关数据则提前为36~45周岁,⑫这进一步印证了我们的结论。而不同学科领域之间之所以在入选年龄峰值曲线上存在明显差异或可运用学科范式程度理论予以解读。依照其基本原理,学科领域范式化程度越高,其学科理论逻辑体系也更为自洽,年轻学者也更容易在较短时间内取得卓越的研究成果,同时科研成果好坏的评价标准更显性,更容易达成共识,从而让年轻学者更容易得到社会的认可,如在以物理学为代表的理工科领域;而那些处于范式化前期(preparadigmatic)的学科领域,学科理论体系还处于描述性归纳的阶段,因此学者需要更多的时间历练和更系统的经验总结才能在科研上脱颖而出,此外范式化前期相关学科领域科研成果的评价标准弹性更大,因此诸如学者在学界的活跃度和影响力等一系列的社会附加属性均可能对其成果的认可产生无形的影响,年轻学者迅速成名的概率也就更小,因此在法学和教育学这些处于范式化前期的人文社会科

⑫ 参见王帆等:《人文社会科学领军人才成长特征研究——基于长江学者特聘教授的分析》,载《中国人民大学教育学刊》2015年第4期。

学领域入选学者年龄峰值要比范式化程度较高的理工科领域入选学者年龄峰值晚5～10年。⑬

表1　不同学科长江特聘教授的年龄分布　　单位：周岁

法学			教育学			物理学		
最小	最大	平均	最小	最大	平均	最小	最大	平均
40	55	47.4	40	56	49	31	52	39.6

资料来源：教育学科领域和物理学科领域长江学者特聘教授的年龄数据，参见宋晓欣等：《教育学科高层次人才成长规律探究——以22位长江学者为例》，载《中国高教研究》2018年第3期；另参见张正严、李侠：《屏障与超越：物理学长江学者群体状况的计量分析与思考》，载《科学技术哲学研究》2014年第3期。

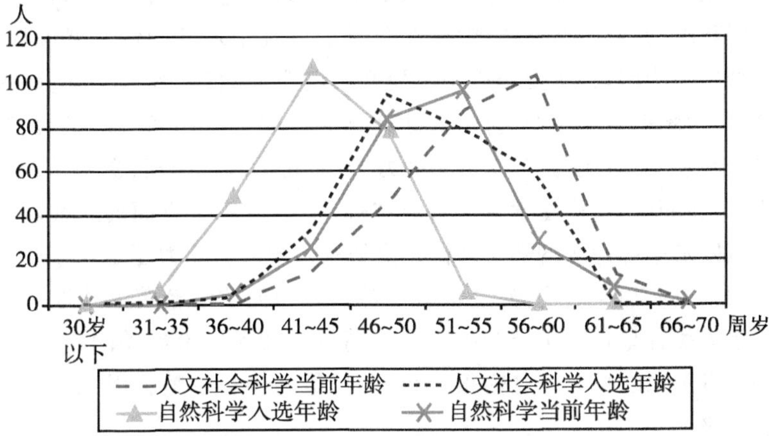

图2　不同领域长江特聘教授的年龄段分布

资料来源：参见王帆等：《人文社会科学领军人才成长特征研究——基于长江学者特聘教授的分析》，载《中国人民大学教育学刊》2015年第4期。

就法学类长江学者特聘教授群体的地域分布状况而言，东中西三大区域⑭精英人才分布严重失衡，中部地区是精英人才输出区域，东部地区

⑬　参见邱均平、余厚强：《科学家黄金年龄影响因素的综合分析》，载《情报杂志》2014年第3期。

⑭　东部省、市：北京、天津、上海、辽宁、江苏、浙江、福建、山东、广东；中部省份：河北、山西、吉林、黑龙江、安徽、江西、河南、湖北、湖南、海南；西部省、市、自治区：内蒙古、广西、重庆、四川、贵州、云南、西藏、陕西、甘肃、宁夏、青海、新疆。

为精英人才输入区域,西部地区为精英人才严重匮乏区域(见图 3)。具体而言,从样本群体的籍贯分布来看,入选学者主要分布在中部和东部地区,比重达到 91.4%,其中又以湖北、河南、浙江、山东这四个地区人数最多,达 21 人。从样本群体的工作地域分布来看,东部和中部地区集群分布的态势十分明显,两大区域占比达到 97.1%。从样本群体的地域流动趋势来看,呈现向东部和中部地区高校双漩涡集聚流动的趋势,其中向东部流动人才的籍贯涵盖了中部、东部、西部三大区域,向中部流动人才主要流向武汉大学和吉林大学这两大高校,而西部地区高校则完全无力从东部和中部地区吸引法学精英人才。该现象或可运用地区引力模型的理论予以解读,即法学精英人才地域分布严重失衡的局面是四个方面因素综合作用的结果,分别为:迁出地域的推力因素,主要涵盖了诸如地域经济发展状况、教育生态系统状况、文化传播以及学术共同体发展现状;迁入地域的拉力因素,主要涵盖了科研平台与学术氛围、收入状况、地缘政治红利、学术信息传递便捷性;人才迁移能力因素,主要涵盖了学者教学科研成果、学术影响力、学术发展潜力;人才迁移成本因素,主要涵盖了安家成本、交通成本、构建学术平台成本等。⑮ 从这四个方面的因素来看东部地区以及中部地区的知名高校无论是从人才吸引能力还是人才产出能力方面均具有显著的优势,这也就不难理解为何法学精英人才地域分布会严重失衡并呈现向东部和中部地区高校双漩涡集聚流动的趋势,这种趋势一旦形成在短时间之内很难改变,且最终会影响整个国家的精英人才储备格局。

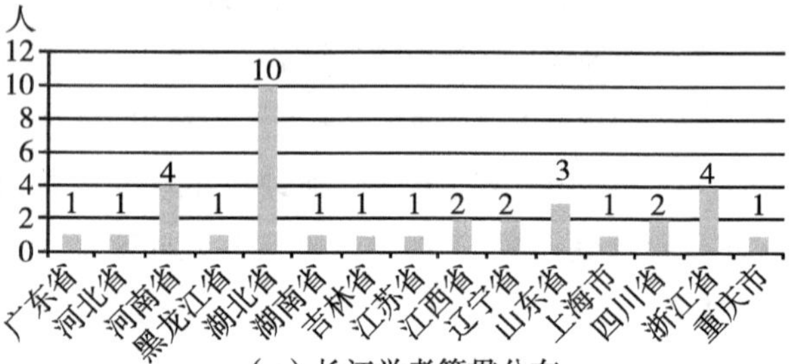

(a)长江学者籍贯分布

⑮ 参见刘生龙:《中国跨省人口迁移的影响因素分析》,载《数量经济技术经济研究》2014 年第 4 期。

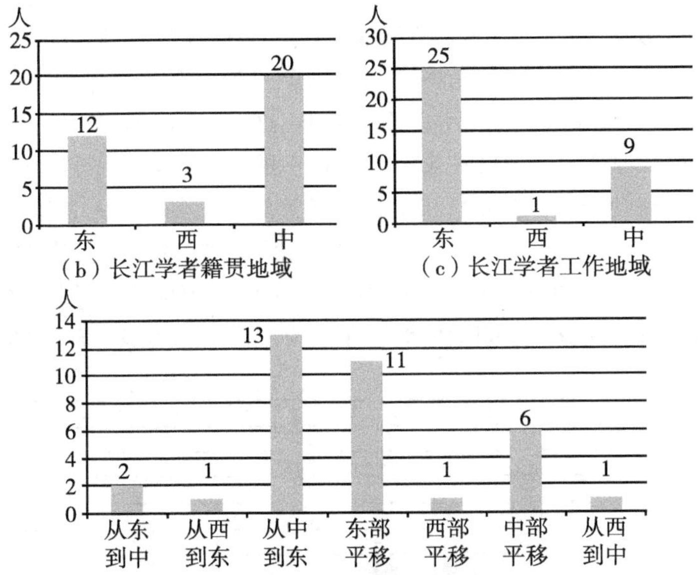

（b）长江学者籍贯地域　（c）长江学者工作地域

（d）长江学者地域流动趋势

图3　长江特聘教授的地域分布

就法学类长江学者特聘教授群体的学科分布状况而言，呈现冷热学科分布不均的局面（如图4及表2所示）。从内部视角来看，法学各二级学科当中民商法专业处于遥遥领先地位，共产生了8位长江学者特聘教授，同一时期其学科繁荣程度和学科教学实力的相关统计数据同样验证了民商法专业处于领先地位的结论。民商法专业之所以成为显学，或与1992年社会主义市场经济体制目标的确立有关，至此之后“民商法人才辈出”。鉴于此，法学精英人才在民商法专业大量集聚的现象也就不难理解。同时，刑法学和法理学专业也处于相对热门学科地位，各产生了6位长江学者特聘教授。而法律史、环境资源保护法学和军事法学这三个专业则处于相对弱势的学科地位，共产生了一位长江学者特聘教授。[16] 就外部视角而言，2004～2017年，法学学科长江学者每年入选名单与同期社科领域入选名单保持了同比增长的态势，但与同为经世致用学科的经济学

⑯　参见韩玉亭：《学术生产力格局失衡及其矫正——以法学为样本解读》，载《重庆大学学报（社会科学版）》2017年第2期。

领域入选人数存在较大差距。具体而言,在 2004 ~ 2017 年,法学学科年均入选人数逐渐从 1 ~ 2 名提升到 3 ~ 4 名,同期社科领域长江学者无论是就当选人数还是所占比重同样表现出了逐年提升的趋势,其年均入选人数从 12 人增长到 47 人,所占比重从 11.1% 提升到 31.8% 。为更为直观地感受法学学科在人文社会科学领域中的地位,笔者特选取了同为经世致用学科的经济学领域长江学者特聘教授入选名单作为参照,法学学科和经济学学科每年入选人数在人文社会科学领域中所占比重分别在 7% ~8% 、15% ~20% 徘徊,二者之间的差距或与学科间的知识属性、研究范式、学科传统⑰、研究队伍状况、学科应用前景等诸多因素密切相关。

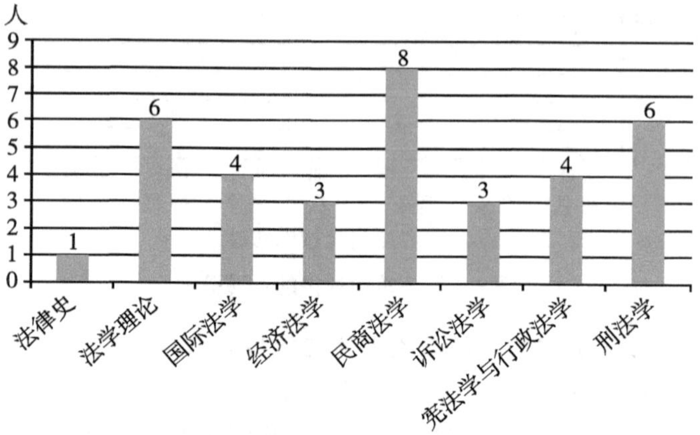

图 4　内部视角下法学学科分布

表 2　外部视角下法学学科分布　　单位:人

学科	2004 年	2005 年	2006 年	2007 年	2008 年	2009 年	2011 年	2012 年	2014 年	2015 年	2016 年	2017 年
法学	1	2	2	2	2	2	5	4	5	3	4	3
经济学	4	3	4	2	4	3	8	8	13	7	11	7
人文社会科学	12	17	16	15	20	21	60	49	88	43	48	47
全部	108	101	103	107	135	153	194	163	287	152	159	148

资料来源:2004 ~ 2014 年关于人文社会科学领域和经济学领域长江学者的数据,参见张学见:《文科长江学者群体特征简论》,载《江汉论坛》2016 年第 10 期,作者对其中一组错误数据进行了修正,2015 ~ 2017 年相关数据为笔者统计。

⑰　参见顾建民:《学科差异与学术评价》,载《高等教育研究》2006 年第 2 期。

四、法学类长江学者特聘教授学术成长轨迹追踪

法学类长江学者特聘教授群体的学术成长轨迹主要围绕教育背景、工作背景、学术晋升路径这三个方面来展开。

就法学类长江学者特聘教授群体的教育背景而言，存在以下四个方面的特征：其一，入选群体普遍存在学术近缘以及学术链现象。其中学术近缘现象又可以进一步划分为纯近缘、依附近缘、移动近缘三种类型。纯近缘现象是指入选群体本科—硕士—博士阶段所就读院校与工作单位一致的情形；依附近缘现象是指博士阶段就读院校与工作单位一致的情形；移动近缘是指在博士阶段之前就读的院校与工作单位相一致的情形。[18]就样本数据而言，存在移动近缘现象的共有21人，存在依附近缘现象的有13人，存在纯近缘现象的有3人（见表3）。而作为乡土主义文化变种的学术近缘现象之所以在法学精英群体中普遍存在或与两个方面的原因有关：一是国内几所高水平大学无论从科研平台、薪酬待遇、学术影响力还是学术前景而言都对法学精英人才具有难以抗拒的吸引力；二是国内几所高水平大学同时也是当前培养法学精英人才的最主要摇篮。基于此，由这几所高校所培养的优秀法学人才大多还是留在了母校，学术近缘现象也就由此而产生。其中学缘结构中普遍存在的学术链现象可进一步划分为纵向式学术链、横向式学术链、圈式学术链。所谓纵向式学术链指的是老师和学生均入选法学精英学者群体的“名师出高徒”现象，如样本数据当中陈兴良教授与弟子周光权教授、赵秉志教授与弟子于志刚教授均入选法学长江学者；所谓横向式学术链指的是师从同一导师的学生数人入选法学精英学者群体的“名门出望族”现象，如样本数据当中佟柔教授指导的王利明教授和张新宝教授、江平教授指导的赵旭东教授和龙卫球教授、高铭暄教授指导的陈兴良教授和赵秉志教授均入选法学长江学

---

[18] 参见姜璐等：《拔尖创新学术人才的成长规律研究：基于青年“长江学者”群体状况的计量分析》，载《中国大学教学》2018年第1期。

者;所谓圈式学术链指的是同一院校同一专业当中数人入选法学精英学者群体的“名山出英杰”现象,如样本数据中叶必丰、汪习根、周佑勇、秦前红四位教授均毕业于武汉大学宪法学与行政法专业,赵旭东、龙卫球、高圣平三位教授均毕业于中国政法大学民商法专业。在法学精英群体中学术链现象普遍存在或与以下几个方面的原因有关:一是鉴于法学学科的特点,在其知识体系建构完善过程中存在明显的以若干泰斗学者为圆心不断向外围扩散的学派代际传承痕迹;⑲二是在控制其他变量的情况下,著名学者学术指导的效果与学生随后的学术生产力以及自我效能感呈正相关;⑳三是鉴于知名高校的王牌专业在学科积淀、学术视野、科研氛围、学术影响力、学术资源等方面的领先地位从而让一流学科优势呈现明显的放大效应。

表3　长江特聘教授的学缘类别

类别	本科与受聘院校相同	硕士与受聘院校相同	博士与受聘院校相同	本、硕、博均与受聘院校相同
学术近缘类别	移动近缘		依附近缘	纯近缘
人数/人	6	15	13	3
百分比/%	17.1	42.9	37.1	8.6

其二,入选群体教育培养单位越多元,其科研培养的平均年限越长,其独立科研之后成才的平均年限越短(见表4)。当前教育理论学界对于教育培养单位多元化问题有两种观点:一种观点认为教育培养单位多元化通过不同培养单位相互间的交叉融合从而拓展了学生的学术视野,锻炼了学生非线性的、多元的、整合的思考问题方式,近而提升了学生在面对复杂问题和多变环境的应变与解释能力。㉑ 另外一种观点则认为

⑲　参见王帆等:《人文社会科学领军人才成长特征研究——基于长江学者特聘教授的分析》,载《中国人民大学教育学刊》2015年第4期。

⑳　参见宋晓欣等:《教育学科高层次人才成长规律探究——以22位长江学者为例》,载《中国高教研究》2018年第3期。

㉑　参见汤晓蒙、刘晖:《从“多学科”研究走向“跨学科”研究——高等教育学科的方法论转向》,载《教育研究》2014年第12期。

教育培养单位多元化模式因各个培养阶段的割裂从而造成了广大学生在知识学习、能力培养、科学探索、课题研究、学术氛围等方面缺乏连贯性。[22] 从样本数据来看，其教育培养单位越是多元化，其科研培养的平均年限也就越长，[23]学者成长的平均年限也就越长，[24]该现象恰是第二种观点的具体表征。同时，其教育培养单位越多元，人才独立科研之后成才的平均年限也就越短，[25]这种现象恰是第一种观点的具体表征。这两种现象或可运用教育人力资源成本与收益的相关理论予以解读，即在控制其他变量的情况下，学者教育背景多元化程度越高，其前期必须要投入更多的人力资源成本才可能取得同样的科研绩效。但当教育人力资本存量积累到了一定的阶段，其前期人力资源投入的收益将逐渐显现从而进入教育人力资本投入红利的收割期，其最直观的表现为当学者开始独立科研之后，那些教育背景多元化程度更高的学者其成才的平均年限相较其他学者而言时间会更短，后劲会更足。[26]

表4　长江特聘教授教育背景多元化与学者学术成长关系　单位：年

教育背景多元化	科研培养年限	独立科研年限	学者成长年限
1	15.3	14.7	30.0
2	16.2	14.3	30.6
3	18.1	14.2	32.3

其三，入选群体本科就读院校分布离散化，硕士和博士就读院校分布趋势相对集中（见图5）。就样本群体本科阶段就读院校的分布范围而言，其呈现离散多元分布的态势，样本零星分布在17所院校。样本群体硕士阶段所就读院校的分布格局相较本科阶段而言表现出了相对

---

[22] 参见张淑林、曹晔华等：《基础研究类创新人才培养模式改革探析》，载《研究生教育研究》2013年第2期。

[23] 科研培养平均年限即统计学者从本科入学到博士毕业所经历的平均年限。

[24] 学者成长平均年限即统计学者从本科入学到入选长江学者所经历的平均年限。

[25] 学者独立科研之后成才的平均年限即统计学者从博士毕业到入选长江学者所经历的平均年限。

[26] 参见李峰、吴蝶：《高等教育背景如何影响不同学科科技人才成长——以教育部长江学者特聘教授为例》，载《高等教育研究》2016年第10期。

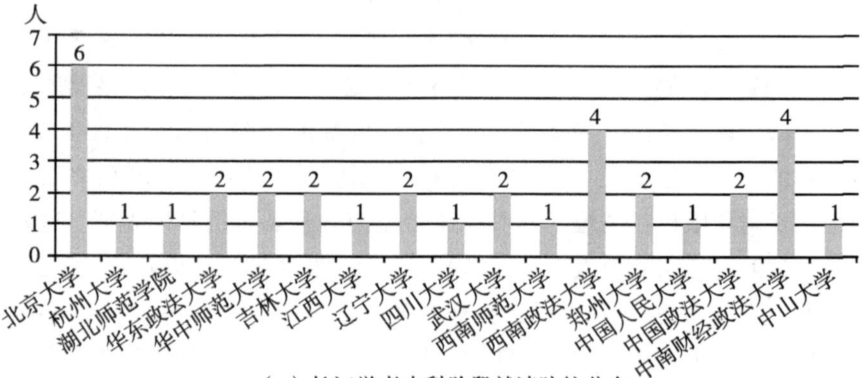

(a)长江学者本科阶段就读院校分布

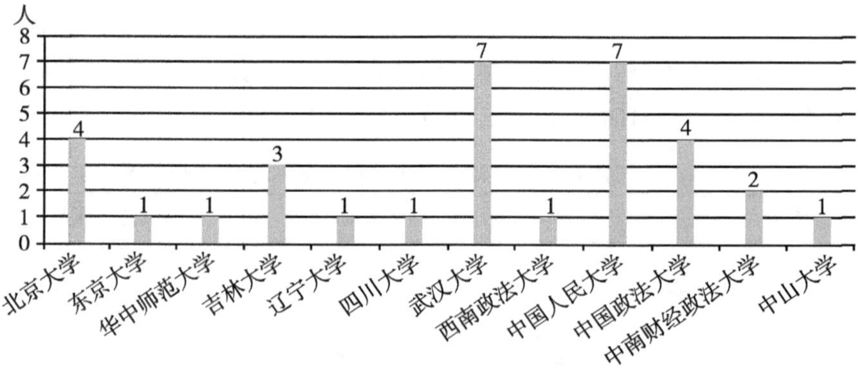

(b)长江学者硕士阶段就读院校分布

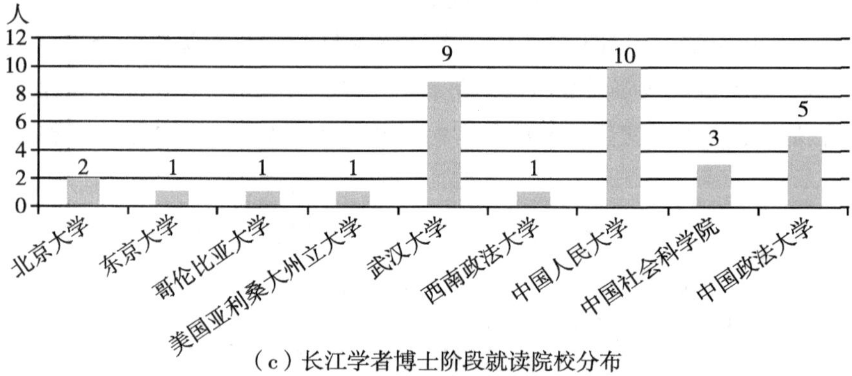

(c)长江学者博士阶段就读院校分布

图 5　长江特聘教授所就读院校

集中的趋势,博士阶段所就读院校这种集中分布的态势更为明显,其中仅中国人民大学、武汉大学、中国政法大学、中国社科院、北京大学这5所院校就培养了29名长江学者。长江学者样本群体不同阶段所就读院校所呈现的不同分布态势或可运用机构积累优势理论予以解读。样本群体所就读院校是个人选择和院校选择双重博弈的结果,个人在自己可以实现的范围内通常会选择那些更加具有社会影响力的名牌高校,而院校也会尽可能地选择那些更具科研潜力的学生,经过多轮的博弈和妥协,从而让那些优秀的学生选择到自己心仪的院校,那些一流的高校遴选到优质的生源。这种向上流动的选择趋势从而让那些一流院校在诸如论文发表、课题申请、人才梯队建设、财政支持、社会影响力等方面的优势进一步得到累积和强化。㉗

其四,入选群体从本科到博士阶段所就读院校的变化轨迹以上行以及平行移动的趋势为主(见图6)。就样本群体从本科向硕士的变化趋势而言,其中属于平行移动轨迹和上行移动轨迹㉘的有32人;就样本群体从硕士向博士的变化趋势而言,其中属于平行移动轨迹和上行移动轨迹的有31人。由此不难发现样本群体在学历深造的过程中目标均集中于一流法学院校,其变化轨迹以上行以及平行移动趋势为主,这种现象或可运用势差效应予以解读。㉙ 鉴于不同层次法学院校在学界影响力、科研平台、师资人才、区位优势、财政支持力度等方面的非均衡性,当法学精英人才所就读院校为知名一流法学院校时,由于势差较小的原因其更多地表现出平行移动的趋势;当法学精英人才所就读院校非知名一流法学院校时,由于其所就读院校与目标院校二者间的势差较大,其在寻求继续深造院校时通常会表现出明显的上行趋势。

㉗ 参见赵万里、付连峰:《科学中的优势积累:经验检验与理论反思》,载《科学与社会》2014年第2期。

㉘ 本文所提及的“平行移动轨迹”“上行移动轨迹”“下行移动轨迹”均以教育部学位与研究生教育发展中心所公布的全国第四轮学科评估法学学科的评估结果的排名作为比较的依据。

㉙ 参见郑文力:《论势差效应与科技人才流动机制》,载《科学学与科学技术管理》2005年第2期。

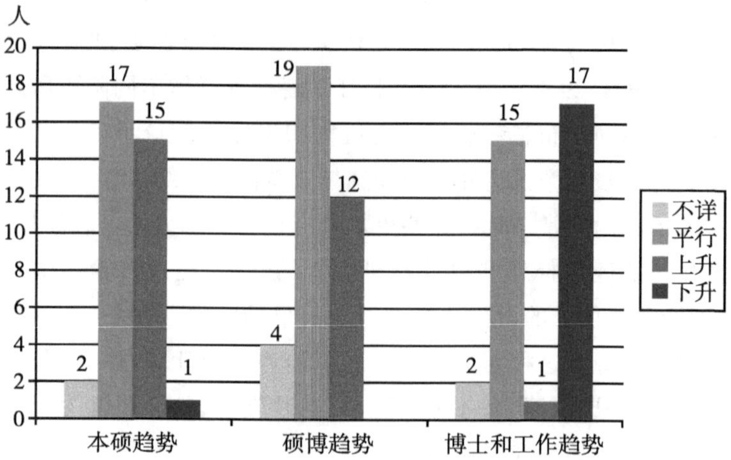

图 6　长江特聘教授就读院校变化轨迹

就法学类长江学者特聘教授群体的工作背景而言,存在以下三个方面的特征:其一,工作背景的总体格局呈现向优势院校集聚的态势(见图7)。申言之,样本群体中人数分布较多的院校依次为中国人民大学、武汉大学、北京大学、清华大学,这 4 所高校同时也是法学一流学科的重点建设院校。进一步就样本所任职院校的显性优势而言,所分布高校均为"211 工程"高校,其中有 31 人分布在"985"院校,有 24 人分布在法学五院四系的老牌名校,有 22 人所任职高校具有教育部法学重点研究基地的科研平台优势,有 25 人在入选长江学者时所在院校具有法学一级学科博士授予权的人才培养优势,数据表明法学精英人才总体分布格局呈现向优势院校集聚的态势。这种现象或可运用卓越院校的优势积累和传递效应予以解读。即那些具有学科显性优势平台的院校在学科声誉、学生招生、师资招聘、团队建设、社会资源获取等方面实现组织优势和个人优势相互间的叠加和传递,从而让那些精英学者的科研潜能不断释放而处于领先地位。[30]

㉚ 参见刘少雪、庄丽君:《研究型大学科学精英培养中的优势累积效应——基于诺贝尔奖获得者和中国科学院院士本科就读学校的分析研究》,载《江苏高教》2011 年第 6 期。

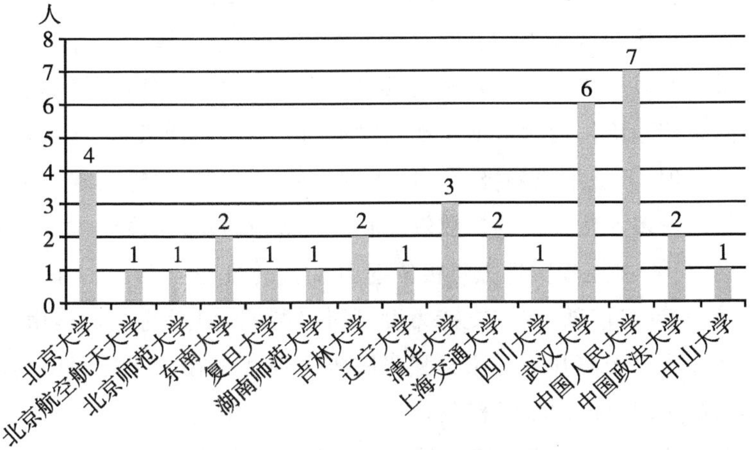

图 7　长江特聘教授的任职院校分布

其二,工作背景的演化趋势呈现由综合性院校一枝独秀向综合性院校和理工科院校齐头并进的局面(见图 7)。就样本群体所任职单位的演化趋势而言,随着高等教育大众化潮流的演进,诸如清华大学、上海交通大学、北京航空航天大学等一些理工科院校先后成立了法学院,开始重视法学学科建设,进一步加大经费投入和人才引进力度,再加之这些知名高校的品牌效应以及任职院校地处北京、上海这些中心城市,经济发展水平和地缘优势十分明显,这也就不难理解从 2004 年到 2017 年的三个阶段中,法学类长江学者特聘教授群体任职院校的演化趋势为何会呈现由综合性院校一枝独秀向综合性院校和理工科院校齐头并进的局面。

其三,入选群体从教育背景到工作背景的变化轨迹㉛以下行以及平行移动的趋势为主(见图 6)。具体而言,法学长江特聘教授群体博士阶段所就读院校集中分布的态势十分明显,其中仅中国人民大学、武汉大学、中国政法大学、中国社科院、北京大学这 5 所院校就培养了 29 名长江学者。而就法学精英群体的任职单位而言,其分别分布在 15 所法学

㉛　主要考察学者博士阶段所就读高校到任职单位所在高校的变化轨迹,其比较参照的标准为教育部全国第四轮学科评估法学学科的评估结果的排名。

院校,这其中不仅包括了那些传统法学强势院校,还包括了那些法学研究实力正在崛起过程中的新兴法学院校。而入选群体从教育背景到工作背景之所以呈现下行以及平行移动的趋势或可运用增长极的理论予以解读。该理论认为学术增长现象以不同的强度在增长点、区域增长极上首先出现,但学术强势极不可能无限扩张下去,其要想实现可持续发展必须通过多元化渠道的扩散效应和涓流效应,逐步实现学术强势极的卫星城化。[32] 在逐步实现强势极辐射卫星城的过程当中,加之诸如故土情结、学术近缘情结、院校支持力度、区位优势等因素的综合作用,从而让许多优秀学者离开传统法学强势院校去那些正在崛起过程中的新兴法学院校实现自己的学术抱负。

就法学类长江学者特聘教授群体的学术晋升路径而言,存在三个方面的特征:其一,"国家导向逻辑"与"学术创新逻辑"的融合与博弈是精英学者在实现学术晋升过程中贯穿始终的行动逻辑。鉴于中国的高等院校自其现代性构建伊始就是与"国家行动"紧密相连,"国家行动"的总体性框架贯穿各类学者的学术研究活动以及学术晋升过程始终,"国家导向逻辑"成为精英学者开展学术研究以及快速实现学术晋升的重要行动逻辑。但相较普通学者而言,精英学者之所以能够从众多竞争者中脱颖而出,一个重要的方面便是将大学本来属于"认识论范畴的学术创新逻辑"提升到"国家行动"的高度,通过"国家导向逻辑"与"学术创新逻辑"二者间的融合与博弈尽可能高效地产出兼具"知识品性"和"实用品性"的学术成果来快速实现学术晋升,从而为精英人才的入选奠定重要基础。[33] 如武汉大学肖永平教授学术晋升的过程恰是我国与世贸组织谈判的过程,其所从事的国际商事仲裁相关问题的研究正是遵循了"国家导向逻辑"与"学术创新逻辑"融合与博弈的行为逻辑,其不仅为我国加入世贸组织谈判提供了重要的理论支撑从而体现其"实用品

㉜ 参见韩玉亭:《学术生产力格局失衡及其矫正——以法学为样本解读》,载《重庆大学学报(社会科学版)》2017年第2期。

㉝ 参见徐永:《国家行动下学术创新策略的实践逻辑及其反思——基于大学学术生产的视角》,载《教育发展研究》2012年第23期。

性”,同时也逐步建构起一整套的国际商事仲裁理论体系从而体现其“知识品性”。

其二,学术锦标赛是精英学者实现学术晋升的外在动力机制。具体就样本群体学术晋升的动力机制而言,当以科研成果、主持课题、奖励的数量和级别、学界知名度等相对显性的学术绩效考核作为学术晋升规则已在学术群体中初步达成共识时,科研人员的先天条件以及后天努力程度将与未来的学术绩效产生关联,一旦这种关联性足够大,通常会分化为两种情形:一种情形是由于学术群体当中一部分人由于先天客观条件或后天努力程度上的不足,从而导致他们无法在激烈的学术竞争中赢得比较优势,他们更加倾向于偏离学术绩效激励的轨道,慢慢在学术群体中自我边缘化;另一种情形则是那些无论是先天条件还是后天努力程度都让他们能够在激烈的竞争中实现自我价值,再加之政府方面不断优化学术分层奖励体系并逐步扩大不同层级之间利益差距的外部催化,从而让那些具有比较优势的学术群体积极参与到学术绩效锦标赛的竞争行列中,[34]而精英群体的示范效应又进一步增强了其传染式裂变。

其三,快速实现常规学术晋升是精英学者群体的前提性要件,长期专注的学术积累是精英学者群体的共性特质(见表5)。笔者将学术精英的晋升进一步分为两类情形:一类是常规型晋升,主要涵盖了样本群体从讲师到副高,从副高到正高,从讲师到正高的年限;另一类是优选型晋升,主要涵盖了样本群体从本科接受高等教育开始到入选精英学者,从博士毕业到入选精英学者的年限。从前一个类型的样本数据来看,样本群体从讲师到副高的最少年限是2年,平均年限是4.6年;从副高到正高最少年限是3年,平均年限是4.8年;从讲师到正高最少年限是5年,平均年限是8.2年。这一组数据表明样本群体均快速实现了常规型学术晋升。这种现象或与以下几个方面的因素有关:其一,快速实现常规型学术晋升之后从而让其在诸如学术成果发表、课题申请、科研奖励

---

[34] 参见陈先哲:《学术锦标赛制:中国学术增长的动力机制与激励逻辑》,载《高等教育研究》2017年第9期。

申报、学界知名度提升等方面充分放大高级职称所附随的良性循环效应,从而为之后入选精英学者奠定重要的前提基础。其二,在当今知识大爆炸的时代,鉴于当前知识传播与更新的速度不断加快。学者们为巩固其在学术领域的比较优势必须不断地输入全新的学术信息,不断地产出最新的科研成果,这也让此类学者能够快速地实现常规学术晋升。[35]从后一个类型的样本数据来看,样本群体从本科接受高等教育开始到入选长江学者最少年限是22年,平均年限是28.7年;从博士毕业到入选长江学者最少年限是8年,平均年限是13.7年。这一组数据表明入选长江学者的学者均经历了长期专注的学术积累,这种现象或可运用量变引起质变的原理予以解读。申言之,学者入选长江学者作为一种优选型晋升,其不同于常规型晋升,其对学者的科研成果、主持的课题、奖励的数量和级别、学界知名度等学术绩效提出了更高的要求。在控制其他变量的情况下,突出的学术绩效的取得通常要经历长期的学术积累。当学术积累达到一定程度之后,学者对于探究问题的方法、观察问题的视角、学术逻辑的自洽性、学术研究的整体性等多个方面均会有新的认识,学者的学术绩效也更有可能处于卓越地位。得益于此,学者也更有可能促成学术地位的飞跃,从而实现优选型晋升。

表5 精英学者学术晋升的轨迹 单位:年

年限	常规型晋升			优选型晋升	
	从讲师到副高	从副高到正高	从讲师到正高	从本科到入选	从博士毕业到入选
最少年限	2	3	5	22	8
平均年限	4.6	4.8	8.2	28.7	13.7

[35] 参见牛冲槐等:《人才聚集中自我冲突的消减与人才聚集效应研究》,载《科学学与科学技术管理》2006年第8期。

五、法学类长江学者特聘教授学术影响力考察

法学类长江学者特聘教授群体的学术影响力主要围绕综合影响力、当选前后影响力波动情况、各类人才计划人选的聚合状况这三个方面来展开。

就法学类长江学者特聘教授群体的综合影响力㊱而言,其具有两个方面的特征:其一,学术显示度、㊲学术生产力㊳与法学精英学者的学术影响力密切相关(如表6所示)。具体而言,笔者选取了样本群体入选长江学者前在《中国社会科学》《中国法学》《法学研究》三大刊物所发表论文的数量、论文成果总数、学者的H指数、G指数等相关数据进行编码,运用SPSS软件中的Pearson相关性分析,其相关系数及显著性均表明学术显示度、学术生产力与法学精英学者的学术影响力具有统计学意义。学术显示度、学术生产力与法学精英学者的学术影响力具有强烈的正相关关系。在控制其他变量的情况下,学者的学术显示度越突出,学术产出越多,其学术影响力也就越高,反之亦成立。其中学者学术显示度之所以能够与学术影响力产生正相关关系或许是由于学者能够在三大刊发表科研成果,一方面表明了学术界对于其研究水平及研究成果的认可;另一方面鉴于作为论文载体的三大刊在学术界的广泛影响力,其进一步增强了论文作者的学术影响力。而学术生产力之所以能够与法学精英学者的学术影响力产生正相关关系或许可以用心理学上的曝光效应予以解读。在同等情况下,人们倾向于对某个熟悉的对象更偏爱一些。而表征学者生产力水平的成果数量越多,其也就天然地具备了在学术界更多曝光的频次,学术界对那些高产作者更为熟悉,自然大家对这类群体的偏爱也就更多一些,这类偏爱经过日积月累,相关学者的学术影响力也就更高。

㊱ 综合影响力包含了诸如H指数、G指数等一系列的数据。参见隋桂玲:《g指数与h指数、e指数的关系及其文献计量意义》,载《图书情报工作》2013年第23期。

㊲ 本文将样本群体入选长江学者前在《中国法学》《中国社会科学》《法学研究》的发文数量代表学者学术显示度数据主要是鉴于法学学术圈对其关注度极高。

㊳ 本文将学者的论文成果总数来代表其学术生产力水平。

表6 学术显示度、学术生产力与学术影响力的相关关系

数量		H指数	G指数	前三大刊发文总数	成果数
H指数	Pearson 相关性 显著性(双侧) N	1 35	.941 * * .000 35	.838 * * .000 35	.767 * * .000 35
G指数	Pearson 相关性 显著性(双侧) N	.941 * * .000 35	1 35	.756 * * .000 35	.649 * * .000 35
前三大刊发文总数	Pearson 相关性 显著性(双侧) N	.838 * * .000 35	.756 * * .000 35	1 35	.684 * * .000 35
成果数	Pearson 相关性 显著性(双侧) N	.767 * * .000 35	.649 * * .000 35	.684 * * .000 35	1 35

* *. 在.01水平(双侧)上显著相关。

其二,学术被关注度、㊴学术传播度㊵与法学精英学者的学术影响力密切相关。(见表7)申言之,笔者选取了样本群体在入选长江学者前知网数据库其论文总下载数、每篇论文的平均下载数、知网数据库其论

㊴ 本文将样本群体在入选长江学者前知网数据库其论文总下载数、每篇论文的平均下载数来代表学者的学术被关注度。

㊵ 本文将样本群体在入选长江学者前知网数据库其论文总被引证数、每篇论文的平均被引证数、百度学术被引证频次、CSSCI数据库被引证数等数据来代表学者的学术传播度。

文总被引证数、每篇论文的平均被引证数、百度学术数据库被引证数、CSSCI 数据库被引证数、学者的 H 指数、G 指数等相关数据进行编码，运用 SPSS 软件中的 Pearson 相关性分析，其相关系数及显著性均表明学术被关注度、学术传播度与法学精英学者的学术影响力具有统计学意义。其中，代表学者学术被关注度的知网数据库论文总下载总数、每篇论文的平均下载数之所以与学者的学术影响力产生正相关，一方面是由于样本群体在学界处于领军人物的地位，其在前期学术积累、学术敏感度、学术号召力以及学术创新能力等多个方面均具有优势，因此其他学者也更愿意通过关注学术精英阶层的最新研究成果来把握学术界的最新动态，这也就不难理解学术影响力越大的学者其论文总下载量以及单篇论文下载量也更容易处于领先地位；另一方面原因是精英学者的论文被频繁下载，广泛传播，从而进一步增强了其在学界的知名度，其学术影响力的优势地位同时也得到强化，最终学术被关注度与其学术影响力形成强正相关关系也就不难理解。而代表学者学术传播度的知网数据库论文总被引证数、每篇论文的平均被引证数、百度学术数据库被引证数、CSSCI 数据库被引证数之所以与学者的学术影响力产生正相关，一方面是由于当前处于知识爆炸的时代，信息过载现象频发，当学者不可能穷尽研究领域的全部信息时，大家通常会预设高学术影响力的知名学者其成果更具有参考的价值，同等情况下是否带有知名学者的标签也成为论文引证一个重要的考量因素。经过长期的优势积累，频繁地引证又进一步增强了知名学者的学术影响力。另一方面，知名学者通常都已经实现了常规型的学术晋升，其在进一步向优选型学术晋升努力时更加看重论文的质量而非数量，因此这一群体通常会集中精力产出高质量的学术论文，而高质量论文又会进一步提升其论文引证率及学术影响力。

表 7 学术关注度、学术传播度与学术影响力的相关关系

数量		前总下载数	前总被引数	前篇均被引数	前篇均下载数	百度学术被引频次	H 指数	G 指数	CSSCI 引用数
前总下载数	Pearson 相关性	1	.895**	.479**	.781**	.570**	.702**	.608**	.692**
	显著性(双侧)		.000	.004	.000	.000	.000	.000	.000
	N	35	35	35	35	35	35	35	35
前总被引数	Pearson 相关性	.895**	1	.699**	.746**	.802**	.879**	.831**	.838**
	显著性(双侧)	.000		.000	.000	.000	.000	.000	.000
	N	35	35	35	35	35	35	35	35
前篇均被引数	Pearson 相关性	.479**	.699**	1	.808**	.721**	.674**	.721**	.711**
	显著性(双侧)	.004	.000		.000	.000	.000	.000	.000
	N	35	35	35	35	35	35	35	35
前篇均下载数	Pearson 相关性	.781**	.746**	.808**	1	.559**	.616**	.604**	.681**
	显著性(双侧)	.000	.000	.000		.000	.000	.000	.000
	N	35	35	35	35	35	35	35	35
百度学术被引频次	Pearson 相关性	.570**	.802**	.721**	.559**	1	.939**	.925**	.914**
	显著性(双侧)	.000	.000	.000	.000		.000	.000	.000
	N	35	35	35	35	35	35	35	35

续表

数量		前总下载数	前总被引数	前篇均被引数	前篇均下载数	百度学术被引频次	H 指数	G 指数	CSSCI 引用数
H 指数	Pearson 相关性	.702**	.879**	.674**	.616**	.939**	1	.941**	.869**
	显著性(双侧)	.000	.000	.000	.000	.000		.000	.000
	N	35	35	35	35	35	35	35	35
G 指数	Pearson 相关性	.608**	.831**	.721**	.604**	.925**	.941**	1	.841**
	显著性(双侧)	.000	.000	.000	.000	.000	.000		.000
	N	35	35	35	35	35	35	35	35
CSSCI 引用数	Pearson 相关性	.692**	.838**	.711**	.681**	.914**	.869**	.841**	1
	显著性(双侧)	.000	.000	.000	.000	.000	.000	.000	
	N	35	35	35	35	35	35	35	35

**. 在.01 水平(双侧)上显著相关。

就法学类长江学者特聘教授群体当选前后的学术影响力波动情况而言,其表现出以下几个方面的特征:其一,前后学术生产力与前后下载被引比均存在一定差距。具体就前后学术生产力的变化情况而言,我们用样本群体入选长江学者之前以及之后每年的论文刊载数量分别代表学者的前后学术生产力情况(见图 8)。不难发现,长江学者奖励计划在一定程度上激励了精英学者群体的学术产出热情,当然这其中还要考虑到由于学者入选长江学者从而在学术助手团队构建、论文刊载渠道拓展、学术热点引领等方面的附随优势对论文刊载造成的隐性影响。具体就下载被引比而言,主要用学者论文下载量与论文被引用量之间的比值予以测算,其旨在评估学者的学术声誉与其学术成果传播效用的匹配程度,其比值越小表明学者的学术声誉与其学术成果传播效用的匹配程度越高,反之则表明二者间的匹配程度较低(见图 9)。

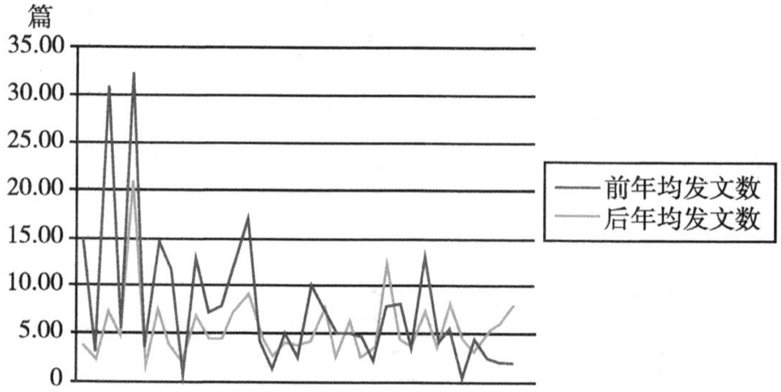

图 8　学者入选长江学者前后的学术生产力

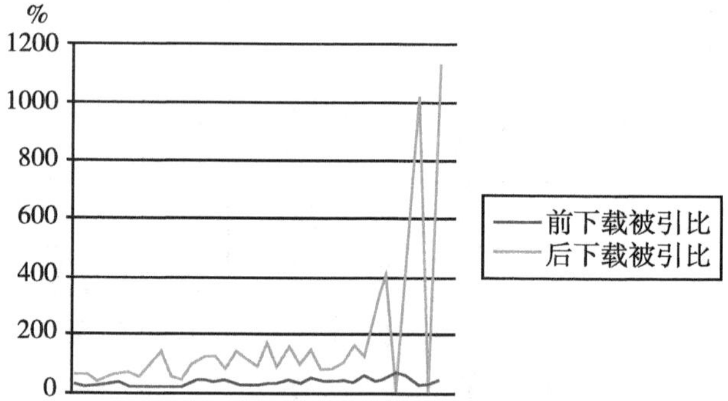

图 9　学者入选长江学者前后的下载被引比

由图9不难发现,样本群体在入选长江学者前后其下载被引比存在鲜明的对比,入选之后的下载被引比数据明显高于入选之前的数据,这种现象背后的原因或在于:一方面学者入选长江学者之后对其学术声誉有巨大的助推效应,科研人员也更倾向于下载查阅诸如此类权威学者的最新论文从而把握当下的学术热点,这在一定程度上助推了学者入选长江学者之后的论文下载量;另一方面当学者入选长江学者之后可能会面临更多的行政性和社会性等非学术性事务,将占用其大量的精力,且对于人文社会科学类学者而言入选长江学者后缺乏更高层级学术晋升机制的激励,再加之论文引用频次相较下载频次而言具有一定的滞后性。以上因素的综合作用导致样本群体的学术成果传播效用未实现与其学术声誉的同步提升。

其二,前后学术显示度与学术被关注度均存在一定差距。具体就前后学术显示度的变化情况而言,我们用样本群体入选长江学者之前以及之后在《中国社会科学》《中国法学》《法学研究》这三大刊物上刊载论文的数量代表学者的学术显示度(见图10)。由图表不难发现,学者入选长江学者之前在三大刊刊文的数量远大于入选之后的刊文数量,这种现象或可运用经济学中的激励失效理论予以解读。当前我国对学者学术贡献的评价中主要集中于两个指标:一个是刊文数量;另一个是刊文级别。依照科研的基本规律,在设定期限内(如1年)二者之间通常成反比关系,即论文的刊载级别与刊文数量通常存在此消彼长的关系。如图11所示,在学者刊文数量以及刊文级别快速增长的初期(如图11所示的第③阶段和第②阶段),其学术贡献也随之增长。二者一旦越过临界点,进入到第④阶段和第①阶段,其学术贡献反而会呈现递减趋势,从而导致激励失效的情形。[41] 而上文统计数据显示学者在入选长江学者之后年均论文刊发数量有明显的增长趋势,那么其发文级别加权平均值必然有一个下降的趋势,此时表征学者显示度的三大刊发文量也会呈现下降的趋势。再加之人文社会科学类学者入选长江学者特聘教授的年龄偏高大多已超过学术

---

[41] 参见陆斌:《学术研究激励机制存在的问题及对策》,载《南京林业大学学报(人文社会科学版)》2004年第3期。

创新的黄金期,且入选后缺乏更高层级奖励或荣誉机制的外部激励,在这些因素的综合作用之下,从而导致学者显示度激励失效的局面。具体就前后学术被关注度的变化情况而言,我们用样本群体入选长江学者之前以及之后平均每年每篇论文的下载数量[42]分别代表学者的前后学术关注度的情况(见图12)。不难发现,样本学者入选长江学者之后年均篇均论文的下载量相较入选之前的数据有明显的增长趋势,这种现象或可运用学术名人效应予以解读。在当今学术信息海量化的时代,科研人员的注意力成为稀缺品。鉴于多方面原因所限其注定无法穷尽所有参考文献,在信息不对称的情况下,出于理性当事人的考量,其通常会预设那些学术名家的作品更具学术参考价值,且引用学术名家的观点来证成自己的学术主张也可以在无形中增强自己理论主张的说服力和可接受性。基于此,当学者入选长江学者之后其名人效应进一步增强,其他学者对其关注度也会有所提升,最直观的表现便是其一旦有新的论文刊出,同一研究领域的学者都会下载传阅,这也就不难理解学者为何在入选长江学者之后年均篇均论文的下载量相较入选之前的数据有明显的增长趋势。

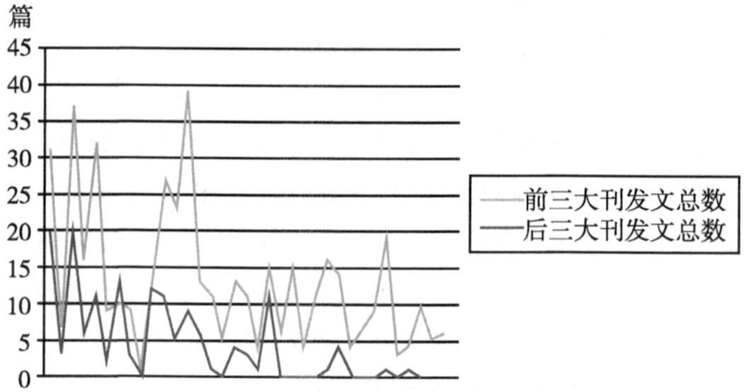

图10　学者入选长江学者前后的学术显示度

[42] 本文用平均每年每篇论文的下载数量代表学者的学术关注度的变化情况主要是考虑剔除掉发文数量和文章发表时间这两大因素对论文下载数据的影响。

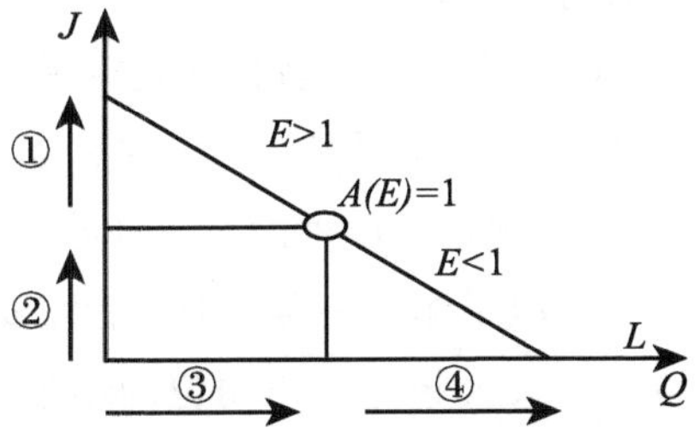

图 11　学者学术贡献激励失效㊸

注：

激励对象	阶段	弹性	G 变化	效果
J	①	*E*>1	减小	失效
J	②	*E*<1	增大	有效
Q	③	*E*>1	增大	有效
Q	④	*E*<1	减小	失效

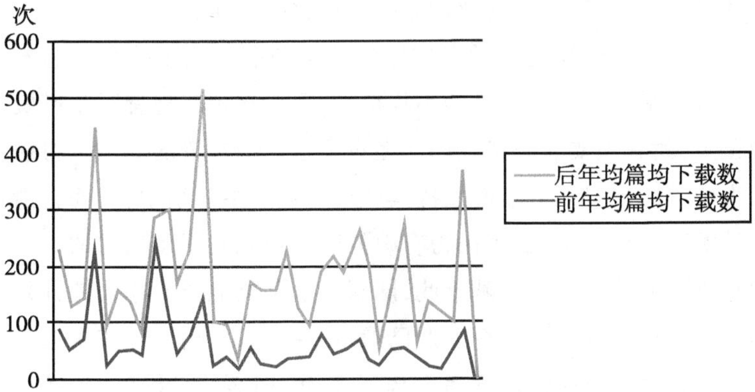

图 12　学者入选长江学者前后的学术关注度

就法学学科各类人才计划人选的聚合状况而言，其表现出两个方面的特征：其一，各类优秀人才计划人选分布相对集中，优势积累效应明

㊸　参见陆斌：《学术研究激励机制存在的问题及对策》，载《南京林业大学学报（人文社会科学版）》2004 年第 3 期。

显。以法学类长江学者特聘教授人选和历届全国十大中青年法学家人选的分布状况而言,其中35名长江学者特聘教授中有22名同时也入选十大中青年法学家名单,占比达到了65.7%,这种现象或可运用优势积累效应予以解读。一方面,他们在隐性的专业素养以及显性的科研成果方面的表现均已经大大超越了作为一名普通学者需要满足的基本要求。一旦这些学者的角色表现大大超越工作岗位的基本要求也就启动了个人优势积累的过程,在这一过程中个人通常会因此而获得优势持续扩大的机会以及随之而来更多肯定性的奖励。另一方面,这些精英人才所就职机构也大多为专业排名相对靠前的机构,这些机构也会在无形中为这些精英人才带来更多资源,从而让他们有更大的可能性获取优势积累。基于此,国家奖励系统、公共资源分配系统以及社会选择系统通过多重博弈进而为精英学者提供了一种分层的机会分配,从而在社会评价体系中导致和维持精英群体在学者群体中的结构分层。[44] 由于受优势积累效应的影响,各类优秀人才计划人选的分布会呈现相对集中的趋势。

其二,各类优秀人才支持计划的集聚化趋势在促进生产资料分配正义的同时也进一步加剧了学者群体的社会分层。基于社会资源的有限性以及学者学术生产力水平的不均衡性,要想真正实现有限生产资源的分配正义,就必须要在坚持全部潜在竞争者机会平等的基础上将极为有限的生产资源配置到最能够发挥其效用的竞争主体手中,从而打造标杆性的学术增长极。反之,将极为有限的生产资源实现普惠式的平均分配只会导致普遍的低效率。基于此,国家通过各类优秀人才支持计划将有限的生产资源配置给那些在前期已取得重要理论成果,且在未来具有取得重大理论突破可能性的学者个体。作为一个理性当事人也通常会预设这样的学者有更大可能性在未来取得标志性成果,这也符合提高有限生产资源使用效率的基本设想。[45] 但可以设想若经过多轮优势累积,必

---

[44] 参见[美]R. K. 默顿:《科学社会学》,鲁旭东、林聚任译,商务印书馆2004年版,第13~14页。

[45] 参见封泉明、林世芳:《人才供给侧改革的"马太效应"》,载《科技管理研究》2017年第15期。

然会让那些前期取得突出科研成果的个体垄断各类优秀人才支持计划，而后来者因暂时不具备比较优势从而逐渐偏离学术绩效激励的轨道，慢慢在学者的社会分层中自我边缘化，最后使各类优秀人才支持计划的入选人群呈现集聚分布的趋势，这必然会加剧学者群体的社会分层，进而引发一系列的社会问题。因此，必须通过各种不同类型优秀人才支持计划来充分激活不同层次学者群体的创新活力，既要充分肯定那些前期已取得卓越科研成果的知名专家，又要注重扶持那些学术上崭露头角、创新能力强、发展潜力大的学术新秀，教育部自2015年开始设立的长江青年学者的人才支持计划就是一种有益尝试。

六、结语

“长江学者奖励计划”作为高等学校高层次人才队伍建设的引领性工程，深入探究入选学者在学术成长轨迹以及学术影响力等方面的共性特质是深化高端人才选拔和培养机制改革的内在需求。基于此，本文以法学类长江学者特聘教授群体为样本，对其学术成长轨迹以及学术影响力进行了实证性的研究。从法学类长江学者特聘教授群体的学术成长轨迹来看，其教育背景中学术近缘以及学术链现象普遍存在，且培养单位的多元化程度对其科研培养时间以及独立科研后的成才时间均具有影响，学历层次越高其分布趋势越集中。其工作背景总体格局呈现向优势院校集聚的态势，其演化趋势由综合性院校一枝独秀转向综合性院校和理工科院校齐头并进。其学术晋升中实现“国家导向逻辑”与“学术创新逻辑”的融合与博弈是其行动逻辑，学术锦标赛是其外在动力机制，快速实现常规学术晋升是其前提性要件，长期专注的学术积累是其共性特质。从法学类长江学者特聘教授群体的学术影响力来看，学术显示度、学术生产力、学术被关注度、学术传播度与其综合影响力密切相关。在其当选前后学术生产力、下载被引比、学术显示度与学术被关注度波动明显。法学各类优秀人才人选分布相对集中，优势积累效应明显。其在促进生产资料分配正义的同时也进一步加剧了学者群体的社会分层。

The Analysis on Growth Laws of High-level Talents in Law Discipline

—Based on the Academic Growth Tracks and Academic Influence of Scholars

Han Yuting

Abstract: The academic growth tracks of the distinguished professors in law discipline ranked in Cheung Kong Scholars Program, have the following characteristics. The academic inbred and academic chain phenomena are widespread on their educational background. Diversification degrees of training units have an impact on the time of scientific research training and independent scientific research. The higher the education level of the scholars, the distribution trend of the educational background is more concentrated. The overall pattern of working background shows a trend of gathering to the superior universities. The evolutionary trend of working background is changing from the comprehensive universities to the comprehensive and science and technology universities. The operational logic of scholars is the integration of "state orientation logic" and "academic innovation logic". The external motive mechanism of scholars is academic championship. Rapid academic promotion is the prerequisite, long-term academic accumulation is the common characteristic. The academic influence of the distinguished professors in law discipline ranked in Cheung Kong Scholars Program have the following characteristics. Four elements are closely related to their comprehensive influence, they are academic display, academic productivity, academic attention and academic dissemination. Four aspects fluctuate significantly before and after the election, they are academic productivity, download citation ratio, academic display and academic attention. The distribution of all kinds of high-level talents in law discipline is relatively centralized. The advantage accumulation effect is obvious in the distribution of high-level talents. While promoting the distributive justice of means of production, it further aggravates the social stratification of scholars.

Key Words: the distinguished professors in law discipline ranked in Cheung Kong Scholars Program, law discipline, academic growth track, academic influence

修辞、叙事与法学教育*

马　辉**

摘　要：法律无法独立于修辞而存在。法律文本需要制度性修辞来弥合僵化规则与流变生活之间的紧张关系，法律实践需要叙事性修辞来为形式逻辑推理注入实质合理性内核。法律实践中叙事的说服力源于对叙事要素的策略性使用，将人物、情节和意义依照融贯性、一致性和逼真性的原则建构为可被听众所感知和认同的法律叙事。现有的法学教育更强调对形式逻辑推理能力的培养，法律实践中必不可少的叙事技能并未得到有意识地训练。对此，可在课堂教学中引导学生开展对案例事实的叙事结构与重构，在仿真实践课程中锻炼学生的叙事建构能力，并在诊所教学中引导学生运用叙事技巧整合事实陈述与规范评价，提升法律论证的说服力。

关键词：修辞　法律叙事　案例教学　诊所教学　法学教育

---

*　基金项目：本文为2017年江苏省社科基金一般项目“中国近代法律人才培养及其启示研究”（项目编号：17FXB002）的阶段性研究成果。

**　马辉，扬州大学法学院副教授，法学博士。研究方向：经济法，市场规制法，法学理论。

无论是文本中的法，还是行动中的法，法律的意涵传递、功能发挥、效用实现等一切活动的展开都必须以语言作为载体，而人类语言的模糊性、不确定性等引发的法律局限性只能通过修辞加以补救，[①]法律与修辞的共生关系毋宁是一种无法回避的恒常。[②] 但是在法学教育层面，古希腊之后修辞学与法学的分野导致修辞从法学教育中逐渐隐退，中世纪时期受到经院哲学的影响，法学教育彻底从实践技能培养领域撤退，转而专注于对抽象体系、原则、概念的传授。[③] 19 世纪末案例教学、诊所教学等实践教学方法的兴起将法学教育的目标重新定位至实践能力的培养，其在某种程度上可被视作对古典时期学徒制技艺传授方法的复归。[④] 作为法律实践技能核心的法律论辩也从形式逻辑推理（案例教学）扩张至可将价值判断、政策考量等纳入的实质推理（诊所教学），[⑤]然而，现实法律推理和论辩中不可或缺的叙事修辞技巧却并未出现在实践教学的“菜单”中。法学教育中叙事修辞方法的引入无疑有利于推动法治实践（尤其是司法实践）中合法与合理、形式与实质的有机结合。为实现该目的，本文拟首先论证修辞在法律实践中的功能与作用，其次结合社会科学知识探讨叙事结构和叙事方法的实践策略，进而提炼出叙事方法融入法学教育的具体化路径和操作方案。

一、法律中的修辞：制度性修辞与叙事性修辞

修辞与法律的关联可追溯至法律的起源时期。不过传统社会中的法律修辞具有较强的文学性，其侧重于通过文学色彩强烈的比喻、排比

① 参见谢晖：《法律的模糊/局限性与制度修辞》，载《法律科学（西北政法大学学报）》2017 年第 2 期。

② 参见李晟：《社会变迁中的法律修辞变化》，载《法学家》2013 年第 1 期。

③ 参见王晨光：《法学教育的宗旨——兼论案例教学模式和实践性法律教学模式在法学教育中的地位、作用和关系》，载《法制与社会发展》2002 年第 6 期。

④ 参见张红：《学徒制 VS 学院制：诊所法律教育的产生及其背后》，载《中外法学》2007 年第 4 期。

⑤ 参见刘剑：《美国法律现实主义视野下的法学教育》，载《当代法学》2009 年第 3 期。

等修辞手法提升话语表达的感召力和说服力。⑥ 近代以来对法律"科学性"的追求使得文学性修辞逐渐边缘化,形式逻辑开始在法学研究和法律实践中取得支配性地位。不过相较于能够客观证伪的自然科学分析对象,法律的社会建构属性决定了其无法彻底清除主观价值判断的影响。形式逻辑既无法对价值判断进行评价,亦无力协调不可通约的价值选择之间的冲突与矛盾,尤其是司法裁判中形式逻辑得出的"正确结论"虽然可在规范层面上解决案件纠纷,但是并不见得能够取得案件当事人以及社会公众的认可,作为交往沟通工具的修辞成为增强裁判可接受性、修复社会关系,以及维系和促进主体间社会共识的有效手段。⑦ 总体而言,现代法律体系中存在两种不同类型的修辞:旨在弥补制定法体系局限的制度性修辞⑧,以及旨在为司法裁判中的事实与规范提供关联代码的叙事性修辞。⑨

(一)制度性修辞

制度性修辞或作为制度的修辞与法律语言的模糊性相关。形式逻辑推理将语言模糊性视作法律体系稳定性的威胁,进而采取各种方式消解乃至掩盖这种不确定性,以确保逻辑推理拥有确定性前提,从而能够得出"唯一正解"。修辞学则坦然接受模糊性语言,将其视作多元化价值的商谈起点,并不预设存在某种价值层面的绝对优先性。⑩ 或者说,逻辑支配下的推理形式具有必然性,而修辞则旨在寻求可能性而非必然性。⑪

---

⑥ 参见李晟:《社会变迁中的法律修辞变化》,载《法学家》2013年第1期。

⑦ 参见侯学勇:《解决纠纷还是培养规则意识——法律修辞在司法中的作用定位》,载《法商研究》2013年第2期。

⑧ 参见谢晖:《法律的模糊/局限性与制度修辞》,载《法律科学(西北政法大学学报)》2017年第2期。

⑨ See Robert M. Cover, "The Supreme Court, 1982 Term—Foreword: Nomos and Narrative", *Harvard Law Review*, 97, 1983 – 1984, p. 10.

⑩ 参见谢晖:《法律的模糊/局限性与制度修辞》,载《法律科学(西北政法大学学报)》2017年第2期。

⑪ 参见焦宝乾:《逻辑与修辞:一对法学范式的区分与关联》,载《法制与社会发展》2015年第2期。

无论在制定法还是普通法国家,法律规则体系与社会现实之间总是存在一定的张力,其根源在于法律本质上是一种语言活动,而作为精神构造物的人类语言与客观现实之间永远不可能实现精确的对应关系,语言毋宁是一个描述无限现实的有限符号体系。⑫ 作为一种模糊性和确定性的混合体,所有的语言均具有程度不一的模糊性/确定性组合,教义学理论中法律概念的"概念核"与"概念晕"的区分正是这种语言模糊性的体现。对于法律语言的模糊性,立足于形式逻辑推理的教义学理论将其视作调和法律稳定性与社会流变性矛盾的不得已妥协,其尝试通过文义、体系、目的、历史等法律解释方法来廓清不确定概念、一般条款等模糊性法律话语的内涵和边界,进而为形式逻辑推理的展开提供一个具有"确定性"外观的起点。⑬ 但显而易见的是,形式逻辑推理以封闭性为前提,法律条文语言的模糊性所带来的开放性状态与形式逻辑推理格格不入,诉诸于"法情感、正义观"等说法只能被视为用修辞话语掩盖逻辑断裂的无奈之举。

相反的观点则认为模糊性语言可能是一种有意识的修辞策略,其不应当被简单地认为是法律体系应予清除或者掩盖的不完满性,而是应被视作开启多元价值论辩的信号,或者说模糊性语言作为一种制度修辞黏合了法律体系的表面裂痕,并同时为商谈基础上的"交涉性真理"的生成提供了通道,从而确保法律体系能够在开放与封闭之间实现有效对接。⑭ 将法律文本视作制度性修辞并不意味着其与逻辑推理形成了水火不容的对立局面。确切地说,制度性修辞可为形式逻辑的展开提供凝结社会共识、可接受程度更高的逻辑推理前提。当然,在对制度性修辞

---

⑫ 参见[德]阿图尔·考夫曼、[德]温弗里德·哈斯默尔主编:《当代法哲学和法律理论导论》,郑永流译,法律出版社 2004 年版,第 298 页。

⑬ 阿列克西将法律论证划分为内部证成和外部证成,其中内部证成为三段论的形式逻辑推理,其要求具有一个可以从实在法中引申出来的确定前提,若无法得出该前提,则需要转入外部证成来论证前提的妥当性。参见[德]罗伯特·阿列克西:《法律论证理论——作为法律证立理论的理性论辩理论》,舒国滢译,中国法制出版社 2002 年版,第 282～286 页。

⑭ 参见谢晖:《法律的模糊/局限性与制度修辞》,载《法律科学(西北政法大学学报)》2017 年第 2 期。

内容的论辩中法官对于文本内涵的独断性解释地位将被打破,[15]多元主体的参与和多元价值的碰撞是“锐化”模糊性修辞的应然路径。

(二)叙事性修辞

叙事性修辞强调法律实践(尤其是司法实践)中的三段论推理并非严格依照形式逻辑展开,而是需要借助修辞话语建构一个有说服力的“故事”或“叙事”(narrative)来提升法庭论辩以及法律文书的可接受性。正如法律叙事理论的开创者之一卡佛(Cover)教授所言,叙事构成了规范体系、现实建构以及理想图景(vision)的关联代码(code)。[16] 在法律实践中,叙事与逻辑推理通常交织在一起,不过逻辑分析秉持的三段论结构使其能够被更加容易的识别出来,而叙事则采取一种“润物细无声”的方式渗透进逻辑推理结构以填补形式逻辑推理的间隙,增强法律论辩以及裁判结果的社会认同。[17]

法学领域对叙事的关注前期主要集中于法律与文学运动掀起的交叉学科研究,但文学方法和法学方法的“各自为阵”导致其学术产出备受质疑。[18] 无论是将文学叙事作为法学研究的对象(文学中的法律),还是将文学叙事直接引入法学研究以阐明法律问题(通过文学的法律),叙事始终游离于法律分析或推理之外,法律思维支配下的研究常质疑作为研究对象的文学叙事的真实性,[19]或者警惕文学叙事的修辞特性对法律逻辑的“绑架”。[20] 总体来说,法律与文学语境中的叙事仍然是与法律

---

[15] 参见陈金钊:《法律人思维中的规范隐退》,载《中国法学》2012年第1期。

[16] See Robert M. Cover, “The Supreme Court, 1982 Term—Foreword: Nomos and Narrative”, *Harvard Law Review*, 97, 1983 – 1984, p. 10.

[17] 参见刘燕:《案件事实,还是叙事修辞?——崔英杰案的再认识》,载《法制与社会发展》2007年第6期。

[18] 参见董燕:《新时期以来中国文学与法学的交叉研究》,载《中国社会科学》2015年第8期。

[19] 文学作品中的“故事”并非为法律所生,其事实信息可能是含糊不清的,读者亦可能欠缺相关的语境化知识,简言之,文学作品传递的社会生活信息是真实与虚构的混合体。参见沈明:《法律与文学:可能性及其限度》,载《中外法学》2006年第3期。

[20] 参见刘星:《“文学中的法律”与“作为文学的法律”的关系》,载《法制与社会发展》2017年第6期。

逻辑格格不入的可能危及结论“客观性”或“科学性”的纯粹语言策略。㉑诚然,对于叙事学研究的这种批判不可谓不精准,但是这并不意味着法律制度尤其是司法裁判可以摆脱叙事的影响。正如拉鲁伊(LaRue)所言,司法意见的形成与故事创作并无二致,连贯的司法意见同样需要筛选并组织信息从而“自然”地引出结论,正如故事通过呈现事件来推动情节上的高潮出现一样。㉒ 甚至某种极端的观点认为不存在能够完全摆脱叙事的法律制度(尤其是司法裁判),因为叙事提供了法律制度的意义(meaning),因此法律才不仅是能够被观测到的制度,而且是成为人类生活于其中的法律王国(nomos)。㉓

二、法律实践中的叙事要素与叙事策略

如上所述,无论在静态的制度层面,还是在动态的法律实践层面,法律体系的运作必须以语言为基础,而修辞与语言的不可分割性意味着法律体系不可能摆脱修辞的影响。制度性修辞源于法律的语言活动本质,其可发挥法律推理逻辑前提之功能;㉔叙事性修辞则在司法实践中与形式逻辑推理交织在一起,其可以通过有意识地运用叙事要素与叙事策略来增强形式逻辑推理的说服力和可接受度。就法律实践的角度而言,叙事性修辞主要作用于案件事实的建构,不过叙事建构的目的并非完整反映客观真实,而是在司法程序、证据规则以及实体法规范的框架约束下对事实信息进行重组以实现说服的目的,其间作为大前提的法律规则与

㉑ 波斯纳认为从弱势群体(女性、少数族裔、穷人等)视角展开的叙事体研究(narratology)面临诸多不严谨之处,如代表性(typicality)欠缺,过度的情绪化(emotionality)表达、因果关系混乱等,See Richard A. Posner, “Legal Narratology”, *The University of Chicago Law Review*, 1997, pp. 742 - 743。

㉒ See Lewis H. LaRue, *Constitutional Law as Fiction: Narrative in the Rhetoric of Authority*, PA, Pennsylvania State University Press, 1995, p. 22.

㉓ See Robert M. Cover, “The Supreme Court, 1982 Term—Foreword: Nomos and Narrative”, *Harvard Law Review*, 97, 1983 - 1984, pp. 4 - 5.

㉔ 参见谢晖:《论法律制度的修辞之维》,载《政法论坛》2012 年第 5 期。

逻辑推理的结论均被内化于以叙事方式呈现的事实建构。

(一)叙事要素

叙事采取一定的话语结构传递言说者的主观目的或意图。文学叙事常依据时间顺序安排故事的开头、中间和结尾,叙事线的展开通常采取主角驱动的方式,由一个“好人”或“英雄”作为故事的主角(protagonist),一个“坏人”或者“逆境”作为对手(antagonist),故事情节(plot)的发展围绕主角如何击败对手或者克服困境最终成为一个胜利者。这种经典的文学叙事结构由于能够与人们既有的生活经验取得关联从而易于获取听众的共鸣,进而成为一种为听众熟悉的有效说服方式。㉕ 法律叙事虽然也会采取与之类似的话语结构,但是一个非常重要的区别在于叙事线中的时间顺序被替换为明示或者暗示的因果关系,㉖并在此基础上构建规范与事实的关联。法律叙事是否可信或有效的关键正在于这种因果关系能否获得听众的认可,为此,其需要在人物、情节以及意义之间搭建起具有融贯性(coherency)、一致性(correspondence)和逼真性(fidelity)的结构性关联,㉗使叙事能够与听众既有的认知图示(pattern)相契合。㉘

人物是叙事结构的核心要素。文学叙事和法律叙事均需要围绕特定的主角或主人公展开,主人公通常塑造为道德或社会文化层面的“好人”或“坏人”以引发听众(法官、陪审团/员以及社会公众)的情感认同。

作为叙事结构中的关联性要素,情节一方面与人物形象的建构息息

㉕ See Kimberly Y. W. Holst, “Non-traditional narrative techniques and effective client advocacy”, *The Law Teacher*, 48, 2014, p. 168.

㉖ 叙事时间线上的先后顺序蕴含了先后发生的事件之间可能存在因果关联,由于叙事存在一个特定的结果,叙事结构中提及的事件都被指向了是这一结果出现的原因,叙事中的时间关联因而也同时构成了因果逻辑关联。See Elizabeth Fajans, “Mary R. Falk, Untold Stories: Restoring Narrative to Pleading Practice”, *Legal Writing: J. Legal Writing Inst.*, 15, 2009, pp. 17 – 18.

㉗ See J. Christopher Rideout, “Storytelling, Narrative Rationality, and Legal Persuasion”, *Legal Writing: J. Legal Writing Inst.*, 14, 2008, pp. 55 – 56.

㉘ See James D. Ridgway, “Patternicity and Persuasion: Evolutionary Biology as a Bridge between Economic and Narrative Analysis in the Law”, *S. Ill. U. L. J.*, 35, 2011, pp. 34 – 36.

相关,同时也是将个案事实转化为法律规则中的事实构成进而得出特定法律评价结论的关键环节。情节建构是主客观相互作用的结果,其一方面需要以碎片化的由证据验证的客观事实作为基础;另一方面事实信息的重组与编排需要与言说者主观意图以及听众的认知图示相吻合。进化心理学的研究表明,人们通过故事来学习、理解、交流关于物质世界与人类世界如何运作的经验知识,这些生活经验信息以故事的方式被储存于人类大脑,[29]叙事情节是否具有说服力或者逼真性的关键在于其是否与内建于人们脑海中的故事图示相一致。

此外,由于人们通过故事的方式感知经验世界,而故事蕴含了由社会文化(包括法律)所赋予的关于现实经验世界的意义,这种意义使经验生活具备了"合理性"(make sense),相应的故事或叙事成为人际交往的基础并具备了说服的力量。[30] 因此,叙事情节建构的起点是现实的经验生活,叙事情节需要首先将主角置于生活常态中,从而与听众的经验感知建立情感关联,在此基础上引入打破生活安宁的情节冲突,该冲突通常由对手的行为造成或可归咎于对手的行为,情节的高潮是主角为了恢复生活常态或找到新的生活平衡点而进行抗争。[31] 这种"平静—冲突—抗争—复归平静/新的秩序"的情节诉诸于既有的生活现状来获取其内在的合理性与说服力,内生于现实生活的意义被置于情节展开的起点与终点。由于作为叙事情节起点的生活常态内置了合理性特质,相应的法律应当支持主角的抗争行为或者约束引发冲突的行为,从而确保"有意义"的生活状态得以恢复或者延续。[32]

(二)叙事策略

叙事的主客观混合体特质决定了其具有很强的主观选择空间,言说

---

[29] See Lea B. Vaughn, "Feeling at Home: Law, Cognitive Science, and Narrative", *McGeorge L. Rev.*, 43, 2012, pp. 41 – 43.

[30] See Steven L. Winter, "The Cognitive Dimension of the Agon between Legal Power and Narrative Meaning", *Michigan Law Review*, 87, 1989, p. 2228.

[31] See Elizabeth Fajans, Mary R. Falk, "Untold Stories: Restoring Narrative to Pleading Practice", *Legal Writing: J. Legal Writing Inst.* 15, 2009, pp. 17 – 18.

[32] See Carolyn Grose, "Storytelling across the Curriculum: From Margin to Center, from Clinic to Classroom", *J. Ass'n Legal Writing Directors* 7, 2010, pp. 42 – 43.

者可通过一定的方式来对叙事的素材进行挑选、添加、诠释以形成有说服力的叙事表达。[33] 对叙事素材的整合服务于叙事中的人物建构、情节展开以及意义诠释,其可以依据言说者的立场和主观目的采取多种叙事策略。

在叙事人物形象塑造方面,常规的做法是将叙事的主角塑造为好人或英雄的形象以获取听众的情感认同。与之对应,与主角对立的人物(诉争的对立方)则被塑造为故事的反派或坏人。当然,好人/坏人的身份标签最终服务于叙事的结论,其可以采取扁型人物或圆型人物的叙事策略确保人物塑造与作为结论的法律评价之内在融贯性。如在崔英杰案中,法院的裁判文书采取了扁型人物叙事策略,通过省略部分事实信息将被告人塑造为坏人从而与有罪判决形成内在一致性;而辩护人和部分媒体则采取圆型人物叙事策略,通过大量的细节性信息将崔英杰塑造为不仅是杀人犯,同时也是贫穷的农民、优秀士兵、孝顺父母的好孩子、勤恳工作的打工者等好人或普通人形象,以消解公众对犯罪者的恐惧和仇恨。[34]

在叙事情节展开方面,最常见的做法是将事件以时间顺序加以展示,通过对事件的遴选有意识地将时空层面的序时性关联等同或置换为逻辑上的因果关联。[35] 叙事时间起点的不同选择可以产生不同的人物塑造结果,如被告方可能引入较早的叙事时间起点来丰富人物的背景经历以寻求听众的同情,而受害方则可能选择以损害发生作为叙事的时间起点来表达受到侵害时的恐惧、震惊等。[36] 此外,也可以采用共时性叙事方式打断事件在时间顺序上的单向相关,同时呈现相同时空条件的多

---

[33] 参见王彬:《裁判事实的叙事建构》,载《海南大学学报(人文社会科学版)》2013年第3期。

[34] 参见刘燕:《案件事实的人物建构——崔英杰案叙事分析》,载《法制与社会发展》2009年第2期。

[35] See Lawrence B. Solum, "Narrative, Normativity, and Causation", *Mich. St. L. Rev.*, 2010, p. 600.

[36] See Elizabeth Fajans, Mary R. Falk, "Untold Stories: Restoring Narrative to Pleading Practice", *Legal Writing: J. Legal Writing Inst.* 15, 2009, pp. 26 - 27.

个叙事线索以弱化特定主体与事件结果之间的因果关联。[37]

叙事的意义传递是其具有内在说服力的根源，叙事结构的融贯性、与经验生活的一致性只能增强叙事的形式说服力，叙事的实质说服力来自逼真性。[38] 逼真性并不仅仅指叙事情节在客观层面上的可验证性或与现实生活的吻合性，其关注点是叙事的内容和意义是否与人们所认识的“社会现实”一致，或者说叙事的主张是否能够在共同体的集体价值或信念中被确认为有效或者“有道理”。[39] 提升逼真性的策略包括增加人物塑造的细节、诉诸听众的价值观、搭建叙事人物自我认同与社会文化认同之间的关联等，其本质是通过修辞方法实现价值层面的沟通。

三、法学教育中的叙事技能培养方案

上述分析表明，作为人类交往精神构造物的法律并不能达至如同自然科学般的纯粹“科学化”或“理性化”程度，法律的主观性意味着绝对客观化的正义或真理标准是不存在的，因此法律中的疑难问题需要通过商谈和沟通的方式来寻求最大化的社会共识，制度性修辞和叙事性修辞为多元价值间的商谈提供了出路。然而，现有的法学教育中法律仍然被视作一种纯粹的“科学”，法律技能的培养多集中于形式逻辑推理支配下的法律解释、法律推理等抽象思维能力训练。虽然案例教学、模拟法庭、诊所教学等实践教学方法尝试为学生创造真实的法律实践环境以提升实践技能，但是这种实践技能培养多与解决法律不确定性有关，而对于如何解决事实不确定性却少有涉及。[40] 作为沟通事实与法律、调和多

---

[37] See Kimberly Y. W. Holst, “Non-traditional narrative techniques and effective client advocacy”, *The Law Teacher*, 48, 2014, pp. 169 – 170.

[38] See Walter R. Fisher, “Human Communication as Narration: Toward a Philosophy of Reason, Value, and Action” *Philosophy and Rhetoric*, 22, 1989, pp. 75 – 76.

[39] J. Christopher Rideout, “Storytelling, Narrative Rationality, and Legal Persuasion”, *Legal Writing: J. Legal Writing Inst.*, 14, 2008, p. 69.

[40] See Brian J. Foley, “Applied Legal Storytelling, Politics, and Factual Realism”, *Legal Writing: J. Legal Writing Inst.* 14, 2008, p. 19.

元价值冲突的叙事技巧只在文书写作中有所体现,[41]这可能也正是我国司法实践中时常出现法律效果与社会效果背离的部分原因。鉴于此,叙事技巧应被纳入法科生实践技能培养的清单,从而使法学教育的人才培养目标从技术性的“法匠”转变为能够感知与洞察经验生活、兼具人为关怀与法律素养的社会法律人。

(一)课堂教学中的叙事技能训练

课堂教学中增强学生实践能力的主要方式是案例教学,不过现有的案例教学常将学习的素材限定于案例中的法律问题,其旨在引导学生运用“科学”的逻辑方法解决司法裁判中法律的不确定性问题,而与事实不确定性相关的事实建构、组织、陈述等叙事技巧则被排除在“纯粹法律技能”之外。[42] 这种只见规范不见事实的案例教学方法显然无法使学生把握法律实践的全貌,引入叙事分析方法有助于学生理解案件事实如何得以建构,从而使其具备事实分析的能力。

教师可采取以下几个步骤将叙事技能训练引入案例教学:首先,将裁判文书中的“客观”案件事实还原为碎片化的由客观证据支撑的无关联事件,在此基础上将这些无关联事件组合为不同版本的案件事实,从而使学生理解案件事实的形成并非仅由客观的证据规则决定,而是需要借助主观的叙事建构才能形成有说服力的事实意义传递。[43] 其次,引导学生将不同版本的案件事实解构为结构化的叙事要素,并识别其中的不同叙事策略。叙事解构的目的在于查明证据如何通过言说者的主观思维活动建构形成“案件事实”,使学生能够从叙事的角度理解案件事实如何得以建构。最后,指导学生从司法裁判中不同角色(原告、被告、法官)的角度对案件事实进行重构。裁判文书中的“权威”叙事是法官或陪审团为正当化裁判结果进行的主观建构,基于不同的立场(原告、被告、法官),案件事实可以被重构出不同的面貌并引出不同的裁判结论。

---

[41] 国内学界对于法学教育中修辞或叙事技巧的论述多集中于法律文书写作领域,参见孙光宁:《判决书写作中的消极修辞与积极修辞》,载《法制与社会发展》2011年第3期。

[42] See Brian J. Foley, “Applied Legal Storytelling, Politics, and Factual Realism”, *Legal Writing: J. Legal Writing Inst.* 14, 2008, p. 19.

[43] See Lisa Kern Griffin, “Narrative, Truth, and Trial”, *Geo. L. J.*, 101, 2013, p. 295.

教师可按照司法裁判中的不同立场将学生进行分组,要求学生在对裁判文书案件事实进行叙事解构的基础上,以分组讨论的方式结合自身的立场和证据材料对案件事实进行叙事重构,然后要求学生比较不同叙事的差异并分析差异的成因,分析不同版本案件事实中的角色塑造、序时/因果关系、故事类型、经验生活的正统性及其违反(戏剧性效果)、叙事目的等叙事要素,在此基础上评价叙事的融贯性、一致性和逼真性。此种方式可以使学生理解案件事实的叙事特质以及叙事建构策略如何影响叙事意义传递。

需要指出的是,由于叙事的功能在于增强事实陈述的说服力,因此案例分析中的叙事技能训练应当围绕存在不确定事实的案例展开。当然,事实不确定性可能由客观证据匮乏或者法律规范模糊引发,法律职业人员需要重点解决的是规范引发的事实不确定性问题,如刑法适用过程中普遍存在的对当事人主观心态的认定问题,行为人故意或过失的法律评价须建立在对其行为动机的共同体主观认知基础上,对此类案例的分析可作为叙事技能训练的素材。当课堂教学过程中需要运用案例分析方法讲授此类规范的适用时,教师可有意识地引入一些由于事实不确定引发广泛争议的案例,如崔英杰案、药家鑫案等,对案件事实展开叙事分析以培养学生的叙事技能。

(二)仿真实践课程中的叙事技能训练

法律文书写作、模拟法庭、法庭辩论等仿真实践类法律课程旨在使学生获得法律实践的相关技能,但是现有的教学模式普遍关注的仍然是法律分析,案件事实往往被作为无须特别关注的客观存在,学生只需要围绕给定案件的法律争点展开分析,事实建构并非此类课程技能传授的重点。为了使学生获得更加全面的法律实践技能,应当在仿真类实践课程的课堂教学中着力培养叙事技能。

首先,在法律文书写作课程中引导学生运用叙事技巧建构案件事实陈述。要求学生依据文书类型从叙事听众的角度选择叙事展开的切入视角,即养成法律事实写作的受众意识,将潜在听众(法官、原被告双方、公众等)的可能反馈整合入案件事实的叙事建构全过程,[44]以其指引案件事实中的角色塑造、情节展开以及叙事策略的选择,通过假想的作者与受众相互沟通的方式完成案件事实的叙事建构,提升法律文书事实论证部分的说服力。其次,在模拟法庭、法庭辩论等课程中同样可以要求学生将辩论重心从规范分析扩展至事实分析,指引学生依照各自的立场采取相应的叙事策略来对案件事实部分的叙事要素进行合目的性重构,提升学生的事实分析能力。

需要指出的是,仿真实践类课程中引入叙事训练可能面临的难题是如何对学生的案件事实叙事建构活动进行评价。叙事建构的目标在于提升事实论证的说服力,这也导致很难对学生的叙事建构进行客观的形式性评价。对此,可通过以下两种替代方案加以解决。其一,双盲评价,将学生分为作者和读者两个小组,作者需要说明其在案例事实建构中采取的叙事策略、角色塑造方案、叙事情节主线以及想要传递的叙事意义,读者在阅读完案例事实后同样需要从自身的角度指出作者所采取的叙事策略、角色塑造方案、情节主线以及叙事意义,通过交叉比较作者与读者提供的上述信息的吻合程度来评价叙事的说服力。其二,目标受众评价,选择部分学生担任评委,其他学生则分别从法律实践中不同参与者的角度建构同一案例中的案件事实,然后由评委结合自身生活经验作出评价。当然,这两种方案并不能确保评价的客观性或公允性,其作用更多体现在为学生提供一种换位思考的学习环境,通过要求学生轮流担任作者和评价者,迫使其在不同的视角下反思和理解叙事建构活动,从而提升案件事实的叙事建构能力。

(三)诊所实践中的叙事技能训练

立足于案例教学中习得的叙事解构与建构技能,诊所教学中教师可在以下三个方面引导学生将叙事技巧与策略融入诊所法律实践。首先,引导学生倾听和理解委托方的叙事。律师的职责是代表委托方向法庭

---

[44] 有学者指出,法律文书写作和文学创作类似,作者首先需要具备听众意识(audience awareness)。See Barbara P. Blumenfeld, "Rhetoric, Referential Communication, and the Novice Writer", *Legal Comm. & Rhetoric: JAWLD*, 9, 2012, pp. 213 – 215.

陈述一个具有说服力的故事（案件事实），实现该目标的前提是理解委托方的故事。教师应引导学生从叙事的角度理解委托方的故事，从中提炼出故事的角色、情节、意义等叙事要素，留意叙事的不融贯或不合理之处，进而通过与委托方的沟通获取完整的叙事内容。[45] 其次，引导学生从叙事的角度搜集、整理和组织证据，并通过叙事搭建案件事实与法律论断的关联。证据法则只能解决客观层面的真实性与合法性等问题，证据欲证明的事实需要借助叙事的方式进行主观建构。孤立的证据存在宽泛的诠释空间，叙事将证据相互关联起来进而形成连贯的意义表达，[46]因此，教师应引导学生从叙事融贯性、一致性、逼真性的视角搜集和整合证据，将证据嵌入叙事结构与内容以形成可信的叙事表达。最后，引导学生整合不同的叙事视角以提升叙事的说服力。与文学叙事相仿，法律叙事同样存在角色（委托方）、讲述者（代理人）和读者（裁判者）三重视角。[47] 叙事说服力的关键在于这三种视角的统一，即讲述者将自己的视角隐匿于角色视角展开的故事，同时在故事中建构入读者熟知的叙事主题或情节，从而使读者产生忘却自身视角的沉浸式阅读体验，进而实现叙事意义的情移传送（transportation）。[48] 因此，教师需要引导学生建构可以连接委托方事实陈述与裁判者规范评价的法律叙事，其关键步骤是在叙事中注入裁判者基于自身生活经验和共同的社会文化背景所熟知的且被法律规范所涵摄的叙事主题（theme）或图示（pattern），[49] 从而使裁判者接受叙事的意义传递以产生说服效果。

---

[45] See Carolyn Grose, "Storytelling across the Curriculum: From Margin to Center, from Clinic to Classroom", *J. Ass'n Legal Writing Directors*, 7, 2010, pp. 46 - 47.

[46] See Lisa Kern Griffin, "Narrative, Truth, and Trial", *Geo. L. J.*, 101, 2013, p. 294.

[47] See Mary Ann Becker, "What is Your Favorite Book: Using Narrative to Teach Theme Development in Persuasive Writing", *Gonz. L. Rev.*, 46, 2010, p. 584.

[48] Transportation 是指一种心理现象，即读者沉浸于文本阅读以致完全忽略外部客观环境的干扰，同时在心理上也忽略了故事中与现实不符的矛盾之处，最终引发信念或观点上的改变。See Melanie C. Green, Timothy C. Brock, "The Role of Transportation in the Persuasiveness of Public Narratives", *J. Personality & SOC. PSYCHOL.*, 79, 2000, p. 703.

[49] See Mary Ann Becker, "What is Your Favorite Book: Using Narrative to Teach Theme Development in Persuasive Writing", *Gonz. L. Rev.*, 46, 2010, pp. 602 - 603.

四、结论

需要进一步说明的是,传统的法律技能培养以形式逻辑推理为核心,旨在使法科学生习得客观理性的法律人思维,叙事的建构主义特质决定了它既不"客观"也不"理性",其更强调事实的主观建构性和说服活动的情感共鸣性,因而与传统的法学实践教学似乎格格不入。对此,可做出如下回应。首先,由于事实和法律的不确定性,经由客观理性的形式逻辑推理得出"唯一正解"的理想追求在现实的法律实践中往往无法实现,因此,叙事技巧的引入可增强法律推理结论的可接受程度,从而以叙事的交往理性补充形式逻辑的客观理性的不足。其次,叙事构成了人类交往的深层结构,作为交往活动的法律实践同样不能独立于叙事存在。即便叙事技巧存在扭曲事实的隐患,但是叙事的交往深层结构属性意味着在法律实践中彻底排除叙事的影响是不可能完成的任务。次优的选择只能是使法律职业者充分理解叙事的功能并掌握叙事策略,从而在对抗式的司法实践中以叙事来对抗叙事的"阴暗面",尽可能减少叙事对法律实践的负面影响。因此,将叙事技能培养引入法学教育绝非对法律人思维的背离,而是关联法律实践与社会生活、为形式逻辑推理注入实质合理性内核的应然举措。

Rhetoric, Narrative and Legal Education

Ma Hui

Abstract: The law cannot exist independently of rhetoric. Legal texts need institutional rhetoric to bridge the tension between rigid rules and rheological life. Legal practice requires narrative rhetoric to inject substantive rationality into formal logical reasoning. The persuasive power of narrative in legal practice stems from the strategic use of narrative elements, constructing characters, plots and meanings according to the principles of coherence, consistency and fidelity as legal narratives that can be perceived and recognized by the audience. The existing teaching of law practice emphasizes the cultivation of formal logic reasoning skills, and the narrative skills essential in legal practice have not been consciously trained. In this regard, students should be guided to develop the narrative ability to deconstruct and reconstruct the case facts in class teaching, and encourage students to exercise narrative reconstruction ability in virtual practical class, furthermore to integrate factual statements and normative evaluations in clinic teaching to enhance the persuasiveness of legal argumentation.

Key Words: rhetoric, legal narrative, case teaching, clinical teaching, legal education

法律情感的维度、功能及培育策略*

徐淑慧**

摘　要:法律情感是个体对法治精神、现行法律体系及其运行的相关法律刺激事件的一种主观体验,其具备以下几个特征:个体性与群体性、刺激源为法律现象、发生逻辑为正义的法治精神、一系列生理唤醒状态。法律情感根据效价结构和唤醒程度可划分为积极法律情感和消极法律情感两种类型,每种类型包含若干维度。积极的法律情感对个体人格成长、法律意识的发展以及法的社会控制均起到正向作用。所以,培育青少年学生积极法律情感具有重要的理论和现实意义,法律情感的培育策略有:进行法律认知教育、发挥良好的人际关系对法律情感的渗透作用、在法律实践活动中进行法律情感体验以及用民族法文化滋养出健康的法律情感。

关键词:法律情感　维度　功能　培育策略

---

* 基金项目:本文系教育部2018年度人文社会科学研究青年基金"儿童法律意识的发展规律及预测模型研究"(项目编号:18YJC880099)的阶段性研究成果。

** 徐淑慧,温州大学教育学院心理学系讲师,教育学博士。研究方向:青少年犯罪预防教育。

一、引言

法律缘起之际就与情感相伴相随。西方法学理论中，法社会学的先驱鲁道夫·冯·耶林(Rudolf von Jhering)提出了法权感，也被译为法律情感，认为客观的“法律情感”是法的最终源泉，主观的“法律情感”与人格紧密相联系。① 哈罗德·J. 伯尔曼则提出了法律信仰，他认为对法律的信仰不仅涉及理性，而且涉及感情、直觉和信仰。② 这说明法律情感的存在是客观且被承认的。博登海默则认为法律的目的之一便是为个人创设有利于其智力和精神力量发展的环境，从而保障个人人格的良性发展。③ 这表明即便法律具有强制性，也不应以牺牲个体健全的人格为基础，而健全的人格势必包含健全的情感。

“中国古代立法皆为孔家的概念所支配。”④也就是说，我国古代法律的理论基础是儒家思想，儒家思想的内涵之一便是尚“礼”，重视人情。比如，孔子提出的“父为子隐，子为父隐，直在其中矣”(《论语·子路》)体现出重情的司法原则。秦汉的“十恶”大罪中的“大不敬、不孝、不睦”亦讲的是人际关系中的情。⑤ 荀子更试图以亲亲、尊尊的礼法培养良民。中国法文化中讲究血亲情感，中国民族传统的法心理是一种“法—情—权”的儒家型结构模式，这里的“情”指的是宗法伦理为内容的“情理”，法和权均受情的制约。“调解”制度更是宗法血缘之“情”的硕果。⑥ 所以，儒家的法治是法律与人情的相辅相成。

从中西方的法学思想和理论可知，情感在法律中是客观存在的，但

① 参见严存生主编：《西方法律思想史》，法律出版社2015年版，第242~243页。

② 参见［美］哈罗德·J. 伯尔曼：《法律与革命——西方法律传统的形成》，贺卫方等译，中国大百科全书出版社1993年版，第5页。

③ 参见［美］E. 博登海默：《法理学——法哲学及其方法》，邓正来译，华夏出版社1987年版，第377~378页。

④ 瞿同祖：《中国法律与中国社会》，中华书局1981年版，第326页。

⑤ 参见俞荣根：《儒家法思想通论》，商务印书馆2018年版，第25页。

⑥ 参见俞荣根：《儒家法思想通论》，商务印书馆2018年版，第29~30页。

法学界,尤其是司法过程中却一再表现出对“情感”的“嫌弃”与贬低。诚然,这种现象的出现也有其缘由,但不可否认的是,只有正视情感在法律中的地位,发挥情感在法律中的功能,才是一种科学又不失理性的态度。

法律与情感的研究大抵上划分为三个阶段:第一个阶段就是正视法律中存在情感的这一事实;第二阶段便是研究特定的法律情境下具体的情感所发挥的作用,比如对刑法中“后悔”这种情感的研究;第三阶段则是期望通过法律手段塑造特定的情感。⑦ 关于法律与情感的研究可以说已经揭开序幕,二者表现为一种“你中有我,我中有你”的“伴生”关系。这种关系凝结为抽象概念便为法律情感。

法律情感是情感的一个下位概念,它是个体对法治精神、现行法律体系及其运行的相关法律刺激事件做出的复杂反应,反映了个体的愿望和需要的一种心理现象。这一内涵包括了以下几个特征:第一,法律情感兼具个体性和群体性。法律情感是个体对法律现象的一种主观体验,反应了法律情感的个体性,同时,又具有群体性。群体性主要表现为法律情感的社会感染性及其可替代性和共享性。第二,法律情感的刺激源为法治精神、现行法律体系及运行中的法律。法律情感就是指由这些法律现象所诱发的主观体验。第三,法律情感的发生逻辑为正义这种法治精神。当人们打破了为维护相互利益而建立的理性协议时,法律情感就发生了。此刻,出现在法律情境中的情感便打上了法律的烙印。第四,法律情感的发生伴随着一系列的生理唤醒状态。当法律情感发生时,会引发个体的植物性神经系统和躯体性神经系统的反应。这一特征成为法律情感可进行测量和量化的前提条件。

---

⑦ 参见李柏杨:《情感,不再无处安放——法律与情感研究发展综述》,载《环球法律评论》2016年第5期。

二、法律情感的维度

根据目前心理学界对情绪结构的研究,采用情绪的环形模型理论将法律情感从效价结构⑧划分为积极法律情感和消极法律情感;从唤醒层面及基本和复合情绪层面⑨考虑又将积极法律情感划分为兴趣、期待、信任与敬畏感四个维度,法律消极情感划分为失望、蔑视、厌恶三个维度。每个维度均基于对法治精神、现行法律体系及运行中法的主观体验。

(一)积极法律情感

积极法律情感,即法治精神或当前的法律体系及运行能够满足个体对法律的期许或需求,从而伴随着愉悦的主观体验。从唤醒程度的强烈依次包含兴趣、期待、信任和敬畏。积极的法律情感表达了个体对法律的认同,这种法律情感也是国家所倡导和期待教育培育的一种情感状态。

从激活状态来看,兴趣属于低强度的唤醒,是一种指向具体活动的趋向性。对法律的兴趣更侧重于个体性,且和具体对象相联系。比如,青少年学生对法律具体价值的兴趣、对基本权利义务的兴趣、对法院审判活动的兴趣等。

期待属于普拉切克(Plutchik)所提出的八种基本情绪之一,法律期待指个体对法律"应然"状态的一种主观预期。比如,认为法律终将会带来公正,法律能够伸张正义,法律对人类充满了关怀等。所以,法律期待指向未来,是个体对法律自身应具备美好德性的一种预期,反映了人

---

⑧ See Posner J. et al., "The circumplex model of affect: An integrative approach to affective, neuroscience, cognitive development, and psychopathology", *Development and Psychopathology*, 3, 2005, pp. 715 – 734.

⑨ 唤醒指情绪反应强度,分为高唤醒和低唤醒两种状态。基本情绪是人与动物所共有的,具有先天性。复合情绪是由基本情绪的不同组合派生出来的。考虑到法律情感的特性,故综合从唤醒和基本情绪、复合情绪考虑进行维度的划分。

类普遍的理想价值。

信任同属于基本情绪之一,法律信任属于非人际信任的一种社会信任,是对人们在社会交往过程中涉及的法律法规的一种制度信任。这种法律信任可对个体的“有限理性”起到一定克服作用,且可促进社会成员之间进行良性交往,成为一种有效的社会控制手段。例如,社会成员基于对民法诚实信用原则的信任,所以能够进行良性的交易活动。如果说法律期待情感指向未来,法律信任则是对法律体系“实然”状态的一种情感,故法律信任更多的是着眼于当下。

《孟子·告子上》:“恻隐之心,人皆有之;羞恶之心,人皆有之;恭敬之心,人皆有之;是非之心,人皆有之。”这里的“恭敬之心”其实就是敬畏感。敬畏不是单纯的惊恐或畏惧,而是一种复合情绪组合。研究表明,敬畏情感中积极成分占主导,同时包含了恐惧和焦虑等消极成分。[10]法律敬畏是一种理性的情感,是接近法律信仰的一种内在精神状态。敬畏法律,是因为敬法治体现了人类终极追求,畏法律的权威与神圣,唯有对法律怀有敬畏之心,才能够更好地践行法律。对法律的敬畏,实则是对法律所蕴含的规律性、神圣性、权威性等人类追求的终极目标的尊重,并以此约束自身的言行,从而促使个体形成一种隐忍、克制的人格特性。法律敬畏感是个体对法的一种反思态度,表现为个体法律自我的完善。唯有对法律怀有敬畏之心,才能够体验并获得法所追求的终极价值,才能更好地成就自我。法律敬畏是个体与法之间的一种互相敬重、互相约束的关系,更是个体对秩序、对规律的一种态度。

对法律的敬畏中,个体意识到自身的渺小与法的强力,从而产生一种“臣服”与敬仰之情。这种“臣服”心理的积极后效就是在社会生活中将法视为一种可依赖的“精神后盾”,在对法的臣服心理中,个体多了一份理性,少了盲从与冲动。这个层面的敬畏感更多反映的是对法权威性的折服。另一层面则为敬仰之情,由于法追求的终极目标使个体感到自我的渺小和卑微,从而自愿去人格化来感受这种宏大的精神追求,处在

---

[10] See Keltner D. ,Haidt J. ,“Approaching awe,a moral,spiritual,and aesthetic emotion”, *Cognition and Emotion*,2,2003,pp.297 –314.

一种宁静致远的状态中。这时候，法对个体来说就是神圣、不可亵渎的美好存在。个体在这种情感体验中获得了归属感与完满感，这将导致对现行法律体系的认可与接纳，即便它还没那么完美。

归根结底，对法律的敬畏之心，一方面是个体对自己在法律素养上的修炼与提升，是追求法律自我完满的表现；另一方面有助于建立守法、尊法的和谐平稳的法治社会。

（二）消极法律情感

消极法律情感是指法治精神或现行法律体系及运行对个体的心理所造成的负面体验，主要包括失望、蔑视和厌恶。

失望是结果的发生与自己的预期不一致且比预期结果要差的时候所体验到的情绪情感。[11] 对法律的失望感来自法未达到个体的预期期待值或预期落空时所产生的一种主观体验。例如，当事人在卷入法律纠纷的时候，或者对于公众所知的法律案件，基于对案情的了解以及本着对法价值的期待，相信法律会给予一个公正的答复，但结果并不如所愿，或者当事人觉得法并未给予其一种公正的裁决，这时候就会对法有一种失望感。那么，对法的失望感将导致个体后续对法的态度。相关理论研究表明，由于情绪对评价的加权影响，当预期和结果差距较大的时候，会引发更为强烈的失望感。[12] 因此，当个体对法的期待落空后，会导致失望感，且这种失望感会随着预期和结果之间的差距增加出现一种加权效果。对学生法律情感的培育应考虑这种加权效应，并给予合理的消解对策。

对于蔑视，有学者从“不予承认”这个角度进行揭示，并提出了三种不同形式的蔑视，即通过一定的方式令个体丧失对其身体的控制权、剥夺个体的法律权利将主体排除在特定的团体外、通过社会制度的确立贬损个体的生活方式或信念。[13] 对法的蔑视亦可以从“不承认”予以理解。

---

⑪ 参见庄锦英：《情绪与决策的关系》，载《心理科学进展》2003 年第 4 期。

⑫ 参见庄锦英：《情绪影响决策内隐认知机制的实验研究》，华东师范大学 2003 年博士学位论文，第 8 页。

⑬ 参见［德］A. 霍耐特、赵琰：《完整性与蔑视：基于承认理论的道德概念原则》，载《世界哲学》2011 年第 3 期。

第一个层面对法最为严重的蔑视便是将法这种元素完全从个体的生活当中剥离出去,即忽视法存在的现实。纵然法是客观存在的,但个体认知中它是一种不存在且个体完全不与之发生任何互动。不发生互动表明法是没有价值或者不具备意义的。此乃对法最为严重的蔑视形式,这代表在个体的社会化过程中,法已被彻底“抛弃”并附带着消极贬损的情绪体验。第二个层面对法的蔑视则需从法的社会性来理解,法的“定分止争”作用表明其发生于人与人的互动过程中。那么,若是产生对法的蔑视,则会体现在人与人交往过程中会摒弃对法的运用。至于摒弃的缘由,可以是对法价值的贬损,也可以是第一层次对法的“抛弃”所导致个体缺乏“法律素养”。这种形式的蔑视直接导致法应有功能不会实现,从而使法成为一种“死法”。第三个层面对法的蔑视则是抹杀掉法的特性,法与其他调节社会关系方式的不同在于其“强制性”与“权威性”,若将法看做是与道德、风俗习惯无异,虽然后者也是重要的法源之一,但抹杀掉法的特殊性就意味法具有可替代性。这也是一种对法的蔑视。综上所述,第一种对法的蔑视其实更侧重于个体角度,情感上则是与法的一种相分离和拒斥形态。第二种和第三种侧重于社会意义对法的蔑视,这两种形式终将使法丧失掉自身的价值从而“死去”,而这始于个体第一层面对法的蔑视。

厌恶是人类在自然选择过程中所形成的一种具有适应性功能的典型负性情绪。厌恶情绪的发生导致个体对厌恶刺激源的回避或拒绝。目前主要将厌恶情感分为由食物、动物、排泄物等具体刺激引发的核心厌恶和对不道德行为的道德厌恶两大类。⑭ 那么,个体对法的厌恶具体归为哪种类型目前并没有实证研究的支持。对法的厌恶是指个体对法治精神、法律体系及相关现象的一种负性情绪体验。不同的厌恶情绪其认知加工过程及涉及的神经层面有所不同,目前虽然没有实证研究支持法厌恶属于哪种类型,但可以推测应属于道德厌恶。道德厌恶的加工依

⑭ 参见丁道群、张湘一、陈锡友:《不同注意资源水平上核心厌恶和道德厌恶刺激加工分离效应的ERPs研究》,载《心理科学》2016年第2期。

赖社会认知和评价，并受到社会文化的影响。[15] 因此，对法及其制度和运行的厌恶感实际上可能是个体在与法的双向互动过程中，对理解和体会到的个人化的法的厌恶。在个体社会生活当中，可能由于种种原因并未真正认识到法的价值，基于对法不准确的理解所形成的一种消极情感状态，如个体的特殊经历导致他认为法是不公正的，从而厌恶法。这种厌恶情绪属于道德厌恶，是出于对自我心灵纯洁性的保护而产生的回避性的情绪体验。教育的目标是培养学生的积极法律感，但对法律的厌恶情绪进行深入了解，具有积极的教育意义，只有找到厌恶法的缘由，方可更好地进行法治教育。

三、法律情感的功能

（一）健康法律情感对人格的健全作用

法律情感是个体法律意识的组成部分。个体法律意识的成熟定型就表现为一种法律人格，即“法律自我”。法律自我是个体在成长过程中将法律意识植根于人格形成中，从而在个体的人格中注入了追求公正、珍惜权利等有利于社会发展的价值理念。法律情感作为“法律自我”的动机机制，是法律自我健康发展的必要前提。法律自我又为人格的组成部分，故良性法律情感是个体人格健全的必要保证，此其一。其二，伊扎德提出人格是由内驱力、感情—认知间的相互作用以及感情—认知结构三种类型的动机结构结合而成。内驱力的发生和各种情绪体验密切相关，固然，包括法律情感体验；感情—认知间的相互作用和感情—认知结构中重要的一方因素就是感情因素，由此可见伊扎德的人格理论中，情绪处于核心位置。[16] 法律情感是情感的下位概念，是对象指向情绪中的一个特例，据此可得，法律情感在个体人格中的重要作用。

---

⑮ See Chapman H. A. , Anderson A. K. , “Things rank and gross in nature: A review and synthesis of moral disgust”, *Psychological Bulletin*, 2, 2013, pp. 300 – 327.

⑯ 参见孟昭兰主编：《情绪心理学》，北京大学出版社2005年版，第35页。

综上所述,法律情感属于“法律自我”的重要组成部分,而“法律自我”是个体自我中的物质自我、精神自我和社会自我并列的人格自我的一个维度。因此,个体人格的健全成长,法律情感的良性发展不可或缺。另外,从人格和情绪的关系中可得知,法律情感是个体人格特质中重要的动机因素之一。

(二)法律情感对法律意识发展的促进作用

法律情感的组织功能是指法律情感对法律意识其他组成部分的影响。这种影响作用主要表现为积极法律情感的促进作用和消极法律情感的消解作用。当个体对法律处于兴趣、期待或敬畏情感状态时,可促进个体对法律认知的深入程度以及对法律的意志坚定状态,最后可形成对法律的信仰;反之,当个体对法是一种蔑视、厌恶的情感状态时,导致“不知法”,对破坏法律的现象也不会采取积极的行动。

法律情感是个体对法律现象的情感宣泄。这里法律现象的效价可以是正的,亦可以是负的。何以导致法律情感?乃是人类对终极公平正义这种信念的信仰所致,而法律则成为这种信仰的载体。韦伯认为,一种秩序的正当性可以通过情绪得到保障的基础之一就是情感上对这种正当性的信仰。⑰ 个体对法律现象所引发的情感,实则就是一些客观法律事件使个体的这种终极价值得到确认或遭到破坏的结果,如为正义伸张感到欢欣鼓舞,为冤假错案感到义愤填膺。法律情感的进一步后果是促使个体去维护自己的终极信念,在情感得到释放或宣泄之后,从感性步入理性,寻求问题解决的最佳方式。这种情感与理性的结合,使情感得到了升华,但它的驱动性功能也得到了体现,进而促进个体法律意识的提升。

(三)积极法律情感对法律社会控制的“黏合剂”作用

法律是一种社会现象,法律意识形成于社会关系中意味着法律情感也是在关系中形成。对法的积极依赖与信任,能够将卷入法律中的人际关系良性化,从而间接地导致一种良性的社会交往状态。对法律的期

---

⑰ 参见[德]马克斯·韦伯:《经济与社会》(第1卷),阎克文译,上海世纪出版集团2010年版,第124~128页。

待、信任与敬畏实则是对社会主流文化的一种认可与遵守，这也构成了社会稳定和谐的前提条件。每个生活在社会中的个体都保持这种积极的法律情感，则可形成一种"黏合剂"作用，这种"黏合剂"将不同的个体联结在一起，从而确保个体不被边缘化。

情绪社会结构论认为，情绪体验植根于合理的社会情境关系中，情绪是在社会文化系统中获得的。[18] 法律情感属于情绪社会化过程中的类型之一。现行的法律实则是对社会主流文化的一种确认和承诺。由于一定社会时期人们共享某种法律制度，个体对这种法律制度的认知评价成为法律情感的基础，这种基于对现行法律制度的评价又会受到他人的影响，同时也反映出了与他人之间的关系。换言之，法律情感主要形成于人际互动的过程中，并且会对人际关系产生影响。这种形成于人际关系中，又对人际关系有塑造功能便是法律情感的社会控制力作用的体现。

四、青少年学生积极法律情感的培育策略

情感教育一方面为促进个体形成与社会价值观相适应的积极情感；另一方面是对社会要求的消极情感的调控。[19] 法律情感教育亦然。培育青少年学生理性化的积极情感可为当前法治社会的建设奠定主体性动力因素。也是法治在社会治理过程中的重要方式。

（一）法律认知教育是培育法律积极情感的前提

情绪认知理论的集大成者拉扎勒斯（Lazarus）认为，情绪是人对自身与环境之间相互关系的综合分析，这一过程的核心便是认知评价。他将评价分为初评价和再评价，每一次的评价过程都可能有具体情绪的发

---

⑱ 参见傅小兰主编：《情绪心理学》，华东师范大学出版社2016年版，第60页。

⑲ 参见毛豪明：《再论指向生活意义的情感教育》，载《安庆师范学院学报（社会科学版）》2006年第2期。

生或者是情绪事件的结束。[20] 依据这一理论,对积极法律情感培养的前提是确保学生对法律现象有正确的认知。目前我国中小学校都有开设《道德与法治》课程,其目的就是为学生灌输基本的法律知识,培养学生的法治思维。期望学生对我国法律体系具有积极法律情感,最好的途径便是从法律认知入手,只有了解了什么是法律、法律的基本性质、社会主义法律体系的基本内容以及具体的权利义务等法律知识,学生才有可能对社会生活中的法律现象或者对法律本身做出正确的评价,这种评价是导致法律情感发生的重要源头。唯独了解法律的价值与功能,才能理解法律存在的必要性,才会导致对法律的积极评价与积极情感;也唯独懂得法律的特殊性与终极追求意义,才会对身边法律现象有一个理性而客观的分析,不会被社会舆论所左右,避免了对法治存有偏见与敌意。正如学者朱小蔓认为,情感教育不是对理性的否定,而是对非理性的强调,其最终目的是培养高理智与高情感协调发展的人才。[21] 所以,法律情感的培育首先是以法律认知为基础,以法理使人信服,法律情感是对法理的认可,法理是法律情感的源头,从而达到合情合理的和谐状态。例如,当学生懂得了法律的强制性特征及其背后的法理,就不会觉得法律义务是一种负担,因为他懂得强制性的根本缘由是确保法律的生命力,而法律的生命力则在于保障每个守法人的基本权利。这样,当遇到不履行法律义务的个体时,学生则表现出对违法行为的负性情感,对法律被践踏的担忧与关怀,从而可促进对法律的维护。最终做出对法律维护行为的前提是基于对法律的正确认知与积极评价,这种评价导致对现行法律的积极情感,对违反法律行为的消极情感。

(二)良好的人际关系是培育积极法律情感的保障

开展情感教育的最终目标是实现人的全面和谐发展。[22] 情感教育的重点在于使学生学会交往、学会合作。[23] 梁启超则认为,情感教育的

---

[20] 参见傅小兰主编:《情绪心理学》,华东师范大学出版社2016年版,第45~47页。

[21] 参见朱小蔓:《当代情感教育的基本特征》,载《教育研究》1994年第10期。

[22] 参见郑琳川:《立德树人务必重视情感教育》,载《中国教育学刊》2015年第9期。

[23] 参见赵鑫:《国外情感教育研究的进展与趋势述评》,载《比较教育研究》2013年第8期。

目的是教人成为仁者,这里的"仁"为孔子所说的"仁者人也"。就是人格的完成,而人格的实现又是在关系中生成的。[24] 积极法律情感培育的保障便是良好的人际关系。法律情感作为一种高级社会化情绪,它是在个体情绪社会化过程中发展起来的。发展心理学家鲍尔比(Bowlby)认为,亲子依恋是儿童情绪社会化的桥梁。儿童要产生正性情感依赖于养育者对其舒适度需求的满足程度。亲子依恋作为个体对养育者强烈持久的情感联结,会影响儿童后期与其他交往对象的关系。比如与同伴、恋人、不特定的他人等。同时,良好的亲子依恋也为人格的健全发展奠定基础。法律情感产生于个体情绪社会化过程中,换言之,产生于个体与他人的互相交往过程中。据以上研究可推论,良好的人际关系有助于塑造个体正向的积极法律情感。安全型的亲子依恋是良好人际关系的保证。后续的同伴关系、师生关系及与社会的关系均会影响个体法律情感的"校价"。那么,培育个体的积极法律情感,就需要从各种关系入手。

首先,尽量保障个体能有安全型的亲子依恋关系,安全型的亲子依恋关系不仅作为一种内部交往模式为以后人际交往奠定良好基础,更为重要的一点是可确保个体人格良性成长。健全的人格与积极法律情感相匹配。健全的人格不仅是物质自我、精神自我、社会自我良性发展的表现,也是"法律自我"健康成长的展示。因此,可通过亲职教育,为父母提供科学有效的育儿方法,有助于形成良好的亲子依恋关系。

其次,随着儿童年龄增长及人际交往范围的扩大,同伴关系占据的重要性越来越大。同伴之间的良性交往不仅可以为个体提供情感归属,还可以影响个体的价值观。那么,法律情感便有可能在同伴交往中逐步形成。步入学校生活中的个体,开始学习法律知识,对法律是否认可及随后产生的法律情感,均会受到同伴的影响。健康的同伴关系往往能够提供一种主流的价值观。

最后,个体与社会关系是否为良性,直接决定了个体是否会遵纪守

---

[24] 参见魏义霞:《梁启超情感教育论》,载《求索》2014 年第 9 期。

法。个体被社会边缘化，极有可能导致犯罪行为的发生。罪犯最明显的特征便是对现行刑法的践踏，其对法律的情感是不言而喻的；但个体若生活于社会控制网中，便会信任法律、对法律心存敬畏。

决定个体是否会被边缘化的重要因素便是个体与他人的关系是否为良性，也就是个体与家庭、同伴、重要的生活工作机构等是否有强烈的依恋。所以，要培育青少年学生积极法律情感，从关系入手不失为一种可靠的策略。

（三）法律情感体验是培育积极法律情感的关键

情感教育的研究者朱小蔓认为，渗透性、非实体性是情感教育的基本形式。[25] 情感教育的基础是情感体验。法律情感教育属于情感教育的子类型，故可以通过两种方式达成培育学生积极法律情感的教育目标。第一种是通过法学案例诱发学生的法律情感，让学生体验法律情感，达到培育法律情感的目标，即"以情育情"；第二种是让学生参加法律实践活动，比如旁听法院审判活动或者进行模拟法庭的法律实践活动，从而达到"以境育情"的目标。

21世纪我国法学教育改革就是通过引入案例教学的方式来激发学生学习法律的兴趣。[26] 这说明通过法学案例教学，可提高学生的法律情感。通过真实的法律案例诱发学生法律情感，将学生代入到案例中，从而在认知过程中伴随着法律情感体验，这样的结果会促使学生掌握相关的法律知识、领悟法条背后的法理，从而有助于提高其法律意识，最终增强学生的积极法律情感。也就是说，"正是由于体验的情感性，主体在积极的体验中形成积极态度"。[27] 也由于学生在法律案例中体验到了法的正义，以及对违背正义、公平等法价值的愤怒，最终有助于形成对法的积极情感。

为增强学生法律实践能力，培养学生的社会责任感，法学教学中引

---

[25] 参见朱小蔓：《〈情感教育论〉与情感教育理论建设》，载《教育科学》1995年第4期。

[26] 参见张琳：《案例教学法与民法教学》，载《当代法学》2002年第10期。

[27] 闫守轩：《体验与体验教学》，载《教育科学》2004年第6期。

入诊所法律教育。[28] 法律诊所教育中的一项评价目标便是态度评价，即学生进行相关课程的学习后对法学教育等相关问题的态度。[29] 法律诊所教育属于实践性教育，且这种法学教学方式关注学生的法律情感。为培育学生法律情感，在法治教育课程中，也可以开设“模拟法律诊所”，学生参加一系列角色扮演和模拟训练，在“身临其境”的法律实践活动中，提高学生对法律知识的兴趣，促进对法追求的终极意义的领悟。由于情绪具有感染性，故也可通过旁听真实的法院审判活动，可将枯燥的法律知识以直观生活的情境展现给学生；同时，当事人的情绪情感传染给学生，让学生体验正义伸张后的愉悦感，法的不容侵犯性与威严，从而形成对法的认可、信任和敬畏等积极法律情感。

（四）民族法文化是培育积极法律情感的核心

“能够铭刻在公民心灵里的法律情感必然滋生于一个民族国家深厚的法文化之中。”[30]中国的法文化是以儒家思想作为其内在精神，即“引礼入法”。为达到对学生积极法律情感培养的目标，需要对中国法文化进行两个层面的理解：第一个层面是使学生对传统法文化发生兴趣，比如对“礼不下庶人，刑不上大夫”（《礼记·曲礼》）意义的理解，如果教师不进行深入剖析，很可能就会认为这是古代礼法制度阶级性的体现，是将庶人和大夫排除在礼和刑的实施对象之外。但若通过深入分析，对“上”和“下”的含义理解为“至”和“在某之上（下）”则意义完全不同。[31] 还有另一种解说更为有趣，认为“礼不下庶人”是由于“庶人贫无物为礼”（《礼记正义·曲礼上》），这种解释完全是基于原文的具体意思进行理解，表示庶人都没有车可以坐，怎么行下车之礼呢？通过这样的一种解释，让学生对传统法思想发生浓烈兴趣，可主动去探究传统法文化的滥觞，最终使学生对现行法律的积极情感体验置于肥沃的法文化土壤中。第二个层面则是对目前法律制度从传统法文化的视角进行解读。

---

[28] 参见浦纯钰：《“法律诊所”教育若干问题探讨》，载《社会科学家》2005 年第 6 期。

[29] 参见袁钢：《法律诊所教学评价方法探究》，载《法学杂志》2011 年第 2 期。

[30] 董杰、魏纪林：《论法律情感的培植》，载《理论导刊》2009 年第 8 期。

[31] 参见李晓明：《“礼不下庶人，刑不上大夫”辨》，载《法学杂志》2003 年第 4 期。

比如,对未成年人刑事政策"坚持教育、感化、挽救的方针",以"教育为主,惩罚为辅"的理解,且不说我国古代文化中的"恤幼"思想对这一政策的影响,更为直接的是古代儒家对犯罪的预防观点。比如,孔子认为"性相近也,习相远也"(《论语·阳货》)。他持有的是"性善论",那么人犯罪则是"习"所导致,也就是后天环境所导致的。在这样的基础之上,孔子提出了犯罪预防措施,即"富之""教之"、先富后教。[32] 荀子则进一步提出"不富无以养民情,不教无以理民性"(《荀子·大略》),并提出"教"的具体内容,以及达成"礼义之化"的目标。据此观点,我们可以认为对未成年人的"以教育为主"的"教"的思想,可推及未成年人犯罪是缺乏"教",而这一观点正是印证了儒家法的犯罪预防观。目前中小学生《道德与法治》课程的设置也是先培育学生的道德情操,其目的之一就是为培育其法治思维做好伏笔,这种做法也是与我国传统法文化注重道德修养是相符合的。

On the Dimensions, Functions and Cultivation Strategies of Devotion to Law

Xu Shuhui

Abstract: Devotion to law is a subjective experience of social individuals on the spirit of the rule of law, the current legal system and related legal events in which it operates. It has the following characteristics: it has both individuality and groupness, the source is legal phenomena, and the logic of occurrence is justice. Devotion to law is a spirit of the rule of law, which is accompanied by a series of physiological arousal states. Devotion to law can be divided into two types of positive legal emotion and negative

[32] 参见俞荣根:《儒家法思想通论》,商务印书馆2018年版,第278页。

legal emotion according to the structure of the titer and the degree of arousal. Each type contains several dimensions. Positive legal emotions play a positive role in the growth of individual personality, the development of legal consciousness, and the social control of law. Therefore, cultivating young students' positive legal emotions has important theoretical and practical significance. The cultivation strategies of devotion to law include: education on the popularization of law, good interpersonal relationships on the penetration of legal emotions, legal emotional experience in legal practice activities, and the nourishment of healthy legal emotions with national culture of law.

Key Words: devotion to law, dimensions, functions, cultivation strategies

教学研究

法治反恐人才培养机制研究*

王东明　贾　宇**

摘　要：当前国际国内的恐怖局势以及恐怖主义的发生机理决定了恐怖主义和反恐怖主义必将长期存在。我国反恐人才急缺，恐怖主义涉及的多重复杂因素决定了反恐人才的培养不需要、也不可能通过规划设立“反恐怖主义专业”来“一揽子”完成。当前我国以公安、警察类院校在警务指挥与战术等专业下设置反恐怖方向和法学院校在法学专业下设置反恐怖主义法方向的块状配合，加上各科研机构点状分布做补充的培养模式是反恐人才培养的理性选择模式。法学专业下反恐怖人才的培养规模应当适当扩大。法学专业下本科层次反恐课程设置应当与公安院校的反恐方向课程设置做到有衔接、有区别而又互相补充，在完成法学核心课程的基础上合理优化，涵盖民族、宗教、国际政治等课程，凸显反恐特色。法学专业下研究生层次的反恐课程设置与本

---

* 基金项目：本文是2018年国家社科基金一般项目“刑事法与反恐法视阈下的社会危险性研究”（项目编号：18BFX093）的阶段性成果。

** 王东明，西北政法大学反恐怖主义法学院副教授，法学博士。研究方向：刑法学、反恐怖主义法。贾宇，浙江省人民检察院党组书记、检察长，博士生导师，法学博士。研究方向：检察理论与实务、刑法学、反恐怖主义法。

科层次的课程设置要凸显培养目标层级化,避免趋同化。

关键词:法治反恐　人才培养　课程设置

一、反恐的长期性需要大量的反恐人才

20世纪以来,恐怖活动在世界范围内横行。进入21世纪,恐怖主义更是愈演愈烈,发案数量呈剧增状态,几乎遍及世界的每一个角落。"9·11"事件更使恐怖主义进入普通民众视野并被高度关注。2015~2016年,全球暴恐活动进入新的扩张周期,国际恐怖事件大幅上升,特别是中东、东南亚以及欧洲的部分地区,暴恐事件频频发生。2017~2018年,全球发生的恐怖事件更是接连不断,此起彼伏。当前,国际恐怖组织势力持续发力,伊拉克、叙利亚恐怖袭击不断,并且向周边国家和地区扩张渗透,派遣人员在美国、土耳其以及比利时等国实施大量的恐怖袭击,并扩张至北非、西亚等地区。各国内部在宗教极端思想影响下,自发式的恐怖袭击数量也不断增加。20世纪90年代以来,恐怖组织在我国境内实施了大量的恐怖袭击。2013~2014年,暴恐事件发生率达到了新的高峰,恐怖活动范围不断扩大,组织形式呈规模化趋势。2017年以来,恐怖犯罪案件势头得到了一定程度的遏制,我国境内基本没有发生较大的暴恐事件。

国内外恐怖活动近年来呈现新的活动规律与特点:

第一,国际恐怖活动由单中心演变为多中心,并在全球蔓延。"9·11"事件之前,国际恐怖活动基本以阿富汗为中心,"基地"及其领导人本·拉登是国际恐怖势力的"精神支柱",但"9·11"之后,国际恐怖活动已经逐步分散到世界各地。就目前而言,中亚地区受中东、北非的局势变化以及北约撤离阿富汗的影响,恐怖隐患犹存,特别是"乌伊运"回流中亚,使该地区安全风险再度上升。南亚地区安全威胁持续,阿富汗乱局成为南亚的动荡中心,"塔利班"仍是其安全形势发展的关键因素,同时,巴基斯坦境内的"塔利班"也在持续不断地发动恐怖袭击事

件，使其境内整体安全形势堪忧。与此同时，东南亚地区内部斗争加剧，表现在缅甸内战频发、印尼极端思潮高涨、菲律宾反政府武装依然猖獗等。中东地区一直是恐怖活动的高发地，土耳其、叙利亚以及也门暴恐事件几乎未曾间断。欧洲地区，特别是南欧和中欧，也一直是恐怖活动的多发区。恐怖主义活动全球蔓延之势已非常明显。

第二，恐怖活动手段不断调整，“推陈出新”。除了以往常见的暗杀、暴力砍杀、纵火等手段外，出现了大量的新型犯罪手段，如劫持、爆炸、车辆碾压、自杀性袭击、利用生化武器实施恐怖活动犯罪等，特别是近年来网络恐怖活动犯罪增加，不断扩展网络恐怖组织，制造“极端化威胁”，不断调整战术策略和犯罪方式，企图实施恐怖事件与政府对抗。

第三，促使恐怖主义发展变化的因素愈加复杂化。恐怖主义产生的原因本身就具有复杂的因素，往往涉及一国的政治制度、民族、宗教、历史等多重因素。当今国际社会风云跌宕，国际关系格局不断变更调整，大国关系变幻莫测、错综复杂，使恐怖主义发展变化的因素愈加多重复杂。

无论是国际恐怖主义还是国内恐怖主义，其产生和发展所涉及的民族、宗教等深层次原因需要长久的时间才可能消除。从某种意义上讲，恐怖主义作为一种社会负面物，属于社会发展阶段的伴生物，在很长一段社会历史进程中将会一直存在，虽然在被控制、打击、改造程度上会有度的区别，但不可能在短期内完全消失。恐怖主义产生发展的多重复杂原因及其存在的长期性决定了必须有大量的反恐力量投入这场“战争”，这就要求我们要认真考虑反恐人才培养的现实要求，在持久战的思维模式下进行思考与布局，构建长期的反恐人才培养机制。另外，必须注重“厚基础、宽口径、强实践”的能力素质结构。特种部队与专业特殊力量的现场打击处置模式永远是打击暴恐必不可少的、重要的方式和力量组成，但从治本的角度考虑，恐怖主义产生原因的多重复杂性更需要综合性、多元化的反恐人才。

二、国内外反恐人才培养模式分析

(一)国外反恐人才培养课程设置概览

“9·11”之前,国外高校反恐课程一般是在政治学下设置,但“9·11”之后,反恐课程突破了政治学的限制,得以迅猛发展。在美国,近千所高校围绕“恐怖主义”开设了相关课程。根据美国国土安全部的统计,截至2012年,美国排名前260名的国家级大学和学院共开设了342个反恐或国土安全方面的专业课程,特别是美国常青藤联盟院校,全部开设了反恐怖主义相关课程。① 在美国教育体制下,法学没有本科层次,只能在其他专业取得学士学位后方可修学法学,所以在本科层面,反恐专业虽然也包括大量的法学课程,但通常设置在政治学、社会学、国际关系学等学科下面,在硕士、博士层次才涉及法学学科。就具体的课程设置而言,首先,美国反恐专业课程有50%以上属于社会科学领域,如政治学、国际关系学、社会学、心理学等;其次,为人文类相关课程,如历史学、宗教学、哲学等;最后,为刑事法律类的学科、安全学以及自然领域内的一些学科。② 虽然各高校或者科研机构在课程的具体设置上差别比较大,但各有特色。如美国西点军校的国际安全学院在反恐课程的设置上明显突出“军校”和“国际”的特色,设置国际关系研究、国际关系与冲突解决、政治科学、情报分析、情报研究、谍报竞争、美国国情分析、恐怖主义研究、公共管理等课程。马兰里大学在本科层面开设的课程有恐怖主义心理学、全球恐怖主义、恐怖主义地理学、恐怖主义融资与反恐融资、恐怖主义全球化战争、恐怖主义对网络的影响、国土安全等。③ 辛

---

① 高瑞、梅建明:《美国反恐怖教育体系建设及其对我国的启示》,载《山东警察学院学报》2014年第4期。

② 参见高瑞、梅建明:《美国反恐怖教育体系建设及其对我国的启示》,载《山东警察学院学报》2014年第4期。

③ 参见高瑞、梅建明:《美国反恐怖教育体系建设及其对我国的启示》,载《山东警察学院学报》2014年第4期。

辛那提大学政治系开设“国际关系中的冲突”课程，斯坦福大学开设有“巴勒斯坦、犹太复国主义与阿以冲突”课程。俄勒冈大学开设的城市地理学中有一部分专门讲授城市与恐怖主义。④ 另据笔者在英国的朋友介绍，英国中央兰开夏大学司法医学和调查学院开设机场安全课程，具体包括指纹、监控录像和电脑屏幕等。

研究生层面，美国海军研究生院开设的反恐课程包括恐怖主义犯罪预防、公共恐惧管理、重要基础设施保护、应急管理、情报收集、情报传播与共享等。乔治华盛顿大学国土安全应急准备研究所直接招收反恐怖主义专业硕士研究生，其反恐课程有危机管理、公共应急管理、灾难与风险管理等。⑤ 哈佛大学法学院开设了“伊斯兰教法规”课程。⑥ 澳大利亚麦考利大学开设有监控情报和反恐硕士专业，毕业生经过一年多的学习将会变成反恐怖专业人才。⑦

上述国外对于反恐人才培养及课程设置的基本情况至少在以下几个方面可供我们参考：

第一，不同的培养机构都在围绕反恐人才培养开设课程，但设置课程差异性比较大，并不存在全国统一设置的“反恐怖主义专业”；

第二，由恐怖主义的产生、发展涉及多重复杂原因这一本质要素所决定，反恐怖主义课程涵摄的学科领域特别广泛；

第三，各培养机构开设的反恐课程侧重点不同，均与自身的优势专业密切相关，围绕着反恐所涉及的不同领域形成交叉互补；

第四，研究生层面培养反恐人才更具有精准性，突出反恐所涉及的一个或几个重点方向。

---

④ 参见朱素梅：《美国高校恐怖主义相关课程、专业和学科发展》，载《国际关系学院学报》2010 年第 5 期。

⑤ 参见高瑞、梅建明：《美国反恐怖教育体系建设及其对我国的启示》，载《山东警察学院学报》2014 年第 4 期。

⑥ 参见朱素梅：《美国高校恐怖主义相关课程、专业和学科发展》，载《国际关系学院学报》2010 年第 5 期。

⑦ 参见师维等：《中国反恐怖主义法研究》，中国人民公安大学出版社 2016 年版，第 79 页。

(二)我国当前反恐人才培养模式分析

目前我国反恐人才的培养有三种模式。

第一类是高校或研究机构研究中心的点状培养。如中国人民公安大学反恐怖主义研究中心、中南财经政法大学反恐怖主义研究中心、西南航空职业学院反恐研究所等。同时,由于恐怖主义的发生机理涉及政治、经济、文化、宗教、民族、历史、法律等多重因素,很多科研机构或者研究中心虽然并没有挂名“反恐怖”字样,但实际上一直从事着对恐怖主义或者极端主义的研究,如金宜久教授在中国社会科学院世界宗教研究所一直从事宗教及极端主义研究;胡联合教授在清华大学国情研究中心从事恐怖主义研究;周展教授及其研究团队在浙江大学基督教与跨文化研究中心研究恐怖主义等。从人才培养的角度看,这些科研机构本身往往并不招收培养学生,但由于这些研究机构的研究人员往往同时具有其他学术身份,在其学科专业归属上具有培养硕士、博士的资格,从而依托其自身专业归属招收研究生,被招取的研究生可能具有如公共管理、法学,民族学、宗教学、行政管理等不同的学科背景,然后围绕研究中心的工作进行相应的学习和研究。

第二类是公安警察类院校的专业培养。如中国人民公安大学自2014年开始招收反恐怖专业方向的本科生;云南警官学院2015年开始采用定向培养的方式招收反恐专业的本科生。随后,中国刑事警察学院、浙江警察学院、新疆警察学院、重庆警察学院等公安类高校开始进行反恐专业人才的培养。在该培养模式下,公安警察类院校一方面结合自身特色和专长;另一方面囿于目前“反恐怖专业”在我国并非官方设置专业,因此,“反恐怖专业”设置在“警务指挥与战术”专业之下作为一个方向来开设,规格要求和课程设置主要侧重于作战指挥、反恐战术和反恐技术方面,核心课程主要包括反恐战术学、电子设盘应用与战术设计、警察参谋工作、反恐警组指挥、警察谋略学、反恐作战指挥、反恐行动应急处置、反恐舆情处置、反恐训练(包括反恐专用仪器与器材及防爆器材应用、擒拿、散打、柔道、格斗、射击、攀爬、驾驶等)等。⑧ 虽然在课程的

---

⑧ 参见林通:《对公安类反恐专业方向(本科)培养方案的论证》,载《中国人民公安大学学报(自然科学版)》2016年第2期。

设置上也强调综合性,但实际上呈现两种情形:一是涉及的法律类课程比例极少;[⑨]二是经济文化、宗教、政治类课程实际上是只存在于培养方案中的僵尸课程。[⑩] 考虑到公安院校所培养的反恐力量主要面向反恐一线,因此在既有培养年限里不可能面面兼顾,其主要精力聚焦作战指挥、反恐实际技能训练、情报信息以及应急处置等方面不仅是合理的,也是必要的。

第三类是政法类院校在法学专业框架下招收培养反恐怖主义人才。就目前而言,只有西北政法大学设立的反恐怖主义法学院属于该种模式。西北政法大学2016年成立国内第一家反恐怖主义法学院,贯通了本科—硕士—博士的一体化培养,通过三年多的实践,形成了自身特点,积累了一定的经验,表现在:(1)凸显本校的优势学科,将反恐怖主义人才培养设置在法学专业之下,课程设置中涵盖了较大比例的法学科目,本科、硕士、博士毕业均取得相应的法学学位。(2)重视我国恐怖主义生成的深层次原因,开设宗教学、政治学、社会学等基础课程。(3)立足于我国恐怖主义现实,重视中国立场、涉疆问题,开设中国民族学概论、新疆的历史与现状等特色课程。(4)将反恐置身于总体国家安全的视域下,形成特色的反恐法课程群,开设有国家安全法、反恐怖主义法、网络安全法、民族区域自治法等法律课程。(5)紧扣《中华人民共和国反恐怖主义法》的基本内容,开设有反恐情报学、反恐与国际合作、反恐与金融犯罪、恐怖主义防范与处置等专业课程。(6)重视实践教学的开展与落实,与新疆维吾尔自治区、陕西省多家公安、国安部门以及民族宗教部门建立长期实习基地,以保证学生有足够的实习时间和参与深度。

(三)法学专业反恐人才的社会需求分析

我国的法治进展及反恐现实需要大量的法治人才参与反恐防恐的协同工作机制中去,应当扩大法学专业框架下反恐人才培养的规模。就

---

⑨ 参见彭波、仲慧:《公安院校反恐怖专业建设与人才培养模式初探》,载《山东警察学院学报》2015年第1期。黄冶、王振华:《警务指挥与战术专业设置反恐处突方向(2+2)人才培养模式探究——以重庆警察学院为例》,载《新疆警察学院学报》2016年第1期。

⑩ 笔者所称僵尸课程,是指在培养方案制定中出于技术性考虑列出但从未实际开出过的课程。

我国恐怖主义的发生机理而言,其脉络基本是:融合历史、政治、文化、国际因素,以宗教和民族因素为核心形成宗教狂热,尔后发展为极端思想,进而采取暴恐活动,即如图1所示从下至上呈“金字塔”状。那么,相应地,反恐防恐也需要多层次协同进行,标本兼治。

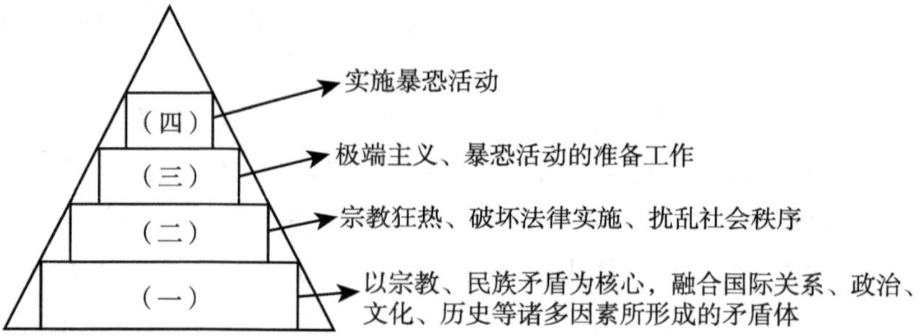

图1　恐怖活动发生机理

在最基础的“第(一)层面”,需要依法推行和完善我国的宗教、民族政策,加强国际关系,正确解读、对待历史,加强文化认同及主流意识形态和优秀文化的引领作用。在“第(二)层面”,加强国家法律法规的宣传,强化国家法律法规的实施及对社会的治理,加强对极端主义和恐怖主义的基础性防范。在“第(三)层面”,重视恐怖信息情报的搜集研判,加强针对性的具体防范措施。在“第(四)层面”,进行应急处理、打击暴恐、现场处置等。(如图2所示)

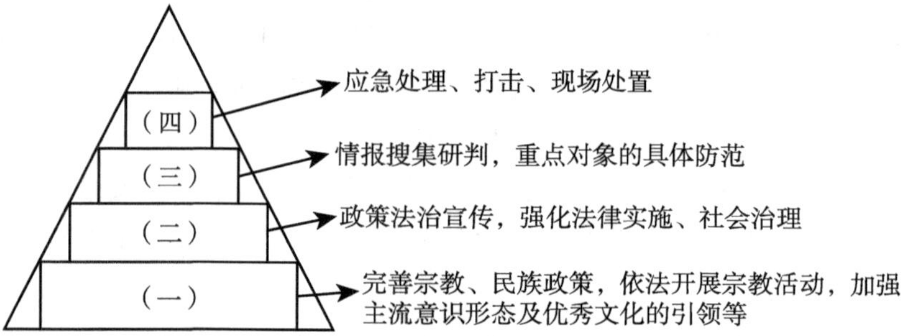

图2　恐怖活动防范对策机理

在这样一个立体的“金字塔”式职能分配中,公安警察类院校对于反恐人才的培养目标当然聚焦在最上部的“第(四)层面”,重点覆盖“第

(三)层面”,即聚焦应急处理、打击暴恐、现场处置,同时重点覆盖恐怖信息情报的搜集研判,加强针对性的具体防范措施。在实现目标的培养过程中要渗透到“第(二)层面”,即以法律为核心的知识分布。而法学专业下反恐方向的培养目标则以“第(二)层面”为主导,同时向下要覆盖到“第(一)层面”,向上要覆盖到“第(三)层面”,同时在实现目标的培养过程中,渗透到“第(四)层面”。所以不难看出,在“后暴恐时代”,对法学专业反恐人才的需求将会有很大的缺口。

结合我国恐怖主义发生的主要原因、当前恐怖活动发展的实际情况以及我国“专群结合、全民防恐”⑪的反恐基本原则,在针对恐怖主义的协同作战机制中,法学专业能够发挥极其广泛的作用。具体而言,法学专业框架下反恐方向毕业生可以在如下领域发挥其特长:(1)反恐政策、法律的宣传与落实适用;(2)反恐怖理论研究;(3)反恐信息的分析与研判;(4)在法治框架下运用法律手段解决特定区域内的民族问题、宗教问题,促使宗教活动、民族事务的法治化运转;(5)通过法律方法解决民汉之间、少数民族内部之间的矛盾纠纷,淡化宗法制度在日常生活中的支配作用以及民族群众对宗法的依赖;(6)深度参与自己所属行业反恐法律的宣传与落实,所在单位反恐怖防范方案制定、演练,措施的制定与落实等;(7)作为反恐怖的专业力量参与反恐怖的侦查、针对性防范措施的制定与落实;(8)作为检察院、法院的组成力量开展针对恐怖主义犯罪的司法实践;(9)对受到恐怖分子侵害的被害人进行专业救济与抚慰;(10)依法开展、推进社会治理,维护社会秩序,与恐怖主义、极端主义破坏法律实施的行为作斗争;(11)参与针对恐怖主义、极端分子在改造过程中的法治教育等;(12)运用法治思维、法治方法处理反恐怖工作中的其他相关问题,包括对我国反恐政策、反恐措施的法治视角解读与对外宣传,以消除国际社会对我国反恐工作的误解或者刻意诬蔑。

---

⑪ 关于我国《反恐怖主义法》中确定的“专群结合”的反恐原则,国内很多学者用“全民反恐”来表述,对此笔者持异议。《反恐怖主义法》实际上确立的是“防、反一体,以防为主”的反恐原则,在直面恐怖事件时倡导全民反恐会带来很大的负面作用,因此笔者一直主张“专群结合,全民防恐”的理念和表述方式,限于本文的论述重点不在于此,笔者将辟文另述。

基于此,法学专业反恐方向毕业生的就业面相比普通法学专业毕业生更宽,既可以到传统的检察院、法院、律师事务所就业,更适合到公安、国安部门就业,同时民族宗教部门、行政执法部门、教育部门以及其他企事业单位等均需要具备扎实法律知识的反恐人才。

公安警察类院校反恐人才培养与法学专业下反恐人才培养既相互区别,又相互补充。具体而言,公安警察院校反恐人才培养主要面向暴恐的现场打击与处置以及和恐怖活动相关情报信息的搜集与分析,而法学专业下反恐人才的服务面向是多层次全方位的,其恰好与公安、警察类院校培养的反恐人才形成块状的交叉互补。基于恐怖主义发生发展的多重复杂因素,当前不可能、也不需要在全国范围内通过新增方式设置一个反恐怖主义专业来完成所有反恐问题。上述三种人才培养模式虽然是一种自发形成的培养现状,但却是反恐人才培养的理性选择模式。然而目前法学专业框架下反恐人才培养的规模明显较小,应当在逐步完善的基础上适当扩大。

三、法学专业框架下反恐课程设置研究——以西北政法大学反恐怖主义法学院课程设置为分析对象

(一)本科反恐课程设置的现状分析与完善方案

就人才培养而言,在培养目标定位下的课程设置至关重要。西北政法大学 2018 年本科人才培养方案的修订,法学专业本科课程设置的总体架构和指标与以往没有大的修改,但为了突出学生自主学习的时间比例,对总学分的设置进行了适度压缩,要求各专业总学分限制在 160 学分之内。同时为了实现知识教学和实践教学的协调与贯通,要求专业实践教学环节累积学时不少于总学时的 15%。依照此分布比例,由学校统一安排的通识必修课和通识选修课共 53 学分。在此 53 学分外,反恐怖主义法学院的课程设置在 2016 年的基础上进行了一定的微调,如表 1 至表 5 所示:

表 1　学科基础课与专业必修课

课程类别	课程名称	学分	课时
学科基础课	社会学概论	2	36
	政治学概论	2	36
	中国民族学	3	54
	宗教学	3	54
小计	4 门	10	180
专业必修课	法学导论	2	36
	宪法	3	54
	民法(上)	3	54
	反恐怖主义原理	4	72
	国家安全法	2	36
	民族区域自治法	2	36
	民法(下)	6	108
	民事诉讼法	4	72
	法律职业伦理	2	36
	反恐怖主义法	2	36
	刑法(上)	3	54
	刑事诉讼法学	3	54
	行政法学	3	54
	恐怖犯罪防范与处置	2	36
	网络技术与网络安全法	2	36
	刑法(下)	3	54
	行政诉讼法	2	36
	反恐情报学	2	36
	法理学	3	54
小计	19 门	53	964

表 2　专业选修课

课程类别	课程名称	学分	课时
专业方向选修课	世界恐怖活动的历史与现状	2	36
	反恐怖策略	2	36
	宗教事务法治化管理	2	36
	新疆的历史与现状	2	36
	极端主义概论	2	36
	国际反恐与合作	2	36
	反恐与金融犯罪	2	36
	反恐最前线	2	36
小计	8 门	选修至少 4 学分	

表 3　法学类选修课

课程类别	课程名称	学分	课时
法学类选修课	国际法学	2	36
	劳动与社会保障法学	2	36
	中国法制史	2	36
	商法学	2	36
	金融法学	2	36
	经济法学	2	36
	知识产权法学	2	36
	国际经济法学	2	36
	证据法学	2	36
	公司法理论与实务	2	36
	国际私法学	2	36
	合同法理论与实务	3	54
	环境与资源保护法学	2	36
	法律文书写作	2	36
小计	14 门	选修至少 8 学分	

表 4　公安类选修课

课程类别	课程名称	学分	课时
公安类选修课	犯罪心理学	2	36
	侦查措施	2	36
	公共安全危机管理	2	36
	侦查讯问	2	36
	恐怖犯罪专案侦查	2	36
	物证技术	2	36
	突发事件现场处置	2	36
	现场勘查	2	36
	涉外警务	2	36
小计	9 门	选修至少 4 学分	

表 5　技能选修课

课程类别	课程名称	学分	课时
专业技能选修课	防恐“内保”演练实训	2	36
	反恐怖大数据情报分析	2	36
	恐怖犯罪典型案例研习	2	36
小计	3 门	选修至少 4 学分	

西北政法大学法学专业下反恐方向人才培养在探索中取得了一定成绩，积累了可借鉴性的经验，但其本科课程设置还存在不足之处，具体表现在：

第一，法学类核心课程的设置还不够合理。根据《立格联盟⑫院校法学专业教学质量标准（修改意见稿）》的要求，法学专业核心课程采取

⑫　立格联盟，即全国政法大学“立格联盟”，是全国政法类大学联盟，由英文 legal 音译而来。成员学校有中国政法大学、西南政法大学、华东政法大学、中南财经政法大学、西北政法大学、甘肃政法学院、上海政法学院、山东政法学院。

“10 + X”分类设置模式。[13] 而目前的课程设置中,专业必修课中只有 7 科属于立格联盟列出必修的 10 门法学核心课程。立格联盟的规定具有很强的指导意义,其列出 10 科必修的法学核心课程,基本上属于最低限制性要求,是合理性、必要性和灵活性的统一体。如果作为法学专业的学生对此 10 科法学核心课程都不能修满的话,对于今后参加法律职业考试以及工作后所要面对的一系列法律问题,都将是一个短板。虽然现行课程设置在选修课中列出了 14 门法学方向选修课程,但只需要选 8 学分,最多也就是 4 科,很难保证法学核心课程的全面学习。

第二,课程重复度较高。如在公安类选修课中,开出的侦查措施、侦查讯问、恐怖犯罪专案侦查等属于高度重合课程。专业基础课与必修课中,反恐怖主义原理与世界恐怖主义的历史与现状、宗教学与宗教事务法治化管理等在内容上重合度较大,恐怖犯罪防范与处置和突发事件现场处置两门课程的重合度较大。

第三,僵尸课程居多。法学类选修课与公安类选修课都存在大量的课程仅仅停留在课程设置中,学生基本没有选择的权利,实际上也从未开出过。选修课从本来意义上的“学生选修”课异化为“教师选开”课。

根据《立格联盟院校法学专业教学质量标准(修改意见稿)》以及西北政法大学 2018 年关于修订人才培养方案的基本要求,考虑到与公安、警察院校在反恐人才培养上的互补性,法学专业框架下的反恐人才培养课程设置应该适当进行如下完善:[14]

第一类,必修课。该部分又可以分为三个模块:

1. 法学专业核心课程。开足立格联盟所要求的法学专业核心课程中的“10”,即法理学、宪法学、中国法制史、刑法、民法、刑事诉讼法、民事诉讼法、行政法与行政诉讼法、国际法和法律职业伦理,控制在 39 学分。

---

⑬ “10”指法学专业学生必须优先完成的 10 门专业必修课,包括法理学、宪法学、中国法制史、刑法、民法、刑事诉讼法、民事诉讼法、行政法与行政诉讼法、国际法和法律职业伦理。“X”是指各院校根据办学特色为学生另行安排的其他专业必修课,“X”选择设置门数由各院校自主决定,但原则上不低于 5 门。

⑭ 此处指探讨除去通识课程和实践教学环节共 77 学分之后的课程设置。

2. 反恐特色法律课程。即“10 + X”中的 X,开设国家安全法、反恐怖主义法、民族区域自治法、反间谍法、网络安全法和证据法,控制在 12 学分。

3. 反恐方向必修课程,包括宗教学概论、中国民族学概论、恐怖主义概论(含极端主义)、反恐怖情报信息、恐怖犯罪防范与处置、国际政治与反恐合作,控制在 12 学分。

第二类,选修课。具体又分为三个模块:

1. 由反恐怖主义法学院自行设置的专业选修课。该部分课程一是对传统法学课程的加强;二是对反恐方向课程的加强。学生基于自身的侧重与偏好,可以从以下 8 门课程中选择其中的 4 门,学分为 8 学分:经济法学、环境与资源保护法学、商法学、劳动与社会保障法学、新疆的历史与现状、伊斯兰教中国化概论、反恐与金融犯罪、各国反恐策略比较。

2. 专业技能课。该模块可基本保留现设方案中的 3 门课程,并选修 2 门课程,计 4 学分。具体包括:防恐“内保”演练实训、反恐怖大数据情报分析、恐怖犯罪典型案例研习。

3. 任选课程。即从本校刑事法学院、民商法学院、经济法学院、国际法学院、行政法学院所开设的选修课程中任意选择 8 学分的课程。

(二)反恐本科课程设置与研究生课程设置的衔接与完善

西北政法大学基于长期对反恐研究的深厚积累,在反恐人才培养方面大胆探索,反恐怖主义法学院目前在民族法学、刑法学(反恐方向)、法律硕士(法学·反恐方向)、法律硕士(非法学·反恐方向)四个方向招收硕士研究生,⑮在培养模式及课程设置上初步形成了可供借鉴的经验。具体课程设置情况如下:

1. 刑法学(反恐方向)除公共课政治理论、英语外,围绕刑法学方向开设了传统中国刑法学、外国刑法学、国际刑法学、犯罪学、法理学、刑事

---

⑮ 民族法学硕士研究生在反恐怖主义法学院民族宗教研究院下招生,在西北政法大学校内只有这一个下属机构招生该方向的研究生,并且没有冠以“反恐方向”,从其课程设置上看,也只有“西北地区民族宗教法律专题研究”和“新疆民族历史文化专题研究”两门课程与反恐具有较强的关联性,其他课程均为传统的民族法课程,因此在此不作为研究对象予以考察。

诉讼法学、证据学等课程,同时围绕反恐方向,开设了国家安全系列法律概论、中国反恐怖主义法概论、恐怖主义概论、宗教学概论、中国民族学概论、新疆的历史与现状等特色课程,同时设置了中期考核环节。

2. 法律硕士(法学·反恐方向)除公共课政治理论、英语外,传统法律课程开设有法学理论、宪法学、刑法学专题、民法学专题,同时围绕反恐方向开设有国家安全法、反恐怖主义法概论、恐怖主义概论、宗教学概论、中国民族学概论、反恐怖主义信息情报、恐怖主义防范与处置、反恐国际合作、新疆的历史与现状等特色课程。

3. 法律硕士(非法学·反恐方向)与法律硕士(法学·反恐方向)相比,在传统法律课程上多开出了刑事诉讼法、行政法与行政诉讼法、中国法制史、国际法4门课程,反恐方向课程多开出了反恐与金融犯罪这一特色课程。

上述课程设置最突出的特点就是与传统的刑法学研究生和法律硕士形成了明显的区分,在保证刑法学学硕或者法律硕士核心课程的基础上,根据恐怖主义的发生机理以及反恐怖的实际需要,开设了反恐方向的特色课程,突出了硕士层次反恐怖主义法律人才所需要的复合知识结构。

但上述课程设置存在的问题也很明显:

1. 刑法学(反恐方向)目前课程设置呈现的只是传统刑法学课程与反恐基础理论课程的块状拼接,并没有刑法与反恐高度融合的课程。

2. 法律硕士(非法学)与法律硕士(法学)在反恐特色课程设置上趋同化,几乎没有差别,导致二者在培养目标上缺乏必要的区分。

3. 法律硕士(反恐方向)(含法学与非法学)反恐特色课程设置与该校反恐怖主义法学院本科生课程设置中的反恐特色课程设置严重趋同化,不仅课程名称一致,在授课的内容深度上也基本处于同一层次,缺少层级差别。

4. 从培养的实际效果上看,反恐怖主义法学院的本科生与法律硕士(反恐方向)呈现一定程度的"倒挂"现象,即毕业生在反恐方向知识掌握及能力养成程度上,法律硕士几乎与本科生持平甚至尚显不足。

必须说明的是,造成上述2、3、4三种现象的原因并非培养单位本身做法不当,而是因为目前在反恐方向招收的法律硕士大部分属于外校生源,在通过法律硕士国家统考被录入时,除了复试时要求的《反恐怖主义法》外,对于恐怖主义的相关知识积累几乎为零,因此在培养方案的课程设置上只能趋同化,同时由于研究生的培养年限短于本科生,授课的课时量明显少于本科生,因此就不可避免地出现上述"倒挂"现象。这恰恰从另一个侧面反映了目前在本科层面法学专业下反恐方向人才的培养规模需要扩大化。

在未来扩大法学专业框架下本科层面反恐人才培养规模的基础上,完善研究生层面反恐人才培养及课程设置,应从以下几个方面着手:

1. 刑法学(反恐方向)应当在加大教材建设的基础上,开设刑法与反恐高度融合的特色课程,如反恐刑法、恐怖主义犯罪学、反恐与金融犯罪等。

2. 增设"反恐怖主义法学"硕士研究生的招生与培养。生源要求主要来自本科层面学习过主要反恐基础理论课程的法学本科毕业生,研究方向上突出"反恐怖主义法",同时以极端主义条例(立法)、国家安全法、网络安全法、反间谍法、民族区域自治法、宗教领域相关立法、反恐刑法、恐怖主义犯罪侦查等形成学科群。

3. 法律硕士(法学·反恐方向)课程设置上要提高反恐特色课程的理论深度,贯彻以专题的方式授课,与本科层面以"概论"为主要授课内容的课程要有明显的区分度。在生源的要求上,要以本科层面学习过主要反恐基础理论课程的法学本科毕业生为主,对于传统的法科本科生生源,在研究生入学复试环节要加大反恐特色课程的复试覆盖面,同时在培养过程中要参照刑法学(反恐方向)的做法设置中期考核环节。

4. 考虑法律硕士(非法学)的学科背景特点,保持当前法律硕士(非法学·反恐方向)的培养模式和课程设置基本不变。

Research on the Cultivation Mechanism of Anti-Terrorism and Rule-of-Law Talent

Wang Dongming Jia Yu

Abstract: The international and domestic anti-terrorism situation and the mechanism of terrorism determine that terrorism and anti-terrorism inevitably exist for a long time. At present, there is an urgent shortage of anti-terrorism talent in China. The multiple and complex factors involved in terrorism determine that the cultivation of anti-terrorism talent is neither necessary nor possible to be completed in one step through the planning and establishment of an " anti-terrorism major". At present, China's public security organs and police academies have set up anti-terrorism programs listed as the major of police command and tactics, and law schools have set up anti-terrorism programs listed as one of law majors, both of which made the cultivation of anti-terrorism talent coordinative modules. In addition, there are other cultivation modes exercised by other domestic research institutions as the supplementary, which comprise of a relative complete and rational cultivational mechanism of anti-terrorism talent. The author acclaims that the enrollment and cultivation scale of anti-terrorism programs listed as one of law majors should be appropriately expanded. The curriculum of undergraduate anti-terrorism programs in law schools should be connected, but differentiated and complementary to the counterparts in police academies. It should be optimized on the basis of completing the core courses of law, highlighting the characteristics of ani-terrorism, covering the courses relevant to ethnic groups, religions, international politics, etc. The anti-terrorism curriculum at the graduate level should be reasonably connected with, but foregrounding its seniority and advancement in cultivation objectives to its undergraduate counterparts in order to avoid repetitious convergence.

Key Words: anti-terrorism by rule of law, talent cultivation, course setting

跨学科培养卓越企业法务人才的探索*

王宗正**

摘　要：企业法务被视为现代公司法人治理的三驾马车之一，企业法务人才供给与需求之间存在结构性矛盾。卓越企业法务人才培养需要在“国家标准”的基础上，凸显个人性标准。温州大学基于区域经济社会发展及办学定位，着力跨学科培养服务民营企业的卓越企业法务人才。基本经验：一是研制包括知识标准、能力标准、素质标准在内的个性化培养标准；二是以法学为主导，组建包括法学、管理学、经济学等学科师资的虚拟跨学科组织，构建跨学科课程体系；三是共建国内第一个依托高校设立的劳动人事仲裁派出庭，做实实践教学。

关键词：企业法务　人才培养　个性化标准　跨学科培养

企业法务是现代企业的“守夜人”，首席企业法

---

* 基金项目：2016 年浙江省高等教育教学改革项目“立足区域的卓越企业法务人才合作培养模式的研究与实践”（项目编号：jg20160155）。

** 王宗正，温州大学法政学院教授。研究方向：民商法学、法学教育。

务官(Chief Legal Officer,CLO)与首席财务官(Chief Financial Officer,CFO)被认为是首席运营官(Chief Executive Officer,CEO)的“左膀右臂”,三者一起构成现代公司法人治理的三驾马车。然而,一方面,随着中国特色社会主义市场经济体制改革深入发展,市场在资源配置越来越起到决定性作用,越来越多的中国企业“走出去”,企业法务人才势必迎来供不应求的“黄金时代”;另一方面,超过70%的法学毕业生把进入司法机关、行政机关和事业单位等机构作为第一选择,即使选择去企业工作的也大多首选国有企业。与此同时,法学专业连年被亮黄牌、毕业生就业率低迷,而相当部分民营企业却招不到合适的法务人员。可见,卓越企业法务人才存在严重的供需结构性矛盾。如何培养企业法务人才?近年来,学术界逐步开始探讨这个话题,但还没有引起足够重视。现有研究成果主要集中在企业法务人才培养的必要性和培养模式。比如,有学者认为随着市场经济发展日益深入,企业法务人才势必需求旺盛,但企业对法科毕业生的企业法务岗位胜任能力不太满意,有必要在卓越法律人才培养计划中专门培养企业法务人才,以满足市场需求。① 企业法务人才培养的大发展,关键在于破除高校与企业之间的供需瓶颈,以解决相关专业方向毕业生的就业问题。也有人指出高校要积极回应市场对企业法务人才的需求,并提出了企业法务人才培养设计方案,其中转变法律职业理念是前提,构建企业法务知识体系是基础,科学的培养模式是关键,教育资源的共享与互动是保障。② 也有人基于浙江财经大学东方学院的实践考察,指出深化产教融合,促进教育链、人才链与产业链、创新链有机衔接,是提高企业法务人才培养质量的有效途径。③ 总而言之,学术界已经意识到企业法务人才具有较大的市场需求,高校也有责任满足市场需求,部分高校也在探索提高企业法务人才培养质量,但基本处于起步阶段,还没有形成比较成熟的培养模式,更没有深入到

---

① 参见方益权等:《关于卓越企业法务人才培养的思考》,载《中国高教研究》2013年第2期。

② 参见马秋:《对企业法务人才培养的思考》,载《大连大学学报》2016年第1期。

③ 参见邵培樟、梁美英:《基于产教融合的企业法务人才培养模式研究——以浙江财经大学东方学院为例》,载《特区经济》2018年第9期。

企业法务人才培养的课程体系设计。本文基于温州大学企业法务人才培养实践,结合温州区域经济社会发展的特殊性和温州大学人才培养目标定位,探讨温州大学培养企业法务人才的具体做法。2018 年 4 月,《普通高等学校法学类本科专业教学质量国家标准》(以下简称“国家标准”)发布,规范了包括法学专业在内的法学类本科专业教学质量的基本标准,也确立了今后法学类本科专业建设的基本要求与人才培养的基本规格。从服务区域经济社会发展的视角看,企业法务人才培养“国家标准”之外还需要什么样的个性化标准?如何制定个性化标准?在卓越企业法务人才培养过程中,如何贯彻落实“国家标准”和个性化标准?本文拟结合温州大学培养卓越企业法务人才探索实践,对上述问题进行探讨。本文所称的个性化标准,是指与“国家标准”相对应的概念,非微观层面针对个体人的标准,本文所讨论的卓越法务人才培养,除特殊说明之外均指本科阶段的人才培养。

一、卓越企业法务人才跨学科培养的证成

(一)跨学科培养是法治人才多样性的客观需要

法治人才培养是法学本科教育的根本目标,法治人才范围是一个发展的过程,尤其是随着我国全面推进依法治国,各种社会资源管理逐步纳入法治轨道,社会对法治人才的需求已经从传统的司法机关、法律服务机构扩展到包括政府、企事业单位等。《普通高等学校本科专业目录和专业介绍:2012 年》明确把法学专业的培养目标确定为培养能在国家机关企事业单位和社会团体,特别是能在立法机关、审判机关、检察机关、司法行政机关、仲裁机构、法律服务机构和涉外活动从事法律工作的应用型复合型高级专门人才。④ 2015 年 12 月,中共中央办公厅、国务院办公厅印发《关于完善国家统一法律职业资格制度的意见》,明确法律

④ 参见教育部高等教育司:《普通高等学校本科专业目录和专业介绍:2012 年》,高等教育出版社 2012 年版,第 66 页。

职业人员范围包括从事立法执法司法、法律服务和法律教育研究等工作的职业群体。[⑤] 可见,法律职业由狭义上解决纠纷的司法法务转向了广义上的法律职业。

担任法官、检察官、律师、仲裁员,以及在政府部门中从事行政执法的人员同属于法治专业人才,但这些法律职业之间存在明显差异。法官是依法行使国家审判权的审判人员;检察官的职责是进行法律监督、代表国家进行公诉和对法律规定由人民检察院直接受理的犯罪案件进行侦查;律师是接受委托或者指定、为当事人提供法律服务的执业人员;仲裁员是在仲裁案件中对当事人的有关权益纠纷进行评判并作出决定的居中裁判者;而政府部门中从事行政执法的人员属于政府公务员范畴。这几个职业之间,法律地位不同,职责分工不同,所需的知识素养与能力标准也应有明显的区别。专业化的分工意味着个性化的培养标准,需要跨学科培养。

(二)跨学科培养是克服法学人才培养目标同质化的有效手段

人才培养目标"同质化"是指不同层次高校在人才培养目标定位上缺乏清晰界定,在人才培养规格、层次和类型上区分度不高,缺乏特色。[⑥] 当前的法学教育,各高校在培养目标、培养机制、课程设置、培养途径等方面"同质化"问题较严重,既缺乏差异化人才培养的整体设计,也缺乏差异化人才培养的个性化考量。[⑦] 人才培养目标同质化的一个重要体现是培养标准趋同。法学专业人才培养的共同目标是法律职业人才,为了保证各类学校人才培养的基本标准和质量要求,教育部教指委出台法科专业人才培养的指导性意见如《全国高等学校法学专业核心课程教学基本要求》。高校法学人才培养方案积极贯彻落实教指委指导性意见的人才培养标准"公约数",对"指导意见"的具体化与特色化要

---

⑤ 参见中共中央办公厅、国务院办公厅:《关于完善国家统一法律职业资格制度的意见》,载中央政府门户网,http://www.gov.cn/,最后访问日期:2015 年 12 月 20 日。

⑥ 参见林伟连等:《高校人才培养目标定位"同质化"的反思——兼论独立学院人才培养特色》,载《中国高教研究》2006 年第 5 期。

⑦ 参见方益权等:《关于卓越企业法务人才培养的思考》,载《中国高教研究》2013 年第 2 期。

求体现不足,“同质化”成为普遍现象。

按照马丁·特罗的观点,精英教育的特点是同质化,大众化教育的特点是多样化。我国高等教育已经进入大众教育阶段,根据教育部高教司吴岩司长的估计,我国将在2019年实现高等教育普及化。高等教育大众化阶段区别于精英教育阶段的最大不同点是人才培养的多样性问题。⑧ 就法学专业而言,不仅体现在法官、检察官、律师、公务员不同职业之间的区别,也体现在同一职业内部的分工细化。多元化人才需求要求高校建立在个性化的人才培养标准,为此,跨学科培养是克服法学人才培养目标同质化的有效手段。

(三)跨学科培养是贯彻落实卓越企业法务人才“国家标准”的必要途径

跨学科培养人才是当今世界高等教育的趋势,美国研究型大学是跨学科人才培养实践的典范,不仅培养理念清晰,而且培养途径具有多样性特征。美国研究型大学跨学科人才培养主要借助于课程、专业和学位三个要素来实施,这三个要素的组织方式有独立和组合两种方式,独立方式中的要素本身是跨学科的,组合方式中的要素是通过要素组合达到跨学科的结果。⑨ 但目前我国高校跨学科培养人才的理念、方式、配套制度相对滞后,急需要强化跨学科人才培养的基本理念,优化跨学科人才培养的内外部支撑制度,完善跨学科人才培养方式。⑩

跨学科培养是落实《普通高等学校法学类本科专业教学质量国家标准》的办学特色要求。“国家标准”是全国本科法学类专业教学质量的基本标准,各高校应该根据自身的定位和办学特色,根据“国家标准”制定法学类专业的具体教学质量标准,并对“国家标准”中的条目进行细化规定。“国家标准”明确提出高校具体教学质量标准个性化要求,只

⑧ 参见马陆亭:《迈向高等教育普及化的理论要点》,载《现代教育管理》2017年第1期。

⑨ 参见张晓报:《独立与组合:美国研究型大学跨学科人才培养的基本模式》,载《外国教育研究》2017年第3期。

⑩ 参见张晓报:《我国高校跨学科人才培养面临的困境及突破——基于理念、制度和方式的分析》,载《江苏高教》2017年第4期。

有各高校在培养标准个性化基础上实现了人才培养的特色化,“国家标准”中“复合型、应用型、创新型法治人才及后备力量”的培养目标才能实现。跨学科培养可以从“国家标准”中法学专业课程体系设置中得以体现。“国家标准”采用“10+X”的核心课程体系,并提出高校可以课程模块(课程组)形式自主设置专业选修课程体系。课程模块实际上是实现跨学科培养的主要举措,如开发跨学科、跨专业的新兴交叉课程与创新创业类课程。

二、卓越企业法务人才个性化标准的研制

(一)人才培养特色的确定依据

跨学科人才培养是对同质化的扬弃,但是确定自身的特色并不是一件很容易的事情。高校应当按照什么依据来确定自身培养人才的特色?本文认为,区域经济社会发展特点与学校办学定位应该成为基本依据。一方面,高校因其所处的区域位置不同,当地的经济社会发展水平、产业结构不尽相同,其对于法治人才的需求存在特殊性,这种特殊性是高校人才培养特色确立的重要依据,比如国际化的大都市与外向型经济发达的地区需要涉外法律人才;另一方面,高校的办学基础、办学定位不尽相同,在人才培养标准的设计上可以体现鲜明的特色,从而反映自身的比较优势。医科类高校适合于培养医事法律专业人才,财经类高校往往多培养财经法律人才,海事类高校则多以海商法人才为其培养特色。温州大学所处的温州市是我国民营经济的重要发祥地,也是重要的商贸城市,其办学服务区域定位为立足温州、面向浙江、辐射全国。基于这样的城市特点与办学定位,培养擅长处理企业法律事务的法治人才就成为该校法学专业人才培养特色的最主要依据。在调查企业的法律人才需求时,我们发现卓越企业法务人才深受企业欢迎,需求量较大、就业前景广阔,企业法务人才培养成为温州大学法学人才培养的特殊化目标。

(二)研制卓越企业法务人才个性化标准的依据

企业法务一般是指企业内部设置的管理法律事务、对各种经营行为

进行法律审查、预防法律风险、处理法律纠纷的职业，以及受雇于该职位的人员和这些人员构成的职业群体。《中华人民共和国职业分类大典》以法律顾问的称谓将企业法务作为与法官、检察官、律师相并列的一种职业，并将其界定为在企事业单位、社会组织内部，从事经济决策、合同、规章及规范性文件法律审核，合规管理、宣传教育和咨询服务的专业人员。⑪ 企业法务人才要将企业法律风险、经营风险由事后法律救济提前到事前预防、事中控制上来，将风险管理的理念、方法全面引入企业法务管理中。⑫ 人才培养的特色化依赖于个性化的人才培养标准，确立卓越企业法务人才培养个性化的依据主要是企业法务岗位的特殊性。企业法务职业的特殊性体现在以下方面：第一，企业法务服务定位的特殊性。企业作为一个经济组织，企业的法律事务从属于、服务于其主业，企业法务并不像法官、检察官等其他职业提供公共服务，决定了企业法务不具备提供公共服务的法律职业伦理所要求的独立性。与外聘律师相比，当企业的利益与律师执业规范所代表的公共利益发生冲突的时候，企业法务应该以维护企业利益为首要任务。第二，企业法务工作范围的特殊性。企业法务的工作除了诸如合同审查、案件处理、日常法律咨询等法律专业性事务外，还有一类法律管理性工作，如外聘律师的选择与管理，此类事务，更需要企业管理方面的知识和技能。第三，企业法务思维方式的特殊性。企业法务人员是企业的一员，其为企业提供法律服务与外聘律师是不同的，他不是一个旁观者，而是法律关系的当事人。因此，要做好企业法务的工作，仅仅具有法律思维是远远不够的，还需要培养经济思维、管理思维，需要对法务工作的成本和收益、风险管控等因素进行综合分析。

(三)卓越企业法务人才培养的个性化标准

人才培养标准一般包括知识标准、能力标准、素质标准三方面，企业法务的复合型要求决定了其知识体系、能力要求与素质标准的特殊性。

---

⑪ 参见国家职业大典修订委员会:《中华人民共和国职业分类大典(2015年版)》，中国劳动社会保障出版社2015年版，第126页。

⑫ 参见健君:《公司首席法务官——企业的守夜人》，法律出版社2017年版，第47页。

企业法务的知识结构要实现专业化和综合化的并存，才能更好实现其价值：不仅需要具备专业的法律素质，还需要有企业战略管理、财务资产以及所在企业的业务知识等。因此，卓越企业法务人才培养标准既要体现《普通高等学校法学类本科专业教学质量国家标准》对法学专业人才培养在知识、能力和素质方面的基本要求外，还要研制符合本校人才培养目标的个性化标准。本文认为，卓越企业法务人才个性化标准应当包括以下三方面。一是企业法务人才的知识标准。作为复合型的企业法务工作，从企业岗位层面看，应当具备企业管理、财务管理等管理学知识与会计学、金融学等经济学知识；从法律岗位层面看，除了需要掌握通常法学专业的基础知识外，还应当熟悉工商登记、知识产权、公司、保险、证券、期货、信托、融资的法律知识和金融财务环节的法律知识。二是企业法务人才的能力标准。从能力标准看，企业法务人才应当具备参与企业决策及企业法律风险控制体系建设的能力；具备建立企业规章制度、开展法律培训的能力；具备起草、管理各类合同以及防范合同法律风险的能力；具有法律知识与企业等知识融会贯通能力；客户资质、信用的调查、评估能力；具有处理和防范企业纠纷或者相关不法行为的能力；具备处理其他法律事务的能力。三是企业法务人才的素质标准。作为企业法务人才，应当具备基本的管理素质，具有一定的人文关怀精神，具有较强的创新和创业精神。

三、卓越企业法务人才跨学科培养的实践探索

（一）组建跨学科虚拟组织

企业法务人才主要从事企业法律事务工作，企业法务人才需要融合法学、管理学、经济学的复合型知识，以法学为主、管理学（工商管理）和经济学为辅的主辅修模式应该是一种较为理想的培养模式。在“法学 + 管理学 + 经济学”主辅修培养模式中，学生除了需要完成自身主修专业法学专业的全部课程之外，还需要学习辅修专业工商管理、经济学的相

应课程,从而形成复合型知识结构。关于企业法务的学科属性与培养路径,有学者认为,企业法务产生于企业管理之中,是运用管理学方法研究法律问题的学科,其学科属性是管理学;在人才培养路径上,其知识体系和研究方法应以管理学为主,人才培养应在管理学院。也有学者认为,从企业法务的发展历史及现状看,从业人员需要的知识主要是法律知识,目前企业法务人员也主要是法律人,所以企业法务是法学学科范畴,其人才培养应在法学院学习。⑬ 这两种观点的分歧在于企业法务概念的理解不同,即企业法务是企业法务管理还是一种职业。如果把企业法务界定为企业法务管理,显然这应当属于管理学的范畴;如果界定为一种职业,认定为法学范畴、由法学院进行人才培养应该更为妥当。本文认为,企业法务人才培养需要法学、管理学、经济学等学科共同参与。基于上述认识,温州大学组建了包括法学、管理学、经济学学科师资的虚拟卓越企业法务人才培养组织,师资主要来自本校法政学院、商学院以及企业高管、公检法仲裁机构的实务人员。

(二)构建跨学科课程体系

课程体系是由教学基本科目按照一定的逻辑程序组成的有机联系的整体,人才培养目标决定着其知识结构和能力素质要求,而知识结构和能力素质要求的达成依赖课程体系,因此,企业法务人才培养需要合理构建课程体系,突出企业法务特色。

第一,核心课程设置。“国家标准”对于法学专业核心课程采取“10 + X”分类设置模式。“10”指法学专业学生必须完成的法理学、宪法学、中国法律史、刑法、民法、刑事诉讼法、民事诉讼法、行政法与行政诉讼法、国际法、法律职业伦理10门专业必修课程,“X”指各高校根据办学特色开设的其他专业必修课程,比如经济法、知识产权法、商法、国际私法、国际经济法、环境资源法、劳动与社会保障法、证据法、财税法,同时要求“X”选择设置门数原则上不少于5门。从企业法务人才培养个性化标准来看,为体现学生自主性而普遍设置的对必修课选修课程结构

---

⑬ 参见马秋:《对企业法务人才培养的思考》,载《大连大学学报》2016年第1期。

的要求，该特色方向的“X”以经济法、知识产权法、商法、劳动与社会保障法、财税法为妥。

第二，选修课程设置。“国家标准”对于法学专业选修课程采取比较宽松的态度，各专业可根据自身特点确定培养人才的个性化目标，进行特色化培养，可以自主设置专业选修课程体系。从企业法务人才培养来看，在5门特色化核心课程的基础上设置企业法务课程模块，并与“10+5”的专业核心课程形成逻辑上的拓展和延续关系，应当是一个不错的方案。温州大学法学专业根据自身的特点，组建了包括企业法务概论、企业法、金融法、劳动关系与劳动争议处理、非诉讼程序等课程在内的企业法务课程模块，作为企业法务方向的限制性选修课进行研修。

第三，适应企业法务的课程教学内容改革。为适应企业法务人才培养的需要，应当进行法学专业课程教学内容改革，增加有关管理与实务的内容，如在民法合同法的教学过程中除了让学生学会运用法律去处理合同问题，还要增加企业合同管理与实务的内容，培养制定合同文本的能力；在劳动与社会保障法的教学过程中增加企业劳动关系管理的内容，培养制定劳动合同文本的能力；在知识产权法课程教学中增加企业知识产权管理的内容，培养知识产权尤其是专利申请、商标注册等能力；在商法课程教学中应该增加制定章程、申请企业注册等内容，在其他相关课程中增加企业法律风险防范的内容。

（三）共建劳动人事仲裁派出庭做实实践教学

2017年5月，习近平总书记在考察中国政法大学时指出，法学学科是实践性很强的学科，法学教育要处理好知识教学和实践教学的关系，要打破高校和社会之间的体制壁垒，将实际工作部门的优质实践教学资源引进高校。[14] 长期以来，我国法学人才培养过程中存在理论与实践相对分离的问题，人才培养方案中法律实务等实践课程比例不高，甚至以

---

⑭ 参见陈菲等：《为全面依法治国培养更多优秀人才——习近平总书记在中国政法大学考察时的重要讲话引起热烈反响》，载新华社门户网，http://www.gov.cn/zhuanti/2014-03/08/content_2633664.htm，最后访问日期：2017年5月4日。

为开展法律文书写作等就是职业技巧训练的全部。[15] 为大力培养卓越企业法务人才的实践能力,温州大学法政学院一方面加大实践课程的比例,从第2学期到第7学期每学期设置2个实践教学周,除了第2学期与第3学期进行法律演讲与辩论等法律职业基本技能的训练外,在第4学期至第7学期设置专门的实训项目培养学生的企业法务职业能力。另一方面加强实践能力教学平台建设,真正做实实践教学。2016年9月,温州大学与温州市瓯海区劳动人事争议仲裁委员会共建瓯海区劳动人事争议仲裁委员会高教园区派出庭(以下简称派出庭)。该派出庭是国内第一个依托高校设立的劳动人事仲裁派出庭,现有立案接待室、调解室、法援工作室、候审区、标准仲裁庭等,同时入驻了瓯海区总工会职工服务中心高教园区分中心、高教园区校园纠纷人民调解委员会等机构,可以为职工和用人单位提供法律咨询、法律援助、调解、仲裁等一站式服务,为高校师生提供零距离的教学实践服务,2018年被浙江省人社厅评为示范仲裁庭。派出庭会聚了温州高教园区五所高校优秀法学教育师资力量兼任仲裁员、在读研究生兼任书记员,全体法学学生深度参与调解仲裁,可以参与庭审、起草法律文书、与教师探讨裁判以及双方代理的得失。温州大学法政学院将《法律职业观察与体验》《法律诊所》《毕业实习》等实践课程纳入派出庭办案过程,教师指导学生代理案件、参加旁听作为实践环节,完成一定的学时可以获得相应的学分。同时,卓越企业法务人才培养实行课堂教学、实践、毕业论文、竞赛一体化,充分调动学生的积极性、主动性和创造性。除此之外,温州大学法政学院还安排学生分别到法院、检察院、律师事务所分站轮动式进行专业实习,也安排学生到企业法务岗位实习。

---

[15] 参见郑友德、蔡祖国:《关于创新型法学人才培养的探索——以华中科技大学法学院德语法学本科班教学为例》,载《高等教育研究》2008年第11期。

On the Exploration of the Cultivation of Outstanding Interdisciplinary Corporate Legal Talent

Wang Zongzheng

Abstract: Corporate legal affairs are regarded as one of the three major affairs of corporate governance of modern companies. For now, there is a structural contradiction between the supply and demand of corporate legal talents. The training of outstanding corporate legal personnel needs to highlight individual standards on the basis of "national standards". Based on regional economic and social development and school positioning, Wenzhou University is focusing on training interdisciplinary talent who are excellent corporate legal professionals and serve private enterprises. The basic experience includes: (1) to develop individualized training standards including knowledge standards, competence standards, and quality standards; (2) to take law as the lead and set up a virtual interdisciplinary organization including teachers in law, management, and economics, and construct an interdisciplinary curriculum system; (3) to jointly build the first domestic labor and personnel arbitration established by a college and seamlessly coordinate with practical teaching.

Key Words: corporate legal affairs, talent cultivation, individualized standards, interdisciplinary education

我国法律硕士研究生培养模式的改革叙事与当代思考*

洪冬英　戴国立**

摘　要：法律硕士作为以职业人才培养为导向的专业学位类型，在我国开办已有20多年的历史，其培养模式几经变化，经历了从最初套用法学硕士培养模式到类同化培养再到分类培养三个阶段。从我国法律硕士教育培养的制度演进结果来看，法律硕士的培养没有形成其独特的培养方法和培养机制，没有真正地与法学硕士形成鲜明的区分。要实现法律硕士人才培养目标，应坚持分类原则和实践导向，逐步细化法律硕士的专业方向，建立起不同于法学硕士培养的独特方法，将"分类"和"实践"贯彻到法律硕士培养全过程。

关键词：法律硕士　培养模式　法律职业　德法兼修

---

* 基金项目：2018年上海市哲学社会科学规划教育学一般项目"法律硕士专业学位研究生分类培养机制研究"（项目编号：A1801）阶段性研究成果。

** 洪冬英，华东政法大学研究生教育院（法律硕士教育中心）教授，法学博士。研究方向：法学教育、诉讼法学。戴国立，华东政法大学研究生教育院（法律硕士教育中心）副研究员，教育学博士。研究方向：法学教育、教育法学。

法律硕士研究生教育是我国法科高等教育的重要组成部分,同时也是我国专业学位教育的重要组成部分。法律硕士专业学位自 1996 年创办以来,经过 20 多年的发展,其类型不断扩展,培养内容不断丰富,培养质量不断提升,为我国法律实务部门输送了大批高素质法律人才。法律硕士专业学位作为全国最早获批的专业学位类型之一,在 20 多年的发展进程中,其培养模式也几经变化,每一次变化都与国家经济社会发展的大的历史背景,尤其是国家法治建设事业息息相关。正如美国教育改革家克拉克·克尔所言,大学从来不会脱离社会而高居于虚构的神话顶层,它也会受到外部环境的影响甚至是某些压力和约束。① 我国法律硕士教育与国家法治建设紧密相连,从一定程度上反映了国家法治建设进程。法律硕士专业学位设立以来正值我国经济快速发展、社会急剧变革的历史时期,教育作为培养人的社会实践活动,深受社会环境的影响。② 法律硕士专业学位教育也不例外,尤其是外部环境因素对法律硕士培养模式影响较为明显。根据我国法律硕士专业学位教育的历次变化,可以把其历史沿革分为三个阶段。

一、套用法学硕士培养模式的制度阶段(1995~1998 年)

第一阶段的标志是国务院学位委员会通过《关于设置法律专业硕士学位的报告》(以下简称《设置报告》)。1995 年 4 月国务院学位委员会通过《设置报告》,决定由中国人民大学、北京大学、中国政法大学、对外经济贸易大学、吉林大学、武汉大学、西南政法大学、华东政法学院八家单位试办法律硕士专业学位教育。由于当时处于"试办"阶段,无论是对招收单位,还是对招生名额都做了严格限制。

---

① 参见[美]克拉克·克尔:《大学的功用》,陈学飞等译,江西教育出版社 1993 年版,第 169 页。

② 参见王北生主编:《当代教育基本理论论纲》,人民教育出版社 2012 年版,第 277 页。

国家在设立法律硕士专业学位之初,就对法律硕士的培养目标作了规定,《设置报告》指出法律硕士专业学位的获得者应该具备独立从事法律实务和管理工作,这是对法律硕士人才设定的最终目标。为了达到这一目标,《设置报告》还要求法律硕士专业学位获得者应该具备坚实和系统的法学基础理论素养,掌握较宽广的法律实务知识,具有宽口径、复合型、外向型的知识与能力结构,能综合运用法律、经济、管理、科技、外语和计算机等方面的专业知识。③ 在法律硕士专业学位设立之初,招生对象既有应届本科毕业生,也有大学本科毕业的在职人员,对报考人员的专业也未作过多限制,既有本科法律专业的考生,也有本科非法律专业的考生。因此,在培养模式方面,《设置报告》要求根据学生的本科专业是否为法律专业分类制定培养方案,分班培养。针对法律硕士培养应用型、实务型人才培养要求,《设置报告》要求培养单位应重视案例教学和法律实践,并且法律硕士专业学位研究生的学位论文应该学会运用法学理论解决实际问题。④ 在司法部法学教育司、国务院学位办和专家指导小组的共同努力下,1996年8月组织起草和发布了《法律硕士专业学位参考性培养方案》(以下简称《参考性培养方案》),这也是国家层面出台的第一份法律硕士人才培养的指导性文件。⑤

虽然这一时期的法律硕士专业学位教育设有科学的培养目标,国家也意识到作为同一层次且同时承担培养法治人才任务的法学硕士与法律硕士在人才培养模式、培养路径等方面存在较大差异,也着手准备采取不同的方式进行区别化培养,但由于这一时期的法律硕士教育尚处于探索阶段,试点院校对如何开展法律硕士教育也无先例可循,法律实务部门对这一新生的专业学位认识不足,参与法律硕士人才培养的程度非

③ 参见国务院学位委员会:《关于设置法律专业硕士学位的报告》,载中国学位与研究生教育信息网,http://www.cdgdc.edu.cn/xwyyjsjyxx/gjjl/szfa/flss/263534.shtml.,最后访问日期:2019年8月10日。

④ 参见国务院学位委员会:《关于设置法律专业硕士学位的报告》,载中国学位与研究生教育信息网,http://www.cdgdc.edu.cn/xwyyjsjyxx/gjjl/szfa/flss/263534.shtml.,最后访问日期:2019年8月10日。

⑤ 参见王健:《中国法律硕士教育的创办、发展与成就:1996—2006》,载《发展与社会发展》2007年第5期。

常有限,这就导致法律实务部门与高校法律硕士培养单位之间的脱节,法律行业对人才的需求无法反馈到学校,学校培养出来的法律人才是否符合实务部门需要也无法及时传导给学校。尤其是受到我国传统“重学轻术”观念的影响,法律硕士作为以职业人才培养为导向的专业学位类型,在整个法律人才培养体系中没有得到足够的重视,这一时期制定的法律硕士培养方案就不可避免地受到法学硕士培养方案的影响,带有浓厚的学术化色彩,教师在授课与开展研究生指导时,并未注意将法律硕士与法学硕士区分开来按照其培养目标区别化予以指导。受到这一培养模式的影响,这一阶段的法律硕士培养呈现出法律硕士学术化的特征,复合型、实务型法律硕士人才培养目标也难以实现。

二、类同化培养模式的制度阶段(1999 ~ 2008 年)

第二阶段的标志是 1999 年修订后的《法律硕士专业学位参考性培养方案》颁布实施,该方案由全国法律硕士专业学位研究生教育指导委员会在征求培养单位意见基础上完成修订的。这一阶段正值我国高校迅速扩招期,包括法律硕士专业学位在内的研究生招生数量快速上升,如 1998 年在校法律硕士研究人数 7986 人,2008 年达到 30,000 人左右,比十年前增长了近四倍。该时期的法律硕士类别也有扩展,经国务院学位办和司法部决定,从 1997 年开展针对在职人员的同等学力法律硕士硕士专业学位项目,该项目的招生对象是大学本科毕业、工龄 5 年以上的政法部门人员、人大系统干部以及有关部门从事法律实际工作者,该项目简称“在职法律法硕”,只有学位证,没有毕业证。

就法律硕士培养模式而言,该阶段呈现出类同化的特征,所谓的类同化培养,主要是指该阶段虽然存在不同的专业背景、不同的工作经历的学生,1999 年修订后的《法律硕士专业学位参考性培养方案》以及 2006 年颁布的《法律硕士专业学位研究生指导性培养方案》(以下简称《指导性培养方案》)对上述不同点并未予以足够重视,未作出不同的培养安排。这一点,从国务院学位办转发《指导性培养方案》对培养单位提出的要求中可窥见一斑,国务院学位办在转发《指导性培养方案》的通知中指出该方案“适用于全日制法律硕士专业学位研究生,自2006级法律硕士专业学位研究生开始执行,在职攻读法律硕士专业学位研究生参照执行”。⑥

三、分类培养模式的制度阶段(2009年至今)

第三阶段的标志是2009年国务院学位办转发全国法律硕士专业学位教指委制定的针对三种不同对象的培养方案。这三个方案分别是,适用于法学本科专业毕业学生的《法律硕士专业学位研究生指导性培养方案》,适用于知识产权方向的《在职攻读法律硕士专业学位研究生(知识产权方向)指导性培养方案》和知识产权方向以外的《在职攻读法律硕士专业学位研究生指导性培养方案》(以下简称《在职法硕方案》)。这三个方案的颁发标志着我国法律硕士专业学位分类培养制度的正式确立。我国在设立法律硕士专业学位之初,就有意识地对不同专业背景的报考者采用区别化的培养,但国家层面并未制定区别化的指导性培养方案。2009年这三个指导性培养方案的出台,说明国家层面已经重视对不同类别的法律硕士专业学位教育进行“分类指导”。全国法律专业学位研究生教育指导委员会在《关于〈在职攻读法律硕士专业学位研究生指导性培养方案〉的说明》(以下简称《说明》)中首次使用“分类指导”,《说明》认为制定《在职法硕方案》是“总结工作实践经验,加强分类指导的需要”。⑦ 从2009年正式实施分类培养模式以来,虽然我国的专业学

---

⑥ 国务院学位委员会办公室:《关于转发〈法律硕士专业学位研究生指导性培养方案〉及其修订说明和〈法律硕士专业学位论文规范〉的通知》,载教育部网,http://www.moe.gov.cn/srcsite/A22/moe_826/200608/t20060803_82706.html.,最后访问日期:2019年10月15日。

⑦ 全国法律专业学位研究生教育指导委员会:《全国法律专业学位研究生教育文献汇编(1995—2017)》,法律出版社2017年版,第195页。

位制度不断调整,法律硕士专业学位教育制度也几经变化,但分类培养的模式从未改变。国家在修订法律硕士培养方案时也一直坚持"分类"指导的原则。

2016年9月教育部办公厅发布了《关于统筹全日制和非全日制研究生管理工作的通知》(以下简称《统筹通知》),根据该通知,从2016年起,不再组织在职人员攻读法律硕士专业学位全国联考,自此,在职法律硕士将以非全日制研究生教育形式纳入国家招生计划和全国硕士研究生统一入学考试管理。虽然全日制和非全日制研究生管理工作统筹后,《统筹通知》要求培养单位要"坚持全日制和非全日制研究生教育同一质量标准",但这并非要改变分类培养模式,而是保障同种类型专业学位培养质量的需求。

法律硕士进入实质性分类培养模式与这一时期国家对专业学位发展政策转变调整有较大关系。

其一,国家对专业学位发展规模的调整。2008年12月29日刘延东同志在国务院学位委员会第26次会议指出要改变全日制硕士研究生以学术性为主的局面。这次会议后,国家陆续出台支持专业学位发展的相关政策措施,2009年3月19日教育部印发《关于做好全日制硕士专业学位研究生培养工作的若干意见》,强调专业学位与学术学位在高等院校人才培养中目标不同,各有侧重,具有同等重要的地位和作用。2009年5月4日,教育部党组召开加快调整研究生教育结构,加快发展硕士专业学位教育的会议,指出随着我国经济社会的发展,研究生规模的不断扩大,硕士研究生的培养目标必须重新定位、培养模式必须转变、培养结构必须调整和优化,要从以学术型为主转变为以应用型为主。⑧ 上述文件或会议虽并未针对专业学位分类培养提出具体要求,但上述文件或会议都体现了国家对专业学位教育的更高要求,专业学位应当在培养目标、课程设置、教学内容与过程、师资队伍、专业实践、学位论文等方面突出其特色。法律硕士专业作为培养法律实务人才的专业学位类型,应当

⑧ 参见史凤林等:《法律硕士教育的定位与培养模式的创新》,载《吉林教育》2012年第11期。

以提升学生综合素养和实务技能为核心,针对不同本科专业背景的学生实施分类型培养。除此之外,在相同本科专业背景的专业学位内部,根据市场需求,实施分方向培养。在国家对专业学位研究生教育发展调整的背景下,全国法律专业学位研究生教育指导委员会制定了《在职法硕方案》等三个指导性培养方案。2009年的《在职法硕方案》等三个指导性培养方案,再加上2006年制定的《指导性培养方案》,四个方案构成了法律硕士专业学位研究生分类培养的重要上位规范性依据。这表明我国法律硕士专业学位研究生教育套用法学硕士研究生培养模式的局面发生了根本性转变。

其二,专业学位综合改革试点工作的开展。2010年教育部主导开展了专业学位综合改革试点工作,北京大学、中国人民大学、清华大学、中央财经大学、中国政法大学等19家单位进入首批综合改革试点。教育部开展专业学位综合改革的目的就是要试点单位在培养方案、课程体系、师资队伍、教育方式、实践基地等方面进行全面改革,探索出符合专业学位发展规律的新的人才培养模式。这次改革的目标是要求试点单位在专业学位人才培养有实质性模式创新,⑨专业综合改革试点工作的开展,标志着我国法律硕士人才培养模式改革创新进入"快车道",试点单位结合法律(法学)与法律(非法学)专业学位类型不同的人才培养目标定位,分别制定培养方案,并在两种专业学位类别内部设置法律与金融、知识产权、税收法律实务等专业方向,对接社会需求,实施精细化培养模式。

其三,专业学位培养模式改革的整体推进。2013年教育部、人力资源社会保障部联合发布了《关于深入推进专业学位研究生培养模式改革的意见》,专业学位综合改革仅是部分培养单位开展的人才培养模式的探索,而该意见的颁布实施,标志着专业学位研究生培养模式改革在全国范围的展开。根据意见的要求,培养单位在改革过程中,把"分类"和

---

⑨ 参见教育部:《关于批准有关高等学校开展专业学位研究生教育综合改革试点工作的通知》,载教育部网,http://old. moe. gov. cn/publicfiles/business/htmlfiles/moe/s4927/201011/xxgk_110497. html. ,最后访问日期:2019年10月15日。

"实践"作为导向。具体到法律硕士专业学位而言,"分类"导向就是要求对法律硕士与法学硕士分类考试、分类培养,分类开展职业教育,分类别制定针对法学硕士与法律硕士的论文标准和评阅与答辩规则,以便更好地彰显法律硕士专业学位研究生的教育特色和优势。"实践"导向就是要培养单位根据法律硕士专业学位人才培养目标在招生选拔、培养方案、实践教学、实践基地、论文指标体系等方面突出法律硕士的实践性特征,采用模拟法庭、案例教学等方式,全面提升法律硕士的实务技能。[10]

四、我国法律硕士培养模式的现实思考

法律硕士教育作为法学教育的重要组成部分,承担着为社会培养高素质法律职业人才的重任。由于我国法治的政治根基和法律职业发展具有特殊性,[11]法律硕士教育也形成了独具特色的路径与格局,经过20多年的发展,我国的法律硕士教育既取得了令人瞩目的成绩,也存在诸多亟待改进的地方。

首先,虽然我国法律硕士教育制度几经发展,但国家教育部门对法律硕士的培养要求长期没有实质性变化,与培养目标不匹配。要求是实现目标的具体路径,不同的培养目标需要对应不同的培养要求才能得以实现。目标与要求不对应,目标就难以实现。1995年《设置报告》将培养目标定位为"培养国家急需的宽口径、复合型、外向型高层次法律专业人才和管理人才",2006年的《指导性培养方案》将培养目标变更为为了培养"高层次的复合型、应用型法律专门人才",但培养要求除新增了一项"较为熟练地掌握一门外语,能阅读专业外语资料"外,并没有实质性的改变。2009年法律硕士的培养目标进一步变为培养"高层次应用型

---

⑩ 参见邓光平:《我国专业学位研究生培养模式改革的历史变迁与现实思考》,载《高等教育研究》2019年第5期。

⑪ 参见董静姝:《论当代中国高校法学教育中的立德树人》,载《中国法学教育研究》2018年第1期。

专门人才”,而培养的要求仍然没有发生变化。培养目标的改变,看似愈加注重法律硕士的应用性,但由于培养要求没有发生变化,导致“高层次法律专业人才和管理人才”、“高层次的复合型、应用型法律专门人才”和“高层次应用型专门人才”三者之间并未产生实质性的区别,基本只是名称有所不同。所以实际上新的培养目标因为培养要求没有与时俱进、不断更新而没有发生实质性改变,长期以来都停留在套用法学硕士培养模式的制度阶段。以职业化为导向培养法律硕士研究生是中国高等教育的根本性历史转向所决定的,亦完全契合国家为法律硕士设定的人才培养目标。[12] 由于法律硕士的培养要求本身并没有精准明确的界定,尤其是对于法学这一门本身就应用性极强的学科而言,“应用能力”与“研究能力”如何区分,法律硕士的培养要求是否与法学硕士的培养要求在培养效果上高度重合等问题没有解决,以至于法律硕士的培养没有突出培养目标要求的应用性特征。

其次,我国法律硕士的培养没有形成其独特的培养方法和培养机制,没有真正地与法学硕士形成鲜明的区分。虽然我国教育行政部门早在2010年开展的研究生专业学位教育综合改革试点中就已经发现了当前存在的研究生专业学位教育学术化倾向,并在2013年深入推进专业学位研究生培养模式改革工作中提出了“以职业需求为导向,以实践能力培养为重点”的改革目标。但是在培养方法上与法学硕士并没有实质性的差异,目前教育实践中,除了分类招生考试得到较好的落实外,在学位论文评阅标准、课程体系设置、教学内容方式、师资队伍建设、实践基地建设等方面,虽然不断改进,但法律硕士的教育培养没有实现实质性的创新。而且在师资力量和实践培养方面,法律硕士有时享受的资源甚至还比不上法学硕士。从时间纵向的角度对比,较《指导性培养方案》的培养方法,目前的培养通过建设实践基地、采取案例教学与模拟训练、实务人员兼职挂职参与等一系列方法加强了法律硕士培养的实践性与应用性,更加突出了职业导向。然而从空间横向的角度与法学硕士培养

---

⑫ 参见杨德桥:《职业化导向下的法律硕士人才培养机制优化研究》,载《法学研究教育》2017年第2期。

相比，法律硕士采用的一系列“新”方法，在培养法学硕士时也在使用，以至于两种人才的培养方法长期趋同。法律是一门实践科学，美国最高法院大法官霍姆斯就认为“法律的生命不是逻辑，而是经验”，[13]所以当前法学硕士在培养过程中同样十分重视培养学生的实践思维和解决实际法律问题的能力，强调与实务部门的交流联系，重视到实务部门实践学习，强调研究注重实际问题、解决实际问题。法学硕士教育这种必然的发展势态使得法律硕士和法学硕士的培养在实践性特征的突出上越来越模糊，除非法律硕士的培养能充分利用自身的资源优势，形成自身独特的难以被法学硕士培养所借鉴的方法，否则法律硕士和法学硕士的培养就会保持长期的相似性。

再次，要进一步发展完善法律硕士培养模式就需要坚持分类原则和实践导向，逐步细化法律硕士的专业方向，建立起不同于法学硕士培养的独特方法，将“分类”和“实践”贯彻到法律硕士培养过程的各个方面。第一，在法律硕士的专业类型方面。以 2009 年教育部关于法硕、在职法硕和知识产权方向在职法硕培养的三个指导性文件出台为起点，我国在法律硕士教育方面走上了分类培养的道路，这是应时代发展所需而做出的重大变革。但就目前而言，从各个大学的法律硕士招生材料中可以看出，法律硕士的培养类型没有适应新时代发展的需求。法律硕士的专业类型不如法学硕士齐全，专业方向设置的精细化程度不足。随着“全面依法治国”基本方略的实施，国家社会各个领域各个行业对法治人才的需求都将逐步扩大，法律硕士作为满足国家现代化建设需求的高层次人才，也应当逐步增加专业方向，扩大行业覆盖范围，细化培养方向，突出专业对应性，使法律硕士的类型能够与广泛的经济社会领域相衔接。同时应当分地区分学校，依托地区与学校独特的教育资源、行业资源设置专业类型，而不宜“铺地毯”式的在每个地区、每个学校都设置相同的专业类型。第二，在法律硕士的培养方法上。早期的法律硕士培养方法主要是在教学内容上突出实务性，采取案例教学等方式让学生更多地了解

---

[13] ［美］小奥利弗·温德尔·霍姆斯：《普通法》，冉昊、姚中秋译，中国政法大学出版社 2005 年版，第 1 页。

实践情况。目前，法律硕士的培养已经从了解实践情况逐步转向实务技能训练，通过法律诊所、模拟法庭等活动方式培养学生的应用技能。但是这些拓展与法律职业的衔接还很不充分，模拟的环境与真正的实务工作还有很大区别。而且这部分的内容往往在教育内容中占较小的比例，在最终的考核上也不具有十分重要的地位。法律硕士的培养目标是应用型人才，强调的是实践技能，而非理论思辨。所以法律硕士的培养方法应当以实践为主要发展方向，围绕如何加强学生实践能力来创新培养方法，充分发挥实践基地的培养作用，做到真正打通产学研相结合的培养通路，改变以论文为最终考核结果的单一评价方式，使法律硕士的培养模式能够真正解决法律教育和法律职业脱节的问题。

最后，从法律硕士教育培养的制度演进结果来看，需要激发培养单位自主探索培养模式的内生动力。我国法律硕士培养经历了二十余年的发展，法律硕士专业学位招生、培养等制度几经变化，最终形成了目前相对成熟完善的人才培养体系。综观我国法律硕士专业学位制度的演变过程，教育行政部门在其中发挥着重要作用，充分展现出政府主导下的强制性制度变迁的特征。在教育行政部门主导之下推进法律硕士专业学位发展，对扩大专业学位教育规模、统一人才培养规格与标准、统筹协调实务部门参与法律硕士人才培养，保障人才培养质量起到积极的推动作用。但是不容否认的是，这种强制性制度变迁模式，也有不少弊端。主要弊端有以下两方面：其一，由行政部门主导制定法律硕士专业学位人才培养的指导性方案对培养单位限制过大，导致人才培养趋同化、同质化。国务院学位办转发的全国法硕教指委制定的《指导性培养方案》是各培养单位制定培养方案的基本遵循，由于《指导性培养方案》具有一定的强制性，并且是法律硕士专业合格评估、水平评估的重要参考依据，如果培养单位制定的培养方案与《指导性培养方案》差异过大，将会给法律硕士培养单位带来水平较低的评价甚至有评估不合格的风险，因此各培养单位的必修课、推荐选修课、实践课等课程设计基本都是照抄《指导性培养方案》，仅在特色方向选修课中做相应的自主设计，由于《指导性培养方案》为特色方向课程所留学分有限，培养单位没有太多自主权,在这种培养方案下培养出的学生高度趋同。其二,国家教育行政部门对法律硕士专业制度的自上而下的干预,不利于培养单位按照教育规律形成自身特色。教育作为一种培养人的社会活动,有着自身的规律。尤其是不少高校在长期的发展过程中形成了自身特色,培育了自身的优势学科,教育行政部门通过行政指令的方式推进专业学位发展固然可以在短期内见效,却不利于激发培养单位按照自身的办学逻辑形成培养符合本校特色和社会需求的法律人才。要改变这一问题,国家教育行政部门应当推进高等教育领域的"放管服"改革,鼓励高校结合自身实际,探索法律硕士专业学位人才培养模式。

五、结论

法律硕士专业学位教育作为我国法学教育的重要组成部分,承担培养高素质社会主义法治人才的重任。良好的道德品质是高素质法治人才的关键要素之一,习近平总书记要求法学教育要坚持立德树人,德法兼修,不仅要提高学生的法学知识水平,而且要培养学生的思想道德素养。因此,在法律硕士教育中,应该把思想道德教育和法学专业教育结合起来,把专业技能教育和法律职业素养结合起来,把课堂教学和实践教学结合起来,把传授法律知识与培养社会主义法治理念结合起来。[14] 通过完善培养方案、强化师资队伍、优化办学环境、引入校外资源等方式,坚持全员、全过程、全方位育人理念,不断培养出既具有高尚道德情操和崇高法律信仰,又能以自身行动推动法治社会建设的法律人才。

---

⑭ 参见苏宇:《立德树人、德法兼修、探索法硕人才培养路径》,载《中国法学教育研究》2017 年第 4 期。

The Reform Narration and Contemporary Thinking of the Cultivation Mode of Juris Master in China

Hong Dongying Dai Guoli

Abstract: As a type of professional degree oriented by professional talent, the Juris Master has been established in China for more than 20 years. Its training mode has undergone several changes, which has experienced three stages from the initial application of the training mode of master of law, to the cultivation of quasi-assimilation, and then to the cultivation of classification. Judging from the evolution of the system of legal master education in China, the cultivation of Juris Master has not formed its unique cultivation method and training mechanism, and it has not really formed a clear distinction from the master of law. To achieve the goal of cultivating Juris Master talents, we should adhere to the principle of classification and practice orientation, gradually refine the professional direction of the Juris Master, establish a unique method different from the training of Master of Laws, implement "classification" and "practice" into the training of Juris Master process.

Key Words: Juris Master, training mode, legal profession, promotion both virtue and law

法律职业准入改革下的法学研究生教学检视

宣　喆*

摘　要:2018年起新出台的法律职业资格考试办法终结了未经法学类本科及以上教育或未在法律领域执业的考生的报考资格,该办法进一步强化和突出了法律职业从业人员拥有法学专业教育背景的必需性。历经多年发展,在新的社会形势下,我国法学高等教育特别是法学研究生教育依然呈现出理论教学与实际就业的冲突。法科毕业生依然面临着不容乐观的就业形势,学校教育应当且亟须就此作出回应。多年来,我国法学本科生及研究生教育仍以宣讲型授课为主,注重理论知识的灌输而忽视了实务操作技能的教授。法学研究生教育与本科教育存在较大不同,应立足于深化理论教育的基础上,补强司法实务,为法学研究生的职业发展创造有利的条件。

关键词:法律职业准入　法学研究生教育　法学专业培养

* 宣喆,中国人民大学法学院博士研究生。研究方向:比较法学、司法制度、法律史学。

一、引言

近年来,高校应届毕业生就业的两大特点为:缓就业以及专业难对口。在高校招生专业大类中,法学类专业的毕业生就业对口率更是长期处于低迷状态。[①] 与此形成鲜明对比的是:法学类专业毕业生,尤其是研究生的就业前景是极为乐观的。逐年升温的公务员考试都对法学类毕业生大量招录。通过教育主管部门发布的就业率、专业对口率与公务员考录等实际用人需求的数据进行对比,可以发现,法学类毕业研究生的就业入职与实际需求成明显反比。

律师作为西方国家三大传统职业之一,须经历严格的职业训练,具备特殊的职业理论与技能。法律职业的特殊性对法学教育具有决定性作用,同时也指明了法学高等教育的培养方向。但是,多年的就业数据清晰地说明了目前我国法学教育呈现出明显的反向差异。以应届毕业生为样本的统计结论最能体现这两大专业门类在高校教育教学中的区别。法学研究生教育应立足于法律职业的技能要求与就业需要,授予相应职业理论基础及执业技能。

二、法学研究生教育应定位于专业化和高层次性

(一)法学教育专业化定位的必要性

法学界早在十余年前就有了关于法学教育人才培养大众化和精英化的争论。法律职业的精英化与专业化不仅是英美法系国家尊崇的法

---

① 法学类专业连续多年高踞"就业红牌专业"。2011~2014年《中国大学生就业报告》数据显示,法学类专业的就业率均排名后三位。2015年法学本科毕业生的就业率为88.4%,排名倒数第一。

律传统,[②]也是诸多发展中国家发展的方向。在英美法系学者看来,法律职业群体是依靠专业知识武装起来的职业阶层,也构成了拒斥国王或是其他非专业人士介入司法的“天然屏障”。[③] 法律执业成为“一种要求深奥的专业知识的工作岗位”,而这种知识“只有通过专门的正式教育或精细的学徒制才能获得”。[④] 为促进法律人才精英化,我国规定对法律行业设置了准入制门槛,要求所有从事法律相关的人员参加统一考试并取得相应资格证书。[⑤] 然而,资格考试的低通过率使大量法学生未能顺利获得资质,从而无法从事法律职业。[⑥]

建立专业化的法律职业共同体,是现代法治国家的基本要求和共同特征。作为法律后发进步的我国,现阶段也逐渐向构建高素质、高层次法律职业共同体迈进。高素质的法律职业共同体是社会主义国家建设的主导力量,其除了是制度文化与法律文化的创造者以外,还是法律制度的践行者。共同的话语体系、专业思维以及职业伦理,能够保证法律职业与司法活动的统一性和同质性。

(二)专业化与高层次发展定位能够有效解决法学研究生教育面临的问题

一方面,法学专业毕业生面临着就业率连年倒数第一的困境;另一方面,国家与社会却又亟待高层次法学人才的补充。这说明我国学校法治人才培养与社会法律人才需求之间存在明显脱节。我国高等院校在法学教育方面存在的不足体现为:教学方式主要为课堂教学,缺乏技能

---

② See Barbara Glesner Fines, "Teaching and Learning Law: Resources for Legal Education", Accessed January 20, 2020. http://www. law. umkc. edu/faculty/profiles/glesnerfines/bgf-edu. htm.

③ 陈绪纲:《法律职业与法治——以英格兰为例》,清华大学出版社 2007 年版,第 118 页。

④ [美]理查德·A. 波斯纳:《道德和法律理论的疑问》,苏力译,中国政法大学出版社 2001 年版,217 页。

⑤ 《国家统一法律职业资格考试实施办法》第 9 条规定了报名参加法律职业资格考试的人员应满足的一般性规定。

⑥ 参见何勤华:《大众化与精英化:法学教育难解之结》,载《法制日报》2009 年 5 月 7 日,第 12 版。

的实践;教学内容陈旧,同社会需求脱节;职业能力培养与社会需要匹配度不高。⑦

以山东大学2015届毕业生就业质量报告数据为例,用人单位选聘应届毕业生主要考察的依次是专业知识、人际沟通能力、团队协作精神、实践动手能力、道德品质以及创新能力等。(见表1)

表1　山东大学2015届毕业生用人单位选聘考察指标　　单位:%

排序	考察指标	数值
1	专业知识	84.10
2	人际沟通能力	64.80
3	团队协作精神	60.60
4	实践动手能力	56.80
5	道德品质	50.00
6	创新能力	39.40

资料来源:《山东大学2015届毕业生就业质量报告》。

根据该校2016届、2017届毕业生对学校教育和培育工作的建议,在校学生对于本专业知识和学科教学的需求有持续上升的趋势。数据表明,即使是在名校,专业学科的日常教学工作仍非完善,且呼声较高、意见最为集中的还是教学内容与专业基础知识的提升。(见表2)

⑦ 参见贾宇:《把握中国化、需求导向、职业化方向发展中国特色法学》,载《法学教育研究》2017年第1期。

表 2　山东大学应届毕业生课堂学科教学意见调研（2016～2017 年）

单位：%

<table>
<tr><th colspan="2">教学意见</th><th colspan="2">本科生</th><th colspan="2">硕士生</th><th colspan="2">博士生</th></tr>
<tr><td rowspan="2">加强专业基础教学，同时拓宽知识面</td><td>2016 届</td><td>13.95</td><td rowspan="2">↑
27.55</td><td>13.18</td><td rowspan="2">↑
20.36</td><td>16.31</td><td rowspan="2">↑
17.16</td></tr>
<tr><td>2017 届</td><td>41.50</td><td>33.54</td><td>33.47</td></tr>
<tr><td rowspan="2">教学要结合学科前沿和实际，与社会需求对接</td><td>2016 届</td><td>21.27</td><td rowspan="2">↑
36.76</td><td>22.20</td><td rowspan="2">↑
39.17</td><td>22.00</td><td rowspan="2">↑
34.45</td></tr>
<tr><td>2017 届</td><td>58.03</td><td>61.37</td><td>56.45</td></tr>
</table>

资料来源：《山东大学 2016 届毕业生就业质量报告》《山东大学 2017 届毕业生就业质量报告》。

三、我国法学研究生教育现状之分析

（一）职业准入制考试门槛低，通过率高

2018 年之前，我国国家统一司法考试被社会视为难度高、通过率低，故被称为“天下第一考”。然而，即使是以低通过率闻名，相较于其他国家，我国的司法考试通过率依然高出不少。在美式教育改革的背景下，日本于 2004 年开始，在美国法学院的模式基础上开展法学硕士培养改革。⑧日本通过限定参加司法考试人员的范围，并设定最大参试次数来减少司法考试通过人数。⑨

根据非官方机构发布的数据，我国近年来司法考试实质通过率常年

⑧ See Matthew J. Wilson, “U. S. Legal Education Methods and Ideals: Application to the Japanese and Korean Systems”, *Cardozo J. Int'l & Comp. L.*, 2010, pp. 315－317.

⑨ See Stacey Steele and Kathryn Taylor, *Legal Education in Asia: Globalization, Change and Contexts*, New York: Routledge, 2010, p. 330. 日韩两国均限定新型法学院校毕业生方可获得参试国家司法考试的资格。

保持在20%上下,应届本科生的实质通过率超过了30%。[⑩] 2018年司法考试改革之后,基本排除非法学专业人士的报名资格。但是结合改革之后考试通过率,仍可以看出我国的法律行业准入考试门槛并不如其他国家一样严格。职业资格考试高通过率在使大量人员涌入律师行业之后,并未解决从业人员水平参差不齐,服务质量有高有低,市场不规范、不透明的问题。如此现状,与改革目的以及公众对于法律从业群体服务质量的高期待相距甚远。

(二)高校重法学理论学习,轻司法实务机会的提供

根据公示的名单,最高人民法院及其巡回法庭招录的实习生主要集中于"985"院校及五大政法院校。在地方审判机关,以上海法院为例,接受实习生的名额也主要集中于华东政法大学等具有法学专业优势的高校。虽然司法机关已经倾向于向此类高校提供实习机会,但是并不是每一位法科学生都能到司法机关实习。在知名政法院校实习名额都无法保证的情况下,其他开设法学专业本科及研究生教育的较低层次的院校便陷入无法保证学生拥有实习机会的尴尬处境。

缺乏实训的机会不仅是法学专业毕业生面临的现实困境,考入司法系统的公职人员同样也面临相似处境。

出于研究生毕业学分和日后求职的双重因素,我国高校普遍要求法学研究生获得实习学分。然而,限于研究生学制时长与课程数量的排布,法律类研究生的学习日程繁满,在满足课程学习之余,还要完成校外实习实有困难。

(三)学制的缩短不应以教学质量为代价

进入21世纪,受到西方国家高校教育理念的影响以及市场经济快速发展对人才的急切需求,国家教育部于2000年出台了《关于加强和改进研究生培养工作的几点意见》,推动研究生教育实行弹性学制。2002年,部分重点大学开始试点两年制硕士研究生教育改革。作为研究生学制短缩的配套实施细化规则,试点高校采取了减少修业学分和缩减必修课程

---

⑩ 参见王禄生、管玲玲:《这些年你看的多半是假司考通过率》,载数说司法,https://chuansongme.com/n/1924118552137,最后访问日期:2020年1月15日。

等措施。在法学类研究生教育范围内,高校同样缩减了学术型研究生和专业型研究生的修业时长。

在两年的研究生学期期间内,学生的学业任务越加紧密。研究生入学后的第一年上学期需要“抢学分”,下学期则需“跑实习”,二年级上学期“找工作”,二年级下学期“赶论文”,期间还需投入精力考取证书以及准备各项公务员考试。学生在繁杂的事务中往往难以抽出充足时间找资料、查文献、读书籍,这不仅影响了硕士研究生的实际教育质量,且与两年制硕士研究生的教学规划与培养目标难以相符。

在推崇研究生学制缩短的呼声中,最突出的理由是通过借鉴英美硕士教育的弹性学制和短期修学,通常可将修业时长缩短为一年至两年。但是,简单套用英美短期硕士教育模式忽视了中国硕士教育面临的社会背景和教育传统的根本不同。以英国为例,英国的高等法院教育并不以培养律师、司法官员等具体职业为目标。原因在于:对律师和其他法律从业人员的职业准入培训都由律师公会负责。学生经过必要教育结业后若有志于从事法律行业,将接受由律师公会监管和组织的“律师职业课程”(Bar Vocational Course,BVC)或者称 LPC,然后申请与律所签订培训合同,成为事务律师,或者从事诉讼律师行业中的学徒。⑪ 律师公会主导和监督的职业训练有效地衔接了高等院校和职业从业者之间的过渡,其在英国职业教育中扮演了重要角色。

通过系统而完备的法学后续事务训练及职业考核,英美的法学教育并没有因为较短的学校学制而削弱了从业人员的专业性,同时还解决了实际从业人员过剩的问题。反观我国的法律从业人员现状,以律师为例,法律类研究生在校期间实务类课程数量、课时均不足,且教学内容多为浅尝辄止,难以触及律师行业的“干货”。学生校外实习因涉及客户信息保密、实习名额有限等原因,往往难以接触律师核心事务。初级律师入职后,除申请律师证时需由省级律师协会统一组织为期一个月的“实习人员

⑪ See William M. Sullivan et al., “Carnegie Foundation for the Advancement of Teaching,Educating Lawyers: Preparation for the Profession of Law”, Accessed January 12, 2020. https://www.carnegiefoundation.org.

集中培训”讲座式宣讲之外,只有少数律师事务所能够为新进的低年资律师提供高质量的内部培训。对大部分律师行业“新人”而言,他们只能以自主学习,在个案操作中完成经验的积累的路径实现自我提高。此种非系统、依靠个体学习为主的青年律师培养方式势必影响青年律师的执业体验,以及纠纷解决的质量和效率。

我国在律师职业实务培训这一环节,几乎属于空白。仅存的执业行政许可前实习制度的执行也多流于形式。为数不少的律师执业申请人员因忙于事务性工作,而采取支付劳务报酬的方式聘用他人代自己参加培训,完成出勤。这一现象在近两年得到缓和,如多省市律协出台应对措施禁止高校学生在校期间挂证实习、严禁参训人员代课点名。

我国由于硕士研究生数量庞大,考虑高校就业率统计及学校宿舍安排等原因,一般都尽可能让本校硕士研究生顺利毕业,对毕业的审核把关并不是十分严格。

(四)学术讲座督学考勤的形式化

在法学高等教育尤其是研究生教育阶段中,学术讲座一直是法学教育重要组成部分。学术讲座是高校学术水平衡量的重要观测口,也是在校学生开展第二课堂的重要方式。在如今文化多元、学科交叉的发展势头下,学术讲座又是高校国际交流与跨学科合作的良好平台,是学者对话的媒介。

学术讲座的核心功能体现在加深课堂的专业理论,了解学科发展动态,引导关注学科前沿、热点。通过学术讲座,学生能够自由表达观点,与授课教授展开思想和观点的碰撞。为了鼓励学术讲座的开办和提升出勤率,许多高校制定了不同形式的讲座考勤制度,并将考勤作为研究生毕业学分的计算基数。[12] 学生参加学术讲座是利用课余时间自由学习,故要求对学生进行考勤签到是完全没有必要的。[13] 我国宪法规定了学术自由的权利,而对权利的主体并未进行任何限制。由此推知,在校学生应享有自

---

⑫ 有的高校直接以“学术讲座”为项计入学分,有的高校则以实践学分等进行折算。

⑬ 参见梅源等:《谁让讲座变成大学生的负担》,载《中国青年报》2015 年 12 月 21 日,第 12 版。

主决定参加何种学术讲座以及具体讲座课题的权利。然而,《高等教育法》第 34 条规定:高等学校可按照教学需要,自主进行制订教学计划、选编教材、组织实施教学活动。教育部《关于改进和加强研究生课程建设的意见》要求高校加强课程设置的主体性。因此,高校将学术讲座等补充性课程活动直接纳入研究生培养计划也是符合法律规定的。此种情况下,学生的自主选择课程的权利似乎也应当退让。

在实际运作中,“打卡式”的学习考察方式也带来了明显的负面作用。在学生眼中,参加讲座俨然成为按时签到、签退,按要求听满场次、挣学分的“机械活动”。而学校也纷纷采用多种形式,如校园卡刷卡、签到册签字以及记录卡敲章等对学生进行考勤。高校的主观目的在于通过考勤打卡鼓励学生积极参加讲座,分享学术前沿发展趋势。但是,僵化甚至几乎“不近人情”的制度设计造成了难以忽视的负面效果。首先,学术讲座考勤计数存在不合理性。部分研究生为尽快计满考勤次数而牺牲课堂时间,甚至逃课去听讲座。其次,学术讲座的考勤计数存在不确定性。高校的学术讲座数量较多,普通学生为了更多的积分,只能尽可能多地听讲座。事实上,相当部分学术讲座的含金量确实不高,参加如此讲座确有浪费时间之嫌。最后,高校设施与听讲人数存在调配矛盾。在一些“名家”主讲的讲座中,大量非本专业学生涌入,导致本专业学生难以进入会场的现场。因此,学校应当谨慎开展学术讲座,不得开设一些与自身研究水平不相适的讲座。

四、法学研究生教学方法和课堂设计之检视

(一)以尊重我国法律传统为导向

我国近代法律传统深受大陆法系法律传统的影响。但是,随着经济的腾飞以及物质生活条件质的改善,我国法治发展也有了更多自信和自主性。在大陆法系时至今日的德国法学教育中,关于学术与实务互动的观念,依然是推崇“教授法”(professorenrecht)的学术传统,并坚持这种方

针可以胜任学术与实务间的贴近与融合，认为是一种德国法文化上的成就。对法学家与法律学者群体的尊重，在我国的法制发展中亦是如此。全国人大、最高人民法院、最高人民检察院等部门在面对一些重大立法或司法问题时，都会邀请权威法律学者进行评析，聆听他们的专业意见。在审定公布的立法文本或司法解释中，不难发现有最新学理或著述观点的引用。在成文法模式下，法学理论与法律实务之间形成了一种巧妙的联系，并达成默契的平衡。⑭

对法律学者等学术共同体的颂扬还体现在法学教育模式中。高等教育作为培养较高层次脑力劳动者的体系，必须顺应受教育者以及社会发展主流的要求。采用法律职业资格准入改革后的法学专业教育，一定不是普通意义上的通识升华，而是面向法律实务，培养“从事科学研究、教学、管理等工作能力的高层次学术型专门人才，以及具有较强解决实际问题的能力、能够承担专业技术或管理工作、具有良好职业素养的高层次应用型专门人才”。⑮ 鉴于我国职前专业培训制度的缺失，高等教育院校所承载的学术性专业教育就当然地成为毕业生开启职业生涯前巩固专业知识和技能的重要环节。

作为大陆法系国家，我国的审判体系沿袭了以法官为主导的诉讼模式。诉讼被认为是所有法律事务的核心环节。仲裁、非诉事务从业者虽侧重点不同，但仍是以诉讼为出发点，以实体法和程序法的适用作为工作基础。因此，我国高等教育的法学专业应以法官能力的培养作为主要教育目标。法学专业的学习侧重点并不是如何制定好的法律，而是如何适用法律。学校应培养学生公正、中立的态度和技能，以权衡不同利益主体的需求。以此为出发点，法学生应掌握本学科坚实的基础理论和系统的专业知识，熟知法律概念，并能够快速检索、全面阅读并准确引用相关法律条文。

---

⑭ 参见[美]埃尔曼：《比较法律文化》，贺卫方、高鸿均译，三联书店1990年版，第118页。

⑮ 查阅全国多所以法学为优势学科的知名政法院校以及综合性大学法学院系，其法学专业硕士研究生招生简章的培养目标中都有相似表述。

（二）法学研究生教育应以理论教学为本位

无论法学教育的培养对象是应用型法律硕士还是学术型法学硕士，都应注重对其运用法律能力的培养。所谓法律能力，包括分析案例和适用法律的能力，从本质上是一种游走于规范和事实间的规范思维。[16] 法律实践是将案件事实与法律规范构成要素内外结合的动态过程，在此过程中，法律人自带的主观判断需要正确的法律解释方法与规范法学思维进行限制，以保障法律结论的客观性、确定性与可预测性。[17]

作为规范科学的法学，在学科教育中至少由两大部分构造其理论教学的有机组成。其一，法律概念与原理。成文法体系下的法律规范是一种国家司法与执法的既定方案。法律规范是对类型法律关系的抽象化，是立法机关根据既已存在的社会关系或案件事例提炼总结的规则，同时又为未来发生的相同案件提供解纷指导与裁判依据。规范与事实之间由法律语义上的概念完成了一种从司法生活语言到法律的逻辑世界、规范世界的意义转换。案件裁判是法律规范的具体化，个案与法律规范沟通的桥梁便是法律概念与法律原理。其二，法律规范的解释与体系化。制度和程序通常散落于法律条文之中，对个别法律问题的解决总需要诉诸于有效的规范、通过若干集中或分散的条文进行合并描述。法律解释和体系化在法的概念及法的规范间开展纵横关系的体系性建构，并为解决法律实践问题提炼出有用范式。事实上，即使是法学本科出身的研究生，基础知识储备也是严重不足的，加之国内人文社会学科以记忆为主的典型特点，法科学生准备考试的通用技巧多为“闪电记忆”，考试结束后快速清空内存，为下一门考试留出脑容量，循环往复。东南大学法学院叶金强教授强调了法科生对法的基本理解和法学研究方法进行熟练掌握的重要性。他还提出理论和实践的结合是很重要的，但是，如果教学计划大量强

---

[16] 参见［德］卡尔·拉伦茨：《法学方法论》，陈爱娥译，商务印书馆2003年版，第107页。

[17] See Jerome A. Barron et al., *Constitutional Law: Principles and Policy, Cases and Materials*, LexisNexis, 2009, p. 177.

调实习,则有可能影响学生的理论学习质量。[18]

(三)高校授课方式的探索创新

大学教育,本质上是一种学术训练,这就意味着要接续一个知识传统,进入一套知识体系,接受一种方法训练,以期达成知识的完备、技能的熟练乃至人格的养成。[19] 教学方法始终是构成整体教学内容中的一个重要内容,学生在学习过程中所做的事情取决于学生的感知、理解和计划。学生对教学内容的感知虽是学生个体的主观成分,却又无时无刻地受到高校教学方式方法的外部作用。[20]

我国现行法学研究生教育教学授课方式一般有以下两种:第一种授课方式是由授课教师一人进行体系化讲授。这基本等同于国外结构化的正式性课程讲授。此类讲授方法以英联邦国家为代表,内容主要是对司法案例进行解释性分析,培养律师进行安检检索、分析、观点辩论的能力。在我国法学高等教育中,此种讲授模式被传统政法类优势高校所普遍采用。目前,体系化的课程讲授也逐渐朝着两个主要方向进行。一个方向是建立在经典理论基础之上的培养方向。法学理论涉及社会科学的方方面面。在阅读经典理论的基础之上,教授对经典理论文本进行讲解,指导、培养学生养成阅读经典理论文本的阅读习惯。法学理论的学习是十分重要的,故此部分的教学主要以教师授课的方式进行。另一个方向为案例教学。主要方式为通过对社会热点案例、最高人民法院发布的指导案例进行分析,将课本理论知识与社会现实相结合,辅助学生理解法律法规的适用、帮助学生对现行法律形成体系化的理解。最重要的是,在此过程中培养学生运用法律展开逻辑思维的能力和习惯。不同的案例需要适用于不同的教学目标和授课对象。对于本科生来说,案例是用于理解法

---

[18] 参见叶金强:《要避免实践教学对理论学习的过度冲击》,载民主与法制网,http://www.mzyfz.com/index.php/cms/item-view-id-1346677,最后访问日期:2020 年 1 月 14 日。

[19] See Madeleine Schachter, *The Law Professor's Handbook: A Practical Guide to Teaching Law*, Carolina Academic Press, 2004, p. 115.

[20] See Ann Black, "Student Perceptions of Teaching Methods: An Analysis of How Perceptions Can Impact upon the Learning Process", *Legal Education*, 1996, p. 203.

律概念和原理的,故一般采用一案一分析的方式。对研究生而言,案例是用于展示制度和理论的应用,并进一步发现制度和理论的不足和需完善之处,故应从权利与救济、制度与程序、政策与策略三个层次逐渐展开与提升。

第二种授课方式是“展示—点评”师生共同讲授的模式。在共同讲授教学形式中,多以数名学生为小组布置专题任务。[21] 学生则主要借助幻灯片展示的方式开展专题汇报。此种模式更多适用于法律硕士等应用型研究生课程教学。“展示—点评”共同讲授是近年国内高等教育界广为推崇的“翻转课堂教学”模式的典型代表。共同讲授教学模式实质为体验式学习。通过上台演说,学生可以将已有知识与获得分享给在座听众。作为相似知识背景和同年纪阶段的同学,自然更容易产生共鸣。通过这种“强烈的”和“戏剧性的”演讲体验过程,有助于学生理解和内化知识,这也就是体验式学习的关键。

然而,在实际研究生教学中,此种模式却陷入诟病。首先,共同授课方式主张以学生为主进行讲解与讨论,老师再最后作总结与点评。但这种授课方式通常吸引力不大,其他学生参与较少,导致最终收获甚微。其次,我国的法学研究生教育师生比例依然悬殊,尤其在专业型法律硕士班级中,师生比例可达 1∶50 以上,如此庞大的学生规模,使得每名学生的锻炼机会屈指可数。再次,教学过程采用学生自主幻灯片展示,过度强调完成性和现场效果,分散了学生对内容的提升。最后,在以课堂展示为期末考核依据的高校中,部分学生在完成自己小组的展示后,往往大量缺席其他课时。

总之,在主流的教师讲授式教学模式下,我国各大高校开始在授课形式、讲授内容上进行积极的探索。

(四)加强学校教育与司法实务的链接——诊所教学法

传统的高校法学教育注重理论学习,但是,法学作为一门社会科学,具有极强的时效性和实践性。法学毕业生面临的所学难为所用,面对职

---

[21] 参见邢会强等:《法学硕士研究生“经济法学基础理论”课程的优化》,载《经济法研究》2017 年第 1 期。

业出现的新问题不得不临时抱佛脚式应对,一直为人所诟病。为了解决法学学生实践能力不强的问题,法律院校一直在积极寻找解决方式。英美国家法学人才培养的诊所教学法在某种程度上弥补了传统法学教学实践性不强的不足。

诊所教学法在某种程度上恢复了法律职业教育的本来面貌。最早的法律职业教育都是学徒制的。由于学徒制效率不高,法学教育的主导权开始逐渐向法学院转移。法学教授通过大班案例式教学,在案例分析和一问一答的过程中,完成了法律原理和概念的教授活动。然而,案例教学并非实践教学。学生通过案例分析能够开阔眼界,掌握实务技能的理论。但是,实务技能并不是简单的听课就能掌握的,而是需要实实在在地去做。法律知识绝不仅是理论知识,也是实践的智慧。

20 世纪 60 年代,美国法学院仿照医学院培养医学生的模式开设了法律诊所,通过让学生办理案件的方式学习职业的价值和技能。[22] 如今,法律诊所已经成为法学教育改革的核心。截至 1990 年,超过 80% 的法学院设置了以真实的当事人为服务对象、由法学院教师指导学生进行法律援助的诊所课程。在美国,由于很多学生毕业后并不从事诉讼业务,法律诊所的最大功能是教授学生法律职业道德,以及培养他们树立正确的价值观。[23]

法律诊所作为在校学生接触一线职业实践的重要途径,最大的优势就是让学生体会到职业的责任感,并实现从法律书本到如何成为一名合格"法律人"的跨越。法律实务与课本理论学习不同,面对的是活生生的当事人以及利益的取舍。法律诊所能够让学生们认识到他们未来需要处理的并非冷冰冰的法律逻辑推演。此时,学生需要衡量的不仅是学分的高低,还是责任感以及如何面对自己的良心。

作为司法实务教学的探索,部分高校开设了全流程模拟司法实务的

---

[22] See Weidong J. I. , *Legal Education in China*: *Reforms and Requirements*, Cambridge University Press,2016,p. 46.

[23] See Madeleine Schachter, *The Law Professor's Handbook*: *A Practical Guide to Teaching Law*,Carolina Academic Press,2004,p. 120.

课程。课程的目的在于真实地模拟公安局、检察院、律师事务所、法院、互联网法院的工作流程，让学生真实地接触到司法实践。在此过程中，教师或者主讲人的作用也不可或缺。主讲人自身应当具备司法实践的经验，能够对学生在模拟全流程中提出的疑问进行有效的解答。通过全流程模拟司法实务，法学院将法学生需要进入具体职业之后在前辈带领之下熟悉掌握的实务提前到学校学习中，对于其后期职业选择、具体职业等都具有非常正面的意义。

（五）法学研究生教育的补位——课后专业强化

优质的课堂讲授不仅能够有效调动学生学习的热情，还能够促使学生对某一话题进行持续深入的了解。但教学课时的有限性以及受众学生的普遍性是制约法学研究生教学专业素养培育的瓶颈与壁垒。培养法学类硕士研究生还要依托设定课时以外的课后强化，进一步地通过多渠道提高研究生理解与解释法律现象、创造性地阐述相关见解、独立思考、进行理论概括等基本能力。

在完成基础法律概念与规则的理论输入学习后，法律人还需进行智识技能和事务技能的完善。其中，智识技能指向在法律领域如何将专业术语与法律条文进行逻辑演绎与运用。职业化的学徒式培训可以迅速提升交际与沟通能力，但难以胜任专业知识的抽象归纳，因而法律的智识技能培育依赖于法学教育阶段，唯有对错误进行不断修正才能使教学目的得以实现。因此，仅依靠潜移默化的影响是无法系统地培育出智识技能的。并且，这个过程的训练不是脱离教导的自我练习。学校教育既要为学生提供练习的机会，也要为教师提供指出错误、为学生提供改正错误的机会。㉔

近年来，课后的专业教学除了一般意义上的读书会，还出现了以部门

㉔ 参见钱大军：《新建还是复制——我国法学职业教育改革的困境与前景》，载《当代法学》2011 年第 6 期。

法为核心的案例研习课程。㉕ 这类集中式专项强化案例研习课重视方法的传授而非知识的灌输。案例研习采取“先练后讲”而非“先讲后练”的模式。课程的重点不在于理论知识的灌输,而是教授学生建立案例分析的思维方式和框架。㉖

法律科学已构建了与自身相符的方法论,系统的法学分析工具、研究范式、逻辑假设与理论框架,为法律共同体社会影响力的更好发挥创造了条件,为法学研究生走向成熟奠定了良好基础。将社会科学特别是法学的方法论这一内容加入教学中,能够有效防止研究生出现探索方式单一、认识路径陈旧等问题,也帮助其提升理论创新能力与实践能力。㉗

五、结语

高等教育是专业知识和技能的提升,而不是“刷题”和“挣分”量化考评的校场;同样地,研究生教育尤其是法学研究生教育不应该是、也不能是法学本科教育的续集,法科研究生不是停留在制度规则本身意义上的规范要素、规范现状,不能只落脚于法律效果和结论,而是应向更高、更深和更新的专业领域进取。研究生教学的学术性要求不仅在于扩展知识版图,细分和深化理论体系,更在于切换知识逻辑,分道于学习重心的殊异。研究生教育不仅应注重专业知识和理论更广更深的研究探索,针对不同的学习动机和目标,高校还应制定多样化的教学方案,探索更接地气、更符合司法实践的授课方式,将法学研究生教育与法律职业需求形成接轨与融贯。

㉕ 典型课程有自2015年起中国政法大学中德法学院举办的“德国法案例分析暑期班”;2016年,黄家镇副教授在西南政法大学组织的民法请求权基础案例研习班。2017年起,中南财经政法大学法学院在张家勇教授的带领下,正式形成了鉴定式案例分析教学团队,并于当年开办了鉴定式案例分析暑期班。

㉖ See Weidong J. I. , *Legal Education in China*: *Reforms and Requirements*, Cambridge University Press, 2016, p. 89.

㉗ 参见郭洁、闫海:《法学硕士研究生培养模式的改革与创新》,载《教育与教学研究》2009年第9期。

On the Reform of Undergraduate Legal Education in the Context of Legal Professional Qualification Examination

Xuan Zhe

Abstract: The newly introduced qualification examination of legal profession in 2018 has ended the qualifications for candidates who have not studied undergraduate or above in law or have not had required professional experience in legal field. This change further strengthens and highlights the legal professional education for legal practitioners. After many years' development, legal education in China continues to show conflicts between its education methods and the employment situation. The employment prospect for legal graduates is still unpromising and the authority should make corresponding address. For many years, the traditional educational method in Chinese universities has been lecturing, which largely neglected the teaching of practical skills in legal profession. Educating graduates and bachelors in law is very different. Higher education in law should be able to create favorable conditions for future employment of legal graduates by enhancing its theoretical learning on one hand, and strengthening the teaching of practical skills on the other.

Key Words: legal career access, graduate legal education, professional legal training

论文研习于研究生教学中的范式倡导及逻辑策略

——以刑事诉讼法课程为例*

步洋洋**

摘　要：受论文研习对于学术型授课教师的刚性需求同教师稀缺现实之间的矛盾镜像，论文研习相较于传统教学方式、方法所需要的几何倍工作投入，以及刑事诉讼理论的外化呈现同论文研习本身之外部吸引的难度系数三个方面的现实制约，我国当下研究生教学中的论文研习方法长期且普遍阙如，掣肘研究生教学在知识体系深化、学术志趣培养等方面的目标实现。立足于研究生教学改革的现实语义，鉴于多数研究生在学位论文撰写之时存在选题方向随机、撰写思路模糊、行文逻辑混乱、理论深度匮乏的多重现实问题，研究生教学体系项下的方法语义理应作出回应，而此种以"精读到研讨"为具体授课逻辑、以"基础理论讲授同论文交互研判证

* 基金项目：2020 年国家社科基金西部项目（编号：20XFX010）："认罪案件中庭审证据调查方式的特殊性研究"；陕西高校青年创新团队："大数据时代西北地区社会治理中的刑事法治"的阶段成果。

** 步洋洋，西北政法大学刑事法学院、西北政法大学刑事法律科学研究中心副教授，法学博士。研究方向：刑事诉讼法、证据法。

析”为具体授课内容，突破传统教学方法下的一维课堂教学运用逻辑，转而延伸至课前、课上及课下的三重维度，并分别在内容、策略等方面作以差异性组织安排的论文研习方法即属于摆在我们面前的一种切实可行的有益路径。

关键词：论文研习　文献精读　交互研判　策略方法

一、问题的提出

基于学缘层次、培养目标等多重因素，研究生教学同本科生教学在教学任务、教学目标以及教学方法等方面应然存有不同。如果说法学本科生教学旨在传授法学基础知识，培养学生的法学观念与思维方式，因而属于法学教育的“初阶版”，那么法学研究生教学则应当属于法学教育的“升级版”，用以提升学生的学术志趣，在夯实学科知识的基础上深化学科理论研究，其本身更为关注学科体系下的前沿问题与实践动向，并将学生所提交的合格的硕士学位论文作为具体的学历学位评定标准。

然而，颇为遗憾的是，从我国当下研究生教学的运行现状来看，研究生教学同本科生教学在授课方式、授课内容等方面却呈现出较为普遍的趋同现象，研究生教学在一定程度上演变为本科生教学的压缩式或曰补足式“翻版”，研究生培养所要求的理论传递与能力塑造目标之间的联结关系被有意无意地割裂开来，致使研究生教学在教与学、学与用的递进式目标层面出现实然断层。最为突出的表现是，在我国当下研究生教学方式、方法体系项下，以拓宽学生理论层次和学术视野，培养其文献研究能力及论文撰写能力为目的，专司于研究生学术论文研习的教学方法与课程设计往往阙如，一定程度上消解了研究生培养在知识体系深化、学术志趣激发等方面的特定任务，由此加剧研究生在学位论文撰写之时选题方向随机、撰写思路模糊、行文逻辑混乱、理论深度匮乏等多维现实问题的形成。

笔者通过调研发现，在开设法学研究生专业的百所高校的研究生教学活动中,以"精读——研判"为授课逻辑,以"基础理论讲授同论文交互研判证析"为课上内容的论文研习方法较为普遍地处于散见、自发状态。校院两级不够重视,师生参与不够积极,方法推行缺少方案,论文研习方法在当下的研究生培养中呈现出较为明显的边缘特征和补足属性,此一方法在研究生教学中的运用效果极为有限。不仅如此,在现有的教学研究成果及相关著述中,对于论文研习方法的教法研究亦十分薄弱,鲜有专门研究论文研习方法本身、此一方法运用推行以及相关课程设置的文献成果,缺少对于此种教学方法倡导及推行的理论指引,论文研习方法于应然价值功用与实然倡导推行间的落差明显。

二、论文研习的基本要义与价值透视

(一)论文研习的基本要义

所谓论文研习,用以指代在研究生的具体教学活动中,授课教师以学术论文为中介、纽带,通过交错使用文献精读与文献研讨两种基本方法,将基础理论讲授同学术论文写作的模仿、创新有机结合起来的一种新型教学范式。以教义学的角度作以审视,论文研习的基本要义主要有两点:一是以"精读——研判"为径路的授课逻辑;二是以"基础理论讲授同论文交互研判证析"为内容的课上安排。具体而言:

第一,论文研习遵循以"精读——研判"为径路的授课逻辑。论文研习内在地将其方法语义下的授课逻辑划分为文献精读与文献研判的两重维度。一方面,论文研习的具体展开建立在学生于课前阶段对于授课教师选定文献的精读基础之上。课前自行精读要求学生以自我研习的方法,事先就给定文献的基础知识、选题背景进行收集、整理和归纳,并以此为基础对给定文献进行知识体系与行文脉络的自主梳理,基本形成自我的独立思考和论文见解。此一环节旨在促使授课对象主动建构论文要旨所涉之基础知识、行文之理据以及论证之逻辑,并将自我未能解开的阅读疑惑延伸至课堂之上的研判之中,最大限度地提高学生在课上研判环节的参与性,保障研判内容的集中性与实质性。另一方面,论文研习的核心聚焦于课上对于选定文献的深入研判之上。在课上研判环节,授课教师须以讲读的方式对论文的核心观点进行总体评述,通过引入关联观点或对立观点等方式,丰富学生的基础知识谱系开拓学术研究视野,并以组织、引导学生交互研判证析的方式适度回应学生于课前自行精读阶段所未能消除的共性疑惑,引导学生抽象、概括出特定选题的理论依据以及谋篇布局的统筹思路,特别是掌握论文各部分、各段落之间的转呈手法以及同一类型文章在叙事层面所呈现的可归类化撰写方法。需要指出的是,论文研习不同于论文赏析,此一教学方法语义所要求的课前自行阅读与课上教师讲读均须以精读的方式进行,避免因概览式泛化阅读而将论文阅读这一基础性工作流于形式,掣肘后续研判的深入性和实质性。

第二,论文研习遵循以“基础理论讲授同论文交互研判证析”为内容的课上安排。本文所提倡的论文研习范式采用“基础理论讲授同论文交互研判证析”相结合的“互证式”教学方法。在论文研习课程体系项下,授课教师需在同授课对象研判所选文献之前,先行采用专题式教学方法将文献所涉之基础理论作以总结回溯,夯实学生对于此一论文选题之既有规范、本土语义、域外智识以及证成理据等方面的知识储备,然后再通过较为深入的论文精读与论文研判立体展示文献所蕴含的知识理论及学术逻辑,以基础讲授与教学相长式的论文研判相结合的方式,实现印证基础内容并提升研究生科研水平与学术能力的双重指向,从而将传统的讲授式教学方法同提问式教学方法的优势有机整合,补足单一教学方法运用的实然不足。

(二)论文研习的价值透视

作为一种特定的教学方式、方法,论文研习本身承载着特定的价值功能,旨在实现特定的教学任务或曰教学目标。其方法语义下的价值功能不仅划定出此一教学方法同其他教学方法之间的实质区别,同时构成此一方法于研究生教学中范式倡导及确立推行的正当化因由。

第一,论文研习契合研究生培养所要求的理论传递与能力塑造目标之间的联结关系要义。研究生培养与本科生培养在任务、目标上实然存有不同。不同于本科阶段以基础知识讲授传递为要义的培养目标,研究生教学作为本科阶段的层级提升,其在具体的培养目标上需要将基础知识的传递同学术思维及学术写作能力的训练、培养结合起来。质言之,研究生教学中的知识传递不再是就事论事般的平面、单一讲授,而是基于知识与知识之间的多维关系谱系所形成的立体式、群概念讲授;研究生培养目标下的教学活动亦不再是单纯的知识讲授与知识传递,而是建立在基础知识与学科理论得以夯实的基础上,旨在基于问题解决意识的实际理据,拓宽学生的理论层次和学术视野,培养其文献研究能力及批判性思维,进而提高法学研究生学术论文的写作技能,以期有效应对国家对于研究生学位论文之日益提升的标准与要求的“能力形塑”过程。而在本文所倡导的论文研习方法的教学语义之下,一方面,授课教师得以通过“精读——研判”的授课逻辑将课下阶段的学生自主研习与课上阶段的教师讲读统一起来,在借由课下自主精读提升学生自身的检索归纳能力、自主探究能力与问题分析能力的同时,以课上讲读与组织研判的方式,借由师生互动补足传统讲授方法的单一性、输出性和僵化性,切实提升学生在教学活动中的积极性、主动性和参与性,进而为学生提供一个可以从不同视角考察问题、自由进入对话的场域,形成一个更具可塑性和包容性的知识传递和学术写作能力培养的教学空间①。另一方面,在论文研习方法所具有的“基础理论讲授同论文交互研判证析”的要义之下,授课教师对于基础知识与学术理论的传递不再遵循同本科生教学趋同的平面化授课思路,而是基于研究生培养与本科生培养的学缘层次差异,通过群概念与总结回溯式的讲授,以历史分析、比较分析、价值分析、模式分析以及实证分析的特定主线将多元的理论知识立体化串联起来,以将特定选题所映射的基础理论、所涉规范及域外智识较为完整地呈现在学生面前,最大限度地拓宽研究生在基础知识、基础理论层面的深度和广度。更为重要的是,论文研习方法始终将研究生学术思维

① 参见闫召华:《法律影视资料在刑事诉讼教学中的碎片化运用研究》,载《中国法学教育研究》2018年第4期。

及学术论文撰写能力的培养和提升作为方法运用的深层目标，此一教学方法致力于将体系化的知识理据讲授与学术论文的分析、研判、撰写能力培养有机结合。换言之，基础理论讲授以奠定论文交互研判证析的理论基础为“面向”，论文交互研判证析则以化抽象的知识理论为具体的行文技巧为“动因”，此一教学方法语义下的逻辑策略安排带有典型的“能力形塑”特征。

第二，论文研习弥补了传统研究生教学方法在学术论文撰写能力与批判性思维培养方面的实然不足。学术论文的选题考量、行文的整体布局与问题意识，摘要、关键词、引言等具体内容的撰写方法，各级标题间的逻辑关系及层次安排，段落与段落之间、上文与下文之间的转呈过渡方式，本应是研究生在研究生学习阶段所应然掌握的基本技能之一。但是，如前所述，在我国当下研究生教学方式、方法体系项下，专司于研究生学术论文研习的教学方法与课程设计往往阙如，研究生最终能否掌握这些基本的写作技能和写作方法，极大程度上取决于研究生导师的个人指导及研究生本人的自我钻研。研究生培养在基础写作能力方面的“盲点”或曰“盲区”，不仅加剧研究生在学位论文撰写之时选题方向随机、撰写思路模糊、行文逻辑混乱、理论深度匮乏等多重现实问题的形成，更使部分研究生不得不一再申请延期毕业，研究生导师与研究生本人亦因此陷入双重的矛盾境遇。本文所倡导的论文研习方法不仅将研究生学术写作能力的培养作为其方法语义所涵摄的基本目标之一，更以交互研判证析的具体方式，对选定论文在选题依据、谋篇布局、论理方法、转呈过渡等方面所体现出的方法、技巧作以“庖丁解牛”式的细化分析，以使学生能够在直接感知优秀学者如何运用文字展示其思想和观点的基础上，通过授课教师的引导、阐释、总结和归纳，直接习得论文写作的心得、经验和技巧。不仅如此，在论文研习的交互研判证析环节，师生之间得以进行充分、开放的思辨、分析和讨论。在这样的交互研判过程中，学生被鼓励在最大范围内发表各自观点，其学习兴趣和学习积极性被充分调动，而在各种观点的抵触与倾轧中，他们亦体会到辩驳的思路、学术观点的多元性和非绝对性，以及批判性思维在学术研究层面的正向力量②。更为重要的是,在论文研习方法所要求的课下反馈阶段,学生通过对研习主题论文的改写、仿写及撰写及时有效地将课上所学内化吸收,教师则通过适时的评阅、指正和修改将学生习作中所呈现的问题作以明晰、归类,并以一对一和一对多的线上方式,对学生习作中的个性问题和共性问题作以指导,进而将教学方法语义下对于学术论文撰写能力与批判性思维的培养延展至课堂之外,最大限度地助力实现论文研习方法的致用功能。

此外,基于教与学之间本身即具有的内生互动关系,授课教师本人亦能够在论文研习方法所要求的一系列教学活动中拓宽研究视野、提升教学水平。一方面,为完成基础理论讲授任务,授课教师需要强化自身对于选定主题之既有规范、学术理据,以及域外智识等内容的了解与掌握程度,并需不断学习,运用多元化的教学方式、方法将科研所得用于教学实践,切实提高基础理论讲授外化呈现的课堂吸引指数;另一方面,为合理确定研习主题,完成课上对于选定论文的交互研判证析,授课教师需要密切关注国内外的学术动向,督促自我以常写常新的热情与态度强化科研创作水平,用以提升学生对于论文研习开展的信任度和参与度。而在此种内生和外来的两重动因影响下,授课教师的研究视野和教学水平得以在反复的自主学习和组织研判中不断提升,教学方法本身所欲追求的教学相长、教研结合功能实现了最大限度地可视化。

三、论文研习的受制因由及其负效影响

(一)论文研习的受制因由

尽管论文研习方法在夯实研究生的部门法基础、提升其学术写作能力,以及促进教研集合与教学相长等多个方面具有不可否认的积极正向

② 参见向燕:《法学研究生双语课程“精读—研讨”教学模式改革探讨——以外国刑事诉讼法课程为例》,载《社会科学动态》2019年第8期。

价值,然而实践表明,此一方法之范式倡导或转型在我国当下的研究生教学中却并不常见,此种教学方法的适用于当下呈现较为明显的散见、形式特征,其实然与应然之间的差距较为明显,却时常为我们所忽视。笔者认为,研究生教学中论文研习方法之所以长期且普遍阙如,其因由不外乎受到如下三个方面的制约。

第一,论文研习对于学术型授课教师的刚性需求同教师稀缺现实之间的矛盾镜像。任何一种教学活动的展开、教学方法的适用,无论是以教师为中心还是以学生为中心,都离不开授课教师与授课对象之两重主体要素。在笔者看来,相较于传统的教学方式、方法,论文研习对于授课教师提出了更高的标准和需求。一方面,在论文研习的范式语义之下,授课教师需要在课前、课上与课后的三重连续性环节,通过筛选、布置、组织、回应、交涉、讲授、评阅等多重方法,将诉讼法学的前沿问题、理论热点与改革走向等学术议题,以体系性知识外化并举行文技巧、写作技能、论证思路研判等多维向度,转化为师生共智之识,实现论文撰写之知识谱系有效传授的功能目标;另一方面,作为一种不同于传统教学方法的新型教学范式,论文研习方法的展开不仅对开设此类课程的授课教师在多元教学方法的掌握上提出更高的现实要求,同时要求授课教师自身在内化学术志趣、关注学术动向以及学术论文常写常新方面保有热情与专长。质言之,论文研习方法或曰论文研习课程之授课教师当以同时具有科研型和教学型教师的专长特征。而在当前各种职称评定过分倚重科研成果,片面忽视教学成效的现实语境下,论文研习对于学术型授课教师的刚性需求同教师稀缺现实之间的矛盾已然凸显,成为制约此一方法提倡、确立、转型的不可忽视的客观屏障之一。

第二,相较于传统教学方式、方法,论文研习所需要的几何倍工作投入。论文研习既不同于传统的讲授式教学法和提问式教学法,又不全然等同于溯源于 21 世纪之初的文献阅读研讨方法,此一方法遵循“精读——研讨”的授课逻辑,形成“基础理论讲授同论文交互研判证析”相结合的授课内容体系,方法内生与人为建构地将此一教学范式语义下的教学活动划分为课前、课上和课后的三重环节。概括而言,授课教师于课前环节需结合学科热点及科研动向,从国内外法学核心期刊中遴选出由知名学者撰写、发表的相应专题的论文文献,并至少在上课前一周通过公共邮箱或班级微信群等方式发送至选课的研究生同学,以供学生提前完成课前自行精读的前期准备工作。而在课上环节,授课教师则需要在有限的授课学时之内完成论文研习所要求的基础理论讲授与论文交互研判任务,既要助力学生形成体系化的知识群概念,又要激发学术志趣与科研思维,逐步提升选课学生的论文写作技巧和学术创新能力,实乃一项颇具挑战性的系统工程。更为重要的是,不同于以往的专注于课堂之上的教学活动,论文研习方法的具体适用除了需做好课前准备工作外,尚需将课堂之上的教学活动延伸至课后、课下,授课教师需对学生在每一次论文研习之后就对专题论文的改写、仿写以及撰写成果作出评阅、修改,并提出切实可行的完善建议。如此一来,本为课堂之上的一维研究生教学活动转变为课前——课上——课下的三维教学活动,几何倍数地增加了授课教师的教学工作量。在授课教师自身教学科研任务已然较重的现实语境下,论文研习所需的大量工作投入时常使部分教师望而却步。

第三,刑事诉讼理论的外化呈现同论文研习本身之外部吸引的难度系数。诉讼法庞杂规范知识的讲授本就并非易事,在论文研习方法所需的基础理论讲授同论文交互研判证析相结合的要旨之下,诉讼法基础理论的外化呈现同论文研习本身之外部吸引的难度系数增大。一方面,研究生诉讼法学基础理论的讲授需要注重“法律伦理”的植入与“法律思维”的养成,进而从根本上深化研究生对于诉讼法学知识的体悟与理解,激发其作为“法律学人”乃至“法律人”的使命感与责任感,促使其进行真正有生命力的学习与研讨。③由是,在论文研习所要求的基础理论讲授环节,授课教师当以在理解教学内容、熟悉教学对象特点的基础上,针对研究生同本科生所具有的知识层次差异,运用不同于本科教学的新型教学方法,引申推演出诉讼制度、诉讼程序,以及规范体系所蕴含、衍生

③ 参见王春芳:《刑事诉讼法学“治本”教学模式探索》,载《六盘水师范学院学报》2020年第1期。

或折射出的多维意蕴及诉讼法学理论，以快慢变换、动静交替、疏密有间、张弛有度的把控能力使课堂始终处于宜于知识接受和能力培养的律动变化之中。④另一方面，论文研习所要求的交互研判证析其本身即需建立在学生对于授课教师的高度认同与研习所取得的成效基础之上。如果授课教师本身在学术方面并无专长，其本人对于学术动向与论文撰写也并不十分关注，那么学生对于此种研习的参与程度及内心确信势必有所减损，学生的论文习作水平亦很难在此种泛化成形式过场的课程之下得以真正提升。

（二）论文研习阙如的负效影响

受制于前述的三重因由，论文研习于我国当下的研究生教学中长期阙如，掣肘研究生教学在知识体系深化、学术志趣培养等方面的目标实现，致使研究生培养所要求的“教”与“学”、“学”与“用”之间断层、脱节，其负效影响较为突出地表现在以下两个方面。

其一，因忽视立体化、集群化知识传递而带来的研究生在基础知识与基础理论掌握层面的碎片化问题。当下的研究生刑事诉讼法课程较为普遍地采取囊括基础知识教学、案例分析教学、讨论式教学、论辩式教学、实践性教学等多重方式、方法在内的一体化授课范式，用以实现多重教学方法之间的补足与支撑。笔者认为，教学方式、方法之多元运用其本身的出发点是好的，但考察既有研究生的课程教学便可发现，一方面，教学方法之间的“随机”“混用”特征明显，教学方法的选定、教学组织形式和具体的教学内容几乎完全由任课教师所决定。部分教师由于不重视基础知识层面的立体化、集群化讲授，使研究生课程教学在很大程度上演变为与本科生对应课程教学的“简单重复”。另一方面，在采取案例分析教学、讨论式教学、论辩式教学、实践性教学的课程之中，部分教师基于授课学时有限同基础知识集群化讲授的现实矛盾，有意无意地直接省略了课程体系内对于基础知识的回顾与总结，转而直接进入到对于具体案例或实践活动的分析、讨论和论辩之中，割裂了研究生课程项下

---

④ 参见闫召华：《法律影视资料在刑事诉讼教学中的碎片化运用研究》，载《中国法学教育研究》2018 年第 4 期。

基础知识讲授同其他能力培养方面的内在联结,由此带来学生对于给定案例之分析、讨论以及实践活动的参与度低下,甚至流于形式等问题。笔者认为,现有研究生教学方法体系下对于基础知识与基础理论的立体化、集群化讲授的缺失,不仅使研究生对于学科基础知识与学科基础理论的认知、掌握碎片化,加剧形成部分法学研究生认为课程设置于专业能力提升无益的抵触情绪,更因体系性知识与学科理论的不足消解了研究生于学术论文撰写所必须依赖的基础和前提。长此以往,研究生培养下的学生群体在一定程度上固化为只会泛泛而谈法律概念、法律原则、意义价值之类的静态知识、原理,缺乏严谨、周密的法解释学、教义学能力和法律思维能力⑤,以及学术研判和学术证成的"伪研究者"。

其二,因缺少系统的、专门的论文研习训练而形成的研究生在论文写作思维、写作方法及写作技巧运用方面的匮乏化问题。如前所述,学术论文的选题考量,行文的整体布局与问题意识,摘要、关键词、引言等具体内容的撰写方法,各级标题间的逻辑关系及层次安排,段落与段落之间、上文与下文之间的转呈过渡方式,以及对于学科前沿动向的关注,本应是研究生在研究生学习阶段所应然掌握的基本技能和基本要求之一。然而,受制于一系列的主客观原因,特别是专司于研究生学术论文研习的教学方法与课程设计的阙如,在既有的三年研究生学习过程中,部分研究生几乎未曾或极少涉猎论文习作训练,因不了解学术动向而随机选题,因缺乏前期的文献综述、习作技能培养而盲目地堆砌论文观点,部分研究生将所撰写的学位论文同文献综述这一基础性的前期工作简单等同开来,不仅未见"提出问题——分析问题——解决问题"的基本行文逻辑与问题意识,更普遍缺少以批判性思维为代表的独立见解,因难以满足学位论文所要求的形式标准以及更高层次的创新性要求而不得不一再申请延期毕业,如何顺利撰写出一篇合格的硕士学位论文已经成为摆在研究生本人及其导师面前的一道难以跨越的鸿沟。笔者认为,学术论文写作涉及多个方面,大到选题本身、篇章布局,小到观点展示、

⑤ 参见薛波:《为什么法科生上课必须重视法条?——基于法解释学/教义学的立场解读》,载《法学教育研究》2019年第4期。

逻辑转呈,此一能力的培养与训练相应地具有长期性和系统性。而为了切实走出研究生选题方向随机、撰写思路模糊、行文逻辑混乱、论理深度不足的现实困境,以论文精读、论文研判、论文证析以及写作心得、技巧传递为内容的特定教学方法或特定课程设计即成为研究生培养及课程体系所亟待消除的"盲点"或曰"盲区"。从这个意义上来讲,论文研习于研究生教学体系之中的范式倡导及实施确立不仅确有必要,而且具有实用主义的现实紧迫性。

四、论文研习的推行逻辑与策略方法

教学方法的范式倡导及确立推行本身即为一项极为复杂的问题,确立推行之具体逻辑与策略方法,因适用场域、适用语境的不同而有所差异。立足于研究生教学方式、方法改革的时代语义,因应此一教学方法确立推行的现实制约因由,笔者认为,论文研习于研究生教学中的范式倡导及推行应当沿着宏观和微观的两条不同逻辑径路出发。具体而言:

(一)以破除论文研习受制因由为导向的宏观推行逻辑

在宏观层面,论文研习当以基于问题意识,以多元并举的方式着力破除此一教学方法语义下的现实制约因由。一方面,为消解论文研习对于学术型授课教师的刚性需求同教师稀缺现实之间的实然矛盾,此一教学方法之范式倡导需要借由特定的机制安排充分调动青年教师的参与积极性,最大化地将保有学术热情的青年教师纳入此种教学方法或课程的推行当中来。当下可以考虑的一种途径是,通过"老带新"的方式实现"一对一"式的资深教师与青年教师之间的同台教学,在丰富、多元师生之间所能传递的基础理论、论文技巧、行文经验的同时,借由青年教师同资深教师的交流、学习,以及为进行论文研习所必须作出的外化输出准备,发挥论文研习于青年教师在学术能力提升层面的助力功用。另一方面,为适度减轻论文研习之方法适用所带来的几何倍教学工作投入的增量负担,各地高校不仅可以在政策层面,特别是在工作量的计算和折合方面对此类方法或课程予以适度倾斜和照顾,同时可以将论文研习方法的确立推广同现有的教学岗位与科研岗位的编制区分机制联动开来,即将科研型授课教师所应承担的明显少于教学型授课教师的教学工作集中安排在研究生的教学活动之中,在契合科研型教师与教学型教师之岗位区别的同时,避免因一味强调本科教学而使研究生教学流于形式。此外,为提高法学理论的外化呈现同论文研习本身的外部吸引系数,各地高校应当将各学科组的集体备课制度、学术沙龙制度予以常态化、固定化,以学科内部教师与教师之间的定期交流、互动和学习的方式,提升授课教师自身的学术水平与教学技艺。

(二)以课前、课上、课下为具体环节,内容及侧重有所区别的微观策略方法

作为一种特定的教学方式、方法,论文研习于研究生教学中的范式倡导与确立推行需遵循教学模式概念下的结构语义和程序逻辑,即在宏观把握教学活动同各要素之内部关系、区别功能的同时,通过采取合理的机制安排与流程划分保证此一教学方法运用的有序性和可操作性。⑥因应论文研习方法的核心要旨、所需条件以及制约因素,此一教学方法当以突破传统教学方法下的一维课堂教学运用逻辑,转而延伸至课前、课上及课下的三重维度,并分别作出以师生交互为要义,在内容、侧重等方面颇具差异性的组织安排。

第一,夯实以学生自主精读为核心的课前准备。作为课上基础理论讲授同论文交互研判证析的必要准备,论文研习方法于课前阶段的核心内容有两点:一是授课教师对于研习论文的选择与分发;二是学生对于选定论文的自主精读。其一,授课教师于课前环节需结合学科热点及科研动向,确定待研的论文选题,并从核心期刊数据库中遴选出1~2篇由知名学者撰写、发表的相应专题的论文文献。在论文的选择标准上,授课教师当以综合考量论文的来源、论文的发表时间以及论文的难易程度。一方面,特定选题之下的待研论文应当尽量涵摄刑事诉讼基础理论

⑥ 参见彭海青:《法律职业视野下诉讼法教学模式的转变》,载《教育法制》2012年第6期。

与刑事司法实践运行现状的两方面内容,其论证观点当以符合学界的主流认知,论证角度当以更为多元,发表时间原则上更为新近;另一方面,论文的选择当以照顾到大多数法学研究生的法学基础与学术能力,待研论文在篇幅上不宜过长、文风上不宜太过晦涩艰深,其论文主旨、行文逻辑及脉络主线当以尽量明晰,授课教师亦可以从自己近几年发表的核心论文中进行筛选。其二,授课教师应当在上课一周前通过课程公共邮箱或班级微信群等方式将选定论文发送给学生,以供学生自行完成课前精读的准备工作。课前自主精读旨在培养研究生论文撰写所必须具备的问题意识、综述能力、书面表达能力,有意识地训练其快速掌握文章论点及论证思路的学术思维方式。相较于其后的课堂讲授与课下反馈阶段,以自主精读为内容的课前准备对于研究生学术思维与学术能力的锻炼可能更为全面和基础。在课前准备阶段,学生需要认真精读给定论文,提前收集选题的相关材料,储备选题的背景及理论知识,以主动建构性的学习方式发现问题、讨论问题、回答问题,从而实现"从关注外部输入到关注内部生成;从'个体户'式学习到'社会化'式学习;从'去情境'的学习到情境性学习"⑦的范式转变。

第二,聚焦以基础理论讲授同论文交互研判证析为内容的课堂讲授。论文研习方法的适用重点依然聚焦于课堂之上,此一方法于课上阶段之运用逻辑当基于授课需要划分成基础理论讲授同论文交互研判证析的两个不同环节。首先,在基础理论讲授环节,授课教师应当以讲授式教学方法,从历史分析、比较分析、价值分析、模式分析以及实证分析等多重角度对研论文的主旨要义、基础理论、所涉规范以及域外智识等内容作以讲述,用以奠定论文交互研判证析的知识基础。一方面,为检验学生自主精读效果,鼓励学生最大限度地发挥学习能动性,避免课堂讲授演变为授课教师的"一言堂"。授课教师应当以适时提问的方式就学生对于给定文献之选题依据、理论背景、涵摄规范等方面的掌握情况进行考察,并将回答情况作为平时考核的重要依据。另一方面,为拓宽

⑦ 张建伟:《知识的建构》,载《教育理论与实践》1999年第7期。

论文选题之基础知识讲授的深度和广度,以利于学生形成体系化的知识群概念与完整的诉讼法学理论谱系,笔者主张在此一环节引入当下本科生与研究生诉讼法教学中很少使用的带有典型的法教义学特征的法条分析方法,即授课教师通过关联讲授看似简单的条文规范本身引申出特定规范及规范所共同建构起的诉讼制度、诉讼程序,以及规范体系所蕴含、衍生或折射出的多维意蕴及诉讼法学理论。其次,在论文交互研判证析环节,授课教师应当在明确本次研判之具体任务,即在学习内容为何的基础上,对选定论文作以"互证式"讲读。一方面,授课教师需要围绕研判论文给定若干具有启发意义的开放性问题,奠定研判证析的基本思路和大体方向,并以组织学生分组讨论形成组内观点、听取分组汇报的方式,深入引导学生的全体研讨交流。需要注意的是,在此一全员参与的研讨交流过程中,授课教师亦非单纯的倾听者,而是需适时回应学生于论文研判层面的共性问题,引导学生关注选定文献中议题展开的呈现方式、理论证成的多重路径,并就各组汇报作以简短的点评和总结,纠正汇报中出现的明显错误,提炼研判所形成的核心内容与核心观点,指明本次研判的未尽事项和值得进一步探索的研究方向。另一方面,为避免论文研习沦为单纯的论文赏析,切实在师生之间有效传递论文写作的心得、经验和技巧,授课教师需要在此一环节之中就选定论文在谋篇布局、论理思路、转呈过渡等方面所运用的方法和技巧作以总结和凝练。例如,在总结论文结语的写作方法时,笔者会对若干选定论文中的结语部分作出分析,于宏观上将学术论文的结语归类为开放式结语⑧和收缩式结语⑨两种,在学生直观感受两类结语之不同撰写风格的基础上,进一步为学生总结、归纳出两类结语的差异化运用情境及特定功能。

第三,顺畅以研习主题论文的改写、仿写及撰写,教师评阅、指正、修改为延伸的课下反馈。课下阶段的主要任务聚焦于验收、评定前述两个

⑧ 开放式结语,用以指代文章的结语系对全文未尽事项或尚待进一步研判内容的展望。例如:……关于这些规范、制度、程序之几何、缘何与如何的分析、阐释,即成为后续研判的主旨之所在。

⑨ 收缩式结语,用以指代文章的结语系对全文内容和主旨的总结、凝练。例如:……学术研判当基于……进行论理……最大限度地平衡……而这即为本文的撰写初衷。

阶段，特别是以基础理论讲授同论文交互研判证析为内容的课上阶段的实然成效。简言之，在课下阶段，一方面，学生当以对研习论文的指定部分进行改写、仿写或独立撰写。鉴于独立撰写的难度较大，学生可以选择进行相应的改写或仿写，但始终应当秉持学术操守，做到基本的“仿中有创”。另一方面，授课教师应当及时对学生提交的论文进行评阅，指出学生论文存在的不足及完善的具体建议，督促学生及时完成修改并再次提交，直至达到本次研习所设定的合格标准为止。不仅如此，在课下的反馈阶段，学生亦可以同授课教师就前述研习尚存的疑义进行交流，并就下一次研判的主题确定进行沟通，以将研讨式教学中的师生互动及学生参与延展到课下环节，最大化实现此种教学方法的致用功效。

五、结语

教学方法的确立、转型具有渐进性，研究生教学中论文研习方法之范式倡导与实施推行亦如是。为避免急于求成而虚置研究生教学方式、方法改革的现实语义及动因初衷，论文研习方法于研究生教学方法体系项下之范式倡导与实施推行当以在宏观层面沿着从无到有、从有到有效、从单一学科到多元学科的递进式径路出发。一方面，论文研习方法之确立可以采取同刑事司法改革基本相同的试点方式，通过在刑事诉讼法专业一年级研究生中的先行试点，总结此一方法适用的有益经验和不足，框架式形成此一方法之有序、有度、有效的运行逻辑与实操内容；另一方面，论文研习方法之确立施行当以基于教学方法与教学方法之间的联结、共生关系，在此一方法本身的适用进程中适度引入多师教学法和双语教学法，用以全方位提升学生对于外语文献的研判能力，并以各学科组下群策群力、分工明确、多师智识的方式，实现刑事诉讼理论之生动讲授同论文研习之外部吸引的自洽圆融。而从长远发展的角度来看，研究生教学中论文研习方法之范式倡导需走出单纯的教学辅助方式或曰辅助手段的思维桎梏，转为将此种教学方法拓展成一门独立的选修或必修课程,以系统化、专门化的论文讲授与交互研判方式拓宽研究生的理论层次和学术视野,培养其文献研究能力及批判性思维,进而提高法学研究生学术论文的写作技能,以期有效应对国家对于研究生学位论文之日益提升的标准与要求,而这必将是一项更为广阔的系统工程

On the Model Advocacy and Logical Strategy in the Thesis Study Method in Postgraduate Teaching

—Taking Criminal Procedure Law Course as an Example

Bu Yangyang

Abstract: There are many restrictions in current postgraduate teaching, including: (1) the contradiction between the rigid demand of academic teachers and the reality of the scarcity of teachers, (2) the multiple working input rises required by the thesis study method compared with the traditional teaching method, as well as (3) the conflict between the externalization of the criminal procedure theory and the difficulty coefficient of the external attraction of the thesis study itself. At present, there is a long-term and universal lack of research methods in postgraduate teaching in China, which restraints the realization of postgraduate teaching goals such as deepening the knowledge system and cultivating academic interests. Based on the reality of postgraduate teaching reform, the thesis study method under the postgraduate teaching system should respond to the multiple practical problems existing in most postgraduate students' thesis writing, such as, random topic selections, vague thinking pattern in writing, illogical confusions in writing and the lack of theoretical depth. The thesis study method, which takes "intensive reading to discussion" as the specific teaching logic, and the combination of basic theories teaching and thesis interactive research and judgment as the specific teaching content, aims to break through the one-dimensional classroom teaching logic of traditional teaching method and turns into three dimensions before class, in class and after class. It also makes different organization and arrangement in content, strategy and other aspects, which is a practical and beneficial way before us.

Key Words: thesis study method, intensive reading of academic literature, interactive research and judgment, logical strategy

论法学项目教学法的智能生成*

朱福勇**

摘　要：传统法学项目教学法存在难以深度激活教与学的潜力，消解知识与理论、方法与智慧，以及实践与技能脱节等问题。而项目教学法的智能生成聚焦以教学内容为目标的智能设计、以项目为任务的智能驱动、以机器深度学习为基础的自主探究、以学习探究为手段的智能学习与成果展示，以及以能力提升为导向的智能指导与评估，实现复数主体高效、开放和多元的交互模式，提升法学教学智慧，促进教学形成性评价和"价值塑造、能力培养和知识传授三位一体"目标的达至，以及教学改革、人才培养与智能服务之间良性互动的形成。

关键词：人工智能　法学教育　项目教学法　交互主体　智能生成

如何将教学内容智能化、高质量地教授于学生，

---

* 基金项目：西南政法大学2018年在线开放课程《审判学》建设、重庆市高等教育学会2019年高等教育科学研究课题"一带一路与仲裁法学教育发展战略研究"（项目编号：CQGJ19B07）的阶段性研究成果。

** 朱福勇，西南政法大学最高人民法院应用法学研究基地研究员，人工智能法学院教授，博士生导师。研究方向：诉讼法学和人工智能法学。

让学生围绕教学内容展开智能学习、比较、分析与讨论，使其形成一种适合自身的逻辑思维方式，增强其分析和解决问题的能力，实现理论与实务的深度融合？域内外学者对此孜孜以求，研究成果呈现颇丰，①但由于其仅停留在理念和宏观设计层面，而对法学教学活动关照不多，可操作性不强难以达至应有的效果。随着《新一代人工智能发展规划》和《高等学校人工智能创新行动计划》“利用智能技术加快推动人才培养模式、教学方法改革，构建包含智能学习、交互式学习的新型教育体系”的稳步推进，②更加明确了智能化教学方法改革的目标和方向。

在法学教学中，项目教学法是由教师根据教学大纲的要求，围绕课程教学目标，把教学内容合理地分成若干研究项目，设定任务，明确目标，指导学生独立和分组进行研究的一种教学方法，旨在通过对研究项目的设计、管理和探究，培养和提升学生发现、分析和解决问题的能力。教育变革理论认为，不断变革是推动教育动态发展的动力。③ 早在以黑板、粉笔、挂图等为载体的教学时代，教材和课堂是法学教学的中心，教师主导法学概念、特征和构成要件以及基本原理的灌输，学生被动地听讲、记笔记。这种教学方式单调乏味，学生积极性不高，教学质量不佳。随着幻灯、录音、影视等技术手段的应用，法学教学形式开始转向电化教学，从远程教学、教学规模的扩大到盘式录音机和后来电视教学等，推动了法学教学的发展。在信息技术的催生下，法学教学为学生线上和线下

---

① 参见[英]维克托·迈尔－舍恩伯格、[英]肯尼思·库克耶：《大数据时代：生活、工作与思维的大变革》，盛杨燕、周涛译，浙江人民出版社2013年版，第91页。Barnes T. et al.,“Preface for the Special Issue on AI-Supported Education in Computer Science”, *International Journal of Artificial Intelligence in Education*, 1, 2017; Goksel-Canbek N., Mutlu M. E.,“On the track of artificial intelligence: Learning with intelligent personal assistants”, *International Journal of Human Sciences*, 1, 2016; Roll I, Wylie R.,“Evolution and revolution in artificial intelligence in education”, *International Journal of Artificial Intelligence in Education*, 2, 2016.

② 参见国务院印发《新一代人工智能发展规划》，载国务院网站，https://baike.baidu.com/reference/22036716/9d3drMozvhG8L2kXPuECR4BbvWHP-s3BBFrOfwNwEGGxhqMu0OFrF_B_5vrZyZGGVl6Ift4SmeQz724CN2LjvQljjlhA0SEZfxODJAYwAqs4EgU-，最后访问日期：2020年3月11日。

③ 参见王万俊：《略析教育变革理论中的变革、改革、革新、革命四概念》，载《教育理论与实践》1998年第1期。

学习提供了便利条件,“教师主体”向“教师主导,学生主体”转向。在人工智能时代,基于物联网技术和智能平台等载体,在智能终端、人、云端服务之间进行信息采集、处理、分析、应用的智能化网络,具有高速移动、大数据分析和挖掘、智能感应与应用的综合能力,④通过对上述数据与信息统计分析、智能解析,推断人或者群体及其行为,形成以算法为核心、以数据和信息为资源、以平台为依托的一种新型的法学教学样态。毋庸置疑的是案例数据、算法和服务构成智能化法学项目教学法的核心要素。其中,案例数据是法学项目教学的基础,算法为法学项目教学的精髓,服务是项目完成的必要保障。机器与教学之间的交互活动使项目教学呈现实践性、自主性、发展性、综合性、开放性和过程性等特质,使传统“二元”教学模式向“三元”教学模式转变的同时,对提升法学教学智慧,深度激发教与学的潜力,促进“卓越”计划、“双一流建设”以及以“双创”为导向的法学人才培养,消解部门法之间的樊篱,以及理论与实务脱节之症结意义重大。

一、以教学内容为目标的智能设计

20世纪50年代以来,以布卢姆为代表的美国心理学家提出教学目标包括认知目标、情感目标和行为目标,⑤其中,认知目标设定知识、理解、运用、解析、归纳概括和评判六个方面;情感目标包括接受或注意、反应、评价或价值化、组织和价值与价值体系的性格化五个层面;行为目标涵盖知觉能力、生理能力、技能动作和有意活动四项。这三个方面相互独立、相互联结,构成一个有机的教学系统。其中,教学目标关涉教学活动中所达至的结果,准确反映学习结果的记忆、理解和运用,确保教学目标贯穿于整个项目教学的始终,并体现在项目教学活动的各个方面,切忌出现或者避免模糊、不切实际的语言表达。在传统的法学项目教学

---

④ 参见马长山:《智能互联网时代的法律变革》,载《法学研究》2018年第4期。

⑤ 参见[美]D. R. 克拉斯沃、[美]B. S. 布卢姆:《教育目标分类学》,施良方、张云高译,华东师范大学出版社1989年版,第61~62页。

中，根据教学目标和大纲的要求，授课教师按照教学内容，把教学内容划分为若干个项目。在项目选择和确定上，思考用于学习特定的教学内容，且具有一定实践价值，能够廓清其任务说明；把教学内容的理论与实践有机结合起来；学生既能够独立计划，且在一定时空可以自行组织、安排其学习行为，进行具体而明确的成果展示，也能够学以致用，运用法学知识和原理，应对和解决实践中出现的疑难问题，以及师生在项目结束后共同评价工作成果、工作和学习的方法等内容。在明确课程设置与各项目之间、各项目之间关联度与理解结构的同时，结合实际，逐一列明各个项目需要思考和解决的问题，以及所要完成的研究任务，并兼顾教学目标的“三重性”、突出项目的问题性，并对重点问题与难点问题进行区分。所谓突出项目问题性，意味着在项目设定时增强问题意识，体现项目研究的宏观性和系统性，以实现法律人才的知识性、思想性和技能性的有机统一；所谓区分重点、难点问题，就是要求学生结合实际，完成项目所列明的需要思考和解决的问题，既要考虑项目设置与学生的知识基础与专业技能水平相适应，以彰显因材施教、分层教学的现代教学理念，也要适应人工智能的时代特点，使学生能够利用智能技术，阅读相关参考文献，以培养其学习能力、逻辑分析判断能力和解决问题的能力。

教学目标的智能设计一是立足项目教学中的数据信息，梳理知识点，运用关联和相关性分析等技术手段，增强教学活动的预测、可视化和评估等效果。二是在数据与信息输入端，需要从学生感官和情感，以及项目设定目标所需要的语言识别角度出发，在智能系统内部运行中，凭借项目数据库所形成链接点，以案例、文献和思考题等方式不断加强与项目数据库链接，确保该系统有效运作并作出和洽的判断、选择和推送。三是机器深度学习。目前，应用于法学项目教学中智能化属于弱人工智能，通过智能辅助机器采集项目教学中所涉及的数据与信息，在认知基础上，进行整合与分析，找出规律，为项目研习提供服务，其技术核心是神经元网络与深度学习。这是利用非线性并行处理器达至对人脑中众多神经元之间的突触行为的模拟而获取的成果。[⑥] 这种自上而下的机器学习进路,可以解决法学项目教学中案例、文献和思考题的识别问题,主动适应法学项目教学中非静态、非线性和复杂的研习过程。四是教学案例和参考文献的获取。作为一种分析单位,案例并非特别的数据收集和分析方法,对其研究时一般更加关注"情境中的解释或理解",而非假设检验。[⑦] 教师事先找寻个别符合条件的教学案例及其参考文献,并将案例文本和参考文献导入人工智能系统。人工智能系统从案例文本和参考文献中找寻出现频次较高的关键词→根据关键词提取检索特征→根据提取的检索特征,人工智能系统将在全球最大的资料库——因特网中尽可能地搜寻与检索特征相符的法学案例和文献→教师选择、确认→人工智能系统将相符的案例和文献生成项目教学资料库,并综合考虑所有的检索案例、文献及教师选择、确认的结果对提取的关键词及检索特征进行调整(见图1)。随着智能系统自动检索案例和文献经验的不断积累,其检索精准度也呈逐步上升趋势。教师从智能系统生成的案例和文献库中选取案例和文献为学生讲解,学生也可从案例和文献库中选取感兴趣的案例和文献进行研习。将人工智能与法学项目教学的情节设计环环相扣,不仅有助于教师减少案例和参考文献检索的准备时间,而且还确保选取案例和参考文献的准确性、时效性与多样性。当然,学生在案例和参考文献的选取上更加具有主动性和自由度。

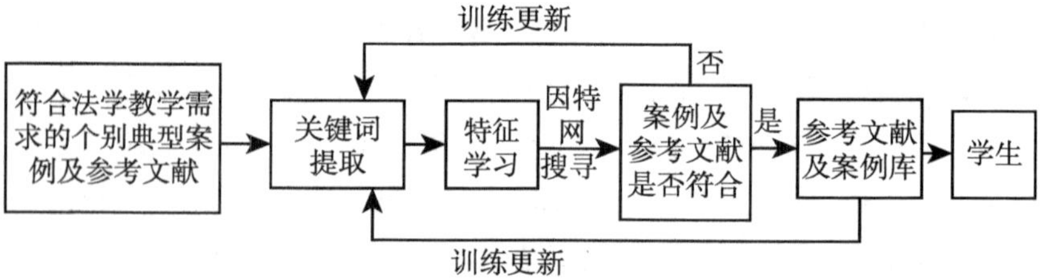

图1　法学项目教学检索的智能设计

⑥ 参见王天一:《人工智能革命:历史、当下与未来》,北京时代华文书局2017年版,第78页。

⑦ 参见张志祯等:《人工智能教育应用的实然分析:教学自动化的方法与限度》,载《中国远程教育》2019年第3期。

二、以项目为任务的智能驱动

在传统法学项目教学中，按照教学内容的安排，在明确指定的材料分析或者案例之后，要求学生结合实际，于课堂讨论之前，完成如下学习任务：归纳、总结和梳理本案例所涉及的相关理论的主要观点，并形成书面评述材料。系统梳理、掌握该案件所涉及的法律及其司法解释的规定，并指出其理论基础何在。结合案情实际，分析思考解决案例所设定的问题。最后，结合该案例分析，指出我国法律规定是否存在问题，存在哪些问题，提出若干改进与完善建议等。而在人工智能语境下，通过任务驱动、机器的学情分析报告，了解和掌握教学班级的学习情况、警示教学活动中存在的问题，为教师教学决策提供支持与服务。

（一）项目安排

授课教师在精准把握课程设置目标、教学大纲和教学重点的基础上，依托智能平台，精心设计课程项目，并对各项目的总体安排和部署进行谋划。重点是每个项目的研究目标及所设定的问题，引导学生带着问题去研究，把认识、分析和解决问题贯穿项目教学的始终。授课教师在学习智能系统所推介的教学案例等学习资料、教学方法和教学思路的基础上，不断丰富和完善项目的设定和教学内容。

（二）学情分析

人工智能的大数据教学平台清晰记载着学生的学习特点、学习方法、学习习惯、兴趣爱好，项目资料的推送，以及学生对项目的关注、项目推进和完成情况等，通过对上述信息和数据的分析，每一名学生对项目中法学知识和原理的了解和掌握情况尽收眼底，便于授课教师给出一个恰如其分的评断，对其存在的问题和不足，授课教师提出改进和完善建议的同时，也为学生较为扎实的法学知识体系的形成奠定基础。尤其是对相关问题的解析，更能激发学生的讨论。通过对讨论结果的总结与概括，为学生构建一个虚实相融的学习环境，使其在虚拟融合的环境中实现个性化、沉浸式以及趣味化的学习。⑧ 此外,智能系统所收集的学生学习进度信息及其比对情况反馈于教师,使教师及时了解和掌握学生就项目研究的进度,并及时反馈于每一个学生。学生收到反馈后,在人工智能系统的帮助下,或加快学习进度,或放缓学习进度,以保证项目教学活动的同步性。

(三)项目推进

通过对大数据教学平台中学生学习习惯、风格和需求等分析,为学生量身推送适合其需要的学习资料,确保学生实质性地参与项目教学活动之中,并根据其项目学习和完成情况,适时推送与此相关的学习资料和解决问题的备选措施,以备其学习和解决问题之用。同时,智能系统将学生的平均学习进度与教师事先设定的教学进度进行比对,并将比对结果反馈给任课教师,任课教师根据学生的学习进度分析课程中学生所遇到的难点和学生的总体学习进度,及时地调整项目教学进度。(见图2)

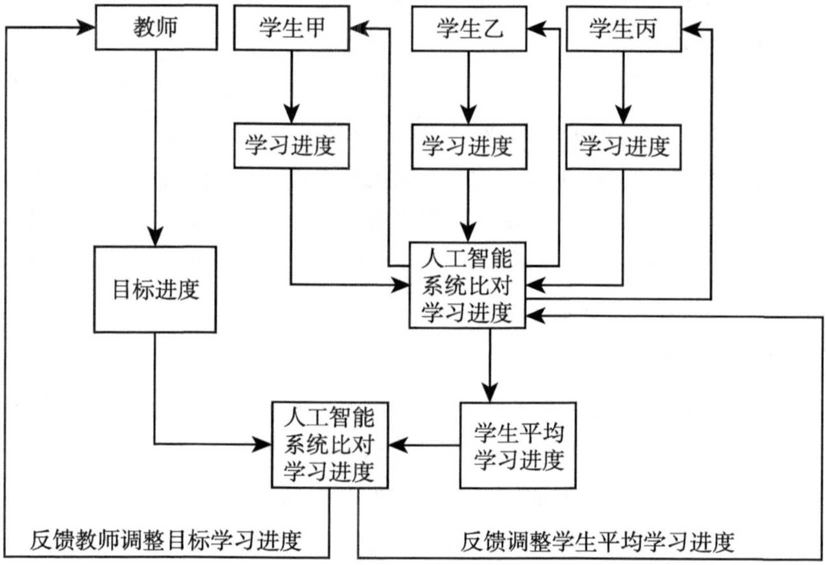

图2 法学项目教学学习进度智能化设计

⑧ 参见杨现民等:《"互联网+"时代数字教育资源的建设与发展》,载《中国电化教育》2017年第10期。

三、以机器深度学习为基础的自主探究

在传统法学项目教学中，要求每位学生按照前述学习任务，自主海量阅读、研究，最终形成个人研究专题成果。该研究报告除了载明前述问题的解析思路，还需要明确自己在研习中所遇到的重点、难点问题。该自主探究方式打破校本资源瓶颈，对于培养和提升学生的学习能力，分析、解决问题能力以及搜集和处理文献、信息能力和获取新知识的能力意义重大。

从分布式认知理论来看，认知现象涵盖个人的认知活动，人与人、人与工具技术之间交互实现某一活动的过程。⑨ 人工智能的强劲发展之势，对认知负荷的减轻和关联认知负荷的提升意义重大。实践中，Alpha-Go 和小度机器人的出现，充分表明深度学习是由大数据中采集特征、抽象类别、总结模型，通过人工神经网络模拟人类大脑的学习过程，实现对大量数据的抽象概括的表征。⑩ 在此基础上，学习者深刻反思，并将其所获取的新的知识和思想与原有的认知结构进行综合，作出判断并有效解决现实问题。⑪ 由此可见，项目教学智能化突破了时空界限，使学生处于一个智能空间，以各种新技术、工具、资源和活动为支撑，积极主动、有效地获取知识，学生主体性地位和作用得以彰显，“人工智能的发展为搭建智能化的学习环境提供了便利，驱动数字教育资源环境走向智能化学习资源环境”。⑫

---

⑨ 参见余胜泉：《技术何以革新教育——在第三届佛山教育博览会“智能教育与学习的革命”论坛上的演讲》，载《中国电化教育》2011 年第 7 期。

⑩ 参见刘勇等：《深度学习技术教育应用：现状和前景》，载《开放教育研究》2017 年第 5 期。

⑪ 参见洪奔奔：《基于深度学习的扁平工件智能化检测技术研究》，西安工程大学 2019 年硕士学位论文，第 29 页。

⑫ 言雅娟：《人工智能下职业教育模式探讨》，载《智库时代》2019 年第 46 期。

(一)资料推送

"智能技术为学生提供符合其特定风格、特定能力结构、特定学习终端、特定学习场景、特定学习策略的个性化学习内容",⑬特别是依托诸如牛顿、飞桨等平台,为不同层次学生推送与其相适宜的项目研究学习资料和文献,并适时不断地调整,促进其学习的持续性,以获取学习内容的最优化和推进项目有序地进行;与此同时,不可避免地在专业推送的资料数据与项目学习探究的信息之间建立一种关联映射,该关联映射对评估学生对法学基础知识和原理的掌握程度,以及项目完成情况至关重要。

(二)交互学习

智能化辅导有模拟教师的辅导行为和"做中学"的交互式学习环境。前者是学生以自然语言的方式与机器系统对话,实现混合式主动教学;⑭后者是系统模拟出一个就特定问题的交互式问题解决环境,⑮对项目教学中涉及法学知识图谱与知识库,利用本体语言描述法学领域中的相关概念,将相关法学专业术语和法律关系进行程序化表达,内置于机器人中,运用图像识别、增强现实、3D模型等技术原理,构建法学项目教学的问题库,将抽象的知识真实、立体地呈现在学生面前;通过二维的图像扫描,帮助学生梳理、归纳相关知识点和答疑解惑。由机器系统对学生解决问题的过程予以监控,并根据需要进行反馈,以实现两个层次的适应性循环。

(三)报告形成

在项目设定问题导向的驱动下,人工智能按照学生的个性化需求,适时为其推送相关学习资料和文献,学生借助智能信息平台,自主海量阅读、研究,利用数据挖掘和机器学习等技术呈现学生的数字画像——

---

⑬ 余胜泉:《人工智能教师的未来角色》,载《开放教育研究》2018年第1期。

⑭ See Collins A., Grignetti M., "Intelligent CAI Final Report", Accessed 1975. https://eric.ed.gov/?id=ED114089.

⑮ See Dzikovska et al., "Deep natural language understanding and automatic feedback generation for intelligent tutoring in basic electricity and electronics. International", *Journal of Artificial Intelligence in Education*, 24, 2014.

基于动态的学习过程数据,最终形成一份项目研究专题报告。

总之,法学项目智能教学依托智能化手段,通过项目驱动,采集学生学习探究项目的过程,精准分析和预测学生的学习习惯、学习需求和学习效果,既促进学生对法学基础知识和原理的掌握,也推动学生由"浅层学习"走向"深度思考",更加激发学生的分析和解决问题的热情,对化解法学理论与实践脱节问题,提升学生的实战能力和水平具有显性作用。然而,无论如何,"发现问题""提出问题"是通向理解之门,是深度思考的基石。因此,在法学项目教学智能化运行中,问题意识和目标导向尤为重要和必要。

四、以学习探究为手段的智能学习与成果展示

传统法学项目教学要求在个人独立分析研究基础之上,再把学生分为若干小组,确定每组的负责人,由该负责人组织召集,就第二阶段所设定任务逐一进行讨论,整合前一阶段的个人研究成果。通过协作交流,激励学生团队合作意识,并加深学生对相关知识的掌握程度。最后,由各小组采用 PPT、视频等方式,在课堂教学中展示其研究成果,其他小组成员就此进行对话与交流,通过授课老师组织引导,有效推动各组学生之间的深入开展。

人工智能技术的发展一方面根据学生知识点和技能操作水平了解和掌握情况,把教学班级学生智能地分为若干小组;另一方面在协作交流中,各小组围绕每一个研究项目制定的目标,并在这一过程中使每位学生深刻明确小组的研究目标,通过机器的智能推进与指导,逐步达至具体的、可衡量的行动目标。这一行动目标的实现既能使个人不断开拓自己,又能促进整个小组的发展,每位学生在这个环境中都感到自己应对小组的绩效负责,为小组的共同目标、具体目标和小组行为勇于承担各自共同的职责。各小组成员之间在智能推进中互相支持、沟通,彼此坦诚相待,相互信任,并勇于表达自我。同时,在成果展示中,各小组围

绕项目设定的任务,依次展示项目主题,探究发现和智能学习的思路,开展智能学习研究的过程,展示机器智能推送的资料、具体的成果并解释其含义及其中包含的相关学习知识、原理和方法等,其他小组学生通过观看演示者对项目成果的介绍,增强对项目研究内容和成果的感知和探求欲。在此基础上,可以就展示内容进行补充、并与该小组成员进行有效对话与交流,甚至提出不同意见或看法。授课教师在结合机器智能推送的基础上,采取设问等方式,逐步引导教学班级学生进行深入讨论,通过机器智能推送、教师引导、同学之间的争辩,以达至"真理越辩越明"的效果。教师在引导过程中,需要关注机器推送情况、学生对活动过程反思、参与探索的热情和实践的欲望,促进学生进行发散思维,培养学生的探究能力,使课堂真正成为学生向课外延伸的主阵地,进而达到智能教学的目的。

五、以能力提升为导向的智能指导与评估

基于斯金纳的行为主义学习理论而提出的"精准教学",注重教与学、知识与技能、思维与习惯、内容与形式、目标与结果的"步调一致"。[16]法学项目教学法当然也不得偏离这一主旨。如前所述,尽管法学项目教学法是"以项目为主线、教师为引导、学生为主体",在教学方法、形式、内容、交流传递方式、学生参与程度和激励手段等方面均有别于传统法学教学方法,但它毕竟是建立在经验基础之上的一种判断。而法学项目智能教学则是依托大数据新型信息平台,运用统计分析、人工神经网络和深度学习等技术手段,强调教师对授课对象、项目推进过程、学生学习状况和学习效果等全方位的精准把控,在此基础上,需要授课教师就教学资源进行统筹,选择适宜的教学方式,并给予专业且精准的指导,特别是授课教师就项目推进中数据所反映出的共性问题,以及对各小组争议

---

⑯ 参见祝智庭、彭红超:《信息技术支持的高效知识教学:激发精准教学的活力》,载《中国电化教育》2016年第1期。

焦点问题所作点评和归纳总结，更加具有科学性、规范性和精准性，这对澄清学生认知误区，确保项目所涉及的法学知识体系结构的系统和完整具有重要意义。最后，由授课教师根据平台数据的分析结果，特别是各小组学生学习内容的完成情况、学习态度和方法、阶段性和结论性成果、课堂展示情况，给出最终判定成绩，这样做更加客观、公正，学生也易于接受。

多元智能理论告诉我们，智能平等且个体差异存在。[17] 项目教学法的智能化推进，需要从全方位、多角度和发展的视角，对存在差异性的每一个体给予关注，通过学习平台的数据和信息反馈，选择推送适宜每一个体学习需要的资料和文献，善于发现每一个体的特长并给予积极评价与反馈，助其更好地发展；对于存在学习困难的学生，因势利导，不断激发其学习和发展的潜能。同时，还要关注学生智能学习、课堂参与度、学习态度和思维发展等方面，以差异化方式来评价每一个学生，使其在项目教学中均能获得成功的体验。应当克服或破除采用“统一试卷、标准答案、60 分及格”的评价标准，分分计较和学生学习动力不足的桎梏的同时，唤醒学生学习的内生驱动力，把定量测评与定性测评有机结合，逐步建立一整套符合法学专业培养目标、标准明确、测评方式多样、反馈和调控迅速的教学质量智能监控体系，特别要完善由教师主导、学生参与、教学各个环节进行的多种方式考核、对测评结果加以有效利用的质量监控系统，以保障法学项目智能教学考核的客观、全面和真实，引导学生把学习重点重新放回到对于自身发展真正有益的能力、素质和知识上来，使面向学习过程的发展性评估得以落实。

六、结语

人工智能激发人类前所未有的无限想象与创造空间，“所有伴随人类进化历程中的既定经验与认知沉淀将遭遇颠覆性挑战”。[18] 当然，法

[17] 参见[美]霍华德·加德纳：《多元智能》，沈致隆译，新华出版社 2004 年版，第 16 页。

[18] 王天一：《人工智能革命：历史、当下与未来》，北京时代华文书局 2017 年版，第 192 页。

学项目教学概莫能外。无论是理论创新,还是实践路径选择,法学项目教学活动均应当遵循规律,立足实际,围绕教学的规范设计逐步展开,在保障教研团队的建设、教学质量的监控、智能技术的支持、自适应资源的利用和智能环境的营造的同时,不断生成法学项目教学的智能化,以达至教师与机器、学生与机器、教师与学生的交互式多维度精准教学,促进智能教学形成性评价和“价值塑造、能力培养和知识传授三位一体”教学目标的实现。然而,“机器终究不能复制人类整体的思维、情感和意识,更不能产生人类主体性的社会和实践基础”,⑲而法学项目教学是实践、认识和再实践的过程,严格遵循由抽象到具体的理论走向。让法学理论最终回归实践,并指导和服务于法学实践,这既需要对实践中出现的新情况、新问题作出准确反映,也需要不断地推陈出新,使其焕发出新的生机和活力。《新一代人工智能发展规划》和《高等学校人工智能创新行动计划》为法学项目教学智能化推进进行了顶层设计,为该问题的探究注入了新鲜血液和要素。在统筹推进法学项目教学智能生成系统研究的基础上,应当尊重基层一线教学的首创精神,在做好调研的基础上进行顶层设计和总体规划,渐进式推进改革,以形成教学改革、人才培养与智能服务之间的良性互动,实现教学改革发展方式的转型升级,抢占人工智能时代人才培养战略的制高点。

On the Intelligent Generation of Project Teaching Method for Law Majors

Zhu Fuyong

Abstract: The traditional project teaching method for law majors has

⑲ 张劲松:《人是机器的尺度——论人工智能与人类主体性》,载《自然辩证法研究》2017年第1期。

such issues as the difficulties to deeply activate the potential of teaching and learning, the disintegration between knowledge and theory, the disconnection between methods and wisdom and practice and skills. The intelligent generation of project teaching method for law majors focuses on intelligent design which takes teaching content as goal, intelligent drive which takes project as task, the self-motivated learning which takes deep machine learning as the basis, intelligent learning and achievements presentation which takes learning as means and intelligent tutoring and evaluation which takes capability improvement as the orientation. With these measures, a series of teaching objectives and improvement can be achieved, which including an open, efficient and interactive mode that can benefit plural subjects, the improvement on teaching intelligence, the formation formative evaluation, and the realization of the teaching objective of "value formation, capability cultivation and knowledge teaching" and the formation of the positive interaction among teaching reform, talent cultivation and intelligent service.

Key Words: artificial intelligence, legal education, project teaching method, interactive subjects, intelligent generation

人工智能在课堂教学中的效能与实现*

蔡艺生　唐云阳**

摘　要：信息化时代下课堂被赋予了数据化、智能化的内涵，它是智能化技术系统与课堂教学融合应用的产物，更是未来课堂教学发展与革新的方向所在。通过对高校课堂教学在知识要素、知识输出、知识评价上的逻辑考察，探寻出二者融合过程中存在教师个人投入难以因应学生多元需求、学生个人挑战难以契合社会不同期待、信息技术运用难以满足教学关键诉求等问题。人工智能对课堂教学效能的催化主要体现于辅助教师深度分析、辅助学生深度学习、辅助院校深度管理等方面。综观之，人工智能在课堂教学上的实际效能促进，更应在顶层设计上予以政策保障及战略规划，并对教学相关利益主体予以专门的基础技能培训、配置升级及理念转换加以重视，从而形成可持续创新、智慧演进的发展

---

* 基金项目：本文系重庆市教委2019年教学改革重点项目"基于课堂教学过程监管的教学质量监控机制研究与实践"（项目编号：192013）阶段性成果。受"2018年西南政法大学学生科研创新项目"资助。

** 蔡艺生，西南政法大学副教授，法学博士。研究方向：监察调查和教育学。唐云阳，西南政法大学情态证据研究室研究人员。研究方向：教育管理和证据法学。

模式。

关键词:信息技术　课堂教学　效能实现　深度辅助　顶层设计

一、问题的提出

在大数据技术方兴未艾之际,人工智能已逐渐渗透到社会的各个领域,引起经济结构、制度机制和社会生活的深刻变革,并重塑世界经济发展的新格局。而在大数据、区块链、人工智能等信息技术浪潮的冲击和影响下,教育领域也正在经历一场深层次变革,技术正在重塑教育的新形态。[①] 即以人工智能为代表的信息技术改变着人才需求和教育形态,相应的传统"教与学"方式及其课堂教育理念、文化和生态也随之变化。2017 年《新一代人工智能发展规划》提出发展"智能教育",利用智能技术加快推动人才培养模式、教学方法改革,构建包含智能学习、交互式学习的新型教育体系。[②] 2018 年《教育信息化 2.0 行动计划》进一步提出推进"互联网 + 教育"的具体实施计划,明确了构建人才培养、教育服务供给和教育治理三个新模式,开展以学习者为中心的智能化教学环境全面建设等。[③] 可见,无论从国家政策的宏观层面,学校管理及教师教育解惑的中观层面,还是从学习者个体层面,教育信息化、教学智能化都是优化多方资源、平衡各方关系、促成教学多元创新的过程。因此,人工智能为主的信息技术是智能环境下教育发展的内在需求与必然选择。

当前,随着智能教学环境的建设与普及,人工智能与课堂教学、教育正处于初步融合应用阶段向全面融合创新的过渡阶段,与之相适应的课堂教

---

① 参见梁迎丽、刘陈:《人工智能教育应用的现状分析、典型特征与发展趋势》,载《中国电化教育》2018 年第 3 期。

② 参见国务院:《新一代人工智能发展规划》,载中华人民共和国政府网,http://www.gov.cn/home/2017-07/20/content_5212053.htm,最后访问日期:2020 年 3 月 17 日。

③ 参见教育部:《教育信息化 2.0 行动计划》,载中华人民共和国政府网,http://www.edu.cn/edu/zheng_ce_gs_gui/zheng_ce_wen_jian/zong_he/201804/t20180426_1597254.shtml,最后访问日期:2020 年 3 月 17 日。

学行为及效能实现等研究成为关注重点。人工智能与课堂教学的融合过程必然体现出"共享"与"个性"两大特征,其融合深浅问题成为教学效能发挥关键。人工智能技术所赋予教学的"共享"优势主要体现于:国家政策扶持、强大智能技术及众多平台,推动了"知识信息共享、教学资源共享、技术经验共享"等,以此实现资源在教学上的自适应性、普及性及优化性。"个性"优势表征为:智能技术所内涵的算法技术将推动"个性化学习资源及教学资源、学习者个性协同及学习建模"等个体化分析与学习,以此实现综合资源优化适用于教学相关主体,使教学目标与主体愈加具体化、区别化和客观化。人工智能与课堂教学的融合应用就是针对传统课堂教学困境的现实回应与需求供给,以此真正实现知识信息的共享化与个性化。

当前,信息技术进入传统课堂已有较长时间,相关部门、学者及管理者等主体也予以足够关注,但二者融合于课堂教学的过程中仍然存在较多难以控制的实践问题。如学校管理者、教师及学生在智能技术运用上存在理念偏差、运用不当等误区,④这也导致课堂教学数字教育资源开发与服务能力不强、信息化学习环境建设与应用水平不高、教师信息技术应用能力基本具备但信息化教学创新能力尚显不足、信息技术与学科教学深度融合不够等问题进一步触发。因此,下一阶段,如何恰当准确地运用智能技术提高课堂教学、完成高质高效教学及学习多元自主的课堂教学模式成为构建智慧教育、智慧课堂的关键。本文基于以上背景及现状对人工智能环境下课堂教学进行现实考察,以及如何发挥课堂教学效能的方法和思路进行深入探讨,以期从本质上对人工智能融入课堂教学提出有效的参考与指引。

二、信息时代课堂教学的逻辑推演

课堂教学存在其固有的知识要素,而课堂教学效能的变化很大程度

---

④ 参见孔春晓、刘惠兰:《论中国警察高校实验教学的基本管理体系》,载《警学研究》2018年第6期。

上是依据其组成知识要素的伸缩变化而呈现大小区分。对课堂教学在知识要素、知识输出、知识评价三种形态演化过程的现实考察,可进一步探寻与认清人工智能与课堂教学融合过程的现实状况及其瓶颈问题。

(一)知识要素载体的更新

从历史认知的角度观察,课堂教学的知识资源经历了“个人独占——纸质外化——网络共享”的过程。在我国古代传统社会,教育知识信息是政治统治的重要基础。由此,知识和教学受到特定身份、阶级层次、师承关系、名声派别和经济基础等严格条件限制,致使受教育成为少数人的权利,知识信息的层级性与垄断性鲜明。虽然封建社会后期知识信息得到一定的外化,即造纸术和科举制等技术与制度发展,一定程度上打破原有知识垄断局面,推动知识信息为一般人所有,但其也仅限于特定人群与范围。该历史阶段,知识要素的主要形态仍表征为“独占”,外化局限于特定人群。近现代化时期,工业革命、启蒙运动及电子印刷术等发展,极大推动了知识信息表现形态的塑造与普及。即知识教育由精英化、个别化逐渐转向普及化、普遍化、大众化,突破了原有特定身份、师承、阶级等限制。教学知识信息通过书本教材、教案、口授等形式存在于学校课堂,知识外化的趋势显著。进入信息化时代,随着大数据、人工智能等技术发展,教育教学与技术应用融合在知识信息外化上发挥极大的催化作用。即人工智能技术促成知识信息、教学资源等以快捷、高效、明了的形式展现于社会,打破了传统课堂教学知识难以外化的条件限制,知识信息共享与个性化成为人工智能时代的主要特征,而个人独占不再占据主导地位,网络共享成为主要形态之一。

(二)知识输出方式的扩展

从教学的时空界限检视,课堂教学知识输出的演化路径呈现为:空间上的“由小到大”、时间上的“由短变长”、“由僵化到灵活”等形态。早期阶段,知识输出在时空界限上的特征表现为特定空间、时间与人群。即教学空间局限于私塾,教学对象仅为少数的精英、贵族。后来,知识的输出在时空上得到一定扩展,即课堂教学在物理空间上演变为大规模的教室,在学习时间上为“全日制教学”,在教学对象上转变为全民教育、大众教育。人工智能时代,智能技术模糊了学习的时空界限,知识输出的渠道突破了时间与空间的限制,得到极大扩展。具体表现为:在知识输出的模式上,知识外化的渠道呈现“线上+线下”两种形态,且网络学习成为普遍形态;知识输出的环境上,智能技术将课堂教学的学习环境升级为智能系统环境,即它将原来时空与功能局限的普通课室升级为一个灵活的、开放的、共享的、便捷的、有痕的智能学习空间;⑤在课堂教学的时间上,知识输出实现了全天候学习、选择性学习、自主分配学习时间;在知识输出的载体工具上,打破了传统课堂教学的书本、面对面口授等形态局限,而借助信息化、网络化、智能化、数字化的智慧教学系统和技术实现了知识信息在采集、记录、储存、传播、讲授等过程中的数据化录入、信息化输出、智能化分析等路径扩张;在知识教学的系统组成上,智能技术提升了教学系统内部各软硬件、各子系统的契合度,实现了教学内部系统与外部系统数据上的互联互通,促成了教学知识生成路径与输出路径的大幅度扩展。

(三)学习成效评价的异变

从知识教学的有效性标准入手,课堂教学效能的评价机制呈现为“从单一化过渡到多元化”的过程。在传统课堂教学下,知识评价的普遍形态展现为:知识评价主体在于教师观察学生课堂内学习情况,依据课上的表现情况及成绩高低情况作为知识掌握程度的评价标准。后来,高校又将学生就业率作为教学效能的主要评价标准,而其他不容忽视的标准还在于,学生证件获取率、考试通过率等评价,如法律职业资格考试、四六级等各类考试、社会评价等课堂外评价增多,课堂教学评价反而沦为附随。进入人工智能时代,智能技术优化和转变既往的课堂教学评估体系,更好地磨合了当前国内高等院校课堂教学评价中的评价结果、评价目的、评价主体和评价方式之间的匹配度和契合度,知识评价标准呈现出一种明显的偏重性:由学生课堂表现、学习成绩、就业率等方面逐步向教学内容、教学方法、教学组织、教学表达、教学态度和总的效果等

⑤ 参见刘军:《智慧课堂:“互联网+”时代未来学校课堂发展新路向》,载《中国电化教育》2017年第7期。

教学质量评价倾斜。在评价主体上形成了学生评价、教师评价、学校评价、社会评价的多元形式;在评价方式上形成了结果性评价、诊断性评价、过程性评价、总结性评价等多元方式,逐渐发展为多样化、规模化、常态化的评价体系。

三、信息化时代课堂教学的困境分析

任何时代,任何新技术的出现及应用,若想在教育教学上实现其真正效能,就必须对课堂教学所存在的"瓶颈"性问题有充分的理性认知。⑥ 若只是将技术进行简单平移与应用,则显然难以发挥实效。在人工智能、大数据、虚拟仿真和"互联网+"等技术飞速发展的今天,信息化在为课堂教学带来较大发展机遇与制度红利的同时,对其内在逻辑的现实考察,可发现教育智能化,特别是课堂教学智能化方面,还没有形成大规模、常态化、创新性的应用态势,智能技术的应用融合也带来了很多亟须应对的挑战与困境。

(一)教师个人投入难以满足学生多元需求

当前我国的教育学习模式仍以学校制的传统课堂教学为主,在课堂应用方向与范围方面,大多数也集中于课堂教学。课堂教学以教师为中心与建构权威,承担着向学生传授知识的重任,学生知识获取方式更多表现为课堂上的被动吸收与接收。然而,此种模式存在其固有的局限性。

一是传统课堂教学所形成的"一学科一教师一教室多学生",教师个人必然基于教学普遍性接收而采取大众式的教学方式,无法也不能立足于各学习者认知水平、兴趣爱好和学习能力方面进行个人建模、知识表征及精准描绘等个性化教学,显然此种知识传授的过程也难以满足学生的多元需求。二是基于统一知识点及教学基本素材、统一化的教案及

---

⑥ 参见蔡艺生:《新时代高校教学督导工作机制的解释与塑造——以西南政法大学为分析样本》,载《警学研究》2019年第5期。

PPT等教学资源,教师个体想要通过个人课堂教学努力,实现满足学生学习、娱乐、期末考试、就业、法考等多个目标,显然是不可能的。其往往仅被局限适用于知识匮乏的年代,学生和社会需求基本一致,而不适用于信息爆炸的时代。三是教师备课资源及其获取方式单一化,教师使用课件老化、优质课件共享化低、获取方式闭塞,获取课件与学科契合度低,造成了课堂教学中现有的教师备课及资源服务支撑体系难以支撑教学常态化应用,⑦教学资源的缺乏及低层次化自然也无法满足学习者的多元化需求。教学内容的老化与"千篇一律"无法激发学习者的兴趣,教学过程当然也只是"教与学"的表面层次,没有情感交流,自然无法顾及学生的个性化需求及多元性需求。四是教师个人能力与压力制约着对学习者多元需求的满足。教师所储备的知识与经验往往局限于教授学科内部,对于学科之外的知识与需求是难以满足学习者要求的。教师教学更多解决的是学习者共性问题与普遍性问题,而对个性问题则选择性解决或忽略,而通常学生的个性化问题也是其需求所在。此外,教师个体本身还存在知识储备压力、教学表现压力、备课压力等阻碍因素,若不能有效地将压力转化为动力,也会极大影响对学习者个性需求的满足及个性化分配。五是课堂教学局限于固定的教室空间和上课时间,更适用于生活单调的时代,学生诱惑较少,精力投入单一。而在信息化智能化时代下,外部影响因素多且大,单一化的课堂教学模式显然无法顺应学习者的多元需求。六是课堂教学往往满足于教学大纲所选定知识点的教授,而学生往往更注重有利于未来择业的"司法考试"、"四六级"和"计算机等级"等知识的获取,这些知识需求显然超出了一般课堂的目标设定和一般教师的能力承载范围。

(二)学生个人挑战难以契合社会不同期待

学生个体原因也是阻碍课堂教学效能有效发挥的关键因素。在学生学习阶段,学生人生观、价值观和世界观尚处于形成期,认知能力、辨别能力等智识尚未定型、成熟,以致学生在课程选择、精力投入和自我评

---

⑦ 参见钟绍春、唐烨伟:《人工智能时代教育创新发展的方向与路径研究》,载《电化教育研究》2018年第10期。

价等方面,具有盲目性。因此,学习者个体所选择的各种挑战难以完美契合课堂教学所设置的学习目标、学习任务及信息反馈等机制,以致脱离了教师、社会不同主体原有预期。具体后果表现如下:

一是学生课堂学习效果不符合社会期待。学生学习普遍存在缺乏动力、不感兴趣、被动接受、痛苦学习等情形,而快乐学习、积极学习、兴趣学习则为少数。二是学生选课选教不符合学校期待。学生选课选教的客观标准应当依据教师授课水平、教学能力、知识受用度、兴趣爱好等依据。但当前存在的一种不良现象是学生课程选择依据授课老师对学习成绩宽严把控度进行,严重违背了学校设置选课制度的初衷,以致选课制度难以达成个性化、专门化、自主化等目标。三是学生教学评价与自我评价不符合教学期待。学生课程评价、教师评价、自我评价更多地偏向于依据个人主观爱好、个人利益及课程成绩高低来进行评判,而往往并不立足于客观的评价标准。从自我实际学习情况、课堂教学能力、教师知识水平进行评测,长期以往,此种现象将会导致教学效能停滞不前,甚至倒退。四是学生身心状况规律与课堂教学模式存在抵触问题。课堂教学中,学生将在较长阶段内处于固定时间、固定地点接受统一化知识教学的状态,而青春期生理及心理上的成长规律决定了二者的抵触性,即青春期多动、冲动、意志不强、易受影响等特性与固定化、限制化、被动化的课堂教学之间难免产生矛盾问题,从而容易滋生厌学情绪。

(三)人工智能运用未能因应教学关键诉求

人工智能技术与课堂教学的融合应用并不是一个单纯的技术过程,而是一个非常复杂的社会文化交融过程,涉及诸多相关因子。因此,人工智能在课堂教学效能发挥上的创新运用面临着系列挑战。如何把对课堂教学的技术支撑建立在对课堂教学效能影响因子的科学认知基础上,如何克服关键性的智能技术及算法“瓶颈”、如何平衡智能技术在课堂教学上滥用与平移性应用的矛盾等。具体问题表现如下:

第一,在信息技术与课堂教学融合的方法和层次方面,以支持现有教学体系为主,信息技术的应用多数是快速呈现知识和获得信息,目的是提供知识和信息有效获取的途径,有效提高了教学效率。⑧ 如网络阅卷和作业,考核上能快速获取学习者学习情况,通过智能技术实现个性化教学等。但是智能技术在课堂教学体系上的平移性应用与浅层化应用显著,对课堂教学效能的深入发挥不够。智能技术的平移性应用是指教师将黑板上的知识和教材上的知识平移到多媒体环境中,仅改变了知识储存的载体,且目前大部分的一线教师对信息技术的应用仍停留于这一层次。后果是针对课堂教学中的疑难复杂知识、知识体验探究等具体问题缺乏系统应用并被软件公司所回避,显然智能技术并没有在课堂教学中发挥其应有效能。此外,课堂教学的浅层化应用是指对于"教与学"关键问题,尚未形成信息化、数据化、智能化等技术支撑体系,多数教师课堂教学应用仍以PPT、资源包等形式,以文本、图片和音频视频资源为主,层次相对较浅。甚至部分教师对智能技术存在抵触性情绪,课堂教学不使用或较少使用智能技术,以致缺乏对课堂教学效果实时获取和调控能力,课堂教学效能低下而难以提升。

第二,技术层面上,课堂教学的智能技术应用表征为系统的差异性与数据信息的异系统性。即课堂教学系统存在内部与外部、母系统与子系统之分,数据信息分布零散,针对主体容扩了教师、学生、管理者。在利用智能技术提升课堂教学效能的过程中,如何针对课堂教学有关系统体系进行互相操作、连接及匹配,如何针对教学效能提出正确问题与改进路径,并将成熟的技术及方案镶嵌于相应教学软件系统,是解决课堂教学效能提升在教学实践中面临数据缺乏、数据孤岛、契合度低等问题的关键所在。

第三,技术合理化使用层面。智能技术在课堂教学创新应用面临的另外一个重大难题与挑战是如何恰如其分地使用智能技术,即避免教师过度依赖智能技术教学,而忽视自身教学能力培养。当前,一线教师上课存在仅依靠PPT展示、视频播放、教学资源网上收集而自己不备课等现象,教师自身知识储备、课堂教学表达、教师教学能力等方面大大降

⑧ 参见钟绍春、王伟:《关于信息技术促进教学方法创新的思考》,载《中国电化教育》2013年第2期。

低,而此种过于技术化的课堂教学极易造成课堂教学缺乏体验、感悟和探究机会,疑难知识深度理解困难,情感交流断层等教学问题,整体影响课堂教学效能的发挥。

第四,新兴技术科学认知层面。人工智能技术与课堂教学的融合应用是一个新兴领域,尽管目前二者的融合应用在实践与理论研究层面有不同程度的进展,但在科学认知层面仍存在尚未厘清的难题,由此制约着二者更深层次的融合及课堂教学效能的实现。一是方法路径的挑战,人工智能如何通过以算法、数据等核心技术建立起一套行之有效的、不同于传统课堂教学模式的且贴合教学各主体多元需求的学习测量、学习评价、资源分配等方面的新框架体系;二是理论构建的挑战,人工智能技术如何为课堂教学建立起一套可以在理论层面进行描述的概念与范畴,并基于这些概念与范畴进行以经验证据为基础的逻辑推演,最终建立一个能得到广泛认同的话语体系。[9] 对上述方法框架与理论构建的厘清,有助于削弱人工智能与课堂教学融合应用过程中的制约因素,增强对课堂教学效能制约因素的基础研究,从而打破工具技术主体与理性教学主体间的共识交流,形成可持续的共同话语体系。

四、人工智能应用于课堂教学的功用布局

行为是指为实现某种意图而具体进行的活动,而课堂教学可理解为教师的教、学生的学及学校的管三方面的统一,而三者个体间的优劣情形及相互间契合程度构成课堂教学效能的支撑节点。强大的数据库是人工智能的最基础效能,可以实现知识的外化、扩展,无须滞延,关键在于人工智能的强大算法,可以运用于课堂教学,并主要围绕教师行为、学生行为和管理行为进行融合应用,实现如下效能。

---

⑨ See Wagner E. , Ice P. , "Data Changes Everything: Delivering on the Promise of Learning Analytics in Higher Education", *Educause Review*, 2012, p. 32.

(一)辅助教师深度分析

教师是课堂教学效能好坏与深浅的首要影响因素,而人工智能对教师教学具备极大的促进作用。按照课堂教学的阶段性,人工智能对教师教学效能的促进主要体现在课前优化、课中强化、课后调节三个层次,并形成闭合循环关系。

1. 课前优化效用

教师课前任务在于准备课件、安排课堂教学,课前准备充分与否直接关系课堂教学的效果。而人工智能技术对此阶段的作用更多体现于课堂教学资源强化、合理设置课堂教学重难点等。一是教学经验技术性固化后塑造的常态化优质课堂。既往优质教学经验或优质课堂教学成果往往显现为零散的、内隐的或被少部分教师占有的,而未形成普遍性的、公开性的、常态化的课堂教学成果。而人工智能所提供的教学视频网络直播技术、分析技术、教师社群平台及交互软件等为教师个体优质经验向群体扩散、共享、共商和共建拓展,优质课堂及教学方法的大规模复制为教学资源的厚度与强度提供了强有力支持。更使课前教学的课前阶段具备了共享的教学数据与信息、共建的教学知识、共创的教学成果、共生的教学智慧。毋庸置疑,智能技术与教学深度融合通过对教学经验及教学资源等方面的整合,促进了课堂教学效能实现。二是教师可利用人工智能软件或系统所生成的学习情境采集技术,采集学生的学习特征和学习状态数据,诊断不同学生存在的问题并预测需求后,向学生推送个性化学习资源。[10] 即依据智能技术智能分析教学内容、合理设置课堂教学目标、有针对性向不同学生推送教学资源,课前准备的有针对性、有层次性、有计划性能够极大促进课堂教学效能性发挥。三是对教材及课件的分析,人工智能技术可凭借大数据库及算法技术,显示应用频率高、使用次数多的教材分析,依据不同知识结构,利用知识图谱技术及数据分析聚类等技术,形成班级学生的分层情况及知识掌握情况等。

---

⑩ 参见卞金金、徐福荫:《基于智慧课堂的学习模式设计与效果研究》,载《中国电化教育》2016年第2期。

2. 课中强化作用

课中教学是课堂教学的核心环节，课前准备与课后调节都是为课中教学所服务，直接决定教学效能高低和有无。人工智能技术在课前赋予的诸多优势，教师对学习者的学习情况具备足够的定性或定量的认识，在教学资源及经验上拥有充分的工具及经验支撑等基础上，人工智能在教师课中教学中还能实现以下效果：一是人工智能中的情感计算与虚拟现实技术的发展，无疑会推动浸润式情感教学与互动教学，[11]构建出课堂“教与学”的智慧融洽环境，使教学内容激发学习者兴趣，推动学生积极主动地接受知识、理解知识。二是个性智能设置。智能技术对学习行为数据建模存在各种推荐算法，使教师个性化教学成为可能。如教师在一个或多个学科问题上，可应用实时内容推送技术创设学习情境支撑学生问题探究、利用系统自愿分层共享功能及关联规则算法、协同顾虑算法等，把教学资源分级分层针对不同学情的学生进行个性化推送，从而解决知识盲区上的共性问题，照顾不同主体个性需求，使班级整体学习者同步提高的同时，个体学习及需求也能满足。三是人工智能技术能够实现教师在宏观上的课堂教学活动、教学目标、教学内容合理设置。“线上+线下”教学模式，使教师在单一课堂内无法解释或解决的问题，可以通过线上课堂模式进行实时直播或录播向学生进行解答，使教师与学生在课堂中的行为、语言交互打破时空上的制约。四是在课堂教学中，智能分析与计算结果的实时可视化呈现，增加了教师的课堂教学感知，辅助教师进行课堂教学的形成性评价，实现“因材施教”。[12]

3. 课后调节效力

课后，教师可使用即时反馈评价技术对教学全程回顾总结，基于计算结果自动生成的课堂记录及结果图等。重点对教师教学方式、教学内容及学习者学习行为、知识量进行全面扫描评估，发现教师行为及学生

---

⑪ 参见戴永辉等：《人工智能对混合式教学的促进及生态链构建》，载《现代远程教育研究》2018 年第 2 期。

⑫ 刘清堂等：《基于人工智能的课堂教学行为分析方法及其应用》，载《中国电化教育》2019 年第 9 期。

行为的薄弱点,从而进行自适应教学路径设计及预测。有针对性地调整教师自身的教学方向、方式及程度,以及及时纠正、调节学生学习方向及学习方式。促进教师与学生在"教与学"上分析与解决问题的能力提升,优化课堂与教学设计。

综上所述,可发现教师课前准备、课中教学、课后反馈三者是闭合回环系统,而人工智能技术基于该闭环系统赋予教师教学效能的极大增值,即发挥课前优化效力、课中强化效力、课后调节效力的积极作用。

(二)辅助学生深度学习

从学生学习视角观察,学习的过程可划分为知识获得、知识转化、知识应用的过程,而人工智能能够辅助学习者在该过程中进行深度地学习。主要体现如下:

1.学习选择上

学习选择上,存在时空选择、课程选择、教师选择等多元供给。在时空选择上,学生学习的时空界限得到突破,学习时间更加扩大化、集中化与自主化,学习地点呈现物理空间与网络空间的穿梭来往,因此能够因应学习者自身需求展开学习,增强学习效率。在课程选择上,网络空间及其智能教务系统能够提供专业学科、其他学科等课程选择,足以提升学生知识的全面发展及逻辑思维拓展,且课程的自主化选择因顺应学生自身兴趣或爱好等个性特征,学习效果往往较为明显。在教师选择上,智能化技术能够提供学习者在同一或不同学科上的不同教师,同时涉及理论上与实务上的优秀教师,由此学生能够根据自身学习的学科偏向、问题导向进行教师选择补强、纠正,从而提升自身知识获取度与应用度。

2.学习分析上

基于人工智能的建模及算法技术,对学生基本情况、学习目标、动机水平及学习需求等学习数据分析,能够真实反映出学生的学习行为和学习结果,由此产生的学生学习能力结构、学习偏向、学习风格及习惯等可视化分析数据作为其查漏补缺及能力优化的基础,从而使学生学习及进步更具深刻性与合理性。

3. 学习机制上

学习者的学习问题诊断实现了自我求解、求教于师向多种方式解惑，从粗犷到精准化的过渡，人工智能系统能够针对学习者错题、重难问题等进行数据诊断，并能够提供相关问题的全方位解答，为其提供做题策略、学习策略、弱项纠正等建议，从而使学习更加高效化、精准化。在学习内容方面实现了从狭隘到开放。人工智能技术实现了与网络优质教育资源的互联互通，拓宽了学习者学习内容的广度与深度。在学习方式上实现了从固化到灵活的转变，智能技术的深度辅助使学习者学习态度由被动接受转向以自身为主体的体验式学习、竞争式学习、协作式学习等多元开展，有效促进学习的动力。

（三）辅助院校深度管理

课堂教学效能的实现离不开院校管理的宏观把控。在学校层面，智能技术主要服务于教学管理分析与决策方面。

1. 资源优化分配

教学管理决策及评估通常以教育教学资源优化配置为导向，智能技术能够将学生学习情况、教师教学情况的总体样貌及趋势进行可视化呈现，从而精准掌握课堂教学的基本情况，便利且及时地把握教育教学资源的配置及应用状况，并进行有针对性的调整，确保教育资源能够得到切实充分的效能发挥。

2. 规范课堂教学

人工智能技术辅助管理者规范教学主要通过以下路径进行：在人工智能大数据分析下，可在相关平台上汇聚整合课堂教学分析数据。如多种教学及学习评价信息、学习环境信息、学习成果信息、学习内容信息等，每种数据信息聚类成图予以可视化。学校及管理者基于该数据进行宏观层面的调控与决策分析，从而对课堂教学中学生薄弱点、教师薄弱点、管理薄弱点有更为全面的把握以求进一步满足实际应用需求。由此在学校资源分配、规章制度制定、教师教学方式改进、学生学习环境改造等课堂教学改革上进行有针对性的、自适应性的查漏补缺及调整纠偏。此种过程性信息的全面掌握、结果性信息精准分析能够进一步为教师教学、学生学习进行有效引导与实质改善,进而通过对课堂教学主体:教师、学生、学校行为的整体规范,形成教学的良性闭环关系,为课堂教学效能实现提供坚实的基础。

综上所述,人工智能技术通过对教师、学生、学校的深度辅助,促成了课堂教学结构、教学设计、教学模式等逐步形成常态化、稳定化的形式,而传统课堂教学关系也随之革新:教师从传统教学的传授者、掌控者、中心者转变为教学的组织者、推动者、引导者;学生从被动的接受者过渡为主动的建构者;应用技术从浅层化、单一化的辅助演示升级为多元化促进学生认知、理解的工具;教学内容上从单一的教材来源强化为愈加多样化、立体化、开放化的"万向"来源。智能技术正全面深入地融入课堂教学。

五、人工智能应用于课堂教学的可持续发展路径

由于教育系统的复杂性,给人工智能与课堂教学的融合提出严峻挑战。在信息化时代,从某种意义上来说,课堂教学效能的发挥程度实则就是智能化如何应对教学系统的多样性与复杂性的过程。在笔者看来,人工智能技术若想在发挥课堂教学效能机制上实现可持续发展,还应从以下几方面着重构建。

(一)顶层设计:战略支持与政策支撑

在高等教育领域内,顶层设计上的战略与政策对人工智能融合应用于课堂教学的实践具备重大影响。

1.国家层面的战略与政策支撑

从全球范围内来看,教育领域在利用信息技术上已落后于其他社会部门,因为教育机构在实践、技术、资金方面往往欠缺相应的能力对数据进行有效的收集、管理和挖掘、[13]从人工智能在课堂教学效能促成上的可

---

[13] See Macfadyen L. P. ,et al. ,"Embracing big data incomplex educational systems:The learning analytics imperative and the policychallenge",*Research & Practice inAssessment*,2014, p. 17.

持续发展来说，在理念上、技术上、资源上、政策上的诸多阻力，是致使课堂教学数据难以常态化输出、教学数据真实性难以保证、教学数据应用价值降低的重要因素。因此，在新一代人工智能规划、教育信息化 2.0 等战略与政策明确之后，持续的资金支撑与资源融入应当成为基本常态。一方面，顶层设计上应当划分相应资金与资源在人工智能融合应用于课堂教学的基础问题研究，尤其是要破解人工智能与课堂教学共同话语体系理论研究及其应用过程中的瓶颈问题。如课堂教学评价工具、大数据分析建模技术及智能算法技术在重难问题解决上存在不科学性、标准不统一性等。另一方面，在课堂教学的实践应用过程中注入足够的资金和资源。课堂教学更快更好的实现以相应的信息技术基础建设为前提，因为教师课堂教学资源、知识储备量、教学形式、教学内容、学生学习个性化建设、教学效果评价等诸多方面都离不开智能技术基础设施与软件系统，课堂教学相应系统及技术的缺失将会使课堂教学效能发挥陷入停滞，而教学软件系统、技术及基础设施配置上的高低也会影响教学效能整体发挥程度。因此，必须确保国家层面在政策、资源上对课堂教学领域的支持。

2. 学校层面的战略与政策支撑

学校领导及负责人在人工智能与课堂教学的融合应用是否具备宏观及整体的战略规划，是否制定相应的政策予以制度支撑，直接决定人工智能应用于课堂教学效能发挥及其程度的潜在力。学校领导层及管理层应当构建形成战略性、长远性目标，不能片面地将人工智能技术及教学软件系统作为对教师主体的问责考核、对学生主体的监督督促等干预“教与学”的技术手段。理性且科学的路径是，立足于人工智能与课堂教学效能促成的可持续发展，从课堂教学整体性的革新高度出发，将其上升为“教与学”的基础点、支撑点、优化点，且制定相应合理制度政策扶持，强调并释放出人工智能与教学效能的战略价值，从而扩大课堂教学效能的固有空间与发展前景。

综上所述，课堂教学的革新促效，高等教育信息化的决策层及学校教育改革的领导层应当着重思考的是：如何确保人工智能在课堂教学应用中的资源与资金充足、如何优化配置有限资源的最大化利用与分配，以实现课堂教学效能最大限度发挥。

(二)人员配置:技术与教学主体的融合

人工智能在促进课堂教学效能发挥上普遍存在各种滥用、误用的现象,导致其对教学效能的实际效果未能充分实现,因此加强对课堂教学中相关主体的技术化应用能力培训相当重要。当前,虽然课堂教学中大部分教师、管理者都已具备基本的技术应用能力,但应用仍停留于表面,这也是导致智能技术在"教与学"的模式创新、制度变革及效能实现未果的重要因素。考察表明并非智能技术本身出现问题,而是将智能技术转移到课堂教学的过程中出现效果异化,即运用主体素质与能力的欠缺,没有真正认识到人工智能的战略价值。具体表现在教师、管理者等利益主体并未做好充分思想准备来应对动态生成的诸多数据,也未去深刻思考数据背后的教学含义、问题与趋势,更未将教学数据深入加工为有价值的课堂教学内容及信息知识,⑭去影响自己的教学决策、教学管理、学习计划而提升课堂教学效能。下一阶段,要解决上述问题,需要促进教师及管理者在课堂教学与人工智能深度融合应用能力的培养,增加其在技术与学科间的契合化、深度化、全面化、形象化、立体化等理解与认识,注重相关主体人工智能技术的基础知识与基础技能的专门培训。在理念上树立起"智能强教""智能优教"及加强智能技术学习的相关理念,从而使教师、管理者及学生在内的利益相关者充分认识到智能技术对自己的工作、学习、教学具有重要效用,并切实掌握学习。进而将智能技术工具转化为促进课堂教学效能实现的重要手段,并为整个学校层面上的课堂教学规范及创新应用提供强有力的人员配置。

六、余论

未来的课堂教学必将是一个智慧化的过程,也是一个在教育大系统

---

⑭ 参见许芳杰:《数据智慧:大数据时代教师专业发展新路向》,载《中国电化教育》2016年第10期。

整体发展驱动下的系统化扬弃革新的过程，而在这其中应当正视且重视人工智能在课堂教学中的融合适用、创新应用及其产生的诸多教学数据。要实现二者的可持续发展应当在基础科学、技术问题及共同话语体系上取得持续突破，并且引入政策支撑、战略规划、资源倾斜、人才培养、理念更新及系统优化等动力，使其深入植根于教育教学的文化土壤之中。只有如此才能突破制约人工智能与课堂教学效能实现的重重阻力，从而生成课堂教学的智慧处理方式、智慧解读方式、智慧应用方式，最终升华为人工智能时代的“智慧课堂、智慧教学”。

The Realization and Efficiency of Artificial Intelligence in Classroom Teaching

Cai Yisheng　Tang Yunyang

Abstract: In the information age, classrooms are given the incarnation significance of utilizing both data and intelligence. It is the product of the integration of intelligent technology systems and classroom teaching, and it is the direction of future classroom teaching development and innovation. Through the logical investigation of knowledge elements, knowledge output, and knowledge evaluation in college classroom teaching, it is found out that in the process of integration between the two, there are many difficulties for teachers, such as the individual investment to meet the diverse needs of students, students individual capabilities to meet different expectations of society, and information technology to meet the key requirements in teaching activities. The catalysis of artificial intelligence on classroom teaching effectiveness is mainly reflected in assisting teacher's in-depth analysis, assisting students in-depth learning, and assisting in-depth management of colleges. To sum up, the actual effectiveness of artificial intelligence in classroom teaching should be enhanced by policy guarantee and strategic planning on the top-level design, and special basic skills training, configuration upgrades, and idea conversion should be given attention to teaching-related actors in order to form a sustainable innovation and intelligent evolution of the development model.

Key Words: Information Technology, classroom teaching, efficiency realization, depth assistance, top-level design

双师同堂推动程序法与实体法交融的教学进路探索*

陈　磊**

摘　要：专注于某一法学科而忽视其他关联学科的教学者难谓成功，在实体法与程序法分开教授的教学模式下，培养出来的法律从业者有着天然的结构缺陷，难以满足司法实践需要。采取双师同堂教学模式能够摆脱传统教学理念和模式的束缚，突破实体法教学与程序法教学之间的壁垒，实现二者的有机对话。实体法教师与程序法教师就同一个法律问题或同一个实际案例或相关联的法律条文展开实体法与程序法的关联教学，展现不同专业领域、不同部门法之间教学交融的成果，能从根本上解决实体法与程序法的衔接问题。双师同堂还可迫使教师理解和尊重对方的理论工具，缓解或消除"重实体、轻程序"的错误观念，实现了实体法与程序法知识体系的共享，打破不同学科之间的人为隔阂。双师同

---

* 基金项目：本文为首都经济贸易大学2019年度教育教学改革立项项目"双师同堂推动法学课程程序与实体交融的教学进路探索"、2018年度国家社科基金青年项目"自贸区纠纷解决机制创新与临时仲裁的制度构建研究"（项目编号：18CFX083）的阶段性成果。

** 陈磊，首都经济贸易大学法学院讲师，法学博士。研究方向：民事诉讼法。

堂教学模式最恰当的设置时间是在研究生教育培养阶段。教师须深度挖掘能够体现实体法与程序法之间关联性的典型案例。对于那些基于实体法与程序法规范共同抽象出来的法律制度,如诉权制度、证明责任制度,只有授课时进行融合才能阐明其真谛。还须科学分配双师授课过程,创新课堂开展方式,教授内容须围绕同一主题展开,分别评析对方,对学生的疑问进行双重解答。双师同堂的具体流程可设计为双师同堂解析案例、法庭审判观摩、模拟审判、导师评析四个部分。

关键词:双师同堂　实体法与程序法　法学教育　教学模式

社会主义法治事业正如火如荼进行着,我国法治建设从无到有,并逐渐完善,在取得卓越成就的同时,不能回避发展过程中出现的突出问题。法律人才队伍是依法治国事业健康持续发展的核心和基石,没有卓越的法律人才培养体系,法治国家的建设就是"无本之木"。总体来说,现行法学教育体制和教学模式不能满足为国家培养高素质法律人才队伍的需要,诸如师资力量不足、教学模式单一、学生实践能力缺乏等问题普遍存在。尽管卓越法律人才计划实行至今已有8年,传统"填鸭式"教学模式有所松动,但根基依然稳固。各高校进行的教学模式改革的措施各有不同,改革的质量参差不齐,部分高校甚至没有取得实质性的成果。总之,法学人才的培养方向已经明确,但实现满足现实法治要求的法学人才目标的具体举措依然模糊。对于法学这样一门应用型学科而言,尽管一直以来都非常强调交叉学科的研习。然而,一提到法学教学中的交叉学科应用,我们会习以为常地想到与社会科学结合而生的法社会学、法经济学等,却往往忽略法学内部各学科之间的交叉协作。实体法与程序法之间的融会贯通,在每个教学者、研究者看来或许都是天经地义、理所当然,但囿于学科划分、专业背景等因素,我国的实体法学和程序法学在多大程度上实现了有效沟通,答案恐并不乐观。鉴于此,本文拟以"法学教学中实体法与程序法的交错与互动"为重心,探究在法学课堂中如何实现教学场域的开放性和多元化,就同一问题或同一案例展开实体法与程序法的对话,打破学科划分的樊篱,展现不同专业领域、不同部门法之间教学交融的成果,让学生真正意识到实体法和程序法“你中有我,我中有你”的内在关系。本文重点探讨三个问题:其一,为什么要强调法学课程中程序与实体的交融,现在的教学模式出了哪些关键问题?其二,如何实现程序与实体的交融,如何展开实体法与程序法的关联教学,双师同堂是否为一种可行的路径?其三,双师同堂推动法学课程程序与实体交融的教学进路具体需如何设计?

一、现行法律人才培养模式的局限性

数量多、质量高的法律人才队伍是实现依法治国,建设中国特色社会主义法治国家的中坚力量。要完成培养卓越法律人才的教育目标,首先需要理性分析法律人才培养模式中存在的问题,厘清根本,才能对症下药。改革开放40年来,我国的法学办学规模急速扩张,法学教育机构从“五院四系”发展到了617所,增长了约70倍,本科招生人数到2018年已达8万余人,增长了4000倍。① 招生人数上升的同时,法学专业就业率出现下降,在教育部2012年《普通高等学校本科专业目录和专业介绍》确定的62个国家控制布点专业中,法学专业赫然在列。有学者认为,法律专业就业前景不明朗是因为供求关系失衡,笔者对此观点持怀疑态度。早在2016年,律师数量超过131万名,平均每千人就有4名律师。② 反观中国,截至2018年年底,我国律师数量为42.3万人,③全国总人口数为13.95亿人,平均每一万人仅有3名律师。另外,刑事案件的律师辩护率不到30%。随着公民权利意识普遍觉醒和国家对保障人

① 参见王德新:《改革开放四十年来高校法治人才培养的探索与实践》,载《法学教育研究》2019年第2期。

② 参见张昊:《律师素质能力怎样实现薪火相传》,载司法部网,http://www.moj.gov.cn/Department/content/2019-07/29/613_3229132.html,最后访问日期:2019年8月9日。

③ 参见《美国律师人数、工资知多少》,载搜狐网,http://www.sohu.com/a/277165189_100269542,最后访问日期:2019年8月10日。

权的重视,对律师职业的需要有增无减。因此,导致法学专业就业率不高的因素不是供求关系,而是现行教育模式不能培养出满足司法实践需要的人才,毕业的法学生未能顺利走上法律职业。本文从现阶段高校的教学实际出发,从教学内容、教学实践、课改方式、教学方法、课堂气氛等方面分析我国法学教育存在的不足。

(一)教学内容上实体与程序分离

用社会学、经济学、伦理学等其他学科的理论和方法审视法学,实现法学与其他学科之间的交叉协作是现在法学研究的热点,法学内部各学科之间的有机联系却往往被忽视。④ 社会生活复杂又具象,用来调整社会关系的法律丰富繁杂,所有的法律法规共同构成一个有机的整体才能对具体的社会生活起到规制调整作用。有鉴于法律从业者的个体局限性,要求现在的法学教育培养出"全知、全能"的法学人才是不切实际的,但培养出通晓民事、刑事或者其他方向的专业法律人才是在能力范围内可以做到的。民法与民事诉讼、刑法与刑事诉讼法、行政法与行政诉讼法之间的融会贯通,在每个法学教育者眼中都是天经地义、理所当然的,在法学教育实践中,形势恰恰相反。法学学科的划分越来越精细,法学研究被精细学科划分限制思维和领域。⑤ 研究实体法的学者对程序性规则知之甚少,研究程序法的学者对实体法规范少有涉猎,实体法与程序法之间的联系被人为地割裂开来,法学人才的培养随之走向"狭隘"。以刑事纠纷的解决为例,刑事纠纷的解决既需要依据刑事实体法确定罪与非罪、此罪与彼罪,实现结果正义,又依赖刑事程序法保障诉讼参与人的权利,保证过程公正。⑥ 只有在正当程序保障下实现的实体正义才是实质意义上的司法公正,才能达到让人民群众在每一个案件中都能感受到公平公正的法治目标。卓越法学人才是能够运用系统思维解决实际问题的人才,但是,专注于某一法学科而忽视其他关联学科的教

④ 参见《实体法与程序法交叉研究专栏:聚焦指导案例33号》,载《当代法学》2018年第2期。

⑤ 参见田文昌:《大学法学教育改革思考》,载《法学教育研究》2015年第1期。

⑥ 参见陈伟:《刑事疑难案例双师同堂教学模式的反思与改革》,载《海峡法学》2017年第2期。

学者，以及实体法与程序法分开教授的教学模式下培养出来的法律从业者有着天然的结构缺陷，无法满足司法实践需要，在接触法律实务后，力不从心，逐渐被司法市场淘汰。总之，实体法和程序法之间缺乏有效沟通，无论是研究实体法还是程序法，都仅仅将对方学科知识作为装饰性引用，拒绝知识体系的共享，在各自学科中故步自封、自说自话，这种现象在影响教学研究质量的同时，也妨碍了司法实务事业的进步。

（二）教学实际上理论与实践脱节

高等法学教育培养的法律从业者不能将法学理论学以致用，不具备解决具体纠纷的能力，这一点一直饱受诟病。究其原因，我国的法学理论研究和司法实务之间存在严重脱节的问题，学者只研究理论，不注重实践或者没有机会接触司法实务，只能对自身研究的领域“纸上谈兵”，对如何完整地解决具体法律问题一知半解，不能厘清实际流程操作。缺乏实践经验的教学者自然不能培养出具备实践能力的学生。法学教育者逐渐意识到了培养学生实践能力的前提是教学者具备将理论与实践结合的专业素质，所以安排了教授到司法机关挂职或者允许个别教授兼任律师。实践证明，走马观花式的挂职和零星案件的兼职，不能达到培养实践能力的效果。对学生而言，绝大多数只能在事前分配好的岗位上完成两到三个月暑期实习任务，如此短的时间，仅能进行辅助性的工作不足以完整地参与和理解解决法律纠纷的具体流程，对司法实务不能形成整体化的理性认识，动手操作能力仍得不到培养。法学理论与实务之间的隔阂严重影响应用型、复合型卓越法律人才的培养。

（三）教学改革形式落后

根据《教育部、中央政法委员会关于实施卓越法律人才教育培养计划的若干意见》，各地高校闻风而动，不约而同地建立了“法学尖子班”“法学实验班”“卓越人才班”等申报建设卓越法学人才培养基地。虽然名称上各有不同，实际上都是按照各自学校的评断标准，筛选得分高的学生，集中在一个班进行专门培养。这与中学教育中划分重点班的做法没有本质区别。通常，“法学重点班”将会比其他班级配置更强大的师资力量，对某一专门问题进行更加深入探讨学习以及面临更繁重的课业任务。在教学方式和方法固定不变的情况下,“法学重点班”培养出来的法学生只会比“普通班”学生更加典型。只重理论、不明实务,只看实体(程序),轻视程序(实体)的问题将会更加突出,与“造就一批信念执著、品德优良、知识丰富、本领过硬的高素质法律人才”的培养目标渐行渐远。建立重点班的教学改革方式在义务教育阶段已经被教育部明文禁止,在高等教育阶段实行无论是理论上还是实践中皆不能达到预设目标。

(四)教学方法传统

改革“填鸭式”教学方法,启迪学生自主学习思维是各阶段教育改革的重中之重,但迄今为止,仍然没有突破性进展。⑦ 法学知识的教授普遍采用案例教学法,在讲授某一知识点时,引入相关案例辅助学生真正理解法学理论的内涵和外延,引导学生厘清解决某一问题的法学思绪,培养法学学生分析和解决法律纠纷的能力。在多数教学者的教学实际中,案例教学法是被异化的教学方法。首先,教学者选择的案例老旧,甚至不具有教学价值。法学是发展的学科,是随着社会生活的变化而改变的学科,老旧的案例只能在帮助学生了解法学的历史方面有些许益处,对于如何解决现下的法律困境,老旧的案例显然不具备启迪智慧的火花。其次,一些教学者为迎合某一知识点的教授而创造出来的法学案例存在天然的逻辑缺陷,甚至实践中不可能发生。对于没有实践价值的案例进行研究,偏离了理论为实践服务的哲学思路。教学者对“闭门造车”的案例进行解答,并给出自以为是的答案,反而过度限制了学生的自由思维。最后,部分教学者知识储备有限,一个案例反复在多个场景中使用,学生很难不对这样的老师的教学水平和专业能力产生合理的质疑。法律纠纷的解决绝不是单一法学知识运用的结果,对为单一法学知识的讲授而存在的案例进行分析研讨与真实法律纠纷的分析解决完全是两回事。现在的案例教学法不仅造成法学学生一叶障目的错觉,而且阻滞了法学知识之间、法学理论与实践之间的交融互补。

---

⑦ 参见李枭鹰:《走出教学内容与教学方法偏废的困境》,载《中国高等教育》2010 年第 24 期。

(五)互动教学氛围缺失

传统儒家思想影响下形成的"唯师唯上"教育文化是高校法学课堂上互动性教学氛围缺失的关键原因。教师与学生从属不同的阶级,讲台上意味着权威,讲台下意味着服从。法学课堂的中心是教师,学生担任被动接受的听众角色。师资力量成为影响教育质量的核心,法学学生的主体地位未能得到充分尊重。首先,"一言堂"的教学模式下,学生不敢问、不必想,参与学习的积极性被限制。某些喋喋不休的讲师甚至会将课堂变成"信息轰炸"的战场,被"轰炸"的学生课后难以回忆起讲授的具体法学知识,听课效率堪忧。其次,讲台成为部分教师自我展示的舞台,在法学学科中尤是如此。针对同一问题形成的法学观点不可谓不丰富,持不同观点的法学教师在讲课过程中难免夹杂"私货",不能理性引导法学生对不同观点的优势和劣势形成客观评价,法学课堂成为某些学者宣扬自身观点、扩大学术影响力的舞台。最后,对于已经具备较强的阅读理解能力和逻辑分析能力的大学生来说,教材上的知识在其理解范围之内,教师授课不应当照本宣科,而应当在书本的基础上进行延伸,鼓励学生自主思考,用系统的眼光看待法学问题。法学课堂上灌输式的授课方式,教学者与学生之间互动性课堂氛围的缺失,不仅不能启迪学生思维,反而使学生对授课产生厌倦情绪。

二、双师同堂教学模式改革的应用价值

为了摆脱传统教学理念和模式的束缚,打破实体法教学与程序法教学之间的壁垒,培养具有法学知识储备,同时能够解决实际问题的高素质法律人才,对现行教育模式进行改革势在必行。2005 年 3 月,西南政法大学率先成立了"实体法与程序法教学方法改革小组",[⑧]研究、策划案例教学模式创新,创造了"双师同堂解析民事案例"教学模式,并取得

⑧ 李燕:《西南政法大学"1357"研究生教育综合改革与实践》,载《法学教育研究》2018 年第 1 期。

了良好的效果。[9] 西南政法大学开启的双师同堂教学模式改革,被誉为政法大学研讨式教学模式的大胆创新,[10]是基于理论之上的实践探索,是打造应用型、复合型高端法律职业人才的教育改革,为高校法学教育改革提供了宝贵的经验。[11] 双师同堂的教学方式克服或者缓解了现行教育模式存在的问题。

(一)打破实体法与程序法之间的樊篱

双师同堂教学模式从根本上解决教学内容——实体法与程序法的衔接问题。程序法教师和实体法教师同时担任同一课堂的任课教师角色,课堂不仅仅是学生学习的场所,也成为实体法与程序法的研习者提供沟通交流的平台。在传统法学课堂中,实体法教师和程序法教师分别授课,实体法内容与程序法内容之间如何衔接,只能靠一知半解的法学学生自行思考领悟,效果可想而知。双师同堂教学模式不仅仅只是形式意义上由不同老师上一节课,实际上,双师同堂迫使双方教师理解和尊重对方的理论工具,平等交流,缓解或消除"重实体、轻程序"的错误观念,实现了实体法与程序法知识体系的共享,打破不同学科之间的人为隔阂。用程序法的眼光来审视实体法,用实体法的方式检验程序法,这既是法学教育者提升自我,丰富知识的有效举措,同时,对于学生而言,实体法与程序法就同一教学主题展开对话,双重维度解析典型案例,是让学生意识到程序法与实体法之间"你中有我,我中有你"的不可分割性,在看待法学现象时将二者有机地联系起来,运用整体性系统思维解决具体法律纠纷的有效方法。

(二)重点培养法学生的实践能力

双师同堂,这种将实体法与程序法关联教学的课堂模式将以中国司

---

⑨ 参见张玉敏、刘有东:《双师同堂解析民事案例——案例教学模式的新尝试》,载《海南大学学报(人文社会科学报)》2010年第5期。

⑩ 参见唐力、刘有东:《反思与改革:法学本科实践教学创新模式研究——以法律职业教育为视角的一种思考》,载《西南政法大学学报》2010年第1期。

⑪ 参见《西南政法大学双师同堂:两位老师"一台戏"让课堂"活"起来》,载华龙网,http://education.cqnews.net/html/2018-06/13/content_44474663.htm,最后访问日期:2019年8月20日。

法实践为基础，以培养学生综合运用法律知识解决实际法律纠纷为目标，将法学生的实践能力培养上升到一个教育高度。双师不仅仅是具备专业理论知识的讲师，也是具备实践能力，拥有丰富办案经验的教师。[12]理论的作用就是为解决实践问题服务，法学理论也不例外，必须以解决司法实务问题为依托。双师同堂对参与教师提出了更高的要求，也对法学教育的具体形式进行了创新。摒弃传统法学课堂上的落后案例，按照司法审判的流程，采用真实案例，为法学教育打造最切合实际的教学环境。以民事纠纷的解决为例，以需要解决的具体民法实体问题为依托，教授管辖法院、当事人的确定、诉讼中的证明、审判以及法律文书的制作等专业理论，实现法学知识的有效衔接，形成完整的课程体系。法学不再是仅需背诵的文科学科，法学教育对学生而言，也不再是零散知识点的讲授，而是在理解基础上需要进行逻辑分析的素质培养，学生的实践能力也在教学过程中达到质的飞跃。

（三）充分调动法学生参与积极性

法学学生是法学教育的绝对主体，高效的教育模式必须在尊重学生主体地位的基础上建立。毫无疑问，教师的质量和教学模式是影响法学教育质量的重要因素，但是不是决定因素。“师傅领进门，修行在个人”，教师的作用是引导和辅助，学生才是决定教育成败的主体因素。双师同堂教学模式并非“二言堂”，而是强调课堂应当是学生展示观点、自我表达的平台。学生不再是被动接受的听众，讲台不再是象征着权威的“神坛”，课堂的进度将由学生推动，知识的深度和广度取决学生的接受能力和思考能力。教师的作用由“照本宣科”变成“答疑解惑”，与学生平等地探讨问题，并在学生偏离正确方向时及时纠正。师师、师生、生生之间形成良性互动，充分调动各方参与案例研讨的主观能动性，满足学生的课堂参与感，实现教学相长，灌输式的教育模式中学生主体地位得不到尊重的局面才会得到根本改善。

---

[12] 参见刘玉林：《双师同堂教学模式及其在法学教学中的构建研究》，载《高教学刊》2018 年第 19 期。

三、双师同堂推动法学课程程序与实体交融的具体构建

实现双师同堂教学模式的应用价值,打造新型法学教育培训体系,需要具体而微的程序构建。本节从课程时间设置、案例选取、双师模式以及课堂开展方式等方面探讨构建双师同堂教学模式的合理路径。

(一)合理设置课程时间

实现程序法与实体法之间的关联教学,发挥双师同堂教学模式的最大优势,最好建立在法学生拥有一定实体法和程序法知识储备的基础上。本科阶段,大部分高校实体法的课程与程序法的课程安排往往不同步。以民法和民事诉讼法的课程安排为例,本科生民法开设时间较早,一般在大一下学期或大二上学期就开设民法课,民事诉讼法课程设置时间通常在民法课程之后,学生在民法学课程学习时根本不具备程序法知识的基础,导致民法学的教学效果事倍功半。尊重实体法与程序法之间联系的同时也不能忽视二者之间的差异,实体法和程序法都有不同于对方的理论知识和研究工具。在同时开设实体法与程序法的少数高校,既要学习实体法,又要学习程序法,并且强调实体与程序的衔接,这对现在的法学本科教育水平来说似乎强人所难了。由此,在本科教育中开设双师同堂不利于实现双师同堂教学模式的效益最大化。博士生的教育培养目标是在本门学科上掌握坚实宽广的基础理论和系统深入的专门知识,能够独立地、创造地从事科学研究、教学和实务工作的最高学历层次的专门人才。[13] 从法学博士教育的定位不难看出,法学博士更强调针对特定学科的专门培养,而不是应用型、复合型的人才培养。另外,法学博士人数稀少,在博士教育阶段才开展双师同堂课程,并不能解决司法人才紧缺的市场需求。在法学研究生教学中,本科阶段面临的学生不具备法学基础知识和博士教育阶段定位以及人数的困境基本被规避。研究

---

⑬ 参见谢安邦、朱宇波:《我国学位与研究生教育特色分析》,载《高等教育研究》2009年第3期。

生普遍具备法学基本素养，在实体法的教学中引入诉讼法的内容，在诉讼法的教学中融合实体法知识，探索实体法与诉讼法相结合的教学模式，重新整合“实体 + 程序”法学教育体系，实现事半功倍的教学效果。因此，双师同堂教学模式最恰当的设置时间是在研究生教育培养阶段。

（二）深度挖掘典型案例

法律源于社会，并对复杂的社会关系进行调控。从社会生活中精炼出来的法学理论离不开真实案例进行生动演绎和传神表达。传统案例教学中，教师为迎合某一知识点编造的“实际案例”诱导学生形成类似情况相同知识点的应试思维和单向思维。法学理论是一个有机整体，“闭门造车”的案例或许让法学生理解了零散知识点，但是对于解决复杂社会关系演化而来的法律问题，单一知识点显然是不够的。案例的选择直接或间接影响了法学生整体思维的培养和运用系统眼光解决问题的能力。因此，在选择教学案例时要注意以下几个方面的内容：

首先，典型案例必须是真实案例，根据教学需要，允许教师在不变动案件基本框架的情况下对个别细节进行适当改变，但基本案情不能改变。其次，典型案例要体现实体法与程序法之间的关联性。既涉及实体争议，又涉及牵连程序法的典型案例，不仅对学生深度理解和运用理论法解释，培养整体思维颇有裨益，也为学生今后从事法学实务工作打下坚实的基础。⑭ 例如，合同法中有关恶意串通合同无效的裁判、物权法中有关共有物分割诉讼的裁判等相关案例比较切合民法与民事诉讼法衔接的设计思路。再次，从各国程序法与实体法的立法规定来看，二者无不是相互交融的，一些制度如法人、代理等凭借单一的部门法无法规定完全，需由程序法与实体法共同规定。甚至在某些情况下，需要通过实体法、程序法规范的共同抽象，才能阐释某一法律制度的真谛。如诉权制度、证明责任制度等。当然，程序与实体交融的教学不仅仅体现在民事程序法和实体法的教学中，其他部门法如刑法、刑事诉讼法同样需要贯彻。例如，对于当下的认罪认罚从宽制度的教学，也可以从实体法

⑭ 参见李浩：《走向与实体法紧密联系的民事诉讼法学研究》，载《法学研究》2012 年第 5 期。

与程序法的双重视角展开。因为该制度在刑事实体法和程序法中均有相关规定和程序设计,同时也存在诸多问题与不足,应当从实体法和程序法两个层面进行改革和完善。因此,无论是教授刑法还是刑事诉讼法,都需予以交融。最后,案例最好从最高人民法院颁布的指导性案例中选取。最高人民法院的指导案例体现最高人民法院的裁判思路和今后立法审视的方向,是下级人民法院学习研讨的素材,也是其他法律职业观摩的对象。对精选的指导性案例进行研习,培养法学生像法官一样思考的能力,提高法学素养。具体到民事诉讼法与民事诉讼实务课程中,例如,可以开展"实体法与程序法交融"相关议题的教学内容,在讲述最高人民法院指导案例7号"牡丹江市宏阁建筑安装有限责任公司诉牡丹江市华隆房地产开发有限责任公司、张某某建设工程施工合同纠纷案"中,即同时涉及实体法与程序法的巨大争议问题。另外,最高人民法院指导案例33号牵涉的实体问题和程序问题都非常复杂且具有典型性,也可以作为双师同堂教学中的重点关注对象。

(三)科学分配双师授课过程

双师同堂教学模式主要有三种,分别为:协助式同堂教学、对分式同堂教学、访谈式同堂教学。⑮ 一名教师主讲,另一名教师辅助的协助式教学模式强调单学科教学中的查漏补缺,更适合对某一专业课的深入研讨,不能体现实体与程序并重,理论与实践共同培养的教育理念,不利于发挥双师同堂教学模式的最大优势。访谈式教学模式不适合长期采用。卓越法学人才的培养,需要系统化的思维训练,这是访谈式教学模式带来轻松课堂氛围的同时不能做到的。对分式课堂不能仅仅理解成两位导师在课程时间上平分课堂,各自教授互不相关的内容。对分式教学模式强调的是实体法与程序法同等重要,理论教学与实践能力培养一样关键。⑯ 对分形式上是教学内容上的对分,实质上更注重实体与程序、理

---

⑮ 参见钱春:《双师同堂在应用型本科院校法学专业教学中的探索》,载《新余学院学报》2018年第4期。

⑯ 参见彭卫民:《在程序与实体之间:新时代中国司法正义的整体构建》,载《社会科学家》2019年第4期。

论与实践之间的有机联系，具体要求两位导师教授的内容必须围绕同一主题展开，两位教师分别对对方的授课进行评析，对学生的疑问进行双重解答，最大限度上体现双师同堂教学模式为师师之间、师生之间搭建互动交流平台，教与学相互促进的应用价值。但对分式教学模式也有自身的局限性。对分式教学模式强调双师课前须就教学主题进行深入探讨并进行更多的课前准备，课中进行有效的互动，对教师来说，教学任务更重。并且，部分教学内容采用对分式教学模式并不一定比其他教学模式更有优势。因此，以对分式教学模式为主，协助式和访谈式教学模式为辅的课堂安排最为恰当。何时采用协助式或者访谈式教学模式由具体教学内容的特殊性决定。

（四）创新课堂开展方式

双师同堂教学模式强调学生摒弃传统法学教育中的固化接受，发挥法学生课堂主体的参与积极性，着力培养学生独立分析问题、解决问题的实践能力。高效率的双师课堂对学生的能力也提出了更大的挑战。教师对教学内容进行规划后，需要提前告知学生应当研习的案例、文献资料及其他应当了解的材料，学生经过充分预习后，才能跟上教师的授课节奏，进行高质量的课堂发言。在课堂上，应当留足学生发言和实践的时间。具体流程分为双师同堂解析案例、法庭审判观摩、模拟审判、导师评析四个部分。导师从实体法和程序法对案例进行双重维度解读，在解读过程中对教授法学知识，但要避免给出直接确定的结论，从而造成对学生思维的限制。在没有或者不便旁听法庭审判的情况下，可以借助多媒体实现审判过程的真实再现。最重要的部分在于模拟法庭审判。学生被随机分为两派，分别担任“原告”和“被告”的角色，站在各自立场进行辩论。模拟法庭审判不仅仅强调针对实体问题的辩论，也强调对司法实践过程中的程序规则的运用，包括各种法律文书的撰写、证据收集与开示、庭前准备等，尽量实现对真实审判过程的重现，避免长期以来模拟法庭教学形式意义大于实质意义的诟病。[17] 模拟法庭审判后，教师对

---

⑰ 参见岳捍惟：《论判决书研习式教学》，载《北京航空航天大学学报（社会科学版）》2018 年第 6 期。

学生的课堂表现进行点评,指出优点和缺点,并提出改良的建议。诉讼角色扮演时,应当给不同同学参与的机会,避免出现少数活跃分子长期占据诉讼席位,其他同学得不到锻炼的局面。

作为辅助教学手段,为了激励学生积极参与,教师可以对学生的表现进行打分,分数计入期末考核成绩。另外,作为教学改革的主导者和重要参与者,学校的教学理念和态度决定着教学改革的成败,学校也应建立合理的激励机制,从精神上、物质上鼓励教师改革传统教学方法。

四、结语

卓越法律人才是保障依法治国建设事业持续健康发展的关键,卓越法律人才培养教育体系则是社会主义法治现代化的动力源泉。现行高等法学教育体制中存在实体法与程序法分离、理论和实践脱节、灌输式授课侵害学生教育主体地位等问题,各高校相应地进行了改革。但在传统教学模式的框架下进行的改革,诸如建立法学实验班等,不能触及现行教育体制的根本问题。程序法与实体法的教学应当是相互衔接与弥合的,实体法与程序法之间不可能截然地划分出一条鸿沟作为分界线。我国法学教学实践中发现的种种问题提醒我们,强调二者之间的对峙,忽视它们的弥合,并不是从事教学工作的科学态度。实现民事程序法与实体法的弥合,不仅只是立法部门与实务部门的任务,作为教学工作者,也应当承担起自身的使命,走在立法、实务之前,打好理论研究的基础。双师同堂教学模式着力于整合法学课程体系,探索实体法与程序法相结合的教学模式,强调实践能力的培养,强化师师、师生、生生多方位互动,是现行教育体制改革的良策。

Exploration on the Dual Teacher Mode to Promote the Teaching Methods of Blending of Procedural Law and Substantive Law

Chen Lei

Abstract: It is difficult to be successful for teachers who concentrate on one subject of law and ignore other related subjects. Under the teaching mode of separating substantive law from procedural law, the trained legal practitioners have inherent structural defects and are difficult to meet the needs of judicial practice. The "dual teacher in one classroom" approach can get rid of the defects in traditional teaching ideas and modes, break through the barriers between substantive law teaching and procedural law teaching, and realize the organic dialogue between them. Teachers of substantive law and procedural law teach related substantive law and procedural law on the same legal issue, or the same actual case, or related legal provisions, showing the results of teaching integration between different professional fields and different departmental laws, which can fundamentally solve the currentdisconnecting problems between substantive law and procedural law. It can also force teachers to understand and respect each other's theoretical tools, eliminate or alleviate the misconception of "emphasizing substantive law but neglecting procedure law", realize the sharing of knowledge system between substantive law and procedural law, and break the artificial barrier between different disciplines. The most appropriate time to set up the teaching mode of "dual teachers in one classroom" is at the level of postgraduate education. Teachers need to dig in depth typical cases that reflect the relevance between substantive law and procedural law. For those legal systems abstracted from substantive law and procedural law norms, such as litigation right system and burden of proof system, only the integration of teaching hours can clarify its essence. It is also necessary to scientifically distribute the teaching process of double teachers and innovate the way of classroom development. The content of teaching should focus on the same theme, evaluate each other separately, and answer students' questions from the two aspects. The specific process of "dual teachers in one classroom" can be divided into four parts: case analysis, court trial observation, simulated trial and mentor evaluation.

Key Words: dual teachers in one classroom, substantive law and procedural law, legal education, teaching mode

大学生刑事法治意识提升研究

——实证与理论的双维考察*

崔　玮**

摘　要:大学生的刑事法治意识是大学生法治意识的基础性构成,直接决定了后者能否引领国民树立正确的法治意识。我国法学教育模式形成了法学素质教育、法律职业教育和全民普法教育"三位一体"的制度框架。全面依法治国战略下的法学素质教育,应突破培养法科专业学生的局限,担当培养全体大学生法治意识的历史重任。实证研究发现,我国大学生在知法、守法、用法和尊法方面存在薄弱环节,表现出大学生的法制观念、规范观念、权利观念和敬畏观念有待加强。针对上述问题,根据卢曼的社会系统理论建构大学生刑事法治意识提升的路径,应当引导大学生树立符合刑法规范的认知性期望,形成以刑法原则及精神为指向的规范性期望,并强化大学生刑事法治意识系统与高校、社区等外界环境的交互,以有效提升我国大学生的刑事法治

---

* 基金项目:2018 年河南省教育厅人文社会科学研究一般项目"依法治国背景下大学生法治意识培养研究"(项目号:2018-ZZJH-614)。

** 崔玮,中国海洋大学法学院博士研究生,郑州轻工业大学政法学院讲师。研究方向:刑事诉讼法,司法制度。

意识。

关键词:法治意识　刑事法治意识　社会系统理论　期望

一、问题的引出

"法治意识形态是一种国家、公民与社会共享的思维和行为方式。"①在公民层面,法治意识形态是个体或群体对法律和法律现象的看法,在实践中所形成的关于法治的心态、观念、知识和思想体系,以及在法治思维指导下的对于法律规范的行为认同。② 具体至本文研究主题,大学生刑事法治意识是指大学生法治意识在刑事领域的具体体现,表现为大学生群体对刑事法律的认知和看法、在实践中形成的关于刑事法律的心态、观念以及行为认同。大学生刑事法治意识是大学生法治意识的基础性构成,对大学生群体树立正确的法治意识具有重要作用。令人遗憾的是,面对我国大学生犯罪率持续上升的趋势,③法学理论界对此话题并未给予足够重视:研究层次上多停留于宏观层面的法治意识研究,鲜有以刑事法治意识为主的专题研究;研究内容上未对我国法学教育模式及构成进行必要的理论分析,法学教育和普法教育的关系模糊不清;研究方法上又局限于本学科研究领域的樊篱,缺乏必要的社会学理论剖析。基于此,本文将聚焦大学生刑事法治意识,通过实证方式了解我国大学生刑事法治意识现状,进行必要的现状反思,并借助社会系统理论建构大学生刑事法治意识提升的路径模

① 陈金钊:《法治意识形态的塑造》,载《甘肃社会科学》2015年第3期。

② 参见柯卫:《中西方法治意识生成因素的比较》,载《河北法学》2007年第8期。

③ 根据全国各省市大学生犯罪比例调查显示,2002年至2005年大学生犯罪人数逐年增长,每年递增比例分别为97.1%、65.3%、54.5%、97.1%。参见李其平:《当代大学生犯罪原因及预防对策研究》,光明日报出版社2012年版,第9页。

型，提出针对性的完善进路。④

二、我国大学生刑事法治意识的现状

（一）“点”状挖掘：基于刑事案件的实证分析

司法实践中形成的大学生刑事案例是涉案大学生犯罪行为的直接体现，可以反映涉案大学生刑事法治意识的具体形态。本文以“北大法宝”司法案例数据库为资料来源，检索被告人是大学生的裁判文书，以了解真实案件反映的大学生刑事法律意识情况。经检索和清洗，⑤共收集大学生刑事案件裁判文书100份。

1. 罪名分布

经统计，收集到的100个大学生刑事案件共涉及罪名31个（见表1），占刑法全部罪名的6.61％。可以发现，大学生刑事案件的罪名分布呈现“高低分布”景象。“高”是指罪名集中于财产型犯罪（诈骗罪、盗窃罪、抢劫罪）和危害公共秩序型犯罪（寻衅滋事罪、贩卖毒品罪、聚众斗殴罪）。“低”是指在高峰值罪名之外，在危害公民人身权利和社会公共安全、破坏市场经济秩序方面也有少量涉及，之间数量差异不大，呈平铺式分布。

---

④ 本文所指的“大学生”是指正在接受基础高等教育和专业高等教育的专科生、本科生和研究生，“大学生刑事案件”是指被告人是大学生或被告人包括大学生的刑事案件。

⑤ 检索清洗过程如下：以案件类型是“刑事案件”、全文包括“学生”进行初步检索；筛选出被告人是“学生”或多名被告人中包括“学生”的案件；以被告人所在学校是高中、初中及中专学校，案件发生地是县级及以下区域以及被告人年龄不满18周岁为条件进行清洗。

表1　我国大学生刑事案件罪名情况一览　　单位:个

罪名	数量	罪名	数量
诈骗罪	17	妨害公务罪	1
盗窃罪	13	妨害信用卡管理罪	1
抢劫罪	11	危险驾驶罪	1
寻衅滋事罪	9	交通肇事罪	1
贩卖毒品罪	7	介绍卖淫罪	1
聚众斗殴罪	7	强制猥亵罪	1
故意伤害罪	5	抢夺罪	1
强奸罪	3	逃脱罪	1
侵犯公民个人信息罪	3	容留他人吸毒罪	1
组织考试作弊罪	3	破坏计算机信息系统罪	1
非法经营罪	2	提供侵入、非法控制计算机信息系统程序、工具罪	1
非法拘禁罪	2	非法控制计算机信息系统罪	1
故意破坏财物罪	2	伪造、变造、买卖身份证件罪	1
故意杀人罪	2	敲诈勒索罪	1
敲诈勒索罪	2	走私贵重金属罪	1
伪造、倒卖伪造的有价票证罪	2		

2. 作案类型和手段

笔者进一步统计了样本案例的罪名类型情况(见图1)。我国大学生刑事案件共涉及五类罪名类型,占刑法全部罪名类型的50%。其中,侵犯财产罪和妨害社会管理秩序罪案件数量位居前两位,二者占总数的近3/4;侵犯公民人身权利、民主权利罪、破坏社会主义市场经济秩序罪和危害公共安全罪占比不足1/4。⑥

⑥　笔者收集的大学生犯罪案件类型比例情况也与既有相关实证调研结果基本吻合。北京市理工医类十所高校调查统计1992年至1996年大学生犯罪案件67起,其中"盗窃案33起,占49.25%;人身伤害案件12起,占17.91%;贩黄案2起,占2.98%,利用计算机犯罪1起,占1.49%;性犯罪5起,占7.46%"。颜小冬:《当代大学生犯罪问题研究》,中国检察出版社2004年版,第15页。

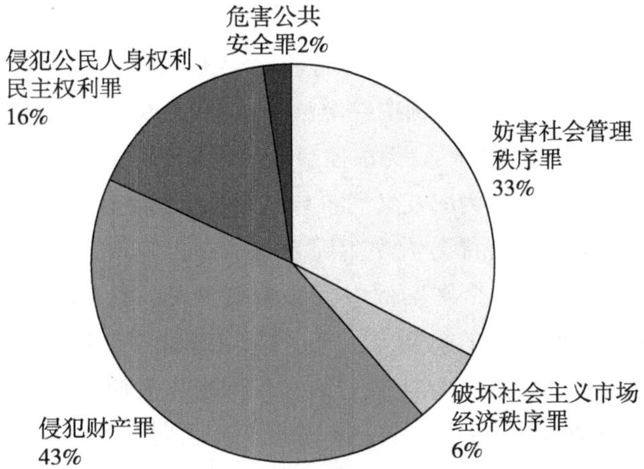

图1　我国大学生刑事案件罪名类型分布

经分析发现，样本案例中大学生作案类型均是故意犯罪，其中是共同犯罪的数量达47件，占案件总数近一半。大学生被告人与校外人士共同作案的案件37件，占共同作案数的78.7%；被告人都是大学生的案件10件，占共同作案数的21.3%。在共同犯罪案件中，大学生被告人多为从犯角色，涉及案件36件，占共同犯罪案件数的76.6%。

同时，样本案例中大学生被告人实施犯罪手段呈现高度的电信网络化特征。大学生被告人通过电信网络实施犯罪行为的案例共20个，占20%。具体包括：通过QQ、闲鱼APP等进行虚假买卖；通过计算机网络实施网络攻击行为；通过网络贷款平台进行虚假贷款诈骗；通过花呗、京东白条套现实施诈骗；通过微信违法出售国家专卖商品；通过计算机网络技术盗窃虚拟账号余额等。

3.作案动机

样本案例中大学生的作案动机分为三类。第一类是经济因素驱动。样本案例中案件数量排在前三位的是诈骗、盗窃和抢劫案件，表明大学生犯罪主要是以追求经济利益为目的。如一起盗窃案件中，三名被告人为大学同学，通过盗窃摩托车牟利。⑦ 此外，也存在其他涉及经济获益的犯

⑦　参见（2017）湘0111刑初1074号刑事判决书。

罪案件,比如贩卖毒品、敲诈勒索、组织考试作弊犯罪等。第二类是性情因素驱动。大学生群体正值青少年时期,个人性情处于易怒冲动、缺乏自我约束能力的阶段,样本案例中寻衅滋事、聚众斗殴、故意伤害案件均为涉案大学生与他人产生矛盾,无法控制情绪导致矛盾升级,如李某某等寻衅滋事一案。⑧ 也有因为朋友义气参与他人的斗殴活动,如朱某某等聚众斗殴一案。⑨ 此外还有部分大学生因自我控制力较弱,导致出现酒后驾驶、交通肇事等行为。个别案例中大学生被告人沉溺于网络游戏,进而"模仿侠盗飞车游戏中的抢劫等情节,寻求心理刺激"。⑩ 第三类是生理因素驱动。样本案例中大学生被告人在青春发育时期,个人心理尚不能合理纾解生理激素带来的心理冲击,缺乏正确面对和处理生理需求的能力,在酒精等外界因素的刺激下构成了强奸、强制猥亵犯罪。⑪

4. 作案地点的情况分析

在作案地点方面,绝大多数大学生刑事案件案发地或危害结果发生地位于校外,所占比例为91%;犯罪行为和犯罪结果都在校内的刑事案件所占比例仅为9%。但值得注意的是,校内刑事案件虽然数量不多,但整体的社会危险性偏高,样本案例中包括了宿舍内故意杀人、⑫校园内持刀追砍同学、⑬多次校内盗窃⑭以及数额巨大的诈骗⑮等恶性刑事案件。校外刑事案件的案发地多与"酒吧""网吧""KTV"等有关,其中,案发地在"酒吧"及其附近的案件2起;在"网吧"及附近的案件3起;在"KTV"及附近的案件3起。

(二)"面"上展开:基于调查问卷的实证分析

根据收集的大学生刑事案件信息,笔者制作了《中国大学生刑事法治意识调研问卷》(网络版),通过网络方式收集有效填写问卷1120份。

---

⑧ 参见(2018)晋0581刑初23号刑事判决书。
⑨ 参见(2018)津0119刑初75号刑事判决书。
⑩ 参见(2017)黔0502刑初490号刑事判决书。
⑪ 参见(2017)吉0103刑初662号刑事判决书。
⑫ 参见(2017)黑01刑初181号刑事判决书。
⑬ 参见(2018)鲁0214刑初137号刑事判决书。
⑭ 参见(2017)湘0121刑初680号刑事判决书。
⑮ 参见(2017)湘0405刑初179号刑事判决书。

受访学生以非法学专业学生为主,占比为98.48%。

1.刑事法治意识整体情况

在自我评价了解刑事法律情况方面,39.55%的学生认为自己对刑事法律是“一般了解”,54.91%的学生表示“了解不多”,只有5.54%的学生是“比较了解”。在大学生与刑事法律关系方面,认为二者之间“联系很密切”的只有45.89%,而认为“联系一般,有时会涉及刑事法律”的占49.29%,认为“基本没有联系”的有4.82%。在了解刑事法律的途径方面,“电视法治节目、法治报刊”“网络新闻、微信公共号、微博”是大学生了解刑事法律的主要途径。排在后四位的分别是“学校组织的法治活动、讲座”“校内课堂”“其他”“父母、朋友介绍”。需要指出的是,只有38.21%的大学生通过“校内课堂”了解刑事法律,反映出“思想道德修养与法律基础”课程在介绍刑事法律知识方面效果不佳。

2.刑事法治意识局部探微

为进一步了解大学生刑事法治意识情况,笔者依照真实的大学生刑事案件在问卷中设置了六个问题。结果显示,大学生准确识别犯罪行为的情况并不理想。首先,将犯罪行为认定为普通行政违法行为或民事侵权行为。其中,对于一起大学生走私贵重金属案例,76.16%的学生认为不构成刑事犯罪,仅是“违反海关行政规定”;4.38%的学生和0.63%的学生表示“不清楚”或“没有过错”。对于一起大学生贩卖毒品案例,49.64%的学生认为只是“违反药品管理法规”,1.96%的学生和3.48%的学生分别认为“没有过错”“不清楚”。其次,准确认定犯罪行为性质的比例偏低。虽然大学生对问卷中另外三起案件当事人行为的性质认定较为准确,但所占比例不高,分别是84.11%、69.91%和54.46%,平均值仅为69.49%。

至此,可以发现刑事案件与调查问卷分别反映的大学生刑事法治意识与现状之间形成了“印证”。大学生孱弱的刑事法治意识导致大学生对行为是否构成犯罪缺乏准确的认知,反映在调查问卷上,是受访大学生令人忧心的答案;而反映在行为结果上,则表现为大学生以身试法的沉痛代价。对此,值得进一步反思。

三、我国大学生刑事法治意识的反思

(一)表层探究:四种观念的弱化

一是知法层面缺乏足够的法制观念。法制观念是指行为主体对法律法规的认知,强调行为主体对于法律知识的知晓和理解。样本案例中部分大学生被告人缺乏对自身行为的法律认知,不清楚行为的违法性和违法程度。如一起走私贵重金属案中,大学生被告人陈某缺乏对于夹带国家禁止出口的黄金制品入关的法律规范认知,以为"如果海关查到,就办补税,或先扣下来,人没事的。……我就这样做了。我当时没怎么想,就觉得这样戴过去应该没什么吧……戴着这么重的项链心里有一点点害怕,害怕被查到要交很重的罚金,我不知道会这么严重,我以为只是行政处罚"。⑯ 在问卷调查中,76.16%的大学生也认为潘某某的行为只是违反了海关行政规定,并不构成刑事犯罪。

二是守法层面缺乏足够的规范观念。刑法不仅仅是司法裁判规范,也是社会行为规范,是公民及组织团体的行为基准。"在这一点上,刑法需要人们通常把它作为做某事的方法或者程序来考虑。"⑰这里的"考虑"强调的是规范观念,即对于刑法规范始终如一的坚守和从不懈怠的坚持。而样本案例显示涉案的大学生规范观念普遍薄弱,缺乏遵守法律的坚持度和持久性,当某些外界条件诱发犯意时,大学生被告人薄弱的规范观念无法及时阻断犯罪行为的形成。样本案例中91%的案件发生在校园外,案件中的大学生在走出校门、脱离学校监管后,遇到经济诱惑、朋友义气等情况,自身的规范观念防线被轻易突破并触犯刑法。问卷调查也显示71.44%的大学生认为自己身边存在同学为了朋友义气、一时冲动而与他人打架的情况。

---

⑯ 参见(2017)粤01刑初409号刑事判决书。

⑰ [美]理查德·昆尼、[美]约翰·威尔德曼:《新犯罪学》,陈兴良等译,中国国际广播出版社1988年版,第16页。

三是用法层面缺乏足够的权利观念。权利观念是社会成员对自我利益和自由的认知，以及对他人主张、要求和维护权利的行为及其观点的社会评价。[18] 在刑法领域，权利观念表现为公民个体对于自身人身、财产自由等权利的思想认知和态度，以及当权利受到侵害时的补救心理。大学生群体既处于个体权利观念“萌发期”，又处于容易侵害他人权利的“危险期”。在这种“双期叠加”的背景下，大学生的权利观念无法保证自身权利受侵害后作出合法的自救行为。在崔某某等非法拘禁一案中，大学生崔某某因受到他人不当言行侵害，没有选择报警等方式处理，反而召集朋友对他人实施殴打、强行带入车内剥夺他人自由，构成了非法拘禁罪。[19]

四是尊法层面缺乏足够的敬畏观念。伯尔曼说：“法律必须被信仰，否则将形同虚设。”[20]尊法是尊重法律，更是敬畏法律，是价值观上对于法律原则和法律精神的崇尚和笃信。长期以来，在应试教育的总体背景中，我国国民教育忽视法治教育，义务教育阶段以及高中教育阶段未能有效培养学生对于法律的敬畏观念。进入大学阶段后，大学生群体对于法律的敬畏观念并未随着学历的提高而同步提升。国家外在的法治目的尚未转化为大学生的内在心理动机，法律的客观行为标准未能转化为大学生的外在行为模式，法律的否定性评价结果也未能形成对大学生的有效威慑，致使大学生缺乏对于刑事法律的敬畏观念。如大学生梁某某因为缺乏对于刑事法律的敬畏意识，“明知 GBH、三唑仑是国家管控类精神药品，为非法牟利，采取 QQ 联系、支付宝转账、快递送达的方式”，[21]多次购买并转卖给他人，构成贩卖毒品罪。

（二）深层探究：法学教育模式的功能空白

公民优良法治意识的养成，离不开契合国家实际且内部制度结构合理的法学教育模式。但长期以来，我国理论界偏重于法学各学科的理论

---

⑱ 参见陈飞：《试论中国法律传统与观念对公民权利意识的影响》，载《学术论坛》2011 年第 10 期。

⑲ 参见(2018)晋 0109 刑初 228 号刑事判决书。

⑳ [美]伯尔曼：《法律与宗教》，梁治平译，中国政法大学出版社 2003 年版，第 3 页。

㉑ 参见(2017)晋刑终 21 号刑事裁定书。

研究,忽视法学教育领域理论研究,对法学教育模式的研究未予以重视。法学教育在实践中缺失理论指导,形成了对非法学专业学生的法治意识培养属于普法教育、法学专业学生接受法学教育的认知度较差,在非法学专业学生与高校优质的法学教育资源之间设置了“鸿沟”。[22] 并且,全民普法教育在高校领域长期存在“进得了校门进不到课堂”的顽疾[23]和“思想道德修养和法律基础”课程的“思修化”,造成了我国法学教育模式在非法学专业大学生法治教育的功能空白。

笔者认为,相对于英美法系国家注重法律职业教育的法学教育模式、大陆法系国家注重法律素质教育的法学教育模式,我国法学教育形成了法学素质教育、法律职业教育和全民普法教育“三位一体”的中国特色法学教育模式。即以高等院校和科研院所为主体、以在校法科学生为主要研究对象的法学素质教育,以法官学院、检察官学院等为主体、以法律职业人员为主要对象的法律职业教育,以及政府机关组织实施的面向民众的全民普法教育。[24] 三部分相互促进、相互补充。全民普法教育为法学素质教育和法律职业教育提供了良好的基础,法学素质、法律职业教育的发展又为普法教育注入了动力支持。法学素质教育和法律职业教育之间联系更为密切,接受法律职业教育的人往往需要以接受一定的法律素质教育为前提,而法律职业教育的开展又等同于将法律素质教育进行了延展。

所以,基于法学素质教育、法律职业教育和全民普法教育之间的关系,三者之间的分界并非泾渭分明。对处于“交界地带”群体的法治意识教育,法学教育模式内部应进一步强化协调配合,形成共同教育培育的合力。以非法学专业大学生为例,其既属于全民普法教育的对象又身

---

[22] 虽然高校实行的学分制教学管理制度允许学生跨专业选修课程,但是学生选择并非完全自由选择,需要遵循所学专业教学培养方案、选课管理制度等。加之,各专业课程的“专业槽”壁垒,非法学专业学生选修法学专业课程的现象并不多见。

[23] 参见张华:《青少年法制教育:困境与转型》,载《中国青年社会科学》2015年第3期。

[24] 参见冀祥德:《中国特色社会主义法学教育模式的基本特征》,载《河北法学》2011年第12期。

处高校紧邻法学教育资源,法学素质教育也应积极承担教育责任。部分高校已经进行了有益的探索,推进法学教师面向非法学专业学生开设法治意识类的通识必修课程,增进了法学素质教育和普法教育的融合。㉕

四、我国大学生刑事法治意识的提升路径

(一)提升路径模型的构建

根据卢曼的社会系统理论,世界是由系统和环境两大部分组成。系统包含了政治系统、法律系统等诸多子系统,每个子系统之外的其他系统构成这个子系统的环境。系统与环境通过不间断的输入—转换—输出的循环,㉖达到系统的自身平衡和统一。同时,随着现代社会的发展,社会的复杂性和偶联性都随之增强。复杂性的增强表明社会中各种可能性的增多,偶联性则是指变为现实的可能性常常与期望实现的可能性不一致。在现代社会中,人作为个体总是生活在与他人的交互过程中,从而也就对他人的行为形成了某种期望。如果对方的行为不符合自己的预期,就形成失望。面对失望,个体调整和改变自己的行为和预期,就是采取认知的立场;如坚持原先的行为和预期,就是对失望采取了规范的立场。㉗ 卢曼进一步将期望分为认知性期望和规范性期望。前者指当期望一旦遭遇失望,期望落空者会从经验中吸取教训,放弃或改变期望去适应现实;后者指在失望中不会因此放弃期望,而是继续坚持以期待周围环境会产生符合期望的行为。在法治意识领域,“规范性期望是

㉕ 如西北政法大学于2009年面向全校本科各专业开设“社会主义法治理念”通识必修课。2014年之后,该校将“思想道德修养与法律基础”课程分为“思想道德修养”和“法学原理”两门课程。其中,“法学原理”是“充分发挥法学专业师资优势,面向全校法学以外各专业开设”的必修课。参见杨宗科:《坚持立德树人根本任务培养德法兼修高素质法治人才》,载《法学教育研究》2017年第4期。

㉖ 参见杜健荣:《法律与社会的共同演化——基于卢曼的社会系统理论反思转型时期法律与社会的关系》,载《法制与社会发展》2009年第2期。

㉗ 参见泮伟江:《双重偶联性问题与法律系统的生成——卢曼法社会学的问题结构及其启示》,载《中外法学》2014年第2期。

一种坚持抑或抵抗、违背既定规范秩序的期望,认知性期望则是可以通过主体的后天学习、理解、认知而逐步改变的期望"。[28] 人们在社会实践中对其有所认知后,就会主动顺应其中的规律,不会把自己的生活建立在一些不切实际的期望之上。[29]

综上可以获得以下启示。一是大学生刑事法治意识提升不是独立的、封闭的,而是开放的、互动的。将大学生法治意识视为独立的一个系统,大学生刑事法治意识则是其中一个子系统,与之相对应的校园系统、社区系统、家庭系统等构成了其外部环境,改进大学生法治意识系统必须注重与环境的互动。二是大学生形成的对于刑事法律的认知性期望是长期、反复的过程。大学生与刑事法律的立法者就是交互的"个体"。刚刚进入校园的大学生对于刑事法律的了解处于模糊状态,大学生会对立法者(刑事法律)[30]形成多种期望,这些期望内容就是大学生判断自身行为是否构成犯罪以及性质程度。立法者需要借助各种形式与大学生进行互动,并在"释法—法治意识模糊—再释法"的反复过程中促使大学生形成正确的认知期望。三是引导大学生建立以刑法原则和刑法精神为导向的规范性期望。卢曼认为法律规范至关重要的功能就是稳定社会的普遍化规范期望。但是偶联性的增强,会增加人们坚持刑法规范期望的难度。在法不责众的心理驱动下,以及"别人干了也没事"的刺激下,大学生对于立法者的规范期望会逐渐损耗。

在单一的理论维度中,行动者是大学生,立法者是制定刑法法律的立法机关。在这个过程中,一方面立法者通过多种途径对行动者(大学生)进行释法,介绍刑事法律精神、原则和具体规范;另一方面行动者(大学生)对立法者(刑事法律)的了解逐渐加深,形成认知性期望和规范性期望,确保大学生能够准确认知刑事法律设定的行为标准,并约束

---

[28] 参见赵天宝:《中国普法三十年(1986~2016)的困顿与超越》,载《环球法律评论》2017年第4期。

[29] 参见祁春轶:《国家治理中法律对期望结构的分辨和选择》,载《法学》2015年第12期。

[30] 本文中立法者与刑事法律可以视为对等的,刑事法律是立法者立法目的的具体体现。以下文中不再赘述。

自身行为。但是具体到社会维度,第三方可能会“加入共同体验、共同决策、共同谴责和共同行动之中”。[31] 在实践中,以高校系统、社区系统、家庭系统等为代表的第三方将参与大学生刑事法治意识系统与环境的互动,以中间媒介的形式辅助立法者(刑事法律)对行动者(大学生)进行释法,也及时将行动者(大学生)的法治意识情况反馈给立法者(刑事法律),最终形成了行动者(大学生)、立法者(刑事法律)和第三方组成的促进大学生刑事法治意识提升的循环路径(见图 2)。

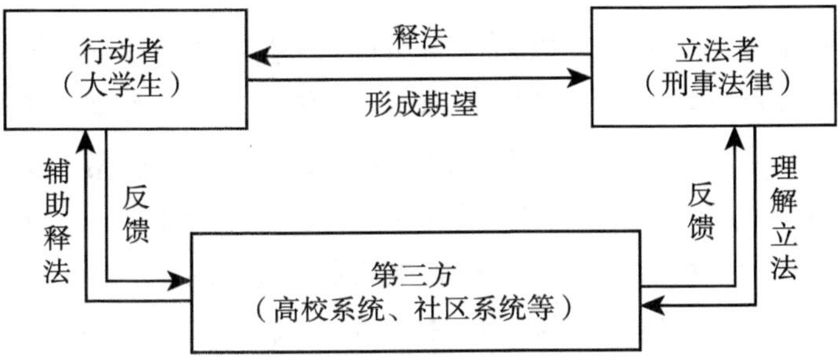

图 2 大学生刑事法治意识提升路径理论模型

(二)具体的路径设置

1. 认知性期望的建立

认知性期望的树立是大学生刑事法治意识提升的必要前提。认知性期望解决的是“罪与非罪”“罪轻与罪重”的认知问题,旨在帮助大学生具备基本的刑事法律素养,优良的法制观念和权利观念。大学生必须对刑法的精神原则和法条内容有清楚的认知,才能形成符合法律规定的认知性期望。各高校应承担刑事法律知识教育的主要责任,将课堂“一线阵地”和校园文化“纵深阵地”相结合。其一,开设刑事法律的公共法律课程,对大学生进行刑法知识传授,充分发挥法律课程的“一线阵地”作用。高校应提高学校课程结构中法律课程的比例,鼓励面向非法学专业学生开设刑法学等课程。优化法律课程教学的师资队伍,提高具有法

[31] [德]尼克拉斯·卢曼:《法社会学》,宾凯、赵春燕译,上海人民出版社 2013 年版,第 102 页。

律专业背景教师数量。创新法律教学方法,适用案例式、参与式等教学方法,探索注重过程记录、评价指标多元化的法律课程考核体系。[32] 其二,积极营造宣传刑法知识的校园文化氛围,打造传播刑事法律知识的"纵深阵地"。扩大团学活动、学工活动对于刑法等法律知识传播的力度和广度,通过校园主题日活动、网站、微信公众号等营造良好的知法学法氛围。尤其应注重新媒体和校园法治栏目的积极作用,打造取自真实大学生刑事案例的释法微视频栏目,增强法治宣传的吸引力和影响力。

2.规范性期望的确立

适时引导大学生确立以刑法为原则、刑法精神为导向的规范性期望,培育较强的敬畏观念和规范观念,形成守法尊法的思想自觉和行动自觉。一是采取正面引导和反面警示的方式。积极宣传尊法守法的正面事例,使大学生汲取正确应对犯罪诱惑、合理处置犯罪动机的心理克制方法。通过分析大学生刑事案件、观看警示纪录片、旁听庭审、参观少年管教所等方式,披露犯罪行为的社会危害,震撼大学生心灵并引起共鸣。二是采取校内教育和校外提示相结合的方法。规范性期望的着力点是养成敬畏观念和规范观念,而这二者的养成贵在思想心理上的正确认知和长时间的坚守。在校内教育方面,应强化大学生心理健康的教育,从心理学专业角度系统性开展大学生心理健康教育和心理矫治教育,定期进行心理测评,从而建立有效的心理预警机制。针对相当比例的大学生刑事案件发生在校外以及酒后犯罪的情况,应强化节假日、寒暑假时期对大学生警示提示工作。对于特殊情况(单亲家庭等)的大学生,可以探索专门性的沟通提醒机制。

3.系统与环境的互动

大学生刑事法治意识系统与外界环境具有极强的交互性,必须充分地发挥外界环境的积极作用。在与校园系统互动方面,应加强校园管理的法治化、规范化,充分保障大学生参与教学、学生工作管理,有效建立校内大学生申诉机制等救济程序。在与社区系统互动方面,保障大学生

[32] 参见崔玮:《大学生法律素质教育改革研究》,载《郑州轻工业学院学报(社会科学版)》2013年第2期。

在社区的选举权等民主权利，强化大学生的民主意识。社区内的司法行政机构和司法机关应深入校园，建立法官、检察官、警官定期进入校园开展法律知识课堂、讲座的机制。在与家庭系统互动方面，大学生的家庭成员也应关注大学生的法治意识情况，通过日常交流等方式强化大学生的刑事法治意识。值得强调的是，外界各系统在运转过程中也应强化自身的法治意识，高校、社区、家庭等应为大学生树立尊法敬法的榜样，避免自身行为导致大学生获得对于法治精神的失望感知。

五、结语

大学生群体作为国家实现“两个一百年”目标和中华民族伟大复兴的骨干力量，更应模范树立正确的法治意识，带头“让尊法守法成为全体人民共同追求和自觉行动”。刑事法治意识是法治意识的基础性构成，大学生刑事法治意识的强弱直接体现了大学生法治意识的整体水平。本文以实证分析为视角，对我国大学生刑事法治意识进行了现状分析和反思，并结合系统理论尝试构建了大学生刑事法治意识形成的理论模型，提出了针对性的意识提升建议。谨期望引起学界对此话题的关注和重视，共同致力于提升法学教育对于增强大学生刑事法治意识的贡献，以推动中国特色社会主义法治体系建设进程。

On the Strategy of Improving the Consciousness of Rule of Law in Criminal Law among College Students

—A Dual Investigation of Both Practice and Theory

Cui Wei

Abstract: College students' awareness of the rule of law in criminal law is a fundamental part of college students' awareness of the rule of law, which directly determines whether the latter can lead the people to estabalish a correct sense of rule of law. The mode of legal education in China has formed a "trinity" system of legal quality education, professional legal education, and universal legal education. The legal quality education under the strategy of administering the country in accordance with the law should make breakthroughs in the limitations of training law students and shoulder the historical responsibility of cultivating the awareness of the rule of law for all college students. Empirical research finds that there are weak links in the knowledge, compliance, use, and respect of the law among college students in our country, which shows that the college students' legal concepts, normative concepts, rights concepts, and awe concepts need to be strengthened. Aiming at the above problems, according to Niklas Luhmann's social system theory, the author suggests to construct a path for college students to improve their awareness of the rule of law in criminal law, guiding college students to establish cognitive expectations that conform to the norms of criminal law, forming normative expectations oriented to the principles and spirit of criminal law in order to strengthen the interaction between consciousness system of the rule of law in criminal law among college students and the external environment such as universities and communities, etc. With these measures, the effectively strengthening of domestic college students' awareness of rule of law in criminal law are promisingly expected.

Key Words: consciousness of rule of law, consciousness of rule of criminal law, the social system theory, expectation

比较研究

法学教育的“工作母机”

——苏联专家与中国人民大学法律系的创建与发展(1950～1957年)

姜　翰　赵晓耕*

摘　要:1950年中国人民大学法律系创建伊始,经苏联专家的指导与帮助,在教学、研究生培养、科学研究、行政及思想教育方面建立了以苏联高等教育模式为参照的运作体制。这也使中国人民大学法律系成为全国其他文科院校,尤其是政法院校学习的范本。与此同时,中国人民大学法律系在师资培养、教材编译等方面也积极支持帮助全国各其他高校,逐步确立了其在法学领域的学科地位,成为名副其实的法学教育的“工作母机”,为新中国法学教育的发展做出了卓越贡献。

关键词:中国人民大学　法律系　苏联专家　法学教育

中华人民共和国成立前夕,中共中央果断确定了全面废除国民党六法全书及一切反动法律的基本方针,“原有的大学法学教育已经随着旧法废止而失

* 姜翰,中国人民大学法学院博士研究生。研究方向:中国法律史。赵晓耕,中国人民大学法学院教授,博士生导师。研究方向:中国法律史。

去继续存在的意义”。[①] 中华人民共和国成立后,政权的更迭和意识形态阶级属性的对立,必然导致新中国高等法学教育需要另起炉灶,苏联作为无产阶级专政的社会主义国家,成为建设新中国学习模仿的样板,苏联高等法学教育模式自然成为新中国高等法学教育的不二之选。[②] 1949年12月16日,《关于成立中国人民大学的决定》明确指出:“为适应国家建设需要,中央人民政府政务院决定设立中国人民大学,接受苏联先进的建设经验,并聘请苏联教授,有计划、有步骤地培养新国家的各种建设干部。”同时,“该校教育方针应是教学与实际联系,苏联经验与中国情况相结合”。[③] 无可讳言,中国人民大学(以下简称人大)被称为新中国文科高等教育的“工作母机”,苏联专家功不可没。20世纪50年代,在人大任教的苏联专家在人数、层次及学科涵盖等方面,在全国高校中都处于前列。从1950年到1957年,人大先后聘请了98名苏联专家,[④]是全国聘请苏联专家最多的高校。法律系作为建校以来最早成立的院系之一,深受苏联法学专家的影响。正如刘少奇同志所讲,“这些科学知识(财政、贸易、法律等工作)全世界只有苏联有,因为他们已经建设了卅多年的社会主义。我们将来也要走向社会主义”。[⑤] 鉴于人大法律系在新中国高等教育发展史的特殊地位,学界对人大法律系苏联法学专家多有关注,但限于档案等史料查阅不便,相关研究或是侧重来华苏联法学专家的整体性考察,或是对人大苏联法学专家的概括性介绍,总

---

① 方流芳:《中国法学教育观察》,载《比较法研究》1996年第2期。

② 汤能松等编著:《探索的轨迹——中国法学教育发展史略》,法律出版社1995年版,第387页。

③ 《关于成立中国人民大学的决定》,1950年,中国人民大学档案馆藏,档案号:1950－XZ11－XB－2.0001。

④ 《关于1950～1957年聘请苏联专家工作的报告》,1960年,中国人民大学档案馆藏,档案号:1960－DQ11－DB－5。

⑤ 《刘少奇同志在中国人民大学开学典礼上的讲话(记录整理稿)》,1950年,中国人民大学档案馆藏,档案号:1950－XZ11－XB－3.0002。

体而言,缺乏对人大法律系苏联法学专家的实证研究。⑥ 本文拟在前人研究基础上,通过对人大法律系档案的解读,呈现苏联专家在人大法律系创建与发展过程中所做的工作与贡献,探讨人大法律系“工作母机”地位的确立,以期进一步深化对新中国法学教育发展的认识。

一、人大法律系的创建与苏联专家的到来

1950 年 2 月 19 日,中共中央政治局提名,中央人民政府委员会第六次会议通过,任命吴玉章为人大校长,胡锡奎、成仿吾为副校长。⑦ 建立伊始,人大即仿照苏联高等教育模式,没有“院”的组织,系就是受校长直接领导的教学行政部门。⑧ 人大最初在本科暂设经济系、经济计划系、财政信用借贷系、贸易系、合作社系、工厂管理系、法律系与外交系,学习期限为 2 ~ 4 年。专修班暂设经济计划、财政信用借贷、贸易、合作社、工厂管理、统计、外交、教育、法律等系,学习期限暂定 6 个月。⑨ 正如民商法学家赵中孚所言,“人民大学 9 月正式开学。之前学校可能还有点干部培训性质,现在就正规化了,一切按苏联莫斯科大学的模式进行”。⑩

首先,法律系建立了以教研室为核心的教学与科研体制。“教研

⑥ 代表性研究参见唐仕春:《建国初期来华苏联法学专家的群体考察》,载《环球法律评论》2010 年第 5 期;朱立恒:《新中国成立以来法学教育工作的历史沿革》,载《中共党史研究》2008 年第 3 期;董节英:《1949 ~ 1957 年的中国法学教育》,吉林人民出版社 2008 年版;方流芳:《中国法学教育观察》,载《比较法研究》1996 年第 2 期;汤能松等:《探索的轨迹——中国法学教育发展史略》,法律出版社 1995 年版;陈守一:《新中国法学三十年一回顾》,载《法学研究》1980 年第 1 期等。

⑦ 参见《中国人民大学纪事(1937 ~ 2007)》(上卷),中国人民大学出版社 2007 年版,第 96 页。

⑧ 参见何戊双:《中国人民大学“系”的工作》,载《人民教育》1951 年第 6 期。

⑨ 参见《关于中国人民大学实施计划的决定》,1950 年,中国人民大学档案馆藏,档案号:1950 - XZ11 - XB - 2.0003。

⑩ 中国人民大学校史研究丛书编委会编:《求是园名家自述》(第二辑),中国人民大学出版社 2012 年版,第 357 页。

室"这一机构,直接来自苏联高等教育的创造,"担任一门或几门同种类课程的教师们组织起来,共同进行教学与研究工作"。[⑪] 法律系教研室最基本的任务是教学工作、科学研究、培养师资三方面。1950年8月底法律系正式开始工作以来,陆续设立了6个教研室:国家与法权理论教研室、国家法教研室、民法教研室、刑法教研室、国际法教研室和国家与法权历史教研室。其后,国际法教研室并入外交系,还有5个教研室。[⑫] 法律系教研室初由科学指导员、主任、秘书、干事、教员以及研究生组成,其后进行了精简,取消了秘书、干事的设置,此外,教研室的教员根据业务上的联系设专业小组(又称教学小组),例如,刑法教研室就曾设有刑法、犯罪对策、法院组织、法医、苏联刑法5个小组,其余教研室依据业务范围设有2~6个小组。[⑬] 法律系各教研室基本情况(见表1)。

表1 法律系教研室基本情况

教研室	成立时间	首任教研室主任	首任科学指导员
国家与法权理论教研室	1950年9月	韩铭立	谢米里亨
国家法教研室	1950年8月	杨化南	瓦也沃金
民法教研室	1950年8月	何思敬(代理) 张畲	雅奇科夫(雅亦契柯夫)
刑法教研室	1950年8月	朱世英(兼)	贝斯特洛娃
国家与法权历史教研室	1950年12月	刘奇	瓦里赫米托夫(瓦里亚赫梅特洛夫)

教研室在苏联专家的帮助下,逐步建立和完善了教研室的工作制度,形成了以会议制度为支撑,以集体主义为指导,以各级计划为保障的工作体系,主要表现在:

---

⑪ 成仿吾:《中国人民大学的教研室工作》,载《人民教育》1951年第4期。

⑫ 参见《法律系二年工作总结(初稿)》,1952年,中国人民大学档案馆藏,档案号:1952-XZ16-02-1.0001。

⑬ 参见《教研室工作方法、制度及其他——人大法律系调查报告之五》,1955年,中国人民大学档案馆藏,档案号:1955-XZ16-02-1.0005。

第一,教研室以会议作为主要工作形式,各教研室逐步形成了制度化的会议。以国家与法权理论教研室为例:(1)例会每半个月进行一次,主要按工作计划规定进行。(2)临时会议,即非正式会议,有关人员参加,主要是与专家商量教研室一些问题。(3)科学讨论会,按计划讨论教研室论文与讲义。(4)各小组的定期小组会,对工作学习的检查与问题的处理。(5)小组长联席会,视工作必要时召开。[14]

第二,教研室形成了集体运作的教学制度,突出表现在预讲制与旁听制。以国家法教研室为例:主讲教员经过准备,将教学提纲在教研室进行预讲,由其他教员讨论,主要包括(1)是否掌握了讲义的精神及体系,掌握的有没有偏差,有偏差即纠正,使之完全能够掌握住讲义的精神,会给同学讲授而不是生吞活剥的背诵条文。(2)是否联系实际,联系的是否恰当等。(3)在讲授技术上,如讲授重点是否清楚、口吻是否妥当等。经过预讲,教研室慎重研究,然后才给同学去讲授。正式讲授过程中,为及时了解教员讲授效果,教员轮流互相旁听,并及时收集学生的反映,以便改进教学。[15]

第三,教研室强调工作的计划性。通过订立全学年的、学期的、月份的计划,具体到每一教员每学期计划、每周工作要点、逐日执行计划。[16]以国家与法权理论教研室为例:教研室必须决定自己半年或一年的工作计划。(1)每学期开学前一定作出全学期工作计划呈报上级批准施行。(2)每开学前必须作出翻译计划及出版计划,以便配合教学出版教材及参考资料。(3)教员每学年的工作计划制定后经校长批准执行。(4)教员对自己要讲的课程作出计划经上级批准实施。[17]

其次,法律系制订了以学习苏联为导向的教育计划,从培养目标到

---

⑭ 参见《国家与法权理论教研室50年9月—52年6月工作总结》,1952年,中国人民大学档案馆藏,档案号:1952-XZ16-02-1.0002。

⑮ 参见《国家法教研室1950—51年度工作总结》,1951年,中国人民大学档案馆藏,档案号:1951-XZ16-02-3。

⑯ 参见《教研室工作方法、制度及其他——人大法律系调查报告之五》,1955年,中国人民大学档案馆藏,档案号:1955-XZ16-02-1.0005。

⑰ 参见《国家与法权理论教研室50年9月—52年6月工作总结》,1952年,中国人民大学档案馆藏,档案号:1952-XZ16-02-1.0002。

课程设置均体现了鲜明的苏联特色。教育计划是所有师生行动的纲领,培养目标又是制订教育计划的主要根据。所以,培养目标是否明确直接关系着教育计划的准确性以及教学效果。法律系在1950年成立之初,即在苏联专家的帮助下,规定了培养目标是法律工作者(Юрист),即培养有马列主义基本理论的,并且有法律业务知识的专门人才,根据苏联经验及我国建设需要,其范围包括司法干部、国家管理干部和理论方面干部。⑱ 这一教育计划的颁布受到了当时同学的欢迎,如同学所说,"我们能学到苏联社会主义国家的先进经验真是荣幸极了",并确信地说:"这个计划只有人民大学才有,也只有人民大学才能保证施行。"⑲课程设置方面,法律系自成立两年来所讲课程及实际进度(见表2)。

表2　法律系两年来所讲课程及实际进度统计　　单位:课时

二年级				一年级			
课程	讲授	课堂讨论	共计	课程	讲授	课堂讨论	共计
马列主义基础	150	42	192	※马列主义基础	90	34	124
政治经济学	134	62	196	中国革命史	44	12	56
中国革命史	54	14	68	中国历史	80	20	100
中国历史	44	14	58	逻辑学	48	18	66
国家与法权理论	92	36	128	国家与法权理论	108	42	150
人民民主原理	34		34	国家与法权历史	100	26	126
逻辑学	46	14	60	法院组织	32	8	40

⑱ 参见《关于法律系教育计划问题》,1955年,中国人民大学档案馆藏,档案号:1955-XZ16-02-1.0004。

⑲ 《法律系50—51年第一学期工作总结》,1951年,中国人民大学档案馆藏,档案号:1951-XZ16-02-3。

续表

二年级				一年级			
课程	讲授	课堂讨论	共计	课程	讲授	课堂讨论	共计
司法统计	64		64	※俄文		128	128
簿记核算	64	28	92	※体育		60	60
国家与法权历史	90	28	118	△国文	30		30
苏联国家法	48	22	70				
法院组织	48	20	68				
※民法	132	52	184				
※刑法	58	32	90				
中国国家法	42	10	52				
人民民主国家法	38	12	50				
土地法	30		30				
※俄文		320	320				
体育		118	118				
总计	1168	824	1992	总计	532	348	880

资料来源:《法律系二年工作总结(初稿)》,1952 年,中国人民大学档案馆藏,档案号:1952 - XZ16 - 02 - 1.0001。

注:①※表示尚未讲完的课程。②△表示选修课。

此表按实上时数统计。

从表 2 可知,其一,法律系在课程类型上,主要划分为五类。[20] 第一类为政治理论课,如马列主义基础、政治经济学、中国革命史、中国历史、人民民主原理等。第二类为法律基础理论课,如国家与法权理论、国家与法权历史、苏联国家法、中国国家法、人民民主国家法等。第三类为法律业

---

[20] 参见《中国人民大学法学院院史:1950 ~ 2015》,中国人民大学出版社 2015 年版,第 23 页。

务课,如民法、刑法、土地法、法院组织等。第四类为业务辅助课,如逻辑学、司法统计、薄计核算等。第五类为普通公共课,如俄文、体育等。其二,政治理论课在整个课程体系中占有重要位置,按照实际总时数统计,一年级占比31.8%,二年级占比27.5%。就单个课程而言,俄文虽然仅有课堂讨论时数,仍占有相当的比重,一年级仅次于国家与法权理论课程,占比14.5%,二年级更是以远超其他课程的时数占比16%,毕竟要学习苏联首先就要解决语言障碍,这也从侧面反映出苏联课程的重要程度。其三,课程讲授内容,除政治理论课外,基本以苏联内容为主。即使1953年在校长及苏联顾问的指导下,法律系确定了新的教育计划,增强了专业化和中国部分比重。但“根据目前情况仍是学习苏联为主,一般来说中苏部分的比例是1∶2,目前这个原则是不能动摇的,随着国家任务的发展将逐渐增加中国东西”。[21]

最后,法律系积极引入苏联高等教育的教学方法,突出表现在习明纳尔与考试制度。中国人民大学各系的教学工作主要包括讲授、实习和课堂讨论、教员辅导、生产实习、学生自习、考试或测验等六个环节。[22] 所谓“习明纳尔”,来自俄文(Семинар)音译,是在教员直接领导下有计划地、有重点地、有准备地进行关于课程内容的讨论与研究的一种教学方法,主要应用于理论课程方面,它是主讲教员在课堂上讲完一个单元之后进行的。[23] 宪法学家许崇德对此评价颇高:“这个过去也是很少的,是从苏联来的。这个方法挺好的,不光要自学,还要集体讨论。”[24]劳动法学家王益英回忆道,“习明纳尔”也就是在学完某一章节后,安排课堂讨论。在老师的主导下,学员踊跃发言,各抒已见,从而加深对讲授内容的理解,也有助于培养学员良好的思维方法。[25] 这种苏联先进经验与中国实际相结合的

---

[21] 《法律系工作汇报》,1953年,中国人民大学档案馆藏,档案号:1953-XZ16-02-3。

[22] 参见《中国人民大学的教学方法》,载《教学与研究》1953年第4期。

[23] 参见刘经宇:《中国人民大学的“习明纳尔”》,载《人民教育》1951年第5期。

[24] 中国人民大学校史研究丛书编委会编:《求是园名家自述》(第一辑),中国人民大学出版社2010年版,第192页。

[25] 参见中国人民大学校史研究丛书编委会编:《求是园名家自述》(第二辑),中国人民大学出版社2012年版,第339页。

教学方法,逐渐展现出其优越性。法律系 1950 ~ 1951 学年第一学期的工作总结中指出,习明纳尔是在系统的大课讲授后用来组织领导复习的方法,自采取以后就起到了督促学习,加强复习的作用,是推动学习的有效方法。在考试中,同学们反映到,"有学明纳的课复习很容易""平时学明纳准备好的不多复习须可胜利完成考试任务",反之,讲授内容不多,加之平时缺乏习明纳尔的课程,同学们在考试中感到很困难。㉖ 此外,法律系考试主要采取苏联式口试的方式,其优点在于:(1)较准确地了解真实学习程度;(2)操作简便;(3)有利于及时反馈,成绩评定则采用四级记分法:"优""良""中""劣"(不及格)。㉗ 这种考试方法就曾给宪法学家许崇德留下深刻的印象,"做了好多考签,先抽签,给 20 分钟准备,然后口答,当场打分"。㉘

人大法律系的创建及其制度建设,离不开苏联法学专家的悉心指导。根据现存人大档案及外国专家局档案,人大苏联法学专家基本情况(见表3)。㉙

表 3 中国人民大学苏联法学专家基本情况

姓名	教研室	教育背景	来华离华时间
谢米里亨	国家与法权理论教研室	1948 年苏共中央社科院副博士学位	1950 年 6 月至 1953 年 6 月
瓦也沃金	国家法教研室	1950 年莫斯科大学副博士学位	1950 年 6 月至 1952 年 6 月
科朵夫	国家法教研室	1951 年副博士学位	1952 年 9 月至 1953 年

㉖ 参见《法律系 50—51 年第一学期工作总结》,1951 年,中国人民大学档案馆藏,档案号:1951 - XZ16 - 02 - 3。

㉗ 参见《中国人民大学法律系培养教员、学生基本情况》,1953 年,中国人民大学档案馆藏,档案号:1953 - XZ16 - 02 - 3。

㉘ 中国人民大学校史研究丛书编委会编:《求是园名家自述》(第一辑),中国人民大学出版社 2010 年版,第 191 页。

㉙ 参见《1954 年 3 月中国人民大学开办以来各系、教研室聘专家情况登记表》,1954 年,中国人民大学档案馆藏,档案号:1954 - XZ16 - 02;唐仕春:《建国初期来华苏联法学专家的群体考察》,载《环球法律评论》2010 年第 5 期。

续表

姓名	教研室	教育背景	来华离华时间
柯尼娜	国家法教研室	1951年社科院副博士学位	1952年12月至1954年6月
雅奇科夫(雅亦契柯夫)	民法教研室	1945年全苏法律科学研究所副博士学位	1950年9月至1951年6月
克拉萨夫契克夫	民法教研室	1951年获副博士学位	1951年9月至1954年6月
贝斯特洛娃	刑法教研室		1950年6月至1952年6月
多马亨	刑法教研室		1952年9月至1953年6月
尼古拉耶夫	刑法教研室	1952年莫斯科大学副博士学位	1953年12月至1954年6月
柯尔金	刑法教研室	1950年莫斯科法律学院副博士学位	1954年11月至1957年5月
瓦里赫米托夫(瓦里亚赫梅特洛夫)	国家与法权历史教研室	1948年莫斯科法律学院副博士学位	1952年3月至1955年6月
萨文斯基	国际法教研室	1949年莫斯科法律学院副博士学位	1950年12月至1951年6月
克洛斯托列夫	国际法教研室		1951年至1953年
阿扎罗夫	国际法教研室	1949年社科院副博士学位	1953年12月至1954年
明仁斯基	国际法教研室	1951年莫斯科大学副博士学位	1954年10月至1956年11月

根据表3,1950~1957年,人大苏联法学专家共计15位,其中11位在法律系工作,其余4位在外交系国际法教研室工作。1950年以谢米

里亨等为代表的苏联法学专家首开任职人大的先河，随后苏联法学专家陆续前来任教，于 1952 年达到高峰，并最终于 1957 年全部离校。正如有研究指出，来华苏联法学专家们是一个年富力强的群体，不少人有多年法律工作经历，学术造诣较高，在传授苏联法制经验方面具有很强的能力，[30]而人大法律系苏联法学专家正是其中的杰出代表，这也为其发挥“工作母机”的作用奠定了基础。根据刑法学家高铭暄所述，刑法教研室专家贝斯特洛娃来自苏联斯维尔德洛夫斯克法学院，达马亨（多马亨）来自列宁格勒大学，尼可拉耶夫（尼古拉耶夫）来自莫斯科大学，柯尔金也来自莫斯科大学。[31] 这些专家虽同属刑法教研室，但又各有分工。例如，达马亨主要讲授辅导苏维埃刑法、[32]尼可拉耶夫则专长于刑事诉讼与犯罪对策。[33] 又如，劳动法学家王益英提到，民法教研室专家克拉萨克契柯夫，是苏联斯维尔德洛夫斯克法学院教授，年纪不太大，曾经参加过第二次世界大战。[34] 国家法教研室专家科朵夫（科托夫）则主要讲授辅导苏联国家法、人民民主国家法、资产阶级国家法等课程，[35]并围绕“第一个苏维埃宪法”“宪法的概念和本质”进行过专题报告。[36] 国家与法权历史教研室专家瓦里哈来托夫（瓦里赫米托夫），40 岁，1948 年于莫斯科法律学院获得副博士学位，具有丰富的法律实践及研究经历，曾做过检察官，也曾担任高校国家与法权理论历史教研室主任，在国

[30] 参见唐仕春：《建国初期来华苏联法学专家的群体考察》，载《环球法律评论》2010 年第 5 期。

[31] 中国人民大学校史研究丛书编委会编：《求是园名家自述》（第一辑），中国人民大学出版社 2010 年版，第 179 ~ 180 页。

[32] 参见《中国人民大学法律系刑法教研室苏联专家 C. A. 多玛亨在 1952 ~ 1953 学年第二学期的工作计划》，1953 年，中国人民大学档案馆藏，档案号：1953 - XZ16 - 02 - 4。

[33] 参见《高等学校一九五三年须续聘及辞聘专家名单》，1953 年，中国人民大学档案馆藏，档案号：1953 - XZ16 - 02 - 4。

[34] 中国人民大学校史研究丛书编委会编：《求是园名家自述》（第二辑），中国人民大学出版社 2012 年版，第 340 页。

[35] 参见《国家法教研室专家科托夫工作时间表》，1953 年，中国人民大学档案馆藏，档案号：1953 - XZ16 - 02 - 4。

[36] 参见《本系国家法教研室专家科托夫关于“第一个苏维埃宪法”“宪法的概念和本质”报告》，1953 年，中国人民大学档案馆藏，档案号：1953 - XZ16 - 02 - 6。

家与法权理论历史学术方面造诣深厚,[37]执教人大法律系以来,编写了苏维埃国家与法权史讲义,[38]同时还开展了一系列高水平的专题报告,主题包括:(1)原始公社制度;(2)斯大林关于经济发展法则的客观性原理;(3)生产关系一定要与生产力性质相适合的法则;(4)社会主义基本经济法则;(5)现代资本主义基本经济法则;(6)《苏联社会主义经济问题》一书中的其他问题等。[39]

二、人大法律系苏联专家的主要工作与贡献

先后来到法律系工作的苏联专家,以教研室工作为核心,提供了贯穿于法律系方方面面工作的指导和帮助。正如法律系总结报告中指出,教研室从无到有、从小到大,教员由毫无业务知识及教学经验到现在基本上掌握业务知识及苏联先进教学方法,一般能担负目前较繁重的教学任务,这完全是与各教研室的苏联专家的巨大帮助分不开的,许多中国教员同志们说:"专家一来,什么都有",这确实是事实。[40] 具体而言,人大法律系苏联法学专家的主要工作与贡献主要包括以下几个方面:

1. 教学工作。苏联专家对教学工作极为重视,并且围绕教员培养,做了大量卓有成效的工作,正如各教研室总结到,"没有专家的帮助,我们是很难进行教学的"。[41] 法律系各教研室初创之时,教学条件尤其是师资条件,极为艰苦。如刑法教研室据开学仅有十几天的时间,教员尚

---

[37] 参见《苏联专家瓦里哈来托夫的简历》,1955年,中国人民大学档案馆藏,档案号:1955-XZ16-02-5。

[38] 参见《国家与法权历史教研室专家瓦里雅赫米特夫所写"苏维埃国家与法权史"讲义及其提纲》,1953年,中国人民大学档案馆藏,档案号:1953-XZ16-02-9。

[39] 参见《苏联专家瓦里荷米托夫同志专题报告记录》,1953年,中国人民大学档案馆藏,档案号:1953-XZ16-02-5。

[40] 参见《法律系关于苏联专家两年来对我系帮助的总结》,1953年,中国人民大学档案馆藏,档案号:1953-XZ16-02-4。

[41] 《法律系各教研室教学工作经验教训与今后工作方向登记表》,1952年,中国人民大学档案馆藏,档案号:1952-XZ16-02-1.0001。

在东拼西凑未调齐的状态中,教员没有业务知识与教学经验,没有一本教材,但是教研室必须要在九月一日准时开课,对此,刑法专家贝斯特洛娃并没有任何的惧难,而是满怀信心地说:“困难是有的而且很严重,但是没有不可以克服的困难。”[42]因此,苏联专家从中国教员的实际出发,采取了边学、边教、边写三者相结合的培养方式。

第一,苏联专家通过讲授的方式,使教员系统深入地学习了所要担任的课程,成为提高教员业务水平的重要环节。如民法专家克拉萨夫契克夫曾先后讲授三门专业课,其讲稿成为教员讲课的基本本钱,教员反映没专家讲课我们就不好开课。在此基础上,苏联专家每周定期给教员进行辅导,解决教学等方面的疑难问题,如国家法专家瓦也沃金和科朵夫前后辅导过八门课程,民法专家克拉萨夫契克夫有六门课程都采用辅导方式,对教员深入消化加强理解和业务提高起了巨大的作用。[43]

第二,苏联专家强调教员通过实际教学进行提高。苏联专家不仅注重教学经验及方法的传授,还不断鼓励教员完成任务的信心。在教学工作的各个环节,包括如何进行讲授、课堂讨论、辅导及考试测验,苏联专家都进行了详尽的指导。刑法专家柯尔金指出,“讲授是教学中最中心的环节”,讲授方式与课程内容同样重要,“好的形式能帮助同学了解课程的理论性和思想性”,并进一步从授课材料、授课语言甚至讲课的音调、速度、停顿、举例以及图表、实物的运用等细节进行了讲解。[44]“事实证明,在初期以至现在,从教学工作中来培养教员是行之有效的,可促使教员迅速掌握专业,以至于熟悉和巩固。如有些同志说:‘教一遍胜于学三遍’,就是这个道理。”[45]

第三,为提高教学效果,专家在教员编写授课提纲、讲义等方面提供

[42] 《刑法教研室关于跟苏联专家关系的总结》,1953 年,中国人民大学档案馆藏,档案号:1953 - XZ16 - 02 - 4。

[43] 参见《法律系关于苏联专家两年来对我系帮助的总结》,1953 年,中国人民大学档案馆藏,档案号:1953 - XZ16 - 02 - 4。

[44] 参见《苏联专家柯尔金同志在 1955 年 4 月 26 日讨论“关于改进讲授方法的报告”的系代会上的发言》,1955 年,中国人民大学档案馆藏,档案号:1955 - XZ16 - 02 - 4。

[45] 《法律系 1952—1953 学年工作总结》,1953 年,中国人民大学档案馆藏,档案号:1953 - XZ16 - 02 - 3。

了细致耐心的帮助,在写的方法、步骤、材料方面都做出了具体的指导。如写讲义方面,专家首先拟好提纲,提出参考书,指导如何写作。初稿写完后,专家又参加讨论,指出优缺点及修改意见。尤其在编写中国讲义方面,经过专家的再三鼓励与方法传授,解决了教员认为中国讲义不能写的思想,增强了教员的信心和勇气,使讲义能按期完成。[46] 在专家的指导和帮助下,至1953年年底,仅刑法教研室就编写了中国教材60万字,完成中国的课程提纲初稿3个,翻译教材及参考书390万字,印出苏维埃教材9种。[47]

2.研究生培养工作。苏联专家瓦也沃金常说,“今天的研究生就是明天的教员”。因此苏联专家高度重视研究生的培养工作,从一开始就是按照教员的标准进行培养,一方面注重研究生的专业素养,苏联专家亲自讲授全部业务课程,并具体传授研究生学习方法,如贝斯特洛娃专家经常不断地找研究生个别谈话、辅导,了解学习情况,检查学习笔记,了解研究生怎样记笔记,教给他们如何记最好;另一方面注重研究生的教学能力,教给他们如何讲课、如何写讲义、如何写论文,如克拉萨夫契克夫专家对民法教研室研究生的实习不仅重视而且亲自指导,并且参加总结。而毕业的研究生,绝大部分都能够顺利地完成所担任的教学任务。[48]

3.科学研究工作。科学研究工作是提高教员水平的重要环节,教学工作者如果不作科学研究工作,那么正如苏联高等学校经验证明的“本身不研究任何科学问题的教员,不能不滚到教条主义和学究主义的道路上”,所以作教学工作就必须经常不断地进行科学研究工作,来提高教员的水平。[49] 苏联专家特别强调和鼓励教员与研究生参与科学研究工作,

---

[46] 参见《国家与法权史教研室专家的贡献和我们的体会》,1952年,中国人民大学档案馆藏,档案号:1952 - XZ16 - 02 - 5。

[47] 参见《刑法教研室工作与领导工作》,1954年,中国人民大学档案馆藏,档案号:1954 - XZ16 - 02 - 7。

[48] 参见《国家法教研室关于苏联专家两年来对我们帮助的总结》,1953年,中国人民大学档案馆藏,档案号:1953 - XZ16 - 02 - 4。

[49] 参见《法律系1952—1953学年工作总结》,1953年,中国人民大学档案馆藏,档案号:1953 - XZ16 - 02 - 3。

苏联专家谢米里亨指出，“科学研究工作，不但可使教员的质量提高，培养研究能力，并且可使教学内容不断丰富”。苏联专家往往亲自参加论文题目确定的讨论会，指导确定题目，同时在拟订论文提纲、收集材料、论文写作等环节，都会给予具体全面的帮助和指导。针对教员和研究生普遍缺乏科学研究经验的情况，苏联专家瓦里赫米托夫鼓励说：“应该勇敢，如果害怕不敢写，就永远也写不成，应该在写的过程中学习和提高。”[50]同时，专家还领导教员进行专题讨论。如克拉萨夫契克夫专家领导讨论过“结婚是否法律行为”一题，每个人在会上发言讨论，专家最后总结。这种方式，不但培养了教员的科学研究兴趣，而且对提高业务水平也是有效的方法。[51]

4. 行政工作。法律系各教研室是根据苏联先进的教学经验，在苏联专家的帮助和指导下建立的。面对这样一种全新的教学组织，国家法教研室回顾到，开始时由于工作生疏，一切无所适从，一切依靠专家，如开会何时开、谈些什么均靠专家。[52] 面对中国教员对教研室性质、任务、人员、职责及对专家的关系不明确的情况，专家主动帮助制订了详细的工作计划，使工作渐入正轨。[53] 具体而言，苏联专家根据苏联经验协助法律系建立了科学的工作制度，制订了全学年计划、教研室工作职责、任务、教研室会议内容和日程以及怎样领导和组织教研室工作，此外，刑法专家贝斯特洛娃还帮助建立了档案制度。[54]

5. 思想教育工作。苏联专家十分重视对教员和研究生的思想教育工作，一方面，苏联专家以爱国精神、国际主义精神鼓舞教育各位教员和

---

[50] 参见《国家法教研室关于苏联专家两年来对我们帮助的总结》，1953 年，中国人民大学档案馆藏：1953 – XZ16 – 02 – 4。

[51] 参见《关于专家所起的作用问题》，1952 年，中国人民大学档案馆藏，档案号：1952 – XZ16 – 02 – 5。

[52] 参见《法律系国家法教研室 1950 年第一学期工作总结报告》，1951 年，中国人民大学档案馆藏，档案号：1951 – XZ16 – 02 – 3。

[53] 参见《国家法教研室 1950—1951 年度工作总结》，1951 年，中国人民大学档案馆藏，档案号：1951 – XZ16 – 02 – 3。

[54] 参见《法律系关于发挥苏联专家作用的报告》，1955 年，中国人民大学档案馆藏，档案号：1955 – XZ16 – 02 – 5。

研究生,阐明教学工作与祖国事业的联系和重要性,瓦也沃金专家说:“研究中国的东西是爱国主义的行动”“不懂中国的东西犹如房子主人不熟悉自己的房子一样”“不研究祖国的东西是道德上的犯罪”。[55] 另一方面,苏联专家以认真负责、热情忘我的劳动态度带动教员与研究生。克拉萨夫契克夫专家每日的工作自早上8时一直到12时,没有迟到过,只有迟走,往往是12时30分才结束工作。整个上午中间很少休息,一个辅导接着一个辅导,一件工作接着一件工作,即使在讲课时,中国教员和研究生按时休息,但他还是为某门课程来解答问题,有时他还主动找中国教员谈问题与工作,甚至带病坚持授课。[56] 可以说,苏联专家的劳动态度、克服困难的创造性、工作的计划性以及实事求是的科学态度都成为教员和研究生学习的榜样,专家此种言行一致的感召对于法律系全体师生的思想影响和作用是巨大的。

三、苏联经验与人大法律系学科地位的确立

在苏联专家的帮助之下,法律系充分借鉴和吸收了苏联高等教育的丰富经验,同时坚持与中国实际相结合,形成了相对成熟的教育理论、制度与实践。1954年4月,高等教育部召开“中国人民大学教学经验讨论会”,其目的是“为了全面地、系统地介绍中国人民大学学习苏联进行教学工作的经验并加以讨论和推广”。[57] 本次全国性的讨论会受到了全国各高等学校的重视,全国各类高等学校大都有代表参加,人大也做了充分的准备,相关领导与教员围绕学习苏联经验,作了培养工农干部工作、教务部工作、系主任工作、教研室工作、培养研究生工作、科学研究工作

[55] 《法律系关于苏联专家两年来对我系帮助的总结》,1953年,中国人民大学档案馆藏,档案号:1953-XZ16-02-4。

[56] 参见《关于专家所起的作用问题》,1952年,中国人民大学档案馆藏,档案号:1952-XZ16-02-5。

[57] 杨秀峰:《中国人民大学教学经验讨论会闭幕词》,载《中国人民大学教学经验讨论会报告汇编》,中央人民政府高等教育部高等教育通讯编辑室1954年版,第4页。

等方面的系列报告，得到了与会代表的高度评价。北京大学马寅初校长在小组会上说：“今天使我更清楚地了解到党中央在1949年中华人民共和国成立之初即决定成立中国人民大学的重要意义。”复旦大学代表认为：“中国人民大学从无到有，积累了很好的经验，为全国高等学校起着示范和指导作用。”[58]武汉大学张勃川副校长在会后校内报告中强调：“要做好教学改革工作就必须学习苏联，而学习苏联首先就要学习中国人民大学的经验。”[59]

时任高等教育部副部长的黄松龄在开幕式指出，人大创设的目的之一就在于以其“作为学习苏联先进经验、进行教学改革的典型，以便创造经验，培养师资，帮助其他高等学校”，近四年来，人大“给了全国高等学校特别是财经、政法院校很大的帮助”。[60] 正是由于此种示范和引领作用的充分发挥，逐步确立了人大法律系的学科地位，其中苏联专家的帮助与指导起到了关键作用。具体而言，人大法律系“工作母机”地位的确立，主要体现在师资培养与教材编译两个方面。

1. 师资培养方面。自人大法律系成立以来，始终将师资培养放在各项工作的首位，法律系三年来培养了120多名教员（校外在内），不仅解决了法律系初期师资缺乏的问题，还为其他大学、政法院校等培养了一批教学力量。具体来看，法律系主要采取了研究生培养、进修教师培养、外派专家教员讲学及校际互助合作等方式。法律系第一期、第二期毕业的研究生共计73人（校内56人，校外17人），在校内任教的31人，校外任教的36人，调其他工作的6人。[61] 劳动法学家关怀提到，研究生都是从各大学来的，学完了再回到各个学校教书，如华东政法学院的宣冬玲，吉林大学的李芳志，西北政法学院的穆镇汉、马原等，20世纪50年代各

---

[58] 杨秀峰：《中国人民大学教学经验讨论会闭幕词》，载《中国人民大学教学经验讨论会报告汇编》，中央人民政府高等教育部高等教育通讯编辑室1954年版，第11页。

[59] 吴贻谷主编：《武汉大学校史（1893～1993）》，武汉大学出版社1993年版，第250页。

[60] 黄松龄：《中国人民大学教学经验讨论会开幕词》，载《中国人民大学教学经验讨论会报告汇编》，中央人民政府高等教育部高等教育通讯编辑室1954年版，第1页。

[61] 参见《法律系研究生第一、二期毕业人数统计表》，1953年，中国人民大学档案馆藏，档案号：1953－XZ16－02－3。

个大学里教劳动法的都是从这里出去的。[62] 从学员名单来看,学员单位基本包括了各主要高等院校:中央政法干校、北京政法学院、北京大学、华东政法学院、武汉大学、西南政法学院、中南政法学院、复旦大学、西北政法干校、东北政法干校、上海财经学院、华中师范学院、东北财经学院、华东师范大学、延边大学、西南师范学院等。[63] 为校外培养的研究生,回校后基本都具备了开课能力,如1953年7月,东北人民大学法律系前往人大法律系攻读研究生(学制2年)的12名教员毕业归校,即按当时教学计划要求基本开全了法律系的专业课。[64] 据武汉大学、中南政法学院、东北人民大学同志来信,研究生讲课的效果很好。[65]

人大法律系同时承担了全国各政法院系教师的进修任务。仅1955年上半年,法律系接受了全国各政法院系的进修教师40名,此外,各院系又中途陆续派来进修教师9名。他们进修的专业包括国家与法权理论、国家与法权基础、国家与法权通史、国家法、法院与检察院组织法、刑法、刑诉、民法、土地法、犯罪对策等17门专业,进修期限绝大部分为一年,少数为半年。法律系采取了系统讲授与自修相结合的方式进行培训,参与的教师普遍认为"学到了不少知识"。经过进修,各位教师基本上熟悉与掌握了专业知识,积累了一些教学经验,许多老师还收集了一定资料,编写了一定数量的讲稿。[66] 根据档案记载,选派教师前往人大法律系进修的政法院校包括:北京政法学院、北京大学、华东政法学院、武汉大学、西南政法学院、中南政法学院、复旦大学、西北大学等。[67] 而

---

[62] 参见中国人民大学校史研究丛书编委会编:《求是园名家自述》(第一辑),中国人民大学出版社2010年版,第424页。

[63] 参见《中国人民大学学员名单》,1955年,中国人民大学档案馆藏,档案号:1955-XZ16-02-6。

[64] 参见姜朋:《东北人民大学法律系早期历史述略(1950~1953)》,载《法制与社会发展》2007年第3期。

[65] 参见《中国人民大学法律系培养教员、学生基本情况》,1953年,中国人民大学档案馆藏,档案号:1953-XZ16-02-3。

[66] 参见《中国人民大学法律系关于进修教师工作总结》,1955年,中国人民大学档案馆藏,档案号:1955-XZ16-02-2.0003。

[67] 参见《各政法院校选送教师进修名单》,1955年,中国人民大学档案馆藏,档案号:1955-XZ16-02-6。

各政法院校进修教师回校后，成为推动各院校法律系发展的中坚力量。根据西南政法大学校史记载，从1954年至1956年，学院先后多批选送20多名教师前往人大攻读法律等专业的研究生课程，并且“这些教师学习、进修归来后，均成为学院师资队伍中的主要骨干力量，对加强学院的教学和科研工作发挥了重大作用”。[68] 此外，“中南政法学院一直与中国人民大学保持着密切的业务联系，许多骨干教师都是在中国人民大学培训提高，直接听取苏联专家讲课，回校后发挥了重要作用”。[69]

为加强指导全国政法院校的教学工作，人大还组织了苏联专家及教员赴各政法学校讲学。法律系国家与法权历史专家瓦里赫米托夫（瓦里亚赫梅特洛夫）就曾赴北京政法学院对全体教学人员进行讲学，围绕（1）国家与法权通史、苏联国家与法权史在法律专业教学计划中的地位及其与各门课程（如国家与法权理论、民法、刑法等）间的联系。（2）如何从研究国家与法权通史来揭露与批判资产阶级国家法权的反动本质。（3）苏维埃宪法在苏联历史发展各个阶级中的作用。（4）斯大林的《苏联社会主义经济问题》及《马克思主义语言学问题》等著作对于研究国家与法权理论及国家与法权历史的意义等问题进行了专题报告。[70] 再如，法理学家孙国华回忆到，法律系林景仁、王舜华曾前往华东政法学院，分别负责法理课、刑法课的讲授任务。[71]

此外，法律系还通过校际互助合作的方式进一步加深师资方面的交流。1955年，人大、北京师范大学、北京大学“就教学人员潜力的发挥、各种工作经验的交流以及图书资料的相互利用等方面”签订了《互助合作合同》。[72] 在此基础上，人大法律系与北京大学法律系也签订了《互助合作的具体办法》。关于师资方面，主要规定有：其一，两系教师在完成

---

[68] 《西南政法大学校史：1950～2010》，法律出版社2010年版，第31页。

[69] 刘可风主编：《中南财经政法大学校史》，湖北人民出版社2008年版，第95页。

[70] 参见《拟请中国人民大学苏联专家至北京政法学院讲学计划》，1955年，中国人民大学档案馆藏，档案号：1955－XZ16－02－5。

[71] 参见中国人民大学校史研究丛书编委会编：《求是园名家自述》（第一辑），中国人民大学出版社2010年版，第215页。

[72] 参见《中国人民大学、北京师范大学、北京大学〈互助合作合同〉》，1955年，中国人民大学档案馆藏，档案号：1955－XZ11－XB－12。

本系的教学任务后,可互相兼课。目前由于北京大学法律系成立不久,法医学、司法精神病学、政治学说史等几门课程,由人大法律系有关教研室统一担任;其二,两系可互派教师,做观摩研究性的听课,或进修及旁听课;其三,目前北京大学法律系尚未聘请专家,人大法律系专家应帮助指导与解答北京大学法律系教学及科学研究中的若干问题,具体时间与次数,征得专家同意后另行规定。[73]

时至今日,1950~1957年在人大法律系求学的学员,早已成长为各大高校法学领域的参天大树,甚至成为部分学科的开创者与奠基人,据不完全统计,他们中的部分代表(见表4)。[74]

表4　1950~1957年人大法律系部分学员名单

法学专业本科生				
1950届(从原政法大学转来)	胡大展	林榕年	王益英	王作富
	张晋藩	赵中孚	周惠博	
1950级(1950~1954年)	方克勤	庚以泰	蒋碧昆	廉希圣
	林向荣	蒲坚	魏定仁	巫昌祯
	解士彬	杨荣新		
1951级(1951~1955年)	常怡	宫模义	杨春洗	张仲伯
1952级(1952~1956年)	程荣斌	江伟	皮纯协	王勇飞
	肖秀梧	叶高峰		
1953级(1953~1957年)	韩美秀	吕世伦	林中	马绍春
法学硕士研究生				
1950级(1950~1952年)	胡大展	刘新	马克昌	潘静成
	齐乃宽	孙丙珠	孙国华	王乃荣
	王益英	王作富	张晋藩	赵中孚

[73] 参见《中国人民大学法律系、北京大学法律系互助合作的具体办法》,1955年,中国人民大学档案馆藏,档案号:1955-XZ11-XB-12。

[74] 参见该表节选自人大法学院所编校友通讯录,各年级以姓氏首字母排序;参见《中国人民大学法学院校友通讯录(1950~2000)》,中国人民大学法学院2000年编印。

续表

1951级(1951~1953年)	高铭暄	韩玉林	何华辉	孔庆云
	李景森	梁秀如	王召棠	许崇德
	叶孝信	张光博	张希坡	张正钊
1952级(1952~1954年)	江振良	刘德骧	武尚理	
1953级(1953~1955年)	陈芬辉	刘升平	穆镇汉	朱华泽
1953级(1953~1956年)	李昌道	邱远猷	薛梅卿	姚登魁
1954级(1954~1956年)	陈文渊	马朱炎	许显侯	游绍尹
1954级(1954~1957年)	黄明川	姜厚仁	刘文华	张焕光

2. 教材编译方面。人大成立伊始,即规定“教材主要采用苏联各大学及各专科学校的最新课本”。[75] 1951年教育部在《法学院法律系课程草案的课程表修正初稿》中规定,以苏联法学教材及著述为讲授的主要参考资料。[76] 正如法理学家孙国华所说,“法学课程的教材是苏联的,就是把苏联的教材翻译过来。翻过来也有个过程,翻了好多本”。[77] 法律系在20世纪50年代的教材建设,主要工作是翻译苏联教材,此外还着手进行了部分讲义、提纲及参考资料的编写。截至1953年年底,法律系翻译讲义10份,提纲23份,参考资料87份,教科书26份,共计146份,约11,083,400字;出版了讲义10种,提纲13种,参考资料38种,教科书10种,共计71种(系内编定的参考资料未统计在内)。[78] 根据人大图书馆现存藏书统计,1950~1957年,人大翻译出版的苏联法学专著近90种,出版的法律系编写的讲义、提纲、参考资料等近70种,如贝斯特洛娃的《法院组织学》(1951年)、《苏维埃刑法总论》(1952年)、瓦里赫米托夫的《国家与法权通史提纲》(1954年)、《苏联国家与法的历史》(1956

---

[75] 《关于中国人民大学实施计划的决定》,1950年,中国人民大学档案馆藏,档案号:1950-XZ11-XB-2.0003。

[76] 参见《中国教育年鉴1949~1981》,中国大百科全书出版社1984年版,第266页。

[77] 参见中国人民大学校史研究丛书编委会编:《求是园名家自述》(第一辑),中国人民大学出版社2010年版,第215页。

[78] 参见《中国人民大学法律系培养教员、学生基本情况》,1953年,中国人民大学档案馆藏,档案号:1953-XZ16-02-3。

年)、柯尔金的《苏维埃犯罪对策学》(1957年)等。

1954年4月26日至5月8日高等教育部在北京召开全国政法教育会议,规定“中国人民大学应将所编译的苏联法学教材进行校阅,推荐各校试用”。⑲ 为完成高教部责成法律系供应全国政法院系苏联教材的艰巨任务,6月9日,法律系还专门请求学校批准保留翻译人员,以保障苏联教材的翻译、修订、出版工作。⑳ 苏联专家的讲义、苏联的法学教材在人民大学经过翻译、整理、改写成为各大学统一使用的法律教科书。㉑ 西南政法大学前身的西南人民革命大学政法系《政法科课程(初稿)》教学计划所列教材中,法学业务课程教材绝大部分是人大的编译版本。其中属于苏联教材,人大翻译的有《国家与法权理论讲授提纲》《马列主义关于国家与法权理论教程》《法院组织学》《民法》《刑法》《刑事诉讼法》等,属于人大编著的有《法院组织学参考资料》等。㉒ 可以说,法律系编译的苏联法学著作,成为新中国法学教育教材的母本,也为各高校自主编写教材提供了重要参照。

另外,法律系在教育理念、教学制度、管理模式等方面所进行的苏联经验与中国实际相结合的有益探索,也成为全国其他高等院系争相学习的范本。以中南政法学院为例,一方面采取直接学习的方式,派遣教师干部到人大接受直接指导,邀请苏联专家来院讲学、做顾问;另一方面采取间接学习的方式,按照高等教育部的指示,引进人大的教材、管理制度、教学方法,以便学习苏联经验,推行教学改革。㉓ 人大法律系作为新中国法学教育的“工作母机”可谓实至名归。

---

⑲ 《中国教育年鉴1949~1981》,中国大百科全书出版社1984年版,第267页。

⑳ 参见《法律系关于请求保留翻译力量的报告》,1954年,中国人民大学档案馆藏,档案号:1954-XZ12-30。

㉑ 参见方流芳:《中国法学教育观察》,载《比较法研究》1996年第2期。

㉒ 参见《西南政法大学校史:1950~2010》,法律出版社2010年版,第19页。

㉓ 参见刘可风主编:《中南财经政法大学校史》,湖北人民出版社2008年版,第95页。

四、结语

在20世纪50年代“以俄为师”的特定历史条件下，苏联在各个领域成为我国争相模仿的对象，在高等法学教育领域同样也不例外。这种引进苏联法律思想和法制制度的热情，贯穿了法制初创时期的整个50年代。[84] 在来华苏联专家的协助下，中国逐渐形成了法学教育领域的“苏联模式”。从积极的角度来看，首先，苏联模式建立了中国法学教育的最初框架，在较短的时间内促进了法学教育的萌芽与发展；其次，苏联模式涉及的教学科研体制、行政管理机制等，对于合理整合及发挥教育师资等资源起到了重要作用，直至今天，教研室依旧是各大学教学体制的核心组成部分；最后，苏联模式培养了大批法学人才，他们成为今后法学教育和法学研究的中流砥柱，为新中国法学事业做出了突出的贡献。值此人大法学院70周年之际，回顾苏联专家的贡献与人大法学院学科地位的形成，恰恰是希望能够铭记历史，不忘初心，再创辉煌。2017年，在教育部学位与研究生教育发展中心开展的全国第四轮学科评估中，人大法学专业获得A+，成为全国仅有的两所高校之一。[85] 同年，法学专业入选教育部、财政部、国家发展改革委“双一流”学科建设名单。[86] 2018年12月，人大法学院宪法学许崇德教授，入选改革开放杰出贡献100人名单，授予改革先锋称号，颁授改革先锋奖章。[87] 2019年9月，党中央决定，首

---

[84] 参见蔡定剑：《历史与变革——新中国法制建设的历程》，中国政法大学出版社1999年版，第15页。

[85] 参见《第四轮学科评估高校评估结果》，载中国学位与研究生教育信息网，http://www.chinadegrees.cn/xwyyjsjyxx/xkpgjg/index.shtml，最后访问日期：2019年9月10日。

[86] 参见教育部、财政部、国家发展改革委：《关于公布世界一流大学和一流学科建设高校及建设学科名单的通知》，载中华人民共和国教育部网，http://www.moe.gov.cn/srcsite/A22/moe_843/201709/t20170921_314942.html，最后访问日期：2019年9月10日。

[87] 参见《中共中央、国务院关于表彰改革开放杰出贡献人员的决定》，载中华人民共和国中央人民政府网，http://www.gov.cn/zhengce/2018-12/18/content_5350098.htm，最后访问日期：2019年9月10日。

次开展国家荣誉称号集中评选颁授,隆重表彰一批为新中国建设和发展作出杰出贡献的功勋模范人物,授予人大法学院刑法学高铭暄教授"人民教育家"国家荣誉称号。[88] 几代人筚路蓝缕风雨兼程,七十载薪火相传厚积薄发。人大法律系也完成了高等法学教育"工作母机"的转型,成为引领中国法学教育的旗帜,为中国高等法学教育和法治建设做出了新的贡献。

A Leading Role for Higher Legal Education in China

—Soviet Experts with the Founding and Development of the Legal Department of Renmin University of China from 1950 to 1957

Jiang Han　Zhao Xiaogeng

Abstract: In 1950, under the guidance and help of Soviet experts, the Department of Law of Renmin University was established, modeling the Soviet higher education in terms of teaching, postgraduate cultivation, scientific research, administrative work as well as ideological education. Therefore, the Department of Law of Renmin University sets an example for other liberal arts colleges, especially for colleges of political science and law. At the same time, the Department of Law of Renmin University also actively helps other universities in terms of teacher training and textbook writing. This gradually established its own academic status in the field of law and becomes

---

[88] 参见《国家主席习近平签署主席令　在庆祝中华人民共和国成立70周年之际授予42人国家勋章和国家荣誉称号》,载中华人民共和国中央人民政府网,http://www.gov.cn/xinwen/2019-09/17/content_5430669.htm,最后访问日期:2019年9月20日。

a leading role for law higher education in China. The Department of Law of Renmin University makes a remarkable contribution to the development of law higher education in China.

Key Words: Renmin University of China, law department, Soviet experts, legal education

法国法学院本科商法案例教学的模式与启示*

李晓珊**

摘　要:法国法学院本科商法的教学是“大班+小班”的模式。“大班”是由教授承担的关于商法基础内容的课程,“小班”是由年轻教师承担的案例研讨课。小班的案例研讨课以商事案例的评析为主要内容,其教学目标是培养学生的商法思维、提高其写作能力,其实质上是对法律学者和法律事务工作者参与法学知识的创造的认可,更是对法律知识共同体的认可。我国法学院的本科商法案例教学借鉴法国的商法案例教学模式,选取经典性和代表性的商法案例,并且借鉴法国“小班案例研讨课”的课程模式,提高学生运用商法思维解决商事案件的能力和写作能力。

关键词:法国本科　商法案例教学　小班案例研讨课

---

* 本文为上海对外经贸大学2019年校级培育课程建设项目《商法》的阶段性成果。

** 李晓珊,上海对外经贸大学法学院讲师,巴黎第二大学私法博士。研究方向:商法学。

一、法国法学本科教学概述

法国学生在高中毕业时,若想攻读法学学士学位(licence en droit),必须参加毕业会考,即Baccalaureate考试(BAC考试);或者已获得相当的法国毕业文凭或者外国毕业文凭。

1999年,法国和30多个欧洲国家签署了《波伦亚宣言》,该宣言的公布标志着创建欧洲高等教育区计划正式启动。为了使本国的高等教育与欧洲其他国家协调统一,法国从2002年开始着手高等教育学位制度改革,即LMD改革,又名"3-5-8模式改革",将高等教育重新划分为三个阶段,设置三个基础文凭,分别是学士学位(Licence)、硕士学位(Master)和博士学位(Doctorat),累计修业年限分别为3年、5年和8年。

以法国巴黎第二大学法学本科设置为例,本科的课程需要在3年即六个学期中完成(L1,L2,L3,分别为本科一年级、二年级和三年级)180学分,这一要求对应了欧盟学分互认体系。欧盟学分互认体系(European Credit Tansfer System)是欧盟成员国在高等教育领域互相衔接的学分系统,有利于各国高等教育之间的合作交流。该体系要求欧盟成员国在一个完整的学年(两个学期)中,获得60个ECTS学分。因此,法国法学本科的课程对应这一要求,即在六个学期内完成180学分。

共分为三组课程:一是UEF(Une unité d'enseignements fondamentaux)课程,即基础课,其中也包含了选修课。另外,所有的课程都配有TD(travaux dirigés)课程——深入辅导课。二是UEC(Une unité d'enseignements complémentaires)课程,即非基础课,也叫补充性的课程。三是第二学期时开设的方法论课程。在专业设置方面,本科法学教育基本上不存在专业分化。前两年的教育基本上属于通识教育,所有学生学习内容相同。从第三年开始,学生可以根据个人偏好选择不同的专业方向。法国法传统上实行公法、私法分立,法学教育也因此划分为公法类学位与私法类学位。国家法与欧洲法成为公法、私法之外的第三大法学门类。[①] 商法这门课通常被设置在法学本科的第二学年中完成,为3学分,39课时左右。因此,商法在法国的法学本科教育中,也属于基础性的法学主干课程。

法国法学本科的教育目标是使学生掌握基本的法律知识,能够运用法律思维去解决工作和生活中的基本的法律问题。因此,学生在本科阶段需要掌握的法律基础内容包括:国内法或者欧洲法;合同法;国际法律环境;个人、政治代表人物、行政机关和公司企业的社会角色和责任;争端的解决方式(协商、调解、追索、诉讼等)。学生有望通过一系列的考试进入国家行政机关、高等商业学院等机构工作,也可能继续硕士阶段的学习而可能成为律师、检察官、高级公务员、企业法务人员等。

学生一旦进入法学院,将面临严格的淘汰机制。在法国,由于法学专业的学生可以不经入学考试就开始大学学业,各法学院设置了非常严格的考试制度。第一阶段(高等教育的前两年)的淘汰率甚至高达2/3。[②]

二、法国法学院本科商法案例教学之镜像

(一)法国本科商法案例教学的实质

法国是成文法国家,其法律已经高度法典化,甚至存在法律过多的弊端。法官须依照成文法的规则进行判案。《法国民法典》第5条规定,"禁止法官对其审理的案件以一般规则性笼统条款进行判决",由此,所谓判例是不得作为法官审理案件的法定依据的。然而,商事活动的多变性及灵活性使商事案例不断有更多的新的情况出现,《法国商法典》事

---

① 参见张莉:《道器一体、学以致用——法国法学高等教育模式研究》,载《中国法学教育研究》2010年第5期。

② 参见张莉:《道器一体、学以致用——法国法学高等教育模式研究》,载《中国法学教育研究》2010年第5期。

实上已经被诸多单行法所架空，成文法所不能解决的问题越来越多。因此，“判决从不产生法律”这一传统的大陆法系原则在实践中被突破，主要原因在于：第一，大陆法系在制定成文法典时，引进了弹性极大的基本原则，企图以基本原则的不确定性，赋予法官司法自由裁量权，法官的判决实际效力就等同为法律，那些想要了解适用这些条款收到的预期效果的律师，也必须密切观注法院适用这些条款所作的判例，把活动重点放在对大量判例的研究上，并在辩论中加以引证。第二，追求个案公正，大陆法系在实践中引进判例，法官的判决经由法学家作出评价分析，抽象出法律规则理论，已经公布，就使原来不确定的法律概念确定化，便于法官在其他案件中明确内涵，作出一致的判决。③ 因此，对于律师、检察官、法官的实务工作，先前案例的作用是极为重要的。

法国法学院培养的商事法律人才包括法官、检察官、律师和法学研究人员等，法学院引入商法案例研讨课程，实质上是对法律学者和法律事务工作者参与法学知识创造的认可，更是对法律知识共同体的认可。判例中的规则和原则，不是完全通过法条的形式表述的，发现这些原则和规则实际上就成了一种凭借法理和法学方法的认知过程。法官、学者、律师等都参与到这个过程中去。④

（二）法国商法案例教学的目标

总体来讲，法国法学院在商法案例教学的目标有四个。

第一，使学生了解立法和司法裁判的演变，在职业生涯中能够在同一个平台上进行对话。对某一具体的知识点或具体的法律问题，教师会历数过往（乃至几十年前）的案例，教会学生从中整理出一定的法律原则，并将法学家的相关理论与具体的法律问题和裁判相结合，使问题进一步抽象化，以公认的学术范式帮助学生来理解问题。

第二，培养学生的批判精神。研读过往判例，并非只是遵循先例，更多的还应当是批判其中的不当之处，从而获得规则的应然状态。学生不

---

③ 参见潘荣伟：《大陆法系的司法判例及借鉴》，载《山东法学》1998 年第 4 期。

④ 参见赵廉慧：《判例研究作为法学教学模式的意义和实践方法——以东京大学民事判解研究会为参照》，载《中国法学教育研究》2010 年第 1 期。

仅仅是在日后的职业生涯中能够处于同一平台进行对话,还应当担负起促进法学发展的重任。

第三,培养学生的商法思维。商法案例研讨课的教师会运用法社会学、制度经济学等多学科的视角,引导学生领会商法的立法和司法裁判的价值取向,形成商法思维方式。

第四,教会学生如何写作。商法案例研讨课中,学生始终是主角,学生将按照教师给定的要求写报告并陈述观点,学生将在写作中学习如何陈述案例、梳理观点、安排文章的逻辑结构,这种写作训练贯穿整个法学教育阶段。

(三)法国商法案例教学的制度保障

1. 合理的教师团队与充分的课时安排

合理的教师团队与充分的课时安排,主要体现在大班形式的课堂讲授课与小班案例教学的辅导课相辅相成。

(1)教授在大班课堂授课

大班课堂授课是指法学专业课的讲授,一般是在学校的大阶梯教室中进行,听课的学生专业不限。在师资方面,授课教师一般多为资深的教授。尽管教授们都拥有著作,但是课堂讲授课通常没有指定的教材。在每节课的课前,教学辅助人员会将教授所要讲解的重点内容等资料放置于阶梯教室门口的柜子上,方便学生进入课堂前取阅。教授还会列出参考书目如自己的相关著作,学生可以在学校图书馆借阅。

在授课方式上,大班课堂讲授课以理论教学为主,教授主要对商法的基础知识进行体系化的讲授,贯穿许多经典判例以解释法条的修改和变化,课上师生互动的机会很少。教授会按照其自拟的讲课提纲,从大标题到小标题进行详细地讲解。同时,教授会对某一重点问题配以经典案例进行阐述:教授在课堂中援引这些案例,阐述学界对这一问题的观点的演变、立法的沿革以及立法的趋势等。整个课程以教授的讲授贯穿始终,学生通常会携带笔记本电脑,悉数将课程内容记录下来,并且出勤率一直很高,而教授也无须点名。这很大程度上是出于教授不指定教材、所讲内容也完全个性化的原因。因此,学生如果不是亲临课堂,则很难扎实地掌握一学期的课程,并导致最后不能通过考试。另外,法国法学院向来有严格的淘汰制,使学生们很珍惜学习的机会,下文将详述。

在授课内容上,法国有成熟的商法典,内容繁杂,教授们在有限的课时中无法完成全部内容的讲解,因此,他们会根据自己的专长和内容来安排课程。尽管每个教授的授课有不同的侧重点,但是,法国的商法教学均体现出一种"标准配置式"的体系,即有关商法传统的、经典的问题都会出现在教授们的讲义中,而这一特点也体现在小班案例研讨课中。

(2)年轻教师在小班讲授案例研讨课

辅导课采用小班讨论制度,学生人数在十几人至二十人。任课教师通常为年轻教师、在读的博士生或校外聘请的法律实务工作者,如律师、公证人、法官等。

商法教学所选取的案例具有"经典性"和"系统性"的特点。首先,选取的案例具有"标准配置式的经典性"的特点。每节课前,任课教师会将课上将要讨论的案例下发给学生,要求他们提前阅读,或者给出案例的编号,让学生自己去图书馆查找,并结合讲授课所学内容做好课前预习。课堂教学基本上是针对已决案例。教师所提供的案例均为商法学习所必须关注的、经典的案例,而并非根据教师的个人喜好随意安排。例如,在商法的教学中,"公司是一个拟制的法人,抑或合同?""股东之间的利益冲突""董事的信义义务"等专题中,均由"标准配置"式的经典案例作为理论讲解的引子。因此,商法的小班理论辅导课修完之后,学生对商法的基本理论问题和所涉及的经典案例均能够有较为全面的掌握。其次,商法案例具有"法典化立法的系统性"的特征。法国的商法已经法典化,法典在相关法条下纳入了经典案例、裁判结果和相关的司法解释,并且还附有法学家们的主要观点。因此,编辑商法案例是一个自上而下的系统性的工程,它囊括了立法、司法和理论界对某一争议问题的全方位、立体式的深刻的解读,这在商法非法典化的国家(如我国)是一个浩大的工程,不是某一个人、学院甚至组织能够完成的。

教师以层层递进式的方式提问。讲授课与辅导课之间相辅相成,存在一定的同步性。如果说讲授课侧重法学理论、法律原则的讲解,那么辅导课则重在原理的应用和发现原则的例外。因此,在辅导课上,教师不仅通过具体案例向学生解释相关法律原理、原则,而且引导学生运用所学的法律原则对法院的判决进行分析、评判。⑤ 教师的提问先从涉及案情、案由以及所争议的法律焦点问题开始,进而深入到法条的解释或者立法的缺失,相似案例判决的比较,法学家们的观点等深层次的问题。最后,对法院的判决进行评析,并引导学生建立自己的观点,梳理手头的材料使其形成逻辑体系并写就论文。

2. 丰富的教学资源

法国最高院每年都会发布商事案例合辑,学生可以去图书馆查询纸质版,也可以在 legifrace. gouv. fr 网站上输入需要查找的案例编号,就可以很方便地找到案例,这个网站是官方免费网站。法国的商法典的评注也是引领教学的重要资源,评注在法条后面会附上相关的经典案例和名家观点,使人一目了然。教学案例的选取并不是只针对热点问题,而是更多地锁定能够反映司法裁判演变的过往经典案例。

3. 严格的考核制度

法国的法学院本着严格控制“出门”的原则,对学生的考核实行淘汰制。但是,学校并没有规定淘汰的比例,而主要由任课老师根据学生考试情况进行评判。通过考试,从本科至硕士,共五年的时间,每一学年都会淘汰一部分学生。学生会高度重视这种案例研讨课。

考试的形式方面,期末考试主要采取笔试与口试相结合的方式。考试时,将会首先进行一门核心专业课程的笔试,例如,商法专业中,针对商法进行笔试,又称为大笔试,考试时间为5小时,题目为一道至三道,考试的内容为主观题,没有客观题,主要分为两种类型:第一种是案例评析,即对已决案件进行理论评析;第二种是论述题。要想通过法学本科的学年笔试,学生仅仅依靠背诵教材是远远不够的。通常,学生需要根据课堂上教师所提供的案例、提纲和参考书目,对知识进行全面的掌握,然后对每一个问题进行深入的、逻辑性的思考,方能应对教师的考试。

⑤ 参见张莉:《道器一体、学以致用——法国法学高等教育模式研究》,载《中国法学教育研究》2010年第5期。

如果不能通过笔试的话，意味着这个学年被淘汰掉，后续的所有口试都不得再参加。笔试总分20分，10分为及格，14分为良好，17分为优秀。口试由各科老师采取抽签的方式，请学生作答，总分20分，10分及格。

（四）示例

下面以一份“小班课”的教学作为示例：

【示例】对新近某项立法改革进行批判（以“优先股法律制度”为例）。

背景：2004年6月24日，法国通过了一项政令，创造了一种全新的有价证券的形式，即“优先股”。法国立法废除了以前的三种特别股，代之以“优先股”，即优先股持有者一般放弃投票权，而在分红权或者清算优先权等方面享有优先权。学界认为，立法者看似放宽了发行优先股的条件，简化了优先股发行的程序，但实际上，依照新的法令，优先股的发行方并没有很大的动力通过发行优先股来进行融资，优先股的持有者也没有得到较为充分的保护，其退出机制也缺乏完善性，因此，法国优先股的优先权似乎没有获得立法者的充分考量。

为了阐述优先股的优先权以及立法对于优先股的优先权的设置可能导致的市场反应问题，“小班课”老师引入了一个关于优先股的案例，即法国最高法院民事审判庭于1946年6月4日针对“Motte”一案作出的判决，⑥在股份有限公司中，优先股不能享有高于其他股份的特权，更无权撤换公司领导人，因为公司的董事、经理等管理层人员的任命和撤换，均需严格遵照公司法的一般性规则。因此，法国优先股股东须遵循公司的等级制度。下文拟对案例研讨课作一个全景展示。

第一，引导学生运用科学的方法来解析案例。学生课前阅读案例，并按照教师给定的要求和格式撰写报告，内容包括：案情简介，各审判决，争议的焦点问题，适用的法律，判决评析，比较法的梳理和判决的梳理，理论延伸，自己的观点陈述等。

---

⑥ See Y. GUYON, Les sociétés, Traité des contrats, LGDJ, 5e éd., 2002, n°156.

第二,教师展开层层递进式的提问。问题包括:(1)优先股的优先权是什么?(2)诸多案例告诉我们,优先股应遵循的公司法的一般性规则有哪些?是否具有正当性?(3)优先股的优先性受到的挑战是什么?(①如何在司法上确定无表决权的优先股理论上的价值?②司法中如何界定公司发行的优先股数量是否超过了法律的规定?)(4)比较法研究中,优先股在美国的司法判例中如何在合同法与公司法的适用中灵活切换?(5)优先股在法国市场上适用率低而在美国市场上适用率高是否与立法和司法裁判的理论视角不同有关?运用法社会学和制度经济学的视角来探讨。(6)如何以商法思维来保障优先股股东的权利,进而提高优先股的市场适用率?

第三,针对有争议的焦点问题的正方、反方观点进行梳理,引导学生写作。在这一阶段,教师会寻找一个切入点,比如"优先股股东的优先权能够被立法所保障吗?"然后,教师会引述不同的法学家的观点,这些观点可能是对立的,也可能是层层递进的,还可能是存在某些部分的交叉的。教师还会最终展示自己的论文,使学生受到启发并找出自身论文的不足。

由此看来,案例研讨课的实现路径是:学生需要在课前针对案例所反映出来的争议性问题进行思考,并列出提纲、写成小篇幅的论文,然后在课堂上进行陈述。所以,这种辅导课还将对学生的写作进行指导。这种对案例进行评析的文章,法语称为"dissertataion"。文章采取相对固定的结构,一般包括两个大部分,其目的在于,要求写作者对自己的文章进行逻辑性的思考和布局,而不是简单的罗列某些概念的定义、立法的意义、立法以及修法的原因等。而且,每一个部分之间都必须有一段话来承上启下。这种写作指导是在整个法学教育中贯穿始终的,而不是专门开设一门写作课,仅仅提供几个周的课时。如果将写作转为设为一门课程,仅用几周的课时来传授所谓写作的"技巧"和"技能",那么就容易流于写作形式上的指导;而这种理论辅导课则更加注重以一种"一以贯之"的方式来促进商法思维和写作能力的培养。

三、我国法学本科商法案例教学的问题和困难

(一)我国法学本科商法案例教学的问题

笔者从事法学本科的商法教学有数年时间,教学中遇到过不少问题和困惑,也进行过一些教学方法的探索。我国法学本科商法案例教学研究存在一些误区。

1. 将举例教学等同于案例教学

事实上,“举例教学往往是在讲清原理的前提下举例子,让学生知道如何运用此原理或加深对某一问题的理解,或者通过举例子,使一个较难理解的理论通俗易懂”。⑦ 在举例教学时,案例的功能在于讲清概念、原理和制度,而不在于展示如何“找法”、如何适用法律;教学活动的重心在于知识习得,而不在于培养学生适用法律能力与法律思维;举例教学以规范或制度构成要件阐释为出发点,而非以法律或事实争议为出发点。仅经过举例教学训练的学生,在“找法”能力上对比一般公众并未有明显提高。以法的概念、原理和制度的知识记忆为重点,而忽视法律适用,此为我国传统法学教学的不足;而举例教学以规范和制度构成的阐释为出发点,并未有意识提高学生“找法”能力,这构成法学教育的“软肋”。⑧

2. 将案例教学等同于“技能教学”或“实务教学”

有部分教师将法学案例教学与“实务教学”相混淆,认为案例教学是类似于培养律师和法官的实物类教学或者技能类教学,这与案例教学的本质背道而驰。需要明确的是,法学案例教学的本质就是“法学理论教学”,大学阶段学习的案例事实都是给定的,不需要在当事人之间再进

⑦ 郭明龙:《案例教学:回归/走向法教义学》,载《天津滨海法学》2017年第00期。

⑧ 郭明龙:《案例教学:回归/走向法教义学》,载《天津滨海法学》2017年第00期。

行辩论,也就排除了证据规则、程序规则等争议焦点。[⑨] 商法学案例教学通过讲授商法的基本制度、概念和商法的基本原则,再辅以案例材料,使学生的商法思维得以形成,并指导其在实务工作中能够以商法思维提供法律服务或者裁决。

所谓"实践型案例教学"是在现实主义法学的推动下发展起来的。与抽象的法律规则和原则相比,现实主义法学派更加强调行为和政治因素对司法判决的影响。[⑩] 基于此,现实主义法学派代表人物认为,需要修正兰德尔教授的案例教学体系,应当学习医学院的诊所式培养方式,建立法律诊所,给予法学院的学生了解法律实际操作的机会。[⑪] 所以,本文所阐述的法学案例教学是"法学理论教学",而非实践型的案例教学,后者另有其意。

事实上,法国法学院的学生是在通过司法资格考试后在律师学院或检察官学院进行法律职业训练的。因此,大学本科阶段的案例教学更多的是围绕法律适用而展开的、对法律规范的适用中所产生的诸多利益方进行价值判断、将法律规范与法律适用统一起来的法教义学的实现方式。

3. 将案例教学的授课方式单一化为教师单方面的课堂讲授

将案例教学的授课方式单一化为教师单方面的课堂讲授是授课方式上的误区。有些教师在课堂上准备了丰富的案例,并逐一进行解析,忽略了法学案例教学以学生为主导的本质。当然这很大程度上与我国法学本科阶段的课程并没有设置"大班+小班"的模式有关。法国的大班教学注重的是法学理论知识的讲授,是整个小班案例研讨课的基础,而我国法学本科的案例教学实际上是将"大班"与"小班"合并在一起的语境下来探讨的。因此,会出现教师在教学方式的认识上的偏差。

---

⑨ 参见[德]阿什特里德·斯达德勒尔:《德国法学院的法律诊所与案例教学》,吴泽勇译,载《法学》2013年第4期。

⑩ 参见班小辉:《论法学案例教学方式的二元化及其互补发展》,载《法学教育研究》2018年第3期。

⑪ 参见班小辉:《论法学案例教学方式的二元化及其互补发展》,载《法学教育研究》2018年第3期。

法国的法学案例教学中,教师会在课前布置大量的材料查找和阅读的任务,这些材料既包括大量的同类案例、相似案例,也包括各法学名家的主要论文和著作。在案例教学的课堂中,学生通过事先阅读大量案例材料,并接受教师的追问。因此,在法学案例教学课堂中,教师的主要任务不是讲授而是通过"苏格拉底式"的追问来启发学生自己思考。

(二)我国法学本科商法案例教学面临的困难

我国法学院的本科商法教学如果要借鉴法国法学本科的商法教学模式,将面临如下困境:

1. 商法案例的选取困难。如前所述,法国法学本科的商法案例的选取具有"经典性"和"系统性"的特点,这当然在某种程度上有赖于法国商法的法典化,但是,即便我国的商法典在没有法典化的情况下,想学习判例法的国家的商法案例教学仍然存在困难,而这一困难主要体现在案例的选取上,因为法国的商法学案例教学的目标是培养学生的商法思维,使学生在商法理论体系上能够与法律适用保持一致性。在这一点上,判例法国家与法国的商法案例教学没有什么差别。只不过在法国,是以成文法的教授为主,配以大量的案例及论文、论著等作为辅助材料。而在判例法国家,则以判例研究为核心来回溯以往的规则,辅以制定法。无论何种路径,其目标一致,并且都拥有高度成熟的案例体系来助力。但是,在我国,则显得困难重重。首先,尽管我国最高人民法院每年都会发布(商事)指导性案例,但是其所涉及的商事法律问题较为零散,缺乏学者们对其进行体系化的梳理,并且影响巨大的指导性案例偏少;其次,我国的法学家对相关指导性案例有所论述,但是仍缺乏系统性的观点的总结,而且裁判要点的归纳难度较大;最后,我国的商事指导性案例与司法解释没有良好地衔接起来。这些困难阻碍了商法案例教学在法教义学的教学目标上的实现。

2. 改变学生的学习习惯需要时间。在大多数时候,我们法学院本科生仍然习惯于以老师教授课程为主的方式,如果教师在课上进行案例教学上的层层递进式的提问,学生可能会有不同程度的抗拒。如果再深入展开某一争议问题的讨论,可能出现学生回避不同观点的情况。当然,值得欣慰的是,如果教师能够规律性地在每次课上都以这种方式展开讨论,那么学生的学习习惯是可以发生很大的改变的。

3. 课时和师资的问题。以我校上海对外经贸大学法学院为例,法学本科的商法被安排在大二上学期(部分实验班的商法课通常被安排在大二下学期),一共17周,每周2课时。在这34个课时中,教师需要讲授商法总论和5个单行法的内容,时间已经颇为紧张,如果在这34个课时中再穿插进入类似于法国的小班案例辅导课,那么教师就很可能面临完不成教学内容的尴尬。如果在商法课之外再增加一门小班辅导课,以每个小班20人计算,本科大二年级的120位同学会被分成6个小班,那么需要2~3名年轻教师来完成这些课时量。

4. 小班的商法案例研讨课的最终目的——写作能力的培养需要坚持。小班的商法案例研讨课的最终目的是培养学生的商法思维能力,并进而提高学生的写作能力,使其对某一问题的理解和表达是具有理论深度、呈现出严谨的逻辑体系的。尽管一个学期的商法案例研讨课对这两项能力的促进是有益的,然而法国的法学本科教育中的小班案例研讨课是一以贯之进行的,从本科一年级开始至本科三年级,几乎每一门基础法课程均是以"大班+小班"的形式来完成,学生的法学思维始终是伴随课程的深入和年级的升高而进步的。因此,要想在我们的法学院中开展类似模式的课程,需要学院、学校乃至教育部门对整个教学计划进行变动。

四、启示

(一)商法案例研讨课教学的几个基本原则

第一,坚持授课的逻辑性。所有的商法案例教学都是为了实现学生的商法思维的培养这一教学目标。一方面,这体现在课程的形式应有合理的进程:教师布置案例→学生课前阅读大量的案例和相关论文等资料→教师按照法理逻辑层层递进式地提问→学生作答、提问、辩论→学生写成案例评析报告(论文)→教师评阅学生论文→教师给出自己的论文提纲并点评学生的论文;另一方面,教师的提问也应有逻辑性,即问题应当围绕商法的基本制度、基本法理展开,问题既要关涉不同观点的碰撞,也要考虑相似观点在细节上的区别。第二,运用比较分析的教学手段。教师应当引导学生关注某一商法制度纵向和横向的比较研究。纵向的研究包括学界观点的演变、立法的变革和其背后的经济文化的发展,横向的研究是指与国外相关制度的比较研究。第三,理论讲授课与案例研讨课一定要保持同步性。大班的理论讲授课之后,需要教师立即安排案例研讨课,这样才能使学生对于基础知识和前沿的理论问题有更加系统的认知。切忌在大班理论讲授课全部上完之后,再来研习案例。

(二)商法案例应具有经典性和代表性

商法包含有商法总论和五个单行法,案例的选取应当具有经典性和代表性,案例不必追随热点问题,而是应当能够还原商法诸多问题在立法、裁判上的演变历史;能够从中抽象出规则、原理,能够培养学生的商法思维。以我校上海对外经贸大学法学院的商法学时为例,笔者建议为商法总论选取 3 个案例,为公司法选取 4 个案例,为破产法、证券法各选取 3 个案例,为保险法和票据法各选取 2 个案例,共 17 个案例,配合每周的商法大课,在小班的商法案例研讨课上进行评析。当然,课堂上的案例并不局限于这 17 个案例,教师可根据需要,再加入 1 ~ 2 个案例进行比较学习。这些案例应当是在商法总论和各单行法中涉及基本的商事法律问题,还应当是能够体现商法裁判思维的,更应当是能够体现商法的改革和变迁的案例。教师在讲解过程中,还应当注意梳理和引述商法学界的主流观点,并且引导学生关注商法的变革及其背后的深层次的原因。另外,还可以进行比较性的研究,例如,选取其他国家和地区的相似的案例,并深究不同国家的法院的裁判依据和商法理论。

遴选出"标准套餐式"的案例,这的确是一个浩大的工程,因此,教育部或中国法学会可作为牵头和组织部门,专门组织专家就各部门法编纂成案例库。案例库的编纂应以商法各个制度为主线,而不应将单个的案例割裂开来。例如,将涉及"商法基本原则之外观主义"的经典案例进行梳理,然后附上学界名家的观点,对案例判决的变化和立法上的变化及其背后的经济、文化等诸多原因进行梳理。这样一来,案例库的主线就比较清晰了。这种"标准套餐式"案例库的建立,甚至还可以在一定程度上解决不同法学院的教育资源不均衡的问题。经过案例教学研习的各法学院的本科生,在今后的理论和实践之路上,均可以对商法的基本制度、理论体系、前沿问题和学界主流观点等拥有较为全面的理性认知。

(三)提高学生对小班的案例研讨课重要性的认识

提高学生对小班的案例研讨课重要性的认识在很大程度上依赖于教师在课堂上调动学生的积极性和主动性的能力。让学生从被动地"坐着听"转变为主动地"参与讨论"是商法案例教学能够顺利进行的根本。教师提前将每次课程需要了解的几个案例布置下去,学生事先对案情深入了解,并且查找相关的法条和资料,比对法学名家们的观点,在有了广泛的阅读和知识储备之后,学生就愿意积极地参与课堂发言了,如果没有课前的充分准备,学生便没有表达观点的基础。长久地坚持下来,学生会意识到商法思维的培养在今后的相关法律工作中至关重要并乐于坚持这种研习方法。

(四)还原商法案例教学的目的——培养学生的写作能力

法律工作者离不开强大的写作能力,这是法学院的学生们谋生的技能。一篇好的文章,体现了作者深厚的理论功底和严谨的逻辑。因此,在商法课后,建议教师能够让学生就每一个案例写作成一篇小文,然后再由教师在课上进行点评。这样一来,无论是从论文形式的规范性方面,还是从论文内容的学术性方面,学生的写作能力都能够得到锤炼。

法国法学本科阶段商法的案例教学的模式需要商法教师较大的工作量,但同时也是促进商法教师教学相长的重要渠道。教师和学生都因此得到了商法逻辑思考能力和写作能力的提升,这正是案例教学所追求的目标。因此,希望我国的法学本科商法案例教学能够从中获得一些裨益。

The Case Teaching Method of Commercial Law at Undergraduate Level in French Law Schools and Its Implications to Domestic Counterparts

Li Xiaoshan

Abstract: The undergraduate teaching of commercial law in French law schools' is a "large class + small class" model. The "large class" refers to the courses about the basics of commercial law undertaken by a professor, and the "small class" refers to the case study courses undertaken by a young teacher. The case study in small class focuses on the evaluation and analysis of commercial cases. Its teaching goal is to cultivate students' commercial law thinking and improve their writing skills, which embraces legal scholars' and jurists' participation and the creative activities of the application of the knowledge of the law. It is also the acknowledgement of the community of legal knowledge. The author proposes that the domestic counterparts can learn from this teaching model adopted in French law schools, choosing classic and representative cases in commercial law and discussing them in seminars that are similar to the "small class" in French law schools to improve students' ability to use the legal thinking in commercial law to improve their practical capabilities and legal writing ability.

Key Words: French undergraduate, case teaching in commercial law, case teaching in small classes

美国音乐商业专业法学课程设置及启示

唐　勍*

摘　要:音乐商业专业(Music Business Major, MBM)是现代高校以培养音乐产业领导人、音乐经纪人、音乐技术监理和音乐活动策划人为目标的专业,以复合型人才为培养目标,教学中注重应用性。美国七所名校 MBM 法学课程具有明显的特征:以培养应用复合型人才为主要目标,虽开设的法学课程不一,但每所学校均根据自身办学特色,侧重娱乐法的某个方面开设 3~6 门法学课程,主要有音乐版权法、音乐产业法、音乐合同法、音像制品法等。美国七所名校 MBM 法学课程的设置、新型教育形式、优化的教学内容和丰富的教学方法对我国高校 MBM 的人才培养有着积极的参考价值。

关键词:美国　音乐商业专业　法学课程

2003 年全国众多音乐院校和综合性大学积极响应党中央"大力发展文化产业"的号召,纷纷开设音乐商业专业(Music Business Major, MBM),这是中国

---

* 唐勍,湖南大学法学院博士研究生。研究方向:娱乐法、知识产权、法学教育。

MBM 的开端。这个繁荣的新生专业经历 10 多年的发展取得了长足进步,大多数的音乐专业院校和综合性大学都设有 MBM,这些院校在商业、音乐和实习模块的课程设置都日渐成熟,且和美国著名高校的课程趋于相近,但唯独在法学课程设置还没有引起关注。中国设有 MBM 的院校大多没开设法学课程,即使开设有法学课程的上海音乐学院和天津音乐学院,也只分别开设了艺术法律与法规、文化政策与法规 1 门课程。课程中讲授法学知识的深度不够,且多艺术理论讲授,少实践结合。美国作为最早开设 MBM 的国家,又因好莱坞把 MBM 推向了极度繁荣。笔者在美国学习工作 6 年期间,走访了美国设有音乐商业的专业院校近 20 所,查阅资料及电话采访了美国综合排名前 50 且设有音乐商业专业的学校,发现美国 MBM 都设置有 3 ~6 门法学课程。中美 MBM 法学课程开设对比如此显著,中国 MBM 法学模块或法学课程的不足,会影响我国 MBM 人才培养质量,影响艺术商业的有序强劲发展。因此,研究美国名校 MBM 法学模块设置及体系构建对我国高校 MBM 课程设置有重要的参考借鉴价值。

一、美国 MBM 法学课程的缘起与发展

(一)美国 MBM 法学课程的缘起

美国音乐商业中法律问题得到重视是以犹太移民创造的好莱坞电影王国为开端。[①] 公司的法务部门是音乐商业领域最重要的部门之一,好莱坞的律师不仅从事传统律师工作,也兼具经纪职能,大多是美国人才经理人协会的一员。[②] 以至于后来 MBM 开设,很多经典案例都来自好莱坞,如《纽约戏剧银团融资法》对百老汇的融资进行监管是必须要

---

① See Neal Gabler, *An Empire of Their Own*: *How the Jews Invented Hollywood*, United States, Anchor, 1989, p. 10.

② See Talent Managers Association, "Members", Accessed January 8, 2020. https://www.talentmanagers.org/.

提到的。[③] MBM 是艺术管理的分支,又称为音乐出版产业、音乐管理等,它是一门新兴的代表娱乐艺术发展的专业,发展十分迅速,其发展历程分为 1966 年至 1980 年的初期阶段,1980 年后的快速增长阶段,2000 年后的成熟期。[④] 美国 MBM 最早可追溯至 1966 年,哈佛大学开设艺术管理研究所,它推动了早期艺术管理的专业化。[⑤] 在当时经常讨论的是版权问题。同年,耶鲁大学戏剧学院设立研究生剧团管理专业,成为美国第一个开设戏剧艺术类管理的专业。[⑥] 1969 年威斯康辛麦迪逊大学开设的艺术管理专业是第一个跨学科的商学学位。[⑦] 标志着美国第一个以艺术管理命名的专业诞生,至此对法学问题的探讨贯穿于所有的商学课程。

(二)美国 MBM 法学课程的发展

1979 年美国艺术管理教育家协会(AAAE)成立,推动了艺术管理在教学和研究领域的发展。[⑧] AAAE 还鼓励和帮助会员发表艺术管理方向的论文和从事相关方向科研,从而深化艺术管理学术研究。[⑨] AAAE 编写的艺术管理课程标准分为 13 章,其中有 2 章艺术政策、艺术的法律和伦理环境,[⑩]从此法学的重要性被正式提出。从 1980 年后美国艺术管理

---

③ See Jon M. Garon, *Entertainment Law and Practice*, Durham NC, Carolina Academic Press, 2014, p. 5.

④ See Yves Evard, François Colbert, "Arts Management: A New Discipline Entering the Millennium?", *International Journal of Arts Management*, 2000, p. 13.

⑤ See Derrick Chong, "Re-ReadingArtsManagement", *The Journal of Arts Management, Law, and Society*, 2017, p. 291.

⑥ See Yale University, "History Yale school of drama", Accessed January 8, 2020. https://www.drama.yale.edu/about-us/.

⑦ See University of Wisconsin-Madison, "Join us as we celebreate 50 years", Accessed January 8, 2020. https://www.bolz50.org/.

⑧ See Sherburne Laughlin, "Defining and transforming education: association of arts administration educators", *The Journal of Art Management, Law, and Society*, 1, 2017, p. 83.

⑨ See Julie Goodman Hawkins et al., "Positioning for the future: curriculum revision in a legacy arts administration program", *The Journal of Arts Management, Law, and Society*, 1, 2017, p. 65.

⑩ See Association of Arts Administration Educators, "Standards for Arts Administration Undergraduate Curricula", Accessed January 8, 2020. https://www.artsadministration.org/uploads/files/AAAE%20Standards%20for%20Undergraduate%20Curricula.docx.pdf/.

专业如雨后春笋般增长,2012 年达到 80 多个,且越来越精细化。[11] 1982 年《艺术管理与法学》现名《艺术管理、法学和社会》诞生,标志着第一本以艺术管理和法学联合命名的学术期刊出世。[12] 1985 年哈钦斯(Hutchens)和祖伊(Zöue)两位学者对开设该专业的 23 个院校的核心课程进行调查,艺术法律排名第二。[13] 2017 年荣格(Jung)教授把艺术管理专业定性为 8 个方向的交叉学科,艺术、法学、社会学、心理学、政策学、政治学、管理学、组织学,明确提出法学是其必不可少的模块。[14] 而 MBM 关于法学类学术论文一直不多,一直到 2000 年英明(Hideaki)在文章中对出版业在英国产生版权,后来美国接受版权的进程分析。[15] 经过一段时间的变迁和分工细化,已精细化分为音乐、戏剧和美术等艺术专业方向。具体命名从最开始的艺术管理变为因下属不同学院而各不相同,其共同特点之一是,法学课程为重要课程之一。据笔者在美国的调查,现如今,美国有近 100 所院校开设有艺术管理课程,MBM 或方向性课程也有近 50 所。在这些 MBM 中都开设了法学课程,但根据细化的专业不同所开设的法学课程也不同,且与实践相结合。美国这些学校 MBM 法学课程有了更快发展,呈现百花齐放且向特色化、专业细致化、产出导向化方向发展。本文选取美国东西南北不同地域综合排名前 50 的 5 所音乐和商业管理都很强的综合大学(纽约大学、加州大学洛杉矶分校、南加州大学、迈阿密大学、雪城大学)和 2 所位于大都市的音乐学院(伯克利音乐学院和洛杉矶音乐学院)作为分析样本。(见表 1)

---

⑪ See Ximena Varela, Core Consensus,"Strategic Variations: Mapping Arts Management Graduate Education in the United States", *Arts Management Education*, 2, 2013, p. 75.

⑫ See Social Theory, Politics, and the Arts,"Instructions for authors", Accessed January 8, 2020. https://www.tandfonline.com/toc/vjam20/current/.

⑬ See James Hutchens, Vivian Zöue,"Curricular Considerations in arts Administration: A Comparison of Views from the Field", *Journal of Arts Management and Law*, 2, 1985, p. 8.

⑭ See Yuha Jung,"Threading and mapping theories in the field of arts administration: thematic discussion of theories and their interdisciplinarity", *The Journal of Arts Management, Law, and Society*, 1, 2017, p. 4.

⑮ See Hideaki Shirata,"The Origin of Two American Copyright Theories: A Case of the Reception of English Law", *The Journal of Arts Management, Law, and Society*, 3, 2000, p. 194.

表1 美国7所名校MBM课程中法学课程开设情况

院校名称	门数	课程名称	法学实践
纽约大学	3	娱乐法(1)、娱乐法(2)、音乐出版	有
加州大学洛杉矶分校	3	娱乐法(1)、娱乐法(2)、音像制品商务法	有
南加州大学	3	音乐法(1)、音乐法(2)、音乐出版许可	有
迈阿密大学	4	音乐出版、音乐版权、音乐商业协定、法律写作	有
雪城大学	3	音乐产业法律道德、音乐产业法(1)、音乐产业法(2)	有
伯克利音乐学院	6	音乐出版、音乐产业法务问题、版权法、欧洲知识产权法和版权观、国际音乐许可、高级法务问题和合同谈判	有
洛杉矶音乐学院	6	音乐商业法、合同法(1)、合同法(2)、音乐许可(1)、音乐许可(2)、音乐出版	有

资料来源:文中所有有关美国7所名校的表格,皆来自在各校做调研时搜集到的各学校的学生手册和相关具体课程计划:NYU Steinhardt school,“Music Business Curriculum Undergraduate”, student handbook, 2019; UCLA Herb Alpert School of Music,“Music industry courses”, student handbook, 2019; University of Southern California,“Music industry curriculum Requirements”, student handbook, 2019; University of Miami. Music Business,“Entertainment Industries Curriculum”, student handbook, 2019; Syracuse University,“Music Industry Academic offering”, student handbook, 2019; Berklee College of Music,“Music publishing academic course description”, student handbook, 2019; Los Angeles College of Music, “Program pacing & Course Descriptions”, student handbook, 2019。

二、美国七大名校 MBM 法学课程的现实构造

（一）美国 MBM 法学模块的课程目标、课时和内容

1. 课程目标

根据访谈美国七校法学院的老师，发现美国大学 MBM 法学课程目标十分明确，学生培养目标充分体现了其对应用复合型人才培养的目标，在访谈中这些老师都提到，培养的并不是成为音乐或法律从业人员，而是培养音乐商业中懂专业、懂商业、懂法律的复合型优秀管理人才。洛杉矶音乐学院就在课程设置里明确提出"虽然在签字前，律师来做最终审查和顾问，但经理需要知道如何解决任何给定协议中的关注点或所需调整的点"。[16] 伯克利音乐学院也明确提出，为了让学生有能力在电影或电视演播室、国际音乐出版公司担任音乐总监，或创办自己的公司，学生必须懂法。[17] 即使是 MBM 非法学的老师也经常会聊起法学学科的重要性，如伯克利音乐学院教音乐商业策略的约翰 · 凯洛格（John Kellogg）教授在访谈中也提到 MBM 是一个交叉性学科，需要几个学科的知识储备，第一个需要了解的就是法学。[18] 因此法学是音乐商业管理人必须具备的综合素质，学习法律为 MBM 专业学生日后的职业生涯提供一个有力、坚实的基础。大多数学校对法学模块的要求是必须对音乐产业相关的法律知识有概括性了解，以应用性为主。这样有效地帮助此专业学生在今后的职业生涯里运用法学知识。

2. 课程安排

美国七所名校不仅根据自身特色开设了 3 ~ 6 门法学课程，从表 2 可

---

⑯ See Hideaki Shirata, "The Origin of Two American Copyright Theories: A Case of the Reception of English Law", *The Journal of Arts Management, Law, and Society*, 3, 2000, 194.

⑰ See Hideaki Shirata, "The Origin of Two American Copyright Theories: A Case of the Reception of English Law", *The Journal of Arts Management, Law, and Society*, 3, 2000, 194.

⑱ See Berklee Onsite, "The Impenetrable Power of Working It", Accessed January 8, 2020. https://www. youtube. com/watch? v = hTHEW17aTLs&t = 64s/.

以看出:美国七校 MBM 设有 2 ~ 6 学分的法学课程,平均开设的法学课程为 10 学分。与此同时,因其课程对应用性要求高,美国七所名校单科成绩最低要求不同于中国的 60 分,每个学院根据各专业课程目标应用性的高低,对于单科最低成绩,如学生没有达到最低成绩则该科需要重修或者会失去获得该学位的权利。美国院校以 4 分为满分,普林斯顿评论有一套 4 分换算 100 分制的运算公式,按照它的换算方式,⑲得到了表 2 的“蛋壳”考核最低要求。学生至少要考到 73 分才可能通过该科目。由此看出,美国各个大学对比中国大学,美国大学在法学课程中对学习掌握情况的要求更高。

表 2　美国七所名校 MBM 法学课程设置

院校名称	开设门数	单科学分	总学分	单科考核最低要求
纽约大学	3	2	6	2.7/4.0 = 80 ~ 82
加州大学洛杉矶分校	3	4	12	2.0/4.0 = 73 ~ 76
南加州大学	3	2 ~ 4	10	2.0/4.0 = 73 ~ 76
迈阿密大学	4	3	12	2.7/4.0 = 80 ~ 82
雪城大学	3	3	9	2.0/4.0 = 73 ~ 76
伯克利音乐学院	6	2	12	2.0/4.0 = 73 ~ 76
洛杉矶音乐学院	5	2	10	2.0/4.0 = 73 ~ 76

3. 课程门类

美国大学对开设课程有高度的自由,开设课程一般由该专业学术委员会商议决定,定期修改。但无论如何修改,都体现了应用复合型的要求,课程门类必须紧贴 MBM 最新热点来开设多门课程。表 3 列出了美国七所名校 MBM 专业开设法学课程和教授的内容。每个学校的法学课程虽名称各有不同,但属于相同类别。仔细阅读表 3 可以发现,课程内容主要以学生日后会遇到的法务问题的解决为主。

⑲ See The Princeton review, “Calculate Your GPA”, Accessed January 8, 2020. https://www.princetonreview.com/college-advice/gpa-college-admissions/.

表3　美国七所名校法学课程模块的课程内容

院校名称	课程名称	课程内容
加州大学洛杉矶分校	娱乐法(2门)	娱乐法基础,音乐在传统媒体和新媒体的法律应用。娱乐商业和基本商业惯例之间关系,从人才的获得和权利的获取到生产和分销,探讨娱乐领域制作过程的法律
	音像制品商务法	音像制品的制作和发行的法律。研究重点在录音过程法务问题上,从最初的音像制品材料组装到最后版税的分配和收取。主要介绍合同法、版税和商标法,最终弄懂取得音像制品生产和发行所需的法律协议
纽约大学	娱乐法(2门)	法律角度探讨娱乐业内部运作,包括合同、侵权(诽谤和隐私)和知识产权。娱乐领域各方之间的关系(艺术家、经理、代理人等)。知识产权保护,以及出版唱片各个方面(合同和版税)。对各种娱乐法问题进行研究分析,如宪法问题或者工会代表问题
	音乐出版	从音乐产品的选择到编辑印刷阶段,再到最终发行销售。印刷音乐有关的版税、出版市场、音乐编辑和出版校对、音乐出版行业的传统和先进技术
南加州大学	音乐法(2门)	音乐产业为重点的娱乐产业法。包括合同法、国内惯例、国际惯例、版权和商标法
	音乐出版许可	音乐出版、表演者权、作曲人协议、传统媒体和新媒体许可制度
迈阿密大学	音乐出版	当代音乐出版业中歌曲的获取、开发、管理和保护。学生们还将学习音乐产业的收入来源、版税税率和支付程序。对目前用于收购和管理歌曲的音乐出版协议进行了深入审查。对国外音乐出版问题进行了探讨,并对国内音乐出版问题进行了评述
	音乐版权	注重美国适用于音乐作品和录音的版权法。包括和实践分析数字和实物音乐许可以及版权获取。主要学习内容为:著作权人的各种权利;可以受著作权保护的内容,以及著作权的期限;音乐版权的手续,包括注册和通知。对当前音乐版权侵权案件进行了审查,并对侵权抗辩和侵权救济进行了审查。为了适用于数字技术和发行。该课程还涵盖国际版权保护和音乐版权

续表

院校名称	课程名称	课程内容
迈阿密大学	音乐商业协议	探讨音乐业务中各方(唱片公司、录音艺术家、音乐制作人和被许可方)之间的法律协议。重点在处理知识产权所有权和使用、补偿和独家服务
	法律写作	学习写作法院意见书、法律简报、最高法院口头辩论和社会法律文件。重点分析问题、结构和风格,以及在辩论中的逻辑
雪城大学	音乐产业法律道德	音乐产业相关法律。管理人员和艺术家的伦理问题。研究国内和国际版权法、合同法、劳动合同、许可、商业惯例、录制权、税收、隐私、盗版、贿赂
	音乐产业1&2	音乐出版、艺术家管理和音乐会推广等方面的音乐专利授权、代理服务机构等所起到的作用
伯克利音乐学院	音乐出版发行	详细分析出版公司的内部运作,重点分析出版商在音乐版权的收购、市场开发和管理中的作用。包括:版权登记和更新;与作曲家的合同关系;分析出版商的录音、印刷、影片和表演在国内和国际音乐专利授权、外国子公司和子发行公司的关系
	音乐产业法律问题	对音乐家和歌曲作者关心的法务问题的概述。研究重点:版权法、录音和音乐出版协议、音乐家和其他包括经纪人、制作人和投资者之间的关系
	版权法	概述知识产权,特别强调版权对音乐产业的适用性。此课程在"音乐产业法律问题"的基础上,进一步地介绍实施机制、抗辩、通知和注册的要求。还将介绍未决立法和现行法对新媒体(如下载和流媒体)的适用性
	欧洲知识产权和版权观	把欧盟和美国的版权制度进行比较,回顾了影响欧盟音乐产权的主要问题,包括许可合同、欧盟官方指令、知识产权和贸易协定。同时涵盖各个地区的音乐商业交易、深入研究版权概念及其他知识产权保护,如专利商标和商业秘密

续表

院校名称	课程名称	课程内容
伯克利音乐学院	国际音乐许可	对比美国和欧洲社区的许可框架,特别关注游戏、电影、电视和互联网等媒体工具的新许可机会的货币化。国际出版公司的商业专业人士将通过音乐行业案例研究进行财务分析和资产评估。在最初的几周里,学生们对全球音乐出版业的结构有了全面的了解,包括其历史、功能、法律以及对金融收入流的概述
	高级法务问题和合同谈判	根据实际情况协商各种协议,并努力解决因违反和终止协议而产生的争议。涉及的主题包括艺术家和唱片公司之间的唱片交易、独立和主要唱片公司之间的分销交易、共同出版和管理交易、制片人和制作交易、参观和销售、商标和版权纠纷、集团解体,以及艺术家和管理者之间的纠纷
洛杉矶音乐学院	音乐商业合同法 1	音乐协议和基本音乐法律原则相关的基本商务事务问题。有效地回顾和理解音乐交易和合同中的标准,包括录音协议、管理合同、音乐许可协议、旅游协议、商品交易、制片人协议、出版交易和分销协议的介绍
	音乐商业合同法 2	在 1 的基础上,学生会学到应对今后客户和未来项目的谈判技巧和公平交易。本课程还将重点介绍影响音乐产业发展的重要案例
	音乐许可 1	音乐电视,广告和艺术家的音乐授权的流程和法律方面。它将包括对音乐出版商、同步代理、音乐总监、广告代理和 A&R 主管角色的审查。包括许可证管理、获得许可证、收集和分发付款、使用跟踪、清关机构,以及为封面或样品发放许可证歌曲
	音乐许可 2	在 1 的基础上,练习审查和编辑标准音乐许可协议。一项为艺术家或作曲家寻找新许可机会的实践性研究,使学生获得实践经验
	音乐出版	介绍音乐出版行业和相关各种收入来源,包括作曲家和相关公司。学生们将学习版权与保护、表演权组织等领域,以及多种不同的出版方式

表3可以看出,每个学校的课程门类虽因该校对各自复合型人才的定位不同而不同,都紧密联系音乐商业中所需面对的法务问题,其内容具有极高的应用性。就课程与内容特点分析,美国七所名校的MBM开展了3~6门法学课程模块,与此同时,几门课之间有相关性。相关性分两种情况,第一种情况,“综合+侧重”,即1门综合性理论课程加1门或者几门以某个侧重点为主的实际应用实践课程,如加州大学洛杉矶分校,《娱乐法》总体概述了音乐在媒体的应用,其中包括各个小法律分支课程。《音像制品法律商务》则侧重音像制品的制作和发行的法律和商业的实践,让学生在实际的案例和实践里了解音像制品相关法律问题的操作。南加州大学、洛杉矶音乐学院、雪城大学和纽约大学也是同样的情况。第二种情况,“理论+实践”,即几门课都以理论讲述与实践结合,都以分析案例的方式让学生明白如何应用。几门课合在一起,概括了学生以后需要面对的所有法务问题。如《音乐出版》《音乐版权》以音乐出版的法务问题和著作权者的权利为中心,《音乐商业协定》《法律写作》则学习如何用合同的形式,更好地保护和实现这些法律权利。这些课程前半部分是理论学习,后半部分是实践实习。迈阿密大学和伯克利音乐学院也是这样的情况。美国MBM所开设的法律课程特别注重“理论知识+实践”模块,具有实践运用性。

4. 课程分类

对表3进行分析后可以看出,美国各学校课程有按照自身优势设置了极具特色的课程。把美国七所名校教授的课程按照内容相近或者重合的课程合并,七所学校共开设法学课程27门。按照开课名称归类6个内容,即娱乐法6门、音乐产业法5门、音像制品法务1门、音乐版权7门、合同法5门、音乐出版法3门(见表4)。其实这27门皆属于广义娱乐法范畴,这一点在Burr教授对娱乐法专著的分类中得到印证。[20] 第一,广义娱乐法占3门,开设课程的是加州大学、纽约大学和南加州大学。其中,南加州大学原课程名音乐法但被划分为娱乐法。其原因是,细读课程内容发现,课程从音乐产业为重点的娱乐产业法为基础。第

---

⑳ See Sherri Burr, *Entertainment Law in a Nutshell*, St. Paul, West Academic Publishing, 2017, pp. 1 - 3.

二,音乐产业法占5门,开设课程的是雪城大学、伯克利音乐学院、纽约大学。其中雪城大学开设的2门法律课程《音乐产业法律道德》和《音乐产业法学》都与音乐产业有关,1门是系统的法律知识,1门与实务紧密联系。纽约大学的《音乐出版》课程实际是从“音乐产品的选择到编辑印刷阶段,再到最终发行销售”的整条音乐产业链的法务问题进行的分析,所以划分为音乐产业范围。第三,音乐制品法务1门,开设学校为加州大学洛杉矶分校。第四,合同法有5门,其中迈阿密大学的《音乐商业协定》和《法律写作》2门课都是以合同的撰写为主要课程目标。伯克利音乐学院的《高级法务问题和合同谈判》也是以合同和各种协议为主要学习材料的课程。洛杉矶音乐学院的《音乐商业合同法》分为2门课,可见该校对合同法的重视。第五,音乐版权7门,南加州大学的《音乐出版许可》的课程内容皆为音乐版权内容,所以划分为音乐版权法的范围。迈阿密大学开设名为《音乐版权》的课程。伯克利音乐学院的《欧洲知识产权》主要以音乐版权为主,《国际音乐许可》属于音乐版权范围,《版权法》主要以音乐版权为主要讲授内容。洛杉矶音乐学院2门《音乐许可》也属于版权范畴。第六,音乐出版法3门,以音乐制品的出版为主要内容,迈阿密大学的《音乐出版》、伯克利音乐学院的《音乐出版发行》、洛杉矶音乐学院的《音乐出版》。

虽然除娱乐法外的其他5类也都属于娱乐法的子集,其中音乐版权法和合同法出现频次高。(见表4)

表4　美国七所名校法律方向课程的频率表　　单位:门

类别	音乐版权法	娱乐法	合同法	音乐产业法	音乐出版法	音像制品法
频率	7	6	5	5	3	1

(二)美国MBM法学课程授课形式和考试方式

在授课形式和考试方式上,美国高校MBM的法学课程也体现了其应用复合型的优势。美国七所高校上课形式十分多样,为了让学生更好地适应未来职场,老师会用不同形式授课。考核方式也不只是单一的阶段考核,采取了多种形式。以伯克利音乐学院的版权法为例,(见表5)可以窥见其产出型课程形式和考核方式。

表5　伯克利音乐学院版权法

课程种类	课程内容	课前阅读	课堂授课	课堂实践
版权和知识产权	讨论版权法授予创作者的六项专有权,以及版权、商标和专利之间的区别。讨论如何利用作为创建者的六项专有权,如何使用版权法	案例研究:Sarah 和 Taylor Swift	1. 版权概述 2. 版权不包括什么 3. 版权、专利和商标之间的差异 4. 六项专有权 授课形式特点:线上线下结合	1. 课堂讨论:版权和知识产权 2. 案例研究:Sarah 和 Taylor Swift
版权应用	学习著作权法在实践中的应用。首先,讨论合作撰写关系的益处和潜在的法律陷阱。其次,讨论公平使用的概念,并确定版权中公平使用的例子。独立创造的概念,以及作为一个创造者它如何影响你。最后,我们将讨论作品如何进入、离开和回到公共领域	1. 案例研究:Kirsten Arian 诉 Carrie Undood 2. 文章、微视频 E. Michael 的分析:Kirsten Arian 诉 Carrie Undood	1. 合作撰写和实务 2. 正当使用和实务 3. 独立创造 4. 作品回到公共领域 授课形式特点:师讲生讲结合	1. 课堂讨论版权的应用 2. 案例研究:Kirsten Arian 诉 Carrie Underwood 2. 翻转课堂
录音和采样	采样在今天的流行音乐中是司空见惯的,研究重点是流行乐曲的创作过程的法律。我们将定义作曲版权和录音版权之间的区别,以及它们的功能。我们将从法律的角度仔细观察采样,并将其与重演做对比	文章、教师 PPT E. Michael 的分析:Sugarhill Gang 诉 Busta Rhymes	1. 作曲版权和录音版权 2. 采样 3. 采样与重演的区别,以及法律论证 授课形式特点:学生主导	1. 课堂讨论录音和采样 2. 案例研究 Sugarhill Gang 诉 Busta Rhymes 3. 研讨辩论

续表

课程种类	课程内容	课前阅读	课堂授课	课堂实践
版权诉讼	更深入地了解版权法和诉讼，律师和法官的角色，版权诉讼的机制，以及解决版权问题的各种方法	文章 非当事人意见陈述：Williams 和 Thick 诉 Gaye	1. 律师和法官 2. 诉讼机制 3. 解决版权问题 4. 案例研究：模糊线条 授课形式特点：边讲边练	1. 课堂讨论版权诉讼 2. 案例研究：Williams 和 Thick 诉 Gaye 3. 学生合作式模拟

资料来源：See Sherri Burr, *Entertainment Law in a Nutshell*, St. Paul, West Academic Publishing, 2017, pp. 1 – 3.

1. 课程授课形式

从表 5 可以看出，Harrington 教授针对这门课主要讲了四个核心概念，每个概念分三部分完成：课前阅读、课堂讲授和课堂实践。课前阅读以案例为主，兼具一些老师对于案例的分析，帮助学生形成自己的观点，足可证明其对应用型的重视。课中，教师多以不同形式的教学方式帮助学生培养其复合型能力。课堂上老师在课堂讲述中教授一些基本概念，且有时学生看教师 PPT 生讲生学，在课堂实践中以课堂讨论和案例研究及模拟的方式让学生把概念融会贯通，以便用于实践，随后找出一些案例让学生自由组合完成。

2. 考核方式

从表 6 可以看出，伯克利音乐学院的考核方式分两种：一种是计分考核，另一种是不计分考核。计分考核为 4 次阶段性考试和 4 次案例分析。考试题型非标准答案比较多。论文占分比例比考试大。这门课的授课教授迈克尔·哈灵顿（Michael Harrington）解释说，学生必须有具体分析案例和处理事情的能力，同时每个人思维不一样，结果也呈现多样化、非标准化。只有这样才能有效地为他们的工作做准备，而不只是懂得某些条条框框。不计分考核包括：平时任务、论坛留言讨论、课题分析等。老师默认学生需要完成的任务，如果没达到要求，则会在计分考核的基础上扣除适当分数。如论坛留言能帮助老师在课前了解学生对阅读材料的疑问,有助于更好地准备课程。综合课题并不是某一门课的课题,而是MBM的大课题,学生根据自己有兴趣的方向,和导师一起拟定课题题目,所有的老师都有义务参与进来帮学生完成。如某学生的课题是某一录音制品的商业运营,法学也是其中很重要的一环,上课期间就是一个很好的跟教授讨论的时间,法学老师将指导其如何合法地进行此次商业运营。这个课题的综合性非常强,MBM的实际工作也具有综合性强的特点,很符合应用复合型的要求。

表6　伯克利音乐学院法学考核方式

考核种类	考核方式	分数比例	题型
计分考核	小考	四个主题每个主题10%,共40%	考试和论文。考试有标准答案与非标准答案题型结合
	案例分析	四个主题每个主题15%,共60%	考试和论文。考试采用非标准答案题型
不计分考核	论坛留言	0	每次课前必须登录,讨论老师定的话题
	综合课题	0	根据对方的兴趣拟定课题内容
	出勤率	0	要求满勤

资料来源:See Sherri Burr, *Entertainment Law in a Nutshell*, St. Paul, West Academic Publishing, 2017, pp. 1 – 3.

三、美国MBM法学课程对我国MBM教育的启示

(一)增加法学课程模块,完善开课内容

1. 增加MBM法学课程模块

美国七所名校MBM开设课程可分为商学、艺术学、实践、法学四个模块,而法学模块设有3~6门法学课。而中国设有MBM专业的学校皆设有前三个模块,但大多数高校缺失法学模块,仅有的几所开设法学

课程的也只有1门。如此明显的对比,法学模块设置完善刻不容缓。

2. 开设广义《娱乐法》课程

从美国七所名校的课程分类可以看出,七所名校27门课皆属于娱乐法范畴,且必须以音乐版权法和合同法为主要授课内容。因此,建议开设MBM的院校在师资有限的情况下也至少要开设娱乐法,也可以考虑以音乐版权和合同法为主要内容。

3. 扩大影视娱乐法占课比例

我国以唱片为主的传统音乐出版业进入萧条期,影视歌曲市场却极度繁荣。中国政法大学开设了《比较影视著作权》的课程,比较中美两国影视文化和影视产业。北京大学由影视娱乐法学研究会牵头,开展了娱乐法的研修班。北京大学法学院易继明教授在"北京市法学会影视娱乐法学研究会成立大会暨第一次会员代表大会"上当选会长。可见法学高等学府对影视娱乐法的重视程度。2016年《电影产业促进法》版本,成为电影产业立法的开端,体现了国家对电影娱乐法的重视。因此,除MBM法学课程中涉及的内容,应该扩大影视娱乐法占课比例。

4. 增加网络版权保护的内容

随着显著网络技术的发展,中国传统音乐出版已经崩溃,近年来关于网络音乐版权的问题涉及面越来越大,如版权在音乐直播平台、网络电子竞技、网络背景音乐等方面的保护。据查阅,中国MBM专业中没有开设这方面的课程,中国可适当增加对网络法务情况的介绍,有助于以产出型为导向的教学实践。

(二)课程目标为应用复合型为目标,改革课堂教学方法与考核方式

1. 以学生为中心,讨论为主导的上课形式

在课堂中,以学生为中心,讨论为主导的上课形式,有助于学生更加接地气地把所学知识落实到实践。在和教学秘书访谈中发现,美国七所名校法学课程的课堂人数不多,多以10人小班为主。也因此,课堂多以学生为中心的讨论为主,如纽约大学娱乐法课程用案例、合同和工会协议作为课题材料。课堂讨论的形式,把学生从单一的学习模式中解放出来,帮助学习建立复合型能力。学生就设定问题辩论,提出看法;就课题

讨论提出问题,就合同修改给予意见。如伯克利音乐学院的高级法务问题和合同谈判,明确指出课堂形式由集中准备和课堂参与两部分组成,其课堂参与占主要地位,也可以体现出其课堂以讨论为主。线上线下,翻转课堂,手机微信课堂的互讨式方法应称为主流形式。

2. 必修与选修结合,扩大实践课程占比

和中国的课程一样,美国的课程也分为必修课和选修课。法学课程在这七所学校里一般被视为专业必修课,也有例外,伯克利音乐学院中音乐出版、音乐产业法律问题是专业必修课,音乐著作权是专业选修课,其他3门法律方向课程可作为选修对有兴趣的全院学生开放。这样的方式有利于对法务有兴趣的学生,学习到更多的法务知识。与此同时,中国MBM法学课程也需要扩大实践课程的占课比例。中国专业核心课程在60个到70个学分,专业选修课程多在20个到30个学分,实践课程基本在20个学分左右。[21] 由此可见,中国MBM的法学模块实践课程占课比例不高,而就美国七所名校的MBM法学模块课程进行分析,可以看出,实践课程占了总课程一半,而且即使是理论课程,也尽量做到从理论知识到实践的迁移。

3. 增加跨学校之间的法律交流,给予学生法律实习的机会

美国MBM除了商业方向经常交流外,法律模块也经常进行交流,如伯克利音乐学院的《国际音乐许可课程》,学生可以选择在学期内访问荷兰哈勒姆的因霍兰德大学一周,这是与同时学习国际音乐许可的因霍兰德学生交流计划的一部分。与此同时,对七所学校学生实习情况跟进,发现纽约大学、伯克利音乐学院和洛杉矶音乐学院均有学生除了进行商业实习,也有了法律方向的实习,同时还设置有模拟法庭。

(三)重视MBM法学教师的工作经验

对美国七所名校MBM法学课程教师的背景调查中发现,此方向的实操经验比学术研究重要。许多MBM专业法学老师并没有博士学位,但在音乐产业方向工作超过10年以上。与此同时,上课时也经常请当地娱乐产业的权威律师进行实操性讲座。对美国MBM法学教师的进一步调查

---

[21] 参见屈茂辉、陈锦红:《应用型复合型卓越法律人才培养方案研究》,载《大学教育科学》2015年第2期。

发现,几乎这些老师本科学习都是音乐专业,或有长时间音乐学习和工作的经验。这也与美国特殊的法学教育有关。美国本科没有法学专业,想要成为律师,必须读完一个文学学士学位。有这样特殊的设置是因为法律学历被定位为本科教育后的研究生教育,法律教育是种职业教育。他们认为学生必须在学习法律之前已获得了必要的人文科学知识。从这点上,也就可以解释为什么这些老师都有音乐学习的背景,也只有这样,才能更好地给学生讲解音乐商务里的法务问题。

四、结语

美国高校 MBM 法学模块都是以娱乐法为主的课程设置,却皆以应用复合型为目标,把法学课程作为主要的模块。其授课内容紧紧围绕音乐商业中可能遇到的法务问题,理论与实践相结合的教学,帮助学生更好地适应今后的工作。MBM 法学模块实际为音乐和法学的交叉,是运用法学解决音乐商业活动中的问题,按照中国的逻辑,该学科应划分到法学院。在“卓越法律人才培养教育培训计划”等改革的推动下,中国法学教育取得了一定的进步。但相较于应用复合型人才的培养目标,实际的培养状况并不能令人满意。㉒ 现在,在推进主辅修、双学位的培养基础上,探索了许多专业复合型人才的培养项目,如“外语 + 法学”“计算机 + 法学”,因此,建议增加“音乐 + 法学”的培养项目,以弥补娱乐法类型老师不懂音乐的不足。中国的 MBM 法学教师一般都没有音乐专业的经验,但作为音乐产业的法学教师,如果不懂音乐则无法更好地教授学生和进行学术研究。如音乐抄袭问题上,如何界定抄袭,涉及技术标准的研究,不懂音乐,无法研究音乐的技术标准。本文作者本科和研究生皆为音乐专业,对音乐有一定了解,因此建议“音乐 + 法学”的培养项目中,必须涵盖《和声学》《艺术概论》《乐理》《视唱练耳》四门。同时也得会一门乐器,以弥补法学老师对音乐

㉒ 参见杜健荣:《论基于能力本位的法学本科课程体系构建》,载《法学教育研究》2019年第3期。

方向的不足。本文按照地理位置和学校排名等因素,仅选取七校为例,将来有机会收集更多案例,做更多、更深入、更细致的研究,以期对我们 MBM 课程设置完善贡献力量。

The Curriculums on Law of American Music Business Major and Their Reflections

Tang Qing

Abstract: Music Business Major (MBM) is a modern university's major aimed at cultivating music industry leaders, music brokers, music technology supervisors, and music event planners. It cultivates compound talent and focuses on practical skills in daily teaching activities. MBM law courses in seven famous univeristies in the United States have obvious characteristics: The main goal is to cultivate applied and compound talent. Although the law courses offered are different, each school focuses on one aspect of the entertainment law according to its own school characteristics, which usually offers 3 – 6 law courses, including, music copyright law, music industry law, music contract law, audiovisual product law, etc. The Curriculums of MBM law courses, new education modes, optimized teaching contents and rich teaching methods in those famous universities in the United States have positive reference value for the cultivation of MBM talent in Chinese universities.

Key Words: United states, music business, law course

管理经纬

综合性大学研究生思政教学体系建设与探究

——以西北大学研究生思政教学改革为例

寇　楠　赖绍聪　任保平　李　军　段俊杰*

摘　要:西北大学充分利用学科门类齐全、文理交叉融合、思想文化多元化的显著特点,以基础型、特色型、拓展型三类线上线下融合的教学资源以及专兼结合的高质量师资团队建设为抓手,统筹博士、硕士研究生教学环节,将思政课程和课程思政有机结合,形成了"课堂教学、专题教学、课程思政"三元结构的研究生思政课程教学体系。依托西北红色文化及西北大学118年优秀文化积淀,建立了"1+5" 实践教学体系。从而形成了理论与实践相融合,言传与身教相统一,具有西北大学自身特色的研究生"大思政"教学格局,有效增强了研究生思政课程的现实性和亲和力。

关键词:高等教育　研究生培养　思政教学改革

---

* 寇楠,西北大学助理研究员,法学博士。研究方向:研究生教育管理。赖绍聪,西北大学副校长,教授,博士生导师,国家级教学名师。研究方向:地质学。任保平,西北大学教授,长江学者,博士生导师。研究方向:政治经济学。李军,西北大学副研究员。研究方向:研究生教育管理。段俊杰,西北大学助理研究员,数学学院博士研究生。研究方向:数学。

立德树人

习近平总书记在与北大师生座谈时指出,“青年的价值取向决定了未来整个社会的价值取向,而青年又处在价值观形成和确立的时期,抓好这一时期的价值观养成十分重要”。① 他强调“要教育引导学生正确认识世界和中国发展大势,从我们党探索中国特色社会主义历史发展和伟大实践中,认识和把握人类社会发展的历史必然性,认识和把握中国特色社会主义的历史必然性,不断树立为共产主义远大理想和中国特色社会主义共同理想而奋斗的信念和信心”。② 总书记的重要论述为我们的教育事业解决培养什么人、如何培养人、为谁培养人问题指明了根本方向。研究生教育作为高等教育人才培养的最高层次,承担着为我国社会主义建设培养具有强烈使命意识、创新能力,能够担当民族复兴大任的时代新人的历史使命。因此,强化这一阶段的思想政治教育尤其重要。

研究生思政教学是研究生思想政治教育的核心组成,其无疑为落实立德树人的根本任务发挥着关键作用,是坚定研究生理想信念、厚植爱国主义情怀、培养奋斗精神、增强综合素质、加强品德修养、增长知识见识的重要方式。对学校一流学科建设、一流人才培养发挥着重要的促进和保障作用,因此进一步创新研究生思政教学体系势在必行。

一、西北大学研究生思政教学现状

长期以来,我国高校高度重视研究生思政教学,但高校研究生思政教学在取得显著成效的同时,也面临着新的挑战。③

① 习近平:《把思想政治工作贯穿教育教学全过程,开创我国高等教育事业发展新局面》,载《人民日报》2016年12月9日,第1版。

② 习近平:《把思想政治工作贯穿教育教学全过程,开创我国高等教育事业发展新局面》,载《人民日报》2016年12月9日,第1版。

③ 参见赖绍聪:《学高为师　身正为范:研究生导师的责任与义务》,载《法学教育研究》2018年第1期。

作为一所综合性大学，随着近年来研究生教育的迅猛发展，西北大学在校研究生规模不断增加，截至2019年年底，研究生总规模已近万人，拥有经济、法学、史、文、理、工、管等11个学科门类。学科门类多，不同学科专业知识结构差异大是综合性大学的一个重要特点。由于不同学科的相互渗透及多元思想文化的影响，综合性大学研究生获取知识的渠道呈现多样化，学生思想活跃，社会参与意识和批判精神较强烈，学生普遍具有一定的理论水平，政治觉悟较高，有较强的社会责任感和正确的价值观念。但也有部分研究生还存在"重个人，轻社会"的观念，人生观、价值观模糊等问题。面对当前形势，目前已有的研究生思政教学体系，无论是在教学观念、教学内容还是教学方法，均存在一定局限性，难以适应当代研究生在心态、目标、理想等方面表现出来的一些特点和需求。主要表现在：

1. 研究生学科背景差异明显，文、理、工等不同学科研究生认知和理解事物的角度、方法各不相同、各有特色。然而，已有研究生思政教学体系主要按照学科门类和年级为基本教学单位，大班上课方式。这种统一的教学组织形式缺少个性化的教学设计，难以顾全所有学生。

2. 教学内容与本科生思政课程教学内容还存在一定重叠，层次梯度差别不明显，内容更新较慢，对提升研究生的思辩能力作用有限。

3. 教学方法创新性不足。目前以"K型课堂"教学为主的方式，以及教师的课堂权威性不利于改善研究生盲目崇拜的价值观念和提高研究生主动学习的动力。以教师居于主导的学术氛围未能充分尊重研究生学习的主体地位，并非所有研究生都能充分表达自己的见解。另外，还存在"一本教材、一个课件"一门课的情况，教师对教学内容讲不透、讲不活，利用"云课堂、雨课堂"等学习空间较少，缺乏信息化的教学手段，课堂"低头族"现象仍然存在。

4. 随着研究生规模不断扩大，班级规模大，不利于开展互动式新型教学模式，难以调动老师和学生"教、学"积极性。

5. 研究生在校学习生活的形式相对比较松散，自主度高，在专业课程方面投入的精力较多，更加关注个人专业成长、职业规划，而在思政方面的实践活动参与度较低。学校在实践活动的组织设计方面也不够新颖,投入不足,实践教学缺乏与理论知识的有机结合,吸引力不强。

6. 原有的思政教学体系中,思政课教师"单兵作战",与专业课教师未能形成合力,未能彰显综合性大学学科交叉融合的优势。专业课程教学主要将关注点聚焦在专业能力提升方面,部分专业课程教师对价值观教育重视程度不够,思想认识模糊。学校不同学科产出的诸多激励学生奋进的身边事例未能充分发挥作用,对研究生培养文化、校园文化等因素与正确价值观形成的密切关系的认识、发挥、利用有待提升。

显然,传统的研究生思政教学体系已经明显不适应社会发展所带来的新挑战,不适应新时代研究生的培养要求,综合性大学所具有的丰富的思政教学资源的发挥还有较大拓展空间。因此,在研究生思政教学过程中,如何深化改革,充分利用课内、课外教学资源,构建理念先进、体系完善、教法合理、行之有效的"大思政"教学体系,已经成为我们必须从理念、理论、方法上进行深入探讨和研究的重要课题。

二、西北大学研究生思政教学体系的构建

(一)构建理念和框架

西北大学研究生思政教学体系由学校层面统一规划部署,实施过程中统筹博士、硕士研究生教学环节,并实行学分制差别化考核。研究生院为改革主责单位,全面负责总体方案的制定,马克思主义学院和各培养单位在学校统一框架内具体落实。

1. 教学体系结合新时代研究生特点,从教学内容的"内涵"到教学模式的"外延"进行全面优化改革;将思政课程和课程思政有机结合,协同发力,同向同行,充分发挥思政课和专业课立德树人的作用。

2. 充分利用综合性大学学科门类齐全、文理交叉融合、思想文化多元化的显著特点,凝练教学内容。形成多学科融合,传递时政前沿信息,解读最新理论成果,凸显人文精神,融入西北大学118年优秀文化积淀

的教学内容体系,增强思政课的现实性和针对性。

3. 创新教学方法,充分发挥教师主导作用,尊重学生主体地位,利用现代化、信息化教学手段,提高研究生学习的主观能动性,增强思政课亲和力。

4. 实践教学体系充分彰显不把教学囿于教室的教学理念,利用学校资源丰富的优势,通过形式多样的实践教学培养研究生德智体美劳全面发展。课程教学体系与实践教学体系目标统一,同步策划,实践教学的"动"与课程教学的"静"相得益彰。

5. 教学体系不但有课程教学体系实施知识传授与学习,实现"理论认知",也有实践教学体系,促进"实践领悟",更有研究生自身的切身体会,最终达到"感悟认同"的教学目标。

西北大学研究生思政教学体系是理论与实践相融合,言传与身教相统一的完整的"大思政"教学体系。通过课程教学体系、实践教学体系的全面改革,充分发挥研究生思政课传授知识、价值引领的作用,使研究生对思政内容真学、真懂、真信、真用。

教学体系分为课程教学体系和实践教学体系。其中,课程教学体系包括第一课堂(课堂教学)、第二课堂(专题教学)和第三课堂(课程思政)三个部分。

(二)课程教学体系改革

研究生思政课程教学是研究生理论学习的主渠道。依据上述改革思路,结合西北大学学科体系特色、教学资源现状、多元化思政教师队伍构成,以及研究生成长成才基本规律,西北大学构建了具有自身特色的研究生思政课程教学新体系(见图1)。新的教学体系中,进一步对第一课堂(课堂教学)教学内容、教学方法等进行改革,全面强化和设计了专题教学和课程思政,合理设置学时比例,形成了第一课堂(课堂教学)、第二课堂(专题教学)和第三课堂(课程思政)三个组成部分的有机融合,形成合力,提高了研究生参与度,有效增强了研究生思政课程的现实性和亲和力。

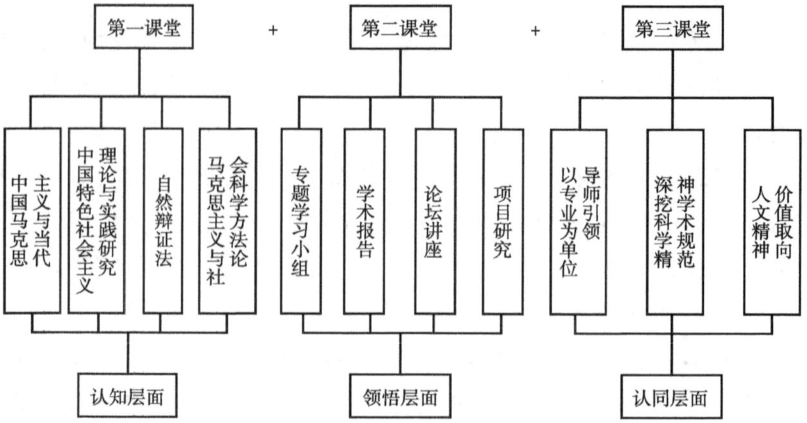

图1　西北大学研究生思政课程教学体系

1. 第一课堂

第一课堂即课堂教学,是学校全面贯彻党的教育方针、坚持社会主义办学方向、坚持马克思主义指导地位、贯彻习近平新时代中国特色社会主义思想、落实立德树人根本任务的关键环节,是构建研究生中国特色社会主义文化自信、道路自信、理论自信、制度自信的理论基础,是引导研究生矢志不渝听党的话跟党走,争做社会主义合格建设者和可靠接班人的核心抓手。西北大学坚持以"中国马克思主义与当代""中国特色社会主义理论与实践研究"等规定课程为核心,重点围绕习近平新时代中国特色社会主义思想、党史、国史、改革开放史、中华优秀传统文化等开设选择性必修课程。

西北大学马克思主义理论学科是西北大学重点建设的特色学科,相关方面的教学研究从20世纪50年代延续至今,具有长期的学科传承和深厚的学术积淀,在马克思主义中国化、中国特色社会主义理论体系研究等方面,取得了一大批优秀成果。在课堂教学中,紧密结合这些优势研究方向和成果,及时融入马克思主义中国化最新成果、中国特色社会主义建设最新经验、马克思主义理论学科最新研究进展,及时将科研成果转化为教学资源,引导研究生开展探究性学习,形成高质量第一课堂教学。

第一课堂的教学方法改革是完成高质量教学任务的核心改革之一。通过组织开展课堂教学方法改革,设立专门的教学教改项目支持进行课程教学方法研究,学校建设了专门的智慧教室,搭建智慧教学平台,推进教师为主导,学生为主体的内涵式教学改革及专题式、主题引导式的讨论教学方法,让师生共同享有话语权,实现由"独白式教学"到"对话式教学"的转变。同时,充分利用现代化教学手段,使用微视频、微课程等线上资源,探索线上情景教学与线下实体教学相结合的翻转课堂等多种教学模式,用更贴近学生的语言、更喜闻乐见的形式激发研究生学习兴趣,发挥思政课程应有的作用。

2. 第二课堂

第二课堂即专题教学,是拓展思政课程学习范围、加深理论探究深度的重要环节,也是充分发挥学校综合性大学优势所在。第二课堂依据研究生学科背景、兴趣、爱好等因素,组织成立不同的研究小组,契合理论难点和学生关注的焦点,聘请校内外优秀专家教师开展学术报告,论坛讲座,引导学生开展小组讨论,项目研究,提升研究生学习参与度和主动性。

西北大学作为一所综合性"一流学科"建设大学,在学科交融、学术氛围方面具有明显优势,为第二课堂提供了丰富的教学资源。每年组织诺贝尔奖专家论坛、院士论坛等高端学术活动,邀请诺贝尔奖获得者、院士开展专题讲座,他们从教育发展、科技创新、人才培养、交叉研究等方面出发,不但让研究生学习到精湛的专业知识,领略大师风采,更多的是感受大师情怀,体会科学精神、拼搏精神;各学院每学年会根据社会热点、研究焦点组织各类专家开展主题教学。例如,经管学院邀请著名经济学家、知名校友魏杰作"2020 中国经济走势及对策"讲座,浙江大学管理学教授魏江作"非对称创新:中国智慧之美"报告,清华大学柳斌杰教授的"坚定文化自信与坚持文明互鉴",不仅从专业角度进行讲解,更使学生对制度自信、理论自信有了深刻的理解和认同。文学院邀请杰出校友贾平凹等开展专题讲座,让学生在享受文化盛宴的同时感受传统文化之美;西北大学中亚考古队、丝绸之路的当代"凿空者"的专题讲座让研究生了解到中亚考古队的奋斗足迹和丰硕的考古成果,被他们的家国情怀、使命担当和奋斗精神所折服。思政教师充分利用这些内容丰富的专题教学,鲜活的实例,以研究小组为单位选择主题进行开放式讨论,结合社会热点、理论难点、学生疑点设计问题,充分发挥学生的个性和创新力,引导学生深入了解思政理论,在讨论、思想碰撞中深化理论认识,在教师总结中答疑解惑,使学生真懂、真用。

3. 第三课堂

学校把专业教学中的思政元素纳入思政课程改革体系,形成特色的第三课堂,即课程思政。充分结合研究生成长的规律和思想政治教育特点,发挥院系与专业课程教书育人的功能,完善研究生思政教学体系。

西北大学深入挖掘专业课中所蕴含的潜在思想政治教育资源,营造良好的思想政治教育氛围,提升立德树人功效,将知识传授与价值引领相结合,从而解决思想政治教育与专业教育脱节的问题。在专业课的传授中,老师们通过近年来的学科发展与社会、科技的进步,引领学生树立中国特色社会主义道路自信、制度自信和理论自信,感受传统文化的魅力,勇于创新的理念,从而整体提升研究生的科学人文素养和社会责任感。④

课程思政根据不同学科背景的研究生特点,体现专业性和思想性,授课教师一方面凝练本学科、专业的科学精神、价值取向、伦理规范,使研究生充分了解科学外在丰富的人文精神和价值意义,在学习中潜移默化地提高自身思想认识水平;另一方面就一些人类进步、科技发展需要解决的热点焦点问题,由导师组织专题理论研讨和实践,将课程思政建立在学科、专业、方向的基石上,学以致用,让研究生在服务国家社会主义建设事业中不断认识、体现和提升自我价值,实现对研究生思想政治

---

④ 参见蒋连霞等:《新时代加强和改进研究生思想政治教育工作的现实思考:基于对广东省研究生思想政治状况的调查》,载《思想教育研究》2019 年第 1 期。参见王茜:《“课程思政”融入研究生课程体系初探》,载《研究生教育研究》2019 年第 4 期。参见周泽红、杨洋:《“1+4”教学模式在研究生思政课教学改革中的运用及完善——以上海交通大学思政课实践教学改革为例》,载《现代教育科学》2018 年第 1 期。参见赖绍聪:《如何做好课程教学设计》,载《中国大学教学》2016 年第 10 期。

浸润式教育效果。课程思政与思政课程同向同行，协同发展，系统促进研究生思政教学发展。

改革后的思政教学体系将研究生的课堂学习、专题学习、专业学习有机结合，增加了学习的宽度和深度，提高了思政教学的有效性。⑤ 改变思政教师单兵作战的现状，形成研究生、思政教师、专业教师思政教学共同体，将多元化的思政教学元素吸纳总结提炼，达到思政教学润物细无声的教育效果。

（三）实践教学体系

建立思政教学实践体系，彰显思政教学的实践性，加强思政教学的思想启迪、价值引导和道德涵育乃是构建研究生思政教学新体系的重要方面。改革中，西北大学强调了实践教学与课堂教学的有机结合，形成课堂讲授，课后实践同频共振的“整体合力”，加深学生对课程学习内容的领悟和认同。

1. 实践教学内容

2017 年 5 月，由中共中央办公厅和国务院办公厅所印发的《国家“十三五”时期文化发展改革规划纲要》中指出：“发扬红色传统、传承红色基因”，“把社会主义核心价值观纳入国民教育体系，增强学生爱国精神、社会责任感和实践创新能力”。⑥ 红色文化是我们党在革命中浴血奋战的文化精髓，对研究生思政教学具有重要意义。陕西是一块红色的沃土，留下了延安革命纪念馆、枣园、八路军革命纪念馆、碑林等极具革命性和先进性的大量红色教育基地，要充分利用红色文化载体，让学生深入了解党的奋斗史、革命史。实践教学还要深入挖掘学校自身丰富的优秀文化传承。西北大学是百年名校，在长期的发展中，形成了“发扬民族精神，融合世界思想，肩负建设西北之重任”的办学理念，会聚了众多名师大家，培养了大批杰出人才，积累了丰富的思政教学资源。西北大

---

⑤ 参见赖绍聪：《寓教于学　寓教于研》，载《中国大学教学》2017 年第 12 期。

⑥ 中共中央办公厅、国务院办公厅：《国家“十三五”时期文化发展改革规划纲要》，载新华网：http://www.xinhuanet.com//politics/2017－05/07/c_1120931794.htm，最后访问日期：2020 年 2 月 22 日。

学石油人无私奉献,为我国石油勘探做出了奠基性的贡献,被誉为“中化石油英才之母”;学校中亚考古队,为“一带一路”考古发出中国声音做出了突出贡献,先后受到习近平总书记的接见和问候;全国道德模范、杰出校友龚全珍同志艰苦奋斗的精神被广为传颂;党的优秀儿女、杨虎城将军之女、杰出校友杨拯陆为党为国奉献生命的事迹可歌可泣;全国模范侯伯宇,以甘为人梯,永攀科学高峰的精神成为时代的指引者,激励着全国科技工作者为我国科技事业奋斗终身。在实践教学中,充分发挥这些感人的身边人、身边事,以学校公诚勤朴的优秀文化传承为引领,利用学校博物馆、校史馆、侯博宇纪念馆等文化展现场所,让研究生对学校118年优秀文化传统感同身受。

西北大学传统的研究生“三下乡”活动,研究生支教团活动以及各种志愿者服务活动,都是研究生用专业知识、理想信念服务社会的优秀案例。尤其是研究生支教团已经进行了21届,他们深扎基层,发扬志愿服务精神,服务基础教育事业,被多家媒体报道,成为青年人的楷模,学校还成立了“西北大学青年志愿服务实践基地”,鼓励研究生参加更多实践活动,在实践中实现人生价值。(见图2)

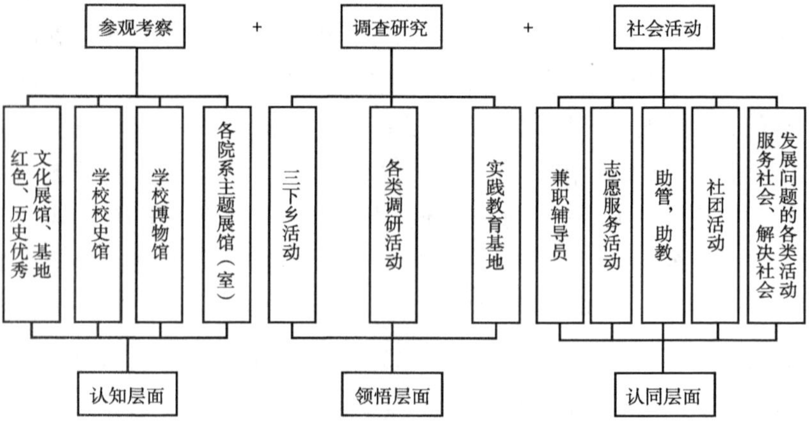

图2　西北大学研究生思政实践教学体系

2. 实践教学形式

实践教学形式主要包括参观考察各种红色、优秀历史文化展馆、基地,学校校史馆、博物馆、主题展馆;调查研究,主要是参加学校组织的三下乡活动，调研活动，各类专题讲座；社会实践活动，主要是担任研究生兼职辅导员、参加志愿活动、助管助教、社团活动以及服务社会、解决社会发展问题的各类活动，通过这些形式多样、内容丰富的实践活动，实现研究生德智体美劳全面发展目标。

3. 实践教学实施平台

为了更好地整合实践教学资源，统筹安排、考核实践活动，学校建立了实践教学管理平台，采用“1 + 5”模式，将实践活动进行分类。“1”是“思想引领”，包括研究生在政治理论学习、爱党爱国教育、理想信念教育等方面的实践活动；“5”是“德智体美劳”分主题实践活动。活动的设定、组织安排由思政教师和实践课思政教师以及研究生共同完成，并通过管理平台进行实践活动的考核认定，将实践活动切实与课堂学习相结合落到实处。

三、研究生思政教学保障体系

研究生思政教学离不开优质的教学资源和高水平的师资队伍，学校不断加大投入，重点支持教学资源建设和思政教师队伍建设。

（一）教学资源建设

思政教学资源是教学质量的重要保障和支撑。学校一方面充分利用国家已有的各类精品教材、马克思主义经典著作、新时代中国特色社会主义理论著作、中华优秀传统文化典籍，按照教学环节，形成书目系列，构成线下基础型教学资源；利用学堂在线、中国大学 MOOC、学习通、雨课堂等线上教学平台，筛选优质教学故事、精品课程等资源，构成线上基础型教学资源。另一方面组织教师编写深度解读教材体系的示范教案、富有特色的教材、课外读本等，将中华民族悠久的历史、奋斗的今天、复兴的未来等优秀的民族精神融入到思政教学资源中，形成多样化、全面化、系统化，具有西北大学自身特点的线下特色型教学资源；以特色教学案例库数字化建设为抓手，将社会主义革命、改革开放、红色革命、优秀传统文化、新时代发展等经典案例有机融合,以动画、短视频、影像等多种形式展现,形成线上特色型教学资源。还要充分利用学校与周边高水平大学形成的各种共建团体,比如“长安区大学联盟”,以及与西北工业大学、西安电子科技大学组成的“边家村联盟”等,互相学习,整合不同高校具有特色的思政教学资源,形成我校研究生思政教学拓展型教学资源。

(二)分层次高质量师资团队建设

教师是思政课的主导者,思政课教师的素质和能力,直接影响思政课的教学质量及受教育者的兴趣与认同。改革中学校积极引导教师热爱教学、倾心教学、研究教学,潜心教书育人。扭转思政课堂“低头族”现象,克服“自说自话”“本领恐慌”等问题,建立一支政治强、情怀深、思维新、视野广、自律严、人格正的思政课教师队伍。强调教学的过程必须是学生主动参与的过程。教学中适时跟进、监测、反馈、消解,以多种方式巩固学生的学习成果,使三维教学目标的达成度更高。坚决淘汰低价性、陈旧性、上课不用心的“水课”。积极开设知识、能力、素质有机融合,内容具有先进性和时代性,积极培育学生去探究的“金课”。

学校一方面加强思政专业骨干教师的引入和培训工作,保证专职思政课教师质量,形成思政课教师队伍第一方阵;另一方面鼓励校内党政机关、院系党政负责人、地方党政领导干部、企事业单位管理专家、社科理论界专家、各行业先进模范以及名师大家站上思政讲台,构建有特色、强有力的兼职思政课教师队伍,形成思政课教师队伍第二方阵;同时,高度重视专业课程教师及研究生导师群体思政意识的树立,全面开展课程思政大练兵,有效推动研究生专业课程教学和导师学业指导过程中思政元素的有机融入,从而形成思政课教师队伍第三方阵。最后,还加大人力、财力、物力的投入力度,定期、不定期开展不同方阵教师之间的教学研讨和教学培训活动,不断提升教师团队的能力和素质。

学校进一步改进和完善评价机制,构建更加科学合理的思政课教师教学考核和绩效考核体系,坚持以师德师风作为教师素质评价的第一标准,在教师专业技术职务晋升中实行考评一票否决制。建立完善的思政课质量评教体系，开展学生评教工作，加强研究生思政课教学督导，提升思想政治课质量。研究生思政课督导体系包括校级督导、培养单位督导、研究生评教三部分。校级督导以研究生院、督导组为主，培养单位督导以培养单位书记、副书记、辅导员为主，共同从不同角度、不同层次进行课堂教学、考核体系检查。

研究生思政教学体系是研究生培养体系中的核心环节。研究生思政教学改革必须依据新时代的新要求，不断探索，不断深入，通过思政教学体系的系统改革促进研究生培养质量的实质性提升，努力培养拥护中国共产党领导和我国社会主义制度、为中国特色社会主义事业奋斗终身的有用人才。

On the of Construction and Exploration of Ideological and Political Teaching System for Graduate Students in Comprehensive Universities

—Taking the ideological and political education reform of graduate students in Northwest University as an example

Kou Nan　Lai Shaocong　Ren Baoping　Li Jun　Duan Junjie

Abstract: Northwest University makes full use of the outstanding characteristics of complete disciplines, cross-cultural integration of humanities and science, and diversification in ideology and culture. It focuses on the combination of online and offline teaching resources and classifies them into three types, the basic, the featured, and the expanded. In the meantime, it also highlights the construction of a high-quality teacher team with full-time and part-time members. It integrates and coordinates the teaching links between doctoral students and master students, which organically combines ideological and political courses and ideological and political featured courses. It has formed a ternary structure in teaching system in the cultivation of doctoral students and master students-"classroom teaching, seminar, and ideological and political featured teaching". Taking the Red Culture in the northwest China and the university's 118 years' excellent cultural accumulation as the basis, the university has established an "1 + 5" practical teaching system and has formed a "macro" teaching pattern with the characteristics of the integration of theory and practice, teaching and exercise, which has effectively enhanced the practicality and affinity of ideological and political courses for graduate students.

Key Words: higher education, postgraduate education, ideological and political education reform, moral education

“双一流”战略下高水平行业特色高校的创新发展路径*

吴立保　田宇婷**

摘　要：随着国家“双一流”建设方案的实施，高水平行业特色高校迎来了新的发展机遇，在满足国家急需和支撑行业转型升级方面，行业特色高校将发挥更为重要的作用。在此背景下，高水平行业特色高校建设世界一流学科，必须扎根中国大地，主动承担所在行业的国家使命，与行业现代化发展同频共振；不断推进体制创新，深化多元共建促进协同发展；加强内涵建设，通过学科集群筑牢特色发展优势；拓展国际合作途径，对接前沿国际发出中国声音。

关键词：行业特色高校　“双一流”战略　高水平发展

“双一流”战略的实施，为高水平行业特色高校

---

* 基金项目：本文系2018年全国教育科学规划课题国家一般课题“大学本科教育向‘学习范式’转型：国际趋势与本土探索（项目编号：BIA180172）”的研究成果之一。

** 吴立保，南京信息工程大学高等教育研究所研究员，博士生导师。研究方向：高等教育管理。田宇婷，南京信息工程大学马克思主义学院硕士研究生。研究方向：思想政治教育。

发展提供了新的历史机遇。2015年10月教育部颁发了《统筹推进世界一流大学和一流学科建设总体方案》,强调坚持以学科为基础,打造学科高峰,建设世界一流学科。在一流学科的遴选上,高水平行业特色高校除了满足国家急需与解决重大战略问题之外,还拥有具有不可替代的学科优势。2019年,中共中央、国务院印发的《中国教育现代化2035》中也特别提出“支持发展高水平行业特色大学”。20世纪90年代以来,行业特色高校经历了“去行业化”和“再行业”的曲折发展历程。在“双一流”战略背景下,高水平行业特色高校与行业发展将进入“全面融合”的新阶段,入选“双一流”的高水平行业特色高校肩负着引领行业发展的重大历史使命,需要在新的起点探索创新发展路径。

一、使命担当,与行业现代化发展同频共振

所谓的行业特色高校是指以行业为依托,围绕行业需求,针对行业特点,为特定行业培养高素质专门人才的大学或学院。① 行业特色高校覆盖了国家农、林、水、矿、油等众多基础行业,事关国计民生,关乎国家战略和国家安全,对社会发展具有举足轻重的作用。我国行业特色高校产生于20世纪50年代的院校调整,到了20世纪90年代,随着社会主义市场经济的初步建立,行业特色高校经历了重大的管理体制变迁,许多行业特色高校实施了“去行业化”战略,向综合性大学转型。但是,受到资源约束及学科单一等诸多条件限制,向综合性大学的转型并不成功,由于隔断与原有行业的联系,反而丢掉了原有的特色与优势。与之形成鲜明对比的是,部分行业特色高校在体制划转之后,坚持服务行业、面向行业办学,与行业现代化发展同频共振,适时调整发展战略,推进学校发展从服务行业到引领行业发展的战略转型,使学校成为行业发展现代化的主要支柱和不可或缺的一部分;围绕行业发展,解决行业的重大

① 参见潘懋元、车如山:《特色型大学在中国高等教育中的地位和作用》,载《大学教育科学》2018年第2期。

问题，建设和发展优势学科，使其在全国处于领先地位，由此入选国家“双一流”高校行列，迎来新的发展契机。进入“双一流”的高水平行业特色高校应当担当起促进行业现代化的国家使命，在战略定位上，不能局限于之前的“依托行业而产生，服务行业而发展”的“依存关系”，需要从与行业的“依存关系”转向“引领关系”，从对行业的依托服务到走出行业，实现对于行业的引领与超越，这是高水平行业特色大学进一步发展的必由之路。② 高水平行业特色大学发展应继续与原行业部门保持紧密联系，坚持服务行业的发展方向是高水平行业特色大学核心竞争力的根基，战略重点应对接国家重大战略需求，紧紧瞄准行业未来发展需求，引领行业的发展方向，提升行业的国际竞争力。

南京信息工程大学（原南京气象学院）创办于1960年，是在中国经济处于极其困难的历史背景下，在高等教育调整整顿的特殊时期，应国家国防战略急需而创办的中国第一所气象类本科高校，创办之初就担当国家使命，为新中国气象事业培养人才。办学近60年来，为中国气象事业输送了70%以上的人才，同时为世界气象事业输送出大批杰出人才，海外华人气象学者有60%以上是学校的校友。学校的人才培养支撑了中国气象事业，乃至世界气象事业的发展。南京信息工程大学也由此被誉为“中国气象人才培养的摇篮”，2017年，大气科学入选国家“双一流”学科。在“双一流”战略背景下，学校以中国气象事业现代化的国家使命为己任，强化学科特色，以创建世界一流的大气科学学科为战略目标，担当推进气象事业现代化的国家使命，保持与中国气象事业同频共振，具体举措主要体现在三个方面：

（一）与中国气象事业同向共轭，全面融入行业

在近60年的办学实践中，在行业特色高校经历了“行业化—去行业化—再行业化”的管理体制变迁，学校也经历了“国家队—地方队—国家队”的身份转换。南京信息工程大学创办后一直隶属中国气象局管理，是一所以气象为主的行业特色高校。在中国气象局的大力支持下，

② 参见林莉君：《行业特色型大学缘何“失色”》，载《科技日报》2012年12月18日，第7版。

学校在1978年被国务院确定为全国88所重点高校之一,于1993年在全国也是较早获得博士授权的单位。2000年体制划转以后,学校由中国气象局划转到江苏省人民政府管辖,也曾经历了短暂的迷茫,与中国气象行业的联系也有过短暂的疏离。但是,学校在2005年适时调整发展战略,抓住共建体制改革这一关键举措,提出"主动融入、主动接轨、主动服务"的"三个主动"方针,制定了"面向中国气象事业发展、面向江苏经济社会发展"的"两个面向"发展理念,重回气象行业,强化服务中国气象事业发展的使命,从推动中国气象局与学校的"局校共建",到2012年实现江苏省人民政府、教育部和中国气象局的"三方共建",使学校发展上了新的台阶。在这一过程中,学校始终围绕大气科学谋发展,始终以为中国气象事业培养人才为核心任务,即使是体制划转到地方之后,学校的大气科学招生规模也不降反升,从20世纪90年代每年招收200名左右的大气科学学生,到2004年达到每年800人左右,并于2010年突破每年1000名。2017年学校入选"双一流"建设高校之后,更是提出全方位融入中国气象事业的战略方针,以科技创新引领中国气象事业发展,推进中国气象事业现代化。

(二)聚焦气象行业关键技术突破,解决国家急需

地球系统模式作为应对气候变化的重要手段之一,对气候的模拟和预估能力已经成为衡量一个国家综合科技实力及核心竞争力的重要标志。加快发展我国自主的地球系统模式,是应对全球变化挑战、环境治理和防灾减灾的迫切需要。其中,数值模式研发是地球系统模拟的关键技术,也是制约我国气象行业发展的"卡脖子"技术。基于数值模式研发的地球系统模式是目前国内外气候变化研究最先进的工具,也是最有效的科学依据。在IPCC(政府间气候变化专门委员会)评估的地球系统模式排名中,欧盟、美国、日本等主要发达国家的地球系统模式排名处于前列,预测全球气候变化精确性更为可靠。中国自主研发的地球系统模式一直是亟待弥补的短板,这是我国气象行业的重大需求。南京信息工程大学联合夏威夷大学在数值模式研发方面取得重大突破,成功开发南京信息工程大学(NUIST)地球系统模式。由国际著名气象学家王斌教授领衔，组建了40余人的模式研发团队，独立开发了一种全新的地球系统模式，采用OASIS-MCT模式耦合器，耦合了当前国际上最为先进的ECHAM5.3大气环流模式、JSBACH陆面模式、NEMO海洋环流模式、CICE海冰模式等，并通过加入中国科学家的最新研究成果，使之“中国化”，成功研发的NUIST地球系统模式，极大地改进了对大气振荡以及季风的模拟性能，进入世界先进行列。

（三）应对全球气候变化，服务国家战略

学校十分重视发挥学科优势服务国家战略决策咨询。由王会军院士牵头完成的《后AR5时代气候变化主要科学认识及若干建议》呈报党中央、国务院，得到了中央领导的重要批示，这对我国参与气候变化国际谈判提供了重要的参考价值。王会军院士团队向国务院报送的《关于2017年1～2月津京冀雾霾污染趋势预测展望》和《关于2017年冬季津京冀和长三角区域霾污染的预测展望》咨询建议报告，为政府防霾、治霾提供了决策依据。王会军院士主持的中国科学院学部评议项目《“一带一路”区域气候变化灾害风险》，为国家“一带一路”倡议提供了应对气候灾害风险管理的对策建议。廖宏教授等开展的环境治理研究成果《转型出关需打好生态攻坚战》被中央党校采纳，为国家大气环境治理出谋划策。廖宏教授通过参与IPCC工作为应对全球气候变化做出积极贡献。IPCC定期为联合国气候变化框架公约（UNFCCC）和各国决策者提供全世界气候变化的政策选择等内容的科学评估报告，对人类未来经济社会发展路径和应对气候变化对策起到导向作用。这项工作不仅对全球应对气候变化具有重要意义，同时提升了我国学者在气候变化科学领域的国际影响力。

二、体制创新，深化多元共建促进协同发展

1998年的高等教育管理体制改革，对行业特色高校产生了重大影响，大部分高校经历体制划转后由行业管理归属地方管理，“去行业化”

的办学定位对行业特色高校发展产生了许多消极的影响。从发展战略上来说,共建体制是行业特色高校建设世界一流学科的必由之路。“共建”是指中央政府(国家教育主管部门、行业部门)和地方政府针对某一所大学进行共同出资(或以土地出让、减免税赋等形式)、共同建设和管理、共享建设成果,以推进大学的发展,同时为地方经济建设做出贡献。[③] “共建”是我国高等教育体制改革的一种制度创新,对推动行业特色型高校的转型发展发挥了重要的促进作用。[④] “共建”作为一种体制创新是 1992 年广东高等教育发展改革试点中首次提出的,最初的三种基本形式是教育部与行业部门共建、中央与地方双方共建、教育部与行业部门和地方三方共建。共建主要是突破原有高等教育体制的条块分割,“其深度触及原有高教管理体制的根基,其广度牵动中央、地方、学校、社会的方方面面,是对我国高等教育发展具有全局性影响的一项重大改革”。[⑤] 从本质上来说,“共建”体制打破了原有单一主体办学的封闭化办学模式,开创了一条开放协同化的办学之路。其目的是协调办学利益相关者之间的关系,以提高人才培养质量,以服务行业产业及地方经济服务为契入点,找到各利益相关者之间的切合点,调动多元主体的办学积极性。在“双一流”战略背景下,高水平行业特色高校要建设世界一流学科,必须进一步深化共建体制,拓展共建路径,多元协同,共谋发展。

南京信息工程大学入选“双一流”建设高校之后,不断深化共建体制,拓展共建模式,突破以前学校单独与行业、地方及产业的单向共建模式,打造跨界融合、多主体协同的共建新模式。

(一)开展跨行业联合共建

在教育部、江苏省人民政府和中国气象局“三方共建”的基础上,学

---

③ 参见王亚杰:《共建　互动　共赢——特色型大学与区域经济社会发展的互动机制初探》,载《北京教育》(高教版)2009 年第 2 期。

④ 参见李北群:《行业特色型高校共建体制探析——以南京信息工程大学的局省共建为例》,载《中国高教研究》2012 年第 7 期。

⑤ 黄红:《中国高等教育的第二次大调整——当前高教管理体制改革综述》,载《高教与经济》1996 年第 4 期。

校一方面继续深化共建内容，将人才培养与科研创新融入到中国气象行业发展之中，推动和引领中国气象事业现代化发展；另一方面以大气科学的一流学科群建设为依托，拓展与中国生态环境部、中国海洋局、中国地震局等部门的合作，开展了气象与环境、海洋、防灾减灾等行业的联合共建，提升环境科学、海洋科学与防灾减灾等学科的发展水平，支撑大气科学创建世界一流学科。通过共建，学校获得国家卫星海洋应用中心共建合作签约自主卫星海洋遥感联合实验室、海洋数值模拟与观测实验室等高水平实验平台，有力地提升了海洋学科建设水平，促进了大气、海洋、环境的多学科交叉融合。

（二）加强校企联动与地方共建

学校发展必须面向地方“借力生辉”，加强校地合作，寻求政府支持。学校依托国家级南京江北新区的区位优势，发挥大气科学全国第一的影响力，联合气象科技企业，与国家级南京江北新区签署校地融合发展战略合作框架协议，联手打造“中国气象谷”。李北群校长指出，“中国气象谷是实现气象科技政产学研用紧密结合的集聚地，是推动校地融合、产教融合的重要抓手”。根据协议，未来5年，将依托南信大学科优势建设“中国气象谷”，规划“两核三轴、一带三区”的空间布局，打造集教育培训、项目研发、成果转化、企业孵化于一体的气象服务行业全产业链，力争成为环高校知识经济圈的典范工程。中国气象服务协会、华风创新研究院、航天宏图、墨迹风云等15家行业领军企业与南京信息工程大学签约共建“中国气象谷”，联合推进校企协同育人与高校科研成果转化。气象产业庞大，发展前景广阔，“中国气象谷”建设要围绕国家社会发展需求，通过拓展校企联动与地方共建，解决技术研发与科技成果转化的关键问题，使科技研发更能满足社会需求。

（三）创新院—校—地联合共建

学校将原有的与中国科学院和与地方政府的单向共建资源整合起来，构建多主体联合共建的新模式，发挥资源集聚的最优化。学校与中国科学院大学、南京市人民政府合作共建新型科教创产融合发展联合体，即“国科大南京学院”。南京信息工程大学作为中国科学院大学签约合作的第一所地方高校,将与中国科学院大学开展全面深入的校际合作,包括地理学、环境科学与工程、生态学、农业资源与环境、信息科学与工程等在内的若干学科专业,将在人才培养、科技创新、人员交流等方面开展合作,建设成为独具特色、国内知名的高层次人才培养基地、科技创新基地和人才聚集高地。

三、内涵建设,学科集群打造特色发展品牌

《统筹推进世界一流大学和一流学科建设实施方案》特别强调坚持以学科为基础,通过学科交叉,以一流学科建设引领健全学科生态体系,着力打造学科领域高峰。学科集群是建设世界一流学科的关键。一个卓越的大学学科系统,学科之间不是杂乱无章的堆积,而是以学科体系的形式有机统一于一体。⑥ 一流学科建设应是以优势学科群为核心,发挥一流学科的辐射作用,在引领带动其他学科发展的同时,形成相互依存与相互支持的学科生态圈,从而实现学科建设水平的整体提升和可持续发展。行业特色高校经历体制划转之后,学科单一性是其发展的重要瓶颈,学科交叉融合缺失制约了行业特色高校的学科发展水平。行业特色高校依托行业的紧密联系,依靠资源集中配置形成的学科优势,在服务行业科技创新上,通过纵深发展和精耕细作,通过长时间的积累铸成高精尖的学科高峰的同时,也由于行业壁垒使学科面窄的客观态势日益显露。因此,在"双一流"战略背景下,高水平行业特色高校必须通过一流学科率先突破,示范和带动提升高校综合实力和国际竞争力。

南京信息工程大学的优势和特色学科是大气科学,在体制划转之后,通过设立大气科学特区,采取"单兵突进"的方式,集中优势资源发展大气科学,经过十多年的努力,在2012年教育部学科评估中大气科学排名全国第一,2017年大气科学学科评估排名与北京大学共同并列A+

---

⑥ 参见翟亚军:《大学学科建设的模式新解——基于世界一流大学的分析》,载《学位与研究生教育》2009年第3期。

学科,实现了在大气科学做中国"单打冠军"的战略目标。在"双一流"战略背景下,瞄准世界一流,学校的目标是将大气科学建设成为世界一流学科,在学科建设思路上,由"单兵突进"转向"多头并进",强化学科交叉融合,打造优势学科群。

(一)明确学科定位,追求世界第一

南京信息工程大学的大气科学要由"中国的单打冠军",走向"世界的单独冠军",这是我国气象事业现代化发展的需要,也是学校发展的战略定位。2019 年 3 月,南京信息工程地学科学进入 ESI 学科排名世界前 3‰,其中主要贡献来自大学大气科学,单从大气科学学科的国际排名来看已经进入世界前列,在此基础上,学校将紧紧瞄准世界一流标准,巩固优势、彰显特色,通过协同创新,实现跨越式超越。

(二)构筑学科群,构建学科生态圈

学科群是若干学科间相互渗透、围绕某一共同领域紧密而有机地结合在一起的学科群体,其内在结构一般由主体学科(带头学科或骨干学种)、基础学科、支撑学种和通用学科相关学种组成。⑦ 在新的发展阶段,南京信息工程大学围绕气象产业链,发挥优势学科的辐射作用,采取"优势对接、深度融合、集成创新"的思路,加大大气科学优势学科群建设,注重以点带面、以优促精,不断更新、改造、延伸、拓展、调整、补充,使之基础宽厚、主干突出、相互支持、彼此协同,确定了"优势特色学科持续壮大,新兴交叉学科异峰突起,基础学科长足发展"的发展路径,着力打造"一体两翼三维"的特色学科生态圈。"一体"指的是大气科学一流学科;"两翼"指的是环境生态、地理遥感海洋水文特色优势学科;"三维"指的是支撑学科(信息工科、管理学科等),基础学科(数理化、人文学科等),新兴交叉学科(人工智能、新材料、应急减灾等)。以大气科学一流学科建设为主体,通过不同优势学科的联合互补和学科结构与布局的优化,各学科紧密围绕大气科学这一主线,形成了覆盖每一个专业的纵向学科链和横向学科群,同时培育人工智能、新材料、应急减灾等一批新兴

---

⑦ 参见胡茂、刘知贵:《依托行业背景,建设基于特色化发展的地方高校优势学科群——以西南科技大学为例》,载《研究生教育研究》2014 年第 6 期。

交叉学科,建成亚洲区域引领、全球有影响力的气象学科中心和地学学科高地。

(三)推进协同创新,建设跨学科研究中心

跨学科研究中心是高校应对科学技术的突飞猛进和多学科交叉协同趋势的产物。拓宽学科覆盖面,围绕特色优势学科开展多学科联合攻关成为高水平行业特色高校学科发展的必然选择。为了应对全球环境变化给各区域、国家和社会带来的挑战,由国际科学理事会、联合国教科文组织等多个国际组织共同牵头组建的为期10年的大型科学计划“未来地球计划”(future earth),强调打破目前的学科壁垒,填补全球变化研究和实践的“鸿沟”,使自然科学和社会科学研究成果更积极地服务于可持续发展,以应对全球环境变化所带来的挑战。随着云计算、大数据、物联网、移动互联网等技术得到广泛应用,促进气象学、水文学、生态学、地理学、环境科学等传统地球科学交叉融合,地球系统不同学科的交叉研究已成为国际重大研究计划的核心内容。南京信息工程大学依托气象科学,组建“气象与水文大气环境交叉研究中心”,这是大气科学、环境科学、海洋科学、水文生态及经济管理等多领域的跨学科研究中心,旨在加强国际前沿基础和关键技术研究,推动气象、水文和大气污染领域的交叉创新研究。

(四)建设中国气象谷,打造中国气象产业新高地

围绕大气科学世界一流学科建设目标,将大气科学科研创新成果转化为推动气象产业发展的驱动力,南京信息工程大学争取中国气象局和南京市政府的大力支持,对接国家级江北新区发展规划和产业发展需求,主动谋划“中国气象谷”的建设,发挥大学在推进科技创新与产业发展的引擎作用,弥补中国气象产业短板,引领中国气象产业发展新方向。“中国气象谷”是南京信息工程大学与国家级南京江北新区共建校区、园区、景区、社区一体化的“环南信大”知识经济圈,旨在以一流学科引领新兴产业发展,探索政府、企业与高校产学研合作新模式。“中国气象谷”起缘于“为江苏多做贡献”的地方期待、“打好气象特色牌,彰显气象特色”的部委嘱托。经过前期两年多时间的国内外调研、广泛邀请不同方面专家规划和论证，于2018年12月正式拉开“中国气象谷”建设序幕。截至2020年1月，已有23家企业入驻，其中包括华风创新研究院、航天宏图、墨迹风云、华为等行业领军企业。“中国气象谷”通过气象装备企业的研发、生产和孵化、商业气象服务、气象大数据服务、人工智能与信息技术、遥感与测绘、环保监测与环境治理服务等7大产业方向，布局环南京信息工程大学知识经济圈，吸引了一批气象、环境、信息类科技企业研发中心落户。学校与全国高科技气象公司签订战略合作协议，打造集教育培训、项目研发、成果转化、企业孵化于一体的气象服务行业全产业链，形成教育、科技、产业、服务相互融合的气象产业高地。目前，依托“中国气象谷”已成立5家新型研发机构，成功孵化企业12家，仅2019年已经实现销售额近2亿元，成为南京信息工程大学学科型公司新的利润增长极。2019年12月，学校与中国空间技术研究院总体部签署气象遥感技术联合实验室协议，将致力于推动面向市场化的南信大商业气象卫星星座项目建设、运营和升级，向各行业、各领域提供高精度、高时效性、标准化的气象遥感数据，为行业及个人用户提供定制化的气象遥感产品和服务，并且探索国家导向、市场需求、航天技术、应用技术与商业资本融合的新的发展模式，打通商业气象卫星星座项目的全产业链。

四、国际拓展，对接国际前沿发出中国声音

在国家“双一流”建设方案中，国际交流合作是五大改革任务之一，其根本任务在于三个方面：第一，要与世界一流大学和学术机构开展实质性合作；第二，要参与国际教育规则制定，提升我国高等教育的国际竞争力和话语权，发出中国声音；第三，树立中国大学品牌，形成中国特色。扎根中国大地，彰显中国特色是“双一流”建设的立足点，建设中国特色的世界一流学科就要对接国际前沿，发出中国声音。行业特色高校在国际合作方面有着天然的优势。国际化道路是“双一流”高校建设的必然

选择,搭建国际化人才工作平台、优化国际化人才发展环境、集聚国际化办学资源、提升国际化人才培养,这是中国高等教育迈向世界高等教育主流的内涵路径。进入21世纪,高校间的竞争在一定程度上是国际化的竞争。

气象事业是涉及人类共同福祉的公益性事业,本身就是高度国际化,需要紧密的国际合作来共同推进。因此,大气科学在国际化方面有着天然优势更为独特。南京信息工程大学通过科学研究国际化、师资队伍国际化、制度创新国际化,学校走出了一条"垂直拉升,顶层跨越"的国际化发展之路,并将国际化比喻为学校发展的"天梯"。在"双一流"战略背景下,大气科学沿着国际化的"天梯",一步步地迈向世界一流。

(一)搭建高水平研究平台,推进与世界一流高校实质性合作

学校依托大气科学全国排名第一的优势,联合哈佛大学、耶鲁大学在2014年建成了"气候与环境变化教育部国际合作联合实验室"(全国首批三家之一)的基础上,2017年,学校与哈佛大学签署成立"空气质量和气候联合实验室"的合作协议,联合开展大气环境研究。2018年,学校与美国耶鲁大学、夏威夷大学、佛罗里达州立大学等著名高校共同组建的南京信息工程大学"气象灾害预报预警与评估协同创新中心"入选省部共建协同创新中心。在高水平的国际合作平台基础上,通过强化机制创新、政策激励、团队融合与条件保障,深化国际多团队实质性合作。国际合作的高水平成果产出获得了国际学术界的高度认可,尤其是与哈佛大学开展的全球大气化学和大气环境数值模拟的研究成果进入世界领先水平。2017年,*Nature*杂志发表题为"Science Superpowers Find Common Ground"的文章,高度评价了学校和耶鲁大学共建大气环境中心的中美合作模式。

(二)依托政府开展国际合作,组建国际高水平大学联盟

2019年4月,由江苏省教育厅牵头,南京信息工程大学联合江苏大学等20所高水平大学,与英国牛津大学、雷丁大学等20所高校组建"江苏—英国高水平大学20+20联盟",旨在助推江苏省"双一流"和高水平大学建设,为江苏与英国高水平大学的深度和整体合作与交流搭建政府间的合作平台，努力实现更大范围、更高水平、更深层次的交流合作。南京信息工程大学借助联盟平台，与雷丁大学签署了《南京信息工程大学—雷丁大学联合培养研究生谅解备忘录》，雷丁大学的大气学科在欧洲处于领先地位，两校通过优势互补与深度国际合作，将就学生和学者交流、合作研究、联合培养硕士和博士等重点领域展开合作。

（三）加强国际行业组织联系，组建全球气象教育联盟

南京信息工程大学是全球培养规模最大的气象高等学府，是最早参与和组织国际气象教育与培训的高等教育机构，是世界气象组织、亚太经合组织台风委员会、政府间气候变化专门委员会等多个国际组织全球范围建制最全、规模最大、贡献最多的教育与培训中心。截至2018年年底，该中心已经为全世界153个国家培养中高级气象人才3500多名，其中有10名成为所在国的气象局局长或环境部部长。南京区域培训中心被誉为世界气象组织在全球最活跃的五大区域培训中心之一，世界气象组织历任秘书长都到学校视察，并对南京世界气象组织区域培训中心为世界气象事业所做的巨大贡献表示衷心的感谢。学校勇担世界一流学科建设使命，响应国家“一带一路”倡议，牵头组建“全球气象教育联盟”，推动加强国际气象教育与培训机构的合作与交流，共同商讨全球气象教育事业的机遇与挑战，搭建全球气象人才培养、教学、科研、资源建设和共享的平台，得到世界气象组织以及美国大气科学研究大学联盟、英国雷丁大学、俄罗斯水文气象大学、肯尼亚内罗毕大学等全球著名气象高等教育机构的大力支持。学校于2019年5月成立联盟筹备委员会，向全球60多个国家和地区的气象教育与培训机构发出正式邀请，得到积极响应，拟于2020年5月，举行联盟成立大会，发布联盟宣言——《南京共识》，提出：“我们倡议成立国际气象教育联盟，在此框架下探讨全球气象教育共同关注的突出问题”。通过组建国际气象联盟，在建设世界一流学科的道路上，中国也需要在世界气象领域体现国际担当，匹配气象教育大国应有的影响力，致力气象科技创新，形成新的世界气象中心，代表中国发声。

On the Innovative Development Path of a High-level Colleges and Universities with Industry Characteristics under the Double First-Class Initiative

Wu Libao Tian Yuting

Abstract: With the implementation of the National Double First-Class Initiative, high-level colleges and universities with industry characteristics have ushered in new development opportunities. High-level colleges and universities with industry characteristics will play a more important role in meeting the country's urgent needs and supporting the transformation and upgrading of the industry. In this background, in order to build world-class disciplines, high-level colleges and universities with industry characteristics must take root in China, take the initiative to assume the national mission of the industry, and resonate at the same frequency as the modernization of the industry. They must continuously promote institutional innovation, deepening pluralistic co-construction and promoting coordinated development. High-level colleges and universities with industry characteristics must also strengthen connotation construction, build distinctive development advantages through discipline clusters, expand international cooperation channels, and connect with cutting-edge international voices.

Key Words: colleges and universities with industry characteristics, Double First-Class initiative, High-level development

家庭社会关系资源何以影响大学毕业生就业质量

——基于陕西省2017届高校毕业生的调查分析*

刘自团　陆根书**

摘　要：家庭社会关系资源在大学毕业生就业过程中是个绕不开且又极其引人关注的变量。应用陕西省2017届本专科毕业生的调查数据分析了家庭社会关系资源对大学毕业生就业质量的影响程度及作用机制。研究发现：管理精英子女与非精英群体子女的就业质量差异主要集中在平均月收入和就业满意度上，而知识技术精英子女与非精英群体子女的就业质量差异最显著地体现在专业匹配度上；

* 基金项目：2017年度教育部人文社会科学研究规划基金项目"家庭资源差异对大学毕业生就业质量影响的实证研究"(17YJA880054)；2015年度国家自然科学基金项目"大学生就业能力与创业意向：结构、影响因素及发展策略研究"(71573203)；2017年度中国博士后科学基金资助项目"家庭资源与大学毕业生就业质量：内在关联及作用机理"(2017M623137)；2017年度陕西省博士后科研资助项目"陕西省高校毕业生就业创业质量的实证研究"(2017BSHEDZZ136)。

** 刘自团，西安交通大学公共政策与管理学院博士后，江苏省教育科学研究院高等教育研究所副研究员。研究方向：高等教育改革与社会发展。陆根书，西安交通大学中国西部高等教育评估中心教授、博士生导师。研究方向：社会经济发展理论、高等教育政策等。

在家庭社会关系网络结构变量中,网络顶端对大学毕业生就业质量影响的统计学意义最显著,网络顶端等级越高,大学毕业生的平均月收入、就业满意度和专业匹配度就更高;大学生在求职中所动用的社会关系类型也显著影响其就业质量,动用强关系的大学毕业生平均月收入更低,但其就业满意度更高。在此基础上,本研究提出了提升毕业生就业质量和促进就业公平的建议。

关键词:家庭社会关系资源　社会资本　大学毕业生　就业质量

一、引言

数据显示:2019年度全国高校毕业生人数达834万人,再创历史新高,在全社会就业总量压力和结构性矛盾并存的背景下,促进高校毕业生就业的任务更为艰巨。"实现比较充分和高质量就业"是党和政府的一个重要目标,继十八大报告提出"就业是民生之本""推动实现更高质量的就业",党的十九大报告又提出"就业是最大的民生""实现更高质量和更充分就业"。不断提高高校毕业生的就业质量,切实推动更高质量的就业,是解决当前高校毕业生就业不充分、不平衡矛盾的重要举措。[①] 为此,我们需要厘清影响高校毕业生就业质量的相关因素,扬长避短,取长补短,进一步调整和完善就业政策,努力提供精准化就业帮扶。

在当前影响大学毕业生就业质量的诸多因素中,家庭社会关系资源是个绕不开且又极其引人关注的变量。中国作为一个"熟人社会""人情社会""关系社会",社会关系及其运作是每日生活现象。在求职过程中,大学生既是个理性的独立决策者,同时又是个嵌入关系中的社会人,以家庭为核心的社会关系对其就业质量的影响既真实又深刻。本文借鉴已有研究关于社会关系资源的测量方法,厘清影响大学毕业生就业质

① 参见刘敏、陆根书、潘炳超、李珍艳:《陕西高校本科专业毕业生就业质量指数评价研究》,载《复旦教育论坛》2018年第5期。

量的家庭社会关系资源类型,用实际数据测量家庭社会关系资源对大学毕业生就业质量影响的范围和程度,并对当前大学毕业生就业市场的家庭社会关系嵌入程度及影响机制形成一个清晰的判断,从而为政策调整确定方向。

二、文献综述

(一)家庭社会关系资源的概念及测量方法

在西方,与社会关系资源最接近的概念是社会资本。最早将其引入社会学领域的是法国的社会学家布迪厄(Pierre Bourdieu),他认为社会资本就是"实际或潜在的资源集合体",②这些资源的获取同占有体制化的网络密不可分。之后,科尔曼(James S. Coleman)、林南(Lin Nan)等学者也都对社会资本做了较深入的分析。科尔曼从结构和功能主义角度出发,将社会资本定义为"个人拥有的社会结构资源的资本财产"。③林南对社会资本的发展是建立在他早期提出的社会资源理论之上,他认为社会资本是"在目的性行动中被获取的和/或被动员的、嵌入在社会结构中的资源"。④ 可以说,社会资本是西方社会学家不用关系概念而建立起来的一种研究关系的社会学理论。⑤ 在中国,"关系"无处不在,中国的社会关系网络是一个由中国传统文化背景和特定制度环境衍生出来的关系结构。中国人的关系网概念与社会资本有许多共同和重合之处,因此很多国内学者会将社会资本完全等同于社会关系网络来使用,显然这是不科学的。中国人的关系网是以家庭为本位的,社会资本的基

---

② [法]皮埃尔·布迪厄:《资本的形成》,载薛晓源、曹荣湘主编:《全球化与文化资本》,社会科学文献出版社2005年版,第14页。

③ [美]詹姆斯·S. 科尔曼:《社会理论的基础》(上册),邓方译,社会科学文献出版社2008年版,第354页。

④ [美]林南:《社会资本——关于社会结构与行动的理论》,张磊译,上海人民出版社2004年版,第28页。

⑤ 参见翟学伟:《关系研究的多重立场与理论重构》,载《江苏社会科学》2007年第3期。

础是公民社会,两者产生的文化环境、运行的社会基础及其所关注的现象均有较大差异。概括来说,“中国人所讲的关系是指关系确定后如何作为,而西方人所讲的关系是如何找到所要的关系”。⑥ 值得借鉴的是,有中国学者根据中国社会的特征,将关系本身也当作一种资源,即关系资源,“是一种能影响资源分配的资源”。⑦ 追随关系资源的研究思路,本研究将影响大学毕业生就业质量的家庭社会关系特征定义为家庭社会关系资源。

虽然社会资本有别于中国人的社会关系网,但关于社会资本的测量方法可以为我们测量家庭社会关系资源提供借鉴。关于个体社会资本的测量,国际上常用的两种方法是定名法和定位法。定名法的具体做法是通过让被访者自己提出网络成员,然后进一步了解网络成员情况的方法来测量网络中的资源。⑧ 定位法的具体做法是使用包含有若干标志社会地位的职业或工作单位类型等的量表,要求被调查者回答其社会网络成员中是否有人符合表中所描述的特征,然后对所有被选择的单位或职业类型进行加总计分,然后用此来反映个人社会网络中所嵌入的资源情况。⑨ 定位法既可测量社会资本中的结构位置,又能有效测量社会网络中的资源,其有效性得到了学术界的广泛认可。⑩ 上述个体社会资本测量方法在社会学领域取得了长足的发展,但由于其测量的复杂性和较强的专业性,因而还未被广大的教育学研究者广泛使用。在教育领域,学者测量家庭社会关系资源的方法和指标没有一个公认的标准,常用的

---

⑥ 翟学伟:《是“关系”,还是社会资本》,载《社会》2009 年第 1 期。

⑦ 陈俊杰:《关系资源与农民的非农化——浙东越村的实地研究》,中国社会科学出版社 1998 年版,第 113 页。

⑧ 参见尉建文、赵延东:《权力还是声望?——社会资本测量的争论与验证》,载《社会学研究》2011 年第 3 期。

⑨ 参见赵延东、罗家德:《如何测量社会资本:一个经验研究综述》,载《国外社会科学》2005 年第 2 期。

⑩ 参见尉建文、赵延东:《权力还是声望?——社会资本测量的争论与验证》,载《社会学研究》2011 年第 3 期。

测度指标有父母的社会阶层、[11]父母的职业地位、[12]父母拥有的社会人际关系网络[13]等。这些指标虽具有一定的现实意义和参考价值,但大多都还停留在经验研究的层面,纬度也显得比较单一。把社会学领域测量社会资本的方法借用到教育学领域,综合国内的已有研究基础,多纬度考量家庭社会关系资源,可以更有助于我们来认识中国人的社会关系网络对当今大学生就业方面的重要作用。

(二)大学生就业质量的概念及测量方法

就业质量研究起缘于20世纪初学者们对生产效率的关注和重视。泰罗(1903)的"就业者工作效率"、韦伯(1911)的"人与岗位的匹配"等关于劳动者就业状况的论说是就业质量内涵的最初体现。之后,就业质量在全球范围内受关注和重视的程度越来越高,一些学者和组织陆续提出了与就业质量相关的概念,从美国职业培训和发展委员会的"工作生活质量"到国际劳工组织的"体面劳动"和欧盟的"工作质量",就业质量的内涵在不断深化和拓展,研究就业质量的视角日益丰富多元。国内关于大学生就业质量的概念也没有统一的界定,柯羽(2007)、代锋(2009)、陈婷婷(2015)等都根据自己研究的需要,对"大学生就业质量"这个概念赋予了不同的内涵。比较有代表性的界定是刘敏、陆根书(2015),他们认为大学生就业质量是"大学生在自由、公平条件下获得相对满意与匹配的工作,从而与生产资料结合并就此获得报酬和发展机会的优化程度"。[14] 该界定涵盖了主观认知和客观评价两方面的内容,给出了高质量就业的内涵要素和就业质量获得的前提和条件,具有较大的借鉴意义。

国外对就业质量的测度研究比较有代表性的是国际劳工组织

---

⑪ 参见王伟宜:《我国社会阶层与不同类型高校间关系的变迁研究(1982~2010年)——基于四川省的实证调查》,载《中国高教研究》2013年第4期。

⑫ 参见文东茅:《家庭背景对我国高等教育机会及毕业生就业的影响》,载《北京大学教育评论》2005年第3期。

⑬ 参见张娟:《家庭社会资本影响中职生教育选择的问题研究》,西南大学2008年硕士学位论文。

⑭ 刘敏、陆根书:《大学毕业生就业质量差异的比较研究》,载《广西社会科学》2015年第7期。

(2009)提出的体面劳动衡量指标体系,该体系共涉及11个大类指标和40个分指标。[15] 该体系虽存在测度过于宽泛的问题,但在西方理论界得到了广泛认同。此后,美国、英国、加拿大、新加坡等国家参照国际劳工组织的评级指标体系,结合本国实际情况也都构建了自己的测量就业质量的指标体系。国内第一个较为系统的就业质量评价体系是北京师范大学劳动力市场研究中心在其发布的《2011中国劳动力市场报告》中提出的,该体系包括"就业环境、就业能力、就业状况、劳动者报酬、社会保护、劳动关系6个维度指标、20个二级指标和50个三级指标"。[16] 针对大学生群体,国内研究其就业质量评价体系的成果也比较丰富,如叶金珠(2006)将毕业就业质量的评价指标分为"客观条件和主观满意两个方面,前者包括就业机会、薪酬福利、工作稳定、潜在发展空间、社会声望等,后者主要涵盖对就业单位、工作岗位、工作地点以及薪酬福利的满意度";[17]2018年西安交通大学中国西部高等教育评估中心选取就业率、离职率、收入水平、专业匹配度及就业满意度5个就业质量评价指标构建了陕西高校及专业毕业生就业质量指数。[18] 做类似研究的还有刘素华(2005)、程蹊(2003)等。但总之,主客观相结合、微宏观相结合、多维度、综合性是我国学者构建就业质量评价体系主要遵循的原则。

(三)家庭社会关系资源对大学毕业生就业质量影响的研究

在国外,社会学研究很早就开始关注社会关系投资对职业地位获得的影响。基本的命题是,社会资本对地位获得的重要影响,超越了个人资源所能解释的。[19] 对此做开创性研究的美国学者格兰诺维特

---

⑮ See ILO. Guide to the New Millennium Development Goals Employment Indicators: Including the Full Set of Decent Work Indicator. -Geneva ILO. 2009.

⑯ 赖德胜主编:《2011中国劳动力市场报告——包容性增长背景下的就业质量》,北京师范大学出版社2011年版,第14页。

⑰ 叶金珠:《社会资本对就业质量的影响——对杭州市1227名城市居民的调查与分析》,华中科技大学2006年硕士学位论文。

⑱ 参见刘敏、陆根书、潘炳超、李珍艳:《陕西高校本科专业毕业生就业质量指数评价研究》,载《复旦教育论坛》2018年第5期。

⑲ 参见[美]林南:《社会资本——关于社会结构与行动的理论》,张磊译,上海人民出版社2004年版,第77页。

(Granovetter,1974)通过调查发现,求职者利用社会网络可以获得更丰富的工作信息,那些使用人际弱关系渠道的求职者似乎得到了更满意、更好的(如高薪)工作。[20] 林南的社会资源理论(Lin,1982)认为,个体能够通过弱关系找到比自己地位更高的人,从而获得更高的收入。[21] 之后大量的实证研究都证实了社会关系资源在职业获得中的作用,一个相对一致的结论是:在西方国家,弱关系在职业获得中的力量更强。

国内有不少研究也都对该命题做了例证。丁小浩研究了社会关系网络对高校毕业生工作找寻的影响,发现处于"强势"的毕业生所感受到的社会关系网络的相对重要性强于"弱势"毕业生群体。[22] 边燕杰、张顺实证研究的结果表明:强关系和弱关系虽然作用机制不同,但都可以促进求职者的入职工资水平,强关系相比弱关系的效应优势更加明显。[23] 杨中超、岳昌君的研究证实家庭背景是影响高校毕业生初职起薪和职业类型的重要因素,如父亲从事管理技术类职业能够显著增加其子女从事该类型职业的机会比率。[24] 苏丽锋、孟大虎实证检验了社会资本利用对大学生就业质量的影响,结果发现:无论是强关系还是弱关系,都未对工资水平产生显著影响;与弱关系相比,借助强关系更能提高大学生就业于国有单位的概率。[25] 上述研究都证实:大学生就业质量受家庭社会关系资源的影响,存在代际效应。但在具体的研究结论上还存在争议,甚至是得出完全相反的结果,如边燕杰、张顺的研究结果表明:强关系和弱关系都可以促进求职者的入职工资水平,但苏丽锋、孟大虎的研

---

⑳ See Granovetter, M. (1974). Getting a job: A study of contacts and careers. Cambridge, MA: Harvard University Press.

㉑ See Lin, N. (1982). Social Resources and Instrumental Action, In Social Structure and Network Analysis. Sage Publications, Los Angeles, pp. 131 – 147.

㉒ 参见丁小浩:《社会关系对高校毕业生就业的影响》,载《中国教育报》2004 年 9 月 24 日,第 3 版。

㉓ 参见边燕杰、张顺:《社会网络与劳动力市场》,社会科学文献出版社 2017 年版,第 128 页。

㉔ 参见杨中超、岳昌君:《学历、专业对高校毕业生初职社会经济地位的影响研究——基于全国高校毕业生调查数据的实证分析》,载《教育研究》2016 年第 10 期。

㉕ 参见苏丽锋、孟大虎:《强关系还是弱关系:大学生就业中的社会资本利用》,载《华中师范大学学报(人文社会科学版)》2013 年第 5 期。

究结果发现:无论是强关系还是弱关系,都未对工资水平产生显著影响。因此,继续对该问题进行深入研究不仅必要,而且非常重要。

基于此,本研究拟在借鉴吸收已有研究成果的基础上,采取实证研究的方法全面分析大学生家庭社会关系资源与其就业质量之间的关联。

三、数据来源和变量选择

(一)数据来源与说明

本研究使用的数据来自对陕西省普通高校 2017 届毕业生毕业半年后的就业状况问卷调查。删去遗失数据和部分极值数据(主要是两端的极端数据),最后共获得本专科毕业生有效分析问卷 71,166 份。由于本研究探讨的是家庭社会关系资源如何影响大学毕业生的就业质量,因此本研究样本只选择了就业状态为受雇全职工作和受雇半职工作的毕业生,样本量为 51,186 份。

(二)研究变量说明

1. 因变量的测量

本研究的因变量为“大学毕业生就业质量”,对其测量笔者借鉴所在研究团队——西安交通大学中国西部高等教育评估中心关于“陕西高校毕业生就业质量指数研究”的研究成果,但考虑到其中的“就业率”和“离职率”属于群体性指标,在单个样本上没有意义,我们对其做了调整,分别用“就业形式”和“离职与否”替代,最终选取就业形式、平均月收入、就业满意度、专业匹配度、离职与否 5 个指标来评价毕业生就业质量。一是就业形式,分为签约就业和灵活就业两种,是二分定类变量。二是平均月收入,具体测算指标是毕业生在接受问卷调查时的平均月收入,包括每月平均工资、奖金、业绩提成、现金福利补贴等所有折现收入,为连续变量。三是就业满意度,本研究按照利克特(Likert)式量表编制方法设计了 7 道从“非常不满意”到“非常满意”6 个等级(分别赋值 1 ~

6分)的测量题目,调查毕业生对所签就业单位的整体情况、岗位或职位、地理位置、薪酬和福利待遇、人际关系、职业稳定性及职业发展机会等的满意度状况,由这7道题目采用加总求平均数方式来计分求得的总体满意度状况分数为连续变量。四是专业匹配度,本研究按照利克特(Likert)式量表编制方法设计了2道从"非常不匹配"到"非常匹配"6个等级(分别赋值1~6分)的测量题目,调查毕业生签约的职业岗位与个人所学专业及职业目标的匹配程度,由这2道题目采用加总求平均数方式来计分求得的总的专业匹配度分数为连续变量。五是离职与否,指从2017年毕业时到2018年1月31日有过工作经历的毕业生是否发生过离职,属二分定类变量。

2. 自变量的测量

本研究的核心自变量是家庭社会关系资源。借鉴已有研究成果,本研究将阶层分析和网络分析两种研究视角结合在一起,拟从父代职业阶层、家庭社会关系网络结构和家庭社会关系资源影响力3个方面来测量家庭社会关系资源。

父代职业阶层是决定家庭社会关系资源多寡的重要因素。在工业社会中,职业具有其特殊的地位和意义,一个人的身份权力、经济地位、人际关系、生活方式、社会声望状况等多是基于其职业地位而定的,父母作为家庭的核心成员,其职业地位自然就成了影响家庭社会关系资源的关键。权力与声望是人们在评判职业地位高低时常用的两个维度。在当今的中国社会,权力依然是资源分配的重要决定因素,它所反映的资源内涵,会远远大于声望等其他结构因素。㉖ 并且职业阶层结构本质上是一种以权力竞争和权力支配关系为核心的关系结构。㉗ 因此,本研究倾向以职业权力来作为测量家庭社会关系资源的重要指标之一,并用定位法加以测量。问卷中设计了"您父母亲的职业类型是________(单

㉖ 参见尉建文、赵延东:《权力还是声望?——社会资本测量的争论与验证》,载《社会学研究》2011年第3期。

㉗ See David B. Grusky and Jesper B. Sorensen. Can Class Analysis Be Salvaged? American Journal of Sociology, Vol. 103, No. 5, 1998, pp. 1187 - 1234.

选,选择职业地位较高的一方)”一题,要求大学毕业生对10种类型的职业做出选择。以职业的权力关系为核心,根据不同群体所占有的资源类型,本研究将父代的10种职业类型分为管理精英、知识技术精英和非精英群体三个阶层。第一类是管理精英,以政治和管理权为基础,主要是指党政部门处级以上干部、企业经营管理人员(国有、私营企业的经理等)、自主创办企业管理人员(董事长、经理等);第二类是知识技术精英,主要是指各类专业技术人员(如教师、医生、律师等);第三类是非精英群体,包括个体工商户、一般工作人员、工人、待业/失业/退休人员、农民等。父代职业阶层为定类变量,设定管理精英=1,知识技术精英=2,非精英群体=0,非精英群体为参照变量。

家庭社会关系网络结构主要测量家庭社会网络中所嵌入和蕴藏的社会关系资源。对家庭社会关系网络结构的测量是通过在问卷中“您父母的亲戚朋友中有以下职业类型的人员吗?(多选)”这个题目来实现。调查问卷中设计了10种类型的职业,将其转换为家庭社会关系网络规模、网络顶端和网络等级幅度进行测量。[28] 家庭社会关系网络规模是指父母的亲朋好友所拥有上述10种职业类型的数量,最大值为10,最小值为1,为连续变量。家庭社会关系网络顶端是指父母的亲朋好友所拥有职业类型的最高等级。在上述10种类型职业选项中,由于选项“其他”不具有明确的职业指向,我们假定其不属于职业等级的两端而不予考虑。本研究邀请30位社会各界人士(包括社会学研究者、高等教育学专家、私营企业管理者、工人、农民等)对其他9种类型职业的等级做出判断,采用加总计分求得9种职业的等级得分,从高到低依次是:党政部门处级及以上干部、企业经营管理人员(国有、私营企业的经理等)、专业技术人员(如教师、医生、律师等)、自主创办企业管理人员、一般工作人员(如党政机关或事业单位一般工作人员、服务员、营业员、出纳等)、个体工商户、工人、农民、待业/失业/退休人员,分别赋值9—1。求每个大学毕业生对该问卷题目作答的最大值即其家庭社会关系网络顶端,该变

---

[28] 参见边燕杰、李煜:《中国城市家庭的社会网络资本》,载《清华社会学评论》2000年第2期。参见周玉:《社会网络资本与干部职业地位获得》,载《社会》2006年第1期。

量最大值为9,最小值为1,为连续变量。家庭社会关系网络等级幅度是指父母的亲朋好友所拥有职业类型的最高等级和最低等级的差值。参照家庭社会关系网络顶端的测量方法,测量出每个大学毕业生的家庭社会关系网络底端,求得二者的差值即为家庭社会关系网络等级幅度。该变量最大值为8,最小值为0,为连续变量。

对家庭社会关系资源影响力的测量,本研究使用的变量是大学生求职过程中所动用的社会关系类型,在问卷中的测量题目是"对您求职帮助最大的是下列哪类人员?"。根据强关系、弱关系理论。[29] 将答案中的直系亲属、远房亲戚、邻居三种类型的关系视为强关系,而将父母的朋友、学校的老师、本班同学、本班之外的同学、通过校内外活动认识的社会人士或校友、其他朋友等类型的关系视为弱关系,并设定强关系 =1,弱关系 =0,弱关系为参照变量,该变量为定类变量。

3. 控制变量的测量

在统计分析中,上述自变量对于大学毕业生就业质量的影响是在其他变量的共同作用下发生的,这些"其他变量"即为"控制变量"。它包括大学毕业生的就读院校类型、性别、民族、是否在校入党、是否学生干部、是否社团干部、是否校外实习、学业成绩、是否获得英语证书、是否获得计算机等级证书、是否获得荣誉证书、是否获得职业资格证书、是否获得竞赛获奖证书、是否发表论文/获得专利证书、是否获得辅修/双学位证书等,旨在控制这些变量的条件下,考量家庭社会关系资源对大学毕业生就业质量的影响。上述这些变量均为二分定类变量,其中院校类型变量中设定本科院校 =1,高职高专 =0;性别变量中设定男 =1,女 =0;民族变量中设定汉族 =1,少数民族 =0;学业成绩变量中设定及格 =1,不及格 =0;其他变量中设定是 =1,否 =0。

---

[29] See Granovetter, M. (1973). The Strength of Weak Ties. American Journal of Sociology. Vol. 78, pp. 1360 – 1380. See Lin Nan, Walter M. Ensel, John C. Vaughn. (1981). Social Resources and Strength of Ties: Structural Factors in Occupational Status Attainment. American Sociological Review, Vol. 46 No. 4 (1981), pp. 393 – 405. See Bian, Y. (1997). Bringing strong ties back in: Indirect ties, network bridges, and job searches in China. American Sociological Review, Vol. 62, pp. 366 – 385.

综上所述,本研究分析样本的相关变量和描述性统计结果如表1所示:

表1　研究主要变量描述

变量		平均数	标准差	变量说明	样本量
因变量	就业形式	0.97	0.17	定类变量:签约就业=1;灵活就业=0	51,186
	平均月收入	3750.31	1906.17	连续变量	31,667
	就业满意度	3.99	0.98	连续变量:最大值6;最小值1	25,464
	专业匹配度	3.82	1.36	连续变量:最大值6;最小值1	23,799
	离职与否	0.28	0.45	定类变量:是=1;否=0	21,691
自变量	父代职业阶层	0.13	0.45	虚拟变量:管理精英=1;知识技术精英=2;非精英群体=0	38,230
	家庭社会网络规模	3.08	2.19	连续变量:最大值10;最小值1	35,096
	家庭社会网络顶端	5.54	2.53	连续变量:最大值9;最小值1	33,641
	家庭社会网络等级	4.46	2.18	连续变量:最大值8;最小值0	22,924
	动用社会关系类型	0.28	0.45	定类变量:强关系=1;弱关系=0	22,854
控制变量	院校类型	0.57	0.50	虚拟变量:本科院校=1;高职院校=0	51,186
	性别	0.53	0.50	虚拟变量:男=1;女=0	51,186

续表

变量		平均数	标准差	变量说明	样本量
控制变量	民族	0.98	0.16	虚拟变量：汉族 = 1；少数民族 = 0	51,186
	是否在校入党	0.13	0.33	定类变量：是 = 1；否 = 0	47,246
	是否学生干部	0.35	0.48	定类变量：是 = 1；否 = 0	47,246
	是否社团干部	0.28	0.45	定类变量：是 = 1；否 = 0	47,246
	是否校外实习	0.68	0.47	定类变量：是 = 1；否 = 0	47,246
	学业成绩	0.99	0.07	定类变量：及格 = 1；不及格 = 0	46,339
	是否获得英语证书	0.35	0.48	定类变量：是 = 1；否 = 0	41,692
	是否获得计算机等级证书	0.47	0.50	定类变量：是 = 1；否 = 0	41,780
	是否获得荣誉证书	0.61	0.49	定类变量：是 = 1；否 = 0	41,935
	是否获得职业资格证书	0.61	0.49	定类变量：是 = 1；否 = 0	41,843
	是否获得竞赛获奖证书	0.27	0.44	定类变量：是 = 1；否 = 0	41,092
	是否发表论文/获得专利证书	0.07	0.26	定类变量：是 = 1；否 = 0	40,761
	是否获得辅修/双学位证书	0.09	0.28	定类变量：是 = 1；否 = 0	39,355

四、数据分析结果

(一)不同父代职业阶层大学毕业生就业质量的差异分析

表2统计的是不同父代职业阶层大学毕业生的就业质量评价指标比较及单因素方差分析或卡方检验结果。从表2数据可见,在平均月收入、就业满意度、专业匹配度和离职与否四个就业质量评价指标方面,管理精英、知识技术精英和非精英群体子女存在显著差异。其中,在平均月收入和就业满意度方面,单因素方差分析统计结果显示其各组的方差不相等($p=0.000$),进一步用Tamhane法进行均值多重比较,结果显示在这两个方面管理精英的子女均明显高于知识技术精英的子女和非精英群体的子女,知识技术精英的子女也明显高于非精英群体的子女;在专业匹配度方面,单因素方差分析统计结果显示各组的方差相等($p=0.647$),进一步用LSD法进行均值多重比较,结果显示知识技术精英的子女明显高于管理精英的子女和非精英群体的子女,管理精英的子女与非精英群体的子女差异不显著;在离职与否方面,Pearson卡方检验结果显示,不同父代职业阶层大学毕业生的离职率有较大差异,非精英群体的子女离职率最高,其次是管理精英的子女,知识技术精英的子女离职率最低。而在就业形式方面,卡方检验结果显示三者的差异并不显著。

表2　不同父代职业阶层大学毕业生就业质量评价指标比较

评价指标		管理精英	知识技术精英	非精英群体	χ^2或F
就业形式	签约就业(%)	96.80(1610)	96.80(1629)	97.20(33,917)	$\chi^2=2.029$, $p>0.05$
	灵活就业(%)	3.20(53)	3.20(54)	2.80(967)	
平均月收入(元)		4622.29(1318)	4145.57(1422)	3691.93(28,564)	$F=110.213$, $p<0.001$

续表

评价指标		管理精英	知识技术精英	非精英群体	χ^2或F
就业满意度(分)		4.33 (1077)	4.21 (1168)	3.97 (22,883)	F=90.714, p<0.001
专业匹配度(分)		3.86 (1005)	4.10 (1096)	3.80 (21,399)	F=25.826, p<0.001
离职与否	是(%)	24.20(221)	20.60(205)	29.00(5671)	χ^2=41.036, p<0.01
	否(%)	75.80(691)	79.40(788)	71.00(13,857)	

注:括号内的数值为样本个数。

(二)家庭社会关系资源的作用机制分析

除了描述统计不同父代职业阶层大学毕业生的就业质量差异外,在此基础上,本研究使用回归模型进一步分析影响大学毕业生就业质量的主要因素。在五个就业质量评价指标中,就业形式和离职与否属于二分变量,而平均月收入、专业匹配度和就业满意度这三者均为连续变量,故前者采用二元逻辑回归分析,后者采用多元线形回归分析。回归模型中除了加入院校类型、性别、民族、是否在校入党、是否学生干部等控制变量外,进一步分析了父代职业阶层、家庭社会关系网络结构和求职中动用的社会关系类型对大学毕业生就业形式、平均月收入、就业满意度、专业匹配度和离职与否的影响。首先,将上面提到的自变量和控制变量都纳入模型,采用“输入”方法选择变量,没有变量被剔除。但方差膨胀因子显示家庭社会关系网络规模、家庭社会关系网络顶端和家庭社会关系网络等级幅度三个变量存在多重共线性,对这三个变量做相关分析,家庭社会关系网络顶端和家庭社会关系网络等级幅度的相关系数较高(0.837),进一步比较二者在回归模型中的贡献大小,家庭社会关系网络顶端对因变量有更高的解释力,故将家庭社会关系网络等级幅度移除。再做回归,模型1和模型5的模型系数综合检验的卡方值分别为118.679和1390.028,概率值P均为0.000;模型2、模型3、模型4的回归方程显著性检验的F统计量的观测值分别为176.161、29.629、34.280,其相应的概率值P均为

0.000。概率值小于显著性水平 0.05，表示回归模型整体解释变异量达到显著水平。模型 2、模型 3、模型 4 三个模型中最大的方差膨胀因子值 VIF 分别为 1.942、1.941 和 1.940，最小的容忍度值 Tolerance 均为 0.515，这些结果不支持数据中有多重共线性。表 3 的回归模型分析了大学毕业生的家庭社会关系资源对其就业质量的影响。

表 3　家庭社会关系资源对大学毕业生就业质量影响的回归分析

类别	模型 1 就业形式	模型 2 平均月收入	模型 3 就业满意度	模型 4 专业匹配度	模型 5 离职与否
	Exp(B)	Beta	Beta	Beta	Exp(B)
核心自变量					
父代职业阶层（非精英群体为参照组）					
管理精英	1.039	0.074***	0.052***	0.001	0.896
知识技术精英	0.773	0.016*	0.020**	0.032***	0.768**
家庭社会关系网络结构变量					
网络规模	1.063*	0.007	-0.017	-0.029**	1.012
网络顶端	1.014	0.087***	0.091***	0.039***	0.999
求职中动用的社会关系类型					
（1 = 强关系）	0.828	-0.080***	0.026***	-0.014*	0.888**
控制变量					
院校类型（1 = 本科）	1.654***	0.130***	0.036***	0.099***	0.403***

续表

类别	模型1 就业形式	模型2 平均月收入	模型3 就业满意度	模型4 专业匹配度	模型5 离职与否
	Exp(B)	Beta	Beta	Beta	Exp(B)
性别(1=男)	1.583***	0.219***	-0.045***	-0.051***	0.795***
民族(1=汉族)	1.351	-0.024***	-0.029***	-0.013	1.238
是否在校入党(1=是)	1.014	0.012	0.038***	0.014	0.788***
是否学生干部(1=是)	0.939	0.047***	0.032***	0.006	0.974
是否社团干部(1=是)	1.032	0.036***	0.019**	0.000	1.046
是否校外实习(1=是)	0.916	0.008	0.009	0.021**	1.165***
学业成绩(1=及格)	2.484	-0.034***	0.001	0.020**	0.589*
是否获得英语证书(1=是)	1.503**	0.142***	0.017*	0.036***	0.634***
是否获得计算机等级证书(1=是)	0.994	-0.014*	-0.001	-0.008	1.141***

续表

类别	模型1 就业形式	模型2 平均月收入	模型3 就业满意度	模型4 专业匹配度	模型5 离职与否
	Exp(B)	Beta	Beta	Beta	Exp(B)
是否获得荣誉证书(1=是)	1.106	0.008	-0.001	0.034***	0.848***
是否获得职业资格证书(1=是)	0.864	-0.070***	-0.014	0.061***	1.072
是否获得竞赛获奖证书(1=是)	1.046	0.042***	0.031***	0.044***	1.011
是否发表论文/获得专利证书(1=是)	0.664*	-0.001	0.017*	0.005	1.138
是否获得辅修/双学位证书(1=是)	0.850	-0.005	-0.002	-0.008	1.132*
常数项	1.782**	3749.858***	3.860***	3.081***	0.090
调整后的 R^2	0.028	0.153	0.028	0.032	0.102
最大似然值	4598.467				21,180.639
样本数	20,084	19,452	19,944	20,007	18,928

* $p<0.05$，** $p<0.01$，*** $p<0.001$。

模型 1 反映的是家庭社会关系资源对大学毕业生“就业形式”的影响情况。比较各自变量回归系数的指数值[Exp(B)]可知,家庭社会关系资源变量中只有网络规模的影响显著($p<0.05$),在其他条件相同的情况下,网络规模每增加一个单位,大学毕业生的签约就业的比例就会提高6.3%。在控制变量中,院校类型、性别、是否获得英语证书和是否发表论文/获得专利证书的作用显著,本科毕业生比高职高专毕业生签约就业的比例高65.4%,男生比女生签约就业的比例高58.3%,获得英语证书的毕业生比没有获得英语证书的毕业生签约就业的比例高50.3%,发表论文/获得专利证书的毕业生其签约就业的比例是没有发表论文/获得专利证书毕业生的66.4%。其他控制变量作用不明显。

在“平均月收入”模型中,由各自变量的标准化回归系数(Beta)可知,家庭社会关系资源变量中网络顶端的影响最大,社会关系网络顶端等级越高,大学毕业生的平均月收入越高;其次是大学生在就业过程中动用社会关系的类型,但其呈显著负向影响,即动用强关系的毕业生比动用弱关系的毕业生平均月收入更低;影响最小的是父代职业阶层,而网络规模的影响不显著。控制变量中,按照其对平均月收入的影响作用大小依次是:性别、是否获得英语证书、院校类型、是否获得职业资格证书、是否学生干部、是否获得竞赛获奖证书、是否社团干部、学业成绩、民族和是否获得计算机等级证书。其中,是否获得职业资格证书、学业成绩、民族和是否获得计算机等级证书的影响是负向的。其他控制变量的影响不显著。

在“就业满意度”模型中,家庭社会关系资源各变量按照其影响作用的大小依次是家庭社会关系网络顶端、父代职业阶层和求职中动用的社会关系类型,三者对就业满意度均呈正向影响,而网络规模的影响不显著。控制变量中,是否在校入党、院校类型、是否学生干部、是否获得竞赛获奖证书、是否社团干部、是否获得英语证书、是否发表论文/获得专利证书和是否获得职业资格证书对大学生就业满意度的影响是正向的,而性别和民族的影响是负向的。其他控制变量的作用不明显。

在“专业匹配度”模型中,家庭社会关系资源各变量的影响作用都显著，按照其影响作用的大小依次是家庭社会关系网络顶端、父代职业阶层、网络规模和求职中动用的社会关系类型，前两者呈正向影响，后两者呈负向影响。控制变量中，按照其对大学毕业生专业匹配度的作用大小依次是：院校类型、是否获得职业资格证书、性别、是否获得竞赛获奖证书、是否获得英语证书、是否获得荣誉证书、是否校外实习、学业成绩。其中性别对大学毕业生专业匹配度的影响是负向的，即男生比女生的专业匹配度低。其他控制变量的影响不显著。

在“离职与否”模型中，家庭社会关系资源变量中的父代职业阶层和求职中动用的社会关系类型的影响显著（$p<0.01$），知识技术精英子女的离职率是非精英群体子女离职率的 76.8%；在求职中动用强关系的大学毕业生离职率是动用弱关系的毕业生离职率的 88.8%。在控制变量中，本科毕业生的离职率是高职高专毕业生离职率的 40.3%；男生离职率是女生离职率的 79.5%；在校入党毕业生的离职率是没有入党毕业生离职率的 78.8%；有校外实习经历的毕业生其离职率比没有校外实习经历的毕业生高 16.5%；学业成绩及格的毕业生离职率是成绩不及格毕业生的 58.9%；获得英语证书的毕业生离职率是没有获得英语证书毕业生的 63.4%；获得计算机等级证书的毕业生离职率比没有获得计算机等级证书的毕业生高 14.1%；获得荣誉证书的毕业生离职率是没有获得荣誉证书毕业生的 84.8%；获得辅修/双学位证书的毕业生离职率比没有获得辅修/双学位证书的毕业生高 13.2%。其他控制变量作用不明显。

五、结论与建议

受中国传统社会“差序格局”和延续千年人情社会“熟人关系”的影响，再加上当前我国劳动力市场发育的不健全，家庭社会关系资源对大学毕业生就业质量的影响还将在一定范围内长期存在。因此，厘清家庭社会关系资源与大学毕业生就业质量间的内在关联及作用机理，是提升大学毕业生就业质量、促进就业公平的必然要求。本研究通过问卷调查实证分析了家庭社会关系资源对大学毕业生就业质量的影响程度及作用机制。调查结果显示:不同父代职业阶层的大学毕业生在平均月收入、就业满意度、专业匹配度和离职与否四个就业质量评价指标方面存在较大差异。在影响大学毕业生就业质量的家庭社会关系资源因素中,父代职业阶层、家庭社会关系网络结构中的网络顶端和在求职中所动用的社会关系类型的作用尤为显著。以下将简要总结研究发现,并据此提出相关政策建议。

第一,管理精英子女与非精英群体子女的就业质量差异主要集中在平均月收入和就业满意度上,而知识技术精英子女与非精英群体子女的就业质量差异体现在多个方面,但最显著地体现在专业匹配度上。职业阶层为个体对某些资源的使用权提供了公众认可和信任。与非精英群体相比,管理精英和知识技术精英拥有的资源更加丰富,这种阶层地位优势以及工作场域中的职业交往优势也就使其拥有相对优势的家庭社会关系网络。而这种优势的家庭社会关系网络具有较强的延续性和代际传递性,从而在子女的就业中产生客观的积极效应。对于管理精英阶层来说,他们或处在社会流动链条中的最顶端,掌握着较多的在社会资源配置中处于优势的组织资源,或享有经营上的特权,占据着较多的经济资源,其社会结构地位优势明显,因而与非精英群体的子女相比,管理精英的子女就业后的平均月收入和就业满意度更高就不难作出解释。对于知识技术精英来说,拥有优势的文化资源,具有一定的自主性,追求自我价值的实现,这种文化的再生产性反映在其子女的就业中,就是对专业匹配的诉求越来越具体。同时,通过自己所拥有的优势文化资源可以实现对管理精英阶层的组织资源或经济资源"寻租",从而去提升其子女的就业质量。由此给我们的启示是,当前大学生就业已经更多地成为一个家庭的集体决策,针对家庭对学生个人成长及职业发展高度关注的现实,一方面学校和政府要为父母提供科学的家庭教育指导服务,特别是针对那些社会关系资源先天不足的家庭,要帮助他们树立依靠自己的人格和实力去竞争工作的信心和决心,尽量缩小由家庭社会关系资源不均等导致的子女在就业质量方面的差异;另一方面要主动邀请家长参与大学生培养和指导工作,以提高学生能力为本位,不断提升就业服务水平和完善学校育人工作机制,整体提升学生的培养质量和就业质量。

第二,在家庭社会关系网络结构变量中,网络顶端对大学毕业生就业质量影响的统计学意义要比网络规模更显著,家庭社会关系的网络顶端等级越高,大学毕业生的平均月收入、就业满意度和专业匹配度就更高。也就是说,在影响大学生就业质量的因素中效用较高的不是家庭社会关系的网络规模,而是家庭社会关系的网络顶端,这个结果与社会上关于社会关系资源在就业中作用的分析是一致的,即人们常说的"不在于你认识了多少人,而在于你认识了多牛的人"。本研究的统计数据显示:管理精英、知识技术精英和非精英群体的家庭社会关系网络顶端的平均值分别为 7.93、7.37 和 5.36,三者有较大的差异性。通常来说,家庭社会关系的网络顶端等级越高,该家庭在社会结构中拥有的社会权力越大、社会资源越多,而那些拥有较高家庭社会关系网络顶端等级的大学毕业生,更容易处在社会关系资源丰富的社会网络中,也更容易获取工作的信息和机会,甚至获得特殊的关照和帮助,从而更有可能获得更高薪水和自己较为满意的职业。显然,家庭社会关系资源对提升大学生个人的就业质量有着积极的正面影响,但同时也在一定程度上侵害了求职者公平竞争和平等就业的权利,特别是减少了那些拥有较低家庭社会关系网络顶端等级的大学毕业生公平竞争高薪和更高职业地位的机会。为了缩减和消除这种不公平,就需要社会各界力量合力对劳动力市场进行规制。政府要建立健全法规体系,创造并维护大学生参与就业市场公平竞争的良好社会环境与制度保证;用人单位要坚持用可持续发展的理念推进人力资源配置,坚持公平公正选人;劳动力市场监管部门要厘清市场主体监管职责,构建信用监管新机制;高校应密切关注劳动力市场需求变化,增强高校人才培养与社会需求的匹配、供需的平衡;家长应转变传统的就业观和择业观,与子女一起合理定位就业期望和目标,科学指导子女就业;大学生本人要注重自身人力资本的构建,提升展现和实现自身人力资本价值的能力,以人力资本求得更优秀的工作岗位。

第三,大学生在求职中所动用的社会关系类型影响其平均月收入、就业满意度、专业匹配度和离职与否,其中,对平均月收入和就业满意度影响的统计意义更为显著。不考虑正反向,对平均月收入影响的系数估计值最高,说明大学生在求职中所动用的社会关系类型对其就业后的平均月收入的影响强度也更大。这一结论与苏丽锋、孟大虎的"强、弱关系都未对工资水平产生显著影响"的调查结果刚好相反。大学生求职中所动用的社会关系类型对平均月收入的影响呈负向,这一结论也不支持边燕杰的研究结果:"强关系相比弱关系对入职工资水平的效应优势更加明显。"同时,研究还发现大学生求职中所动用的社会关系类型对其就业质量影响的复杂性与冲突性。一方面,动用强关系的大学毕业生就业满意度更高、离职的更少,体现了强关系对大学生就业质量的正向促进作用;另一方面,动用强关系的大学毕业生平均月收入和专业匹配度都较低,说明强关系对大学生就业质量并不完全起促进作用,而借用老师、同学、校友等弱关系也并非不能促进大学生就业质量的提升。鉴于此,应鼓励大学生在日常的学习生活中充分利用"地缘、学缘、亲缘"等关系,不断拓展自己的人脉圈和关系网,积累和挖掘更多的社会关系资源,增加自身就业的社会资本储备。

第四,在就业质量方面,本科毕业生优于高职高专毕业生,少数民族毕业生优于汉族毕业生,男生比女生签约就业比例和平均月收入高,离职率低,但其就业满意度和专业匹配度比女生低。可见,有针对性地加强对高职高专毕业生和汉族大学毕业生的就业指导以及根据性别有差别地进行就业指导,以提高其就业质量,应是今后高校就业指导工作中的一个重点。此外,研究结果显示人力资本要素对大学生就业质量的影响并不都是正向的,如有校外实习经历的大学毕业生离职的比例更高,学业成绩不及格的毕业生其平均月收入更高等,这一点与前人的研究结果相符合。如孟大虎等人实证检验了人力资本投资与大学生就业的关系,发现那些能够积极影响求职结果的人力资本变量,并不一定能在决定就业质量方面起到积极作用。㉚ 但人力资本变量在大学生求职中的积极作用是显而易见的,由此给我们的启示是:大学生对自身人力资本的投资应从追求数量转向追求质量,通过合理的规划,不断优化自身的人力资本结构和配置,提升自身知识、技能、素质与职业岗位的匹配度,增强在就业市场中的竞争力,以实现高质量的就业。

On the Influence of College Graduates' Family and Social Relations on the Employment Quality

—A Survey based on 2017 college graduates 2017 in Shanxi Province

Liu Zituan Lu Genshu

Abstract: Family and social relationship resources are unavoidable and phenomenal variable in the process of college graduates' job-hunting. Based on thecollected data of college graduates' employment status in Shanxi province in 2017, the paper analyzes the degree and the mechanism of family and social relations influencing on the employment quality of college graduates. It is found that there are significant differences of employment quality between different stratums and different groups within the same stratum. For example, the differences between elite and non-elite's children were mainly focus on the average monthly income and employment satisfaction in management area. But in knowledge area, the most significant difference was the matching degree of graduates' professions. Considering the

㉚ 参见孟大虎、苏丽锋、李璐:《人力资本与大学生的就业实现和就业质量:基于问卷数据的实证分析》,载《人口与经济》2012 年第 3 期。

variable in the structural network of family social relations, most statistically significant influence exists on the topside of the network. Higher ranking at the topside of network made higher average monthly income, employment satisfaction and professional matching. The types of social relations that college graduates can use in job-hunting also have significant influence. Graduates who use strong relationships always get less average monthly income, but higher satisfaction with their jobs. On this basis, this study puts forward suggestions to improve the employment quality of college graduates and to promote the employment equity.

Key Words: family and social relationship resources, social capital, college graduates, employment quality

教育法制

以促进法治认同的生成观测中国高校法治教育之完善*

李栗燕　谭子璇**

摘　要：新时期我国法治建设提出了提高全民族法治素养的目标，而法治认同作为法治素养的组成部分之一，它的水平高低影响着个体法治素养的高低。法治认同作为社会认同的一种，需要个体具备对法治的理性化认知后，于情境化的群际关系中获得积极情感体验，并内化为自我的心理结构并最终转化为实践。高校法治教育对法治知识供给不足和教育教学过程缺乏情境性和实践性等缺陷，导致了高校学生无法形成完整法治认同。通过对域外法治教育提升学生法治认同水平相关经验的对比提纯，高校可以采用情境教学模式完善现有的教育模式，实现提升学生法治认同水平的目标。

关键词：法治认同　心理结构　域外经验　情境教育

---

* 本文系中国博士后科学基金特别资助项目（项目编号：2018T110524）、2017年国家社科基金项目“维护网络意识形态话语权的法治路径研究”（项目编号：17BKS135）研究成果，受江苏高校“青蓝工程”中青年学术带头人培养项目资助。

** 李栗燕，南京航空航天大学教授，博士生导师，南京师范大学中国法治现代化研究院博士后，江苏省中国特色社会主义理论体系研究中心特聘研究员。研究方向：法学理论。谭子璇，南京航空航天大学法律硕士研究生。研究方向：法学理论。

十九大报告指出我国新时期要达成提高全民族法治素养的目标。[①]法治素养是个体对法律现象的看法,以及对法治认同[②]的一种自觉。[③]法治认同作为法治素养中心理性的动力因素,它的水平高低对于个体法治素养的高低有着极为重要的影响作用。泰勒的研究就曾提出:法治认同水平提高时,人们服从法律的程度也在提高。[④]因此,法治认同作为公民对法治的一种赞许性态度和确认性行为,无疑是激发公民积极守法,主动依法行使权利,履行义务并尊重他人权利和自由的内驱力。

高校学生作为践行法治的预备军,提升该群体的法治素养不仅是高等教育人才培养的基本要求,也是全面依法治国的根本保证。该群体法治认同水平的高低也影响着他们法治素养的高低。法治认同是认知法治认同、情感法治认同、内化法治认同与实践法治认同的有机统一。[⑤]然而,聚焦至中国高校法治教育[⑥]会发现,学生从认知法治认同到实践法治认同都存在认同水平不足的问题。具体体现为,若高校学生自身利益与法律发生冲突时,有相当一部分比例的学生会选择违背法律。[⑦]宋慧宇的研究表示,被访者中有22.94%的学生对现行法持否定态度。[⑧]

---

① 参见习近平:《决胜全面建成小康社会 夺取新时代中国特色社会主义伟大胜利》,载《人民日报》2017年10月28日,第1版。

② 法治认同是指公民对法治的普遍接受和坚守,是认知法治认同、情感法治认同、内化法治认同和实践法治认同的有机统一,参见卢建军:《法治认同生成的理论逻辑》,法律出版社2014年版,第32页。

③ 参见张瑞青、聂增民:《新媒体环境下大学生法治素养的培育》,载《内江师范学院学报》2015年第11期。

④ See Tom R. Tyler, *why people obey the law*, Princeton University Press, 2006, p. 90.

⑤ 参见卢建军:《法治认同生成的理论逻辑》,法律出版社2014年版,第32页。

⑥ 高校法治教育是区别于法学专业教育,面向全体高校学生的普法性教育,强调培养公民的法治认同,发展公民法治意识及用法治意识指导自己行为的一种活动,参见王双群、余仰涛:《法治教育与德治教育的内涵及意义》,载《理论月刊》2006年第7期。

⑦ 参见李迎霞等:《大学生网络法治意识培育研究——以陕西省6所高校为例》,载《思想教育研究》2019年第6期。

⑧ 参见宋慧宇:《大学生法治意识现状调查及培养模式的改革与创新研究》,载《行政与法》2015年第9期。

青措加的研究数据表示有42%的学生认为现实生活中“法不一定高于权”。[9] 在法治基础知识储备方面,蔡琼茹、林钦松的研究表示,65.8%的学生不知道刑事方面的基础性法律知识;51.02%的学生不了解民法方面的常识性法律知识。[10]

高校主要依托法治教育来培养学生的法治认同。学生法治认同水平不足与高校法治教育现存的问题有紧密的关系。目前高校依托思政教育课程作为开展法治教育的主要载体,存在法治知识供给不足、[11]校园法治氛围不浓郁[12]和教学教育方式过于单一[13]等问题。要帮助高校学生形成完整的法治认同,为提升该群体的法治素养做铺垫,就必须克服高校法治教育现存的几个问题。

一、“蔓引株求”:高校学生法治认同水平不足之成因

法治认同的生成过程是一个理性认知与情感体验相结合并逐渐将一系列理性认知和情感体验整合内化为个体心理结构,并最终反映到个体实践层面的过程。[14] 但是,目前高校法治教育中存在的问题,不能有效帮助学生形成上述四个具体的法治认同,使高校学生呈现法治认同水平不足的状况。

---

⑨ 青措加、多加措:《西藏高校非法学专业大学生法治意识及法律需求调查》,载《攀登》2017年第5期。

⑩ 参见蔡琼茹、林钦松:《新时代大学生法治意识和规则意识的调查分析》,载《福建师大福清分校学报》2019年第3期。

⑪ 参见周康:《新时期高校法治教育的内容与途径研究》,载《思想政治教育研究》2015年第10期。

⑫ 参见谢佑平、王永杰:《多元视野下的美国青少年法治教育:途径、策略及启示》,载《青少年犯罪问题》2007年第3期。

⑬ 参见李全文:《全面依法治国视域中的大学生法治教育》,载《思想理论教育导刊》2016年第5期。

⑭ 参见李春明、张玉梅:《当代中国的法治认同:意义、内容及形成机制》,载《山东大学学报(哲学社会科学版)》2007年第5期。

(一)认知法治认同的素材供给不足

目前高校法治教育主要依托思政课程开展,与法治教育挂钩的必修课程包括《思想道德修养与法律基础》《毛泽东思想和中国特色社会主义理论体系概论》《中国近现代史纲要》《中国特色社会主义理论与实践研究》《中国马克思主义与当代》。在依托思政课程开展法治教育的模式下,法治教育教材内容占比少,只有思修课程教材中有章节较为全面地展现了法治的概念、理论、观点、原则和价值以及部分法律基础知识,其余课程甚至都很少涉及法治的内容。[15]

这种教材编排无形中影响了教师的课堂教学内容,只能勉强引领学生形成对法治的感性认识,没有安排到对法治概念、理论、观点、原则和价值的判断、分析和推理的部分,无法引导学生在抽象层面进行法治的相关逻辑推演,故而达不到感性到理性的升华。对法治不能形成理性化的认知,会阻碍学生认知法治认同的形成。

简言之,教材和教学内容单薄使高校学生不能储备足够的法律基础性知识,感性认知多于理性认知。[16] 如李迎霞等人的研究显示,研究对象中仅有11.4%的学生能正确辨别网络空间中个人的权利与义务。[17] 高校法治教育教学内容供给不足使学生认知法治认同的形成缺乏原始素材,故而出现该群体认知法治认同水平不高的结果。

(二)情感法治认同所需的法治氛围淡薄

情感法治认同是个体对法治所产生的正向、积极和肯定的主观情绪体验。[18] 情感法治认同对剩余三个组成法治认同的要素而言,具有动力性作用,是推动个体达成法治认同的催化剂,能让法治认同具备更牢固的稳定性。它是认知法治认同与内化法治认同之间的桥梁,是促成学生

---

⑮ 参见董翼:《大学生法治教育存在的主要问题及对策思考》,载《思想理论教育》2016年第3期。

⑯ 参见董翼:《大学生法治教育存在的主要问题及对策思考》,载《思想理论教育》2016年第3期。

⑰ 参见李迎霞等:《大学生网络法治意识培育研究——以陕西省6所高校为例》,载《思想教育研究》2019年第6期。

⑱ 参见尹奎杰:《法治认同培育的理性逻辑》,载《北方法学》2016年第3期。

习得法治心理结构的重要推动力。

从情感法治认同的形成过程来看,它尤其强调让学生在现实社会中获得直接或间接的对规范的积极情感体验。[19] 它既包括个体自行实践规范后获得的成就感等正向情感,也包括从他者践行规范所获奖赏和荣誉中被唤醒的崇慕等感受。学生越是暴露在积极的现实情境中就越能形成情感法治认同。总之,情感法治认同强调让个体在良好的法治现实中去感受法治的运作与价值,非常强调人与环境互动。

(三)缺少促进内化与实践法治认同形成的多元教学形式

内化法治认同是主体以自身社会化的需要为驱动力,能动地、自觉地对法治进行认知、体验、理解、评价、选择、接受,进而使其形成自己内心信念的过程。[20] 形成内化法治认同,需要在课堂内积极运用情境式教学方法,也需要利用法治活动,让学生感受到朋辈群体间一致性的法治心理。当高校学生在外部感受到群体性法治认同时,由于"集体无意识"[21]的影响,个体会为了适应社会,保持与社会环境的统一性而调整自身的心理结构,与原有的自我进行整合,最终实现内化法治认同。

然而,高校法治教育仍然以课堂教学为主且囿于传统课堂,授课课堂形式外的实践课堂没有很好地开辟,也没有持续地进行建设巩固。课堂教学的方法也很单一,没有运用起情境式教学方法。从高校学生的主体感受来看,他们普遍认为法治教育课堂占比小,学习途径单一,教学方式并不多元。[22] 李迎霞等人的数据显示,86.1% 的学生表示学校组织的

---

[19] 参见李春明、张玉梅:《当代中国的法治认同:意义、内容及形成机制》,载《山东大学学报(哲学社会科学版)》2007 年第 5 期。

[20] 参见申荷永:《社会心理学原理与应用》,暨南大学出版社 1999 年版,第 96 页。

[21] "集体无意识"是指人类文化通过一代代人遗传而形成的、在群体生活中深层作用的无意识现象。"集体无意识"作用在群体间,使个体在社会化的过程中具备想要与群体一致、趋同的倾向,参见[瑞]卡尔·荣格:《荣格心理学》,刘霈、刘丽译,江西美术出版社 2019 年版。

[22] 参见杨忠明、杨强:《青年学生法治素养提升的时代特征和实践路径探析》,载《思想教育研究》2017 年第 11 期。

法治实践活动大多流于形式。㉓

此外,实践法治认同的形成以践行法治能力的培养为基点。从课堂的法治理论走向现实的法治实践是由认识与实践的哲学关系所决定的。实践是认识的目的,是主体能动地改造世界的活动。然而正如前文所述,无论是从学生主观感受还是客观调研来看,现行的高校法治教育教学方式和课程平台都太过单薄。实践课堂不够饱满甚至存在缺位的现象,很难将极具现实性、情境性和实践性的法治教育所要求的目的在现有的模式中展开来实现,㉔也就更难帮助学生形成实践法治认同。

二、"他山之石":域外提升学生法治认同水平之教育经验

从域外国家的法治教育经验中去探求促进高校学生法治认同的对策是一条具有借鉴意义的路径。虽然各国国情不同,法治基础有所差别,教育模式也各有所长,但优质的教学理念和方法技巧是可以相互借鉴参考的。美国与法国法治教育先于中国且经验丰富,新加坡则与中国有文化渊源且社会同质性程度较高。它们作为参照对象,在教材教学内容、课程编制、法治教育实践性课堂与依托依法治校模式打造校园法治氛围四方面提供了相关借鉴经验。

(一)以学生需求为核心的多样化法治教育教学内容

美国法治教育的教材教学内容包括法律的基础性知识和法治原理及价值等内容。㉕ 法国法治教育的内容也囊括了法律规则和民主社会中法律和规则立足的原理、原则和价值观,追求让公民在理解法律规则,

---

㉓ 参见李迎霞等:《大学生网络法治意识培育研究——以陕西省6所高校为例》,载《思想教育研究》2019年第6期。

㉔ 参见谢佑平、王永杰:《多元视野下的美国青少年法治教育:途径、策略及启示》,载《青少年犯罪问题》2007年第3期。

㉕ 美国法治教育教材教学内容所涵盖的领域十分广泛,一共包括14个主题领域,大致包括法理、法律规则、法律制度和异文化法律的内容,参见黄向阳:《法治教育跨科课程编制》,载《全球教育展望》2016年第2期。

了解个人权利义务的基础上，形成对法治概念、理论、观点、原则和价值的正确认知。[26] 新加坡也以现行法律法规和相关法治价值作为教材教学内容，[27]由表及里、由浅入深地帮助学生形成认知法治认同。

美国、法国和新加坡的法治教育教材教学内容都注重选取与学生实际生活相关或实用的案例和法条，让学生判断、评价和推理案例中的法律适用和法治原则，让学生对法治的认知实现从感性到理性的飞跃。同时，选取符合学生需求与生活实际的法条与案例，有助于体现法律对学生的工具性价值，更容易使他们对法治产生肯定的态度，从而形成情感法治认同。

可以看到，美法新三国的法治教育内容，坚持以学生需求为核心，强调教学内容的现实性，力求在充满情境性的内容中让学生习得认知法治认同和情感法治认同。这样一种教学内容的设计采用了情境教育[28]模式中缩短学生与知识间心理距离的策略，取得了较好的成效。美国本土的各项研究都表明，囊括了上述教学教材内容的法治教育能够提高学生对法律的认同水平并习得法律知识及法治的相关概念和价值。[29]

（二）缩短学生与课程间心理距离的跨学科法治教育课程编制

美国中小学法治教育被纳入了社会科学（social studies）之中，该门课程包含了许多学科，而且社会科学的综合程度会随着年级的增高而递减。[30] 美国部分高校采用与专业教育相融合的法治课程设计，在非法学院系的专业开设与专业相关的法治课程。在哈佛大学这样的课程开设

㉖ 参见赵明辉、杨秀莲：《法国义务教育新道德与公民教育课程：内容、特点及启示》，载《外国中小学教育》2018 年第 4 期。

㉗ 参见喻军、张泽强：《中国和新加坡高校法制教育的比较与启示》，载《邵阳学院学报（社会科学版）》2012 年第 5 期。

㉘ 情境教育模式强调通过以下四个环节来促进教学的实效性："开拓教育空间，在整合中追求教育的整体效益""缩短课程与学生的心理距离，使学生保持最佳的情绪状态""利用角色理论，强化学生的主体性""注重培养学生的应用能力，实现理论向实践的飞跃"，参见方展画：《"情境教育"模式对构建教育原理的启示》，载《课程教材教法》1999 年第 7 期。

㉙ See Jacobson, M., S. Palonsky, "Effects of Law-Related Education Program", *Elementary School Journal*, 82, 1981, pp. 49 – 57.

㉚ 参见黄向阳：《法治教育跨科课程编制》，载《全球教育展望》2016 年第 2 期。

了25门,[31]普林斯顿大学开设了29门,[32]斯坦福大学开设了40门。[33]

法国有一类将法治教育融入历史科的课程设置,通过对法兰西法律历史发展的介绍来让公民梳理清楚本国法律发展的历史脉络,分析现存法律存在的历史因素和合理性。[34] 这类以历史梳理作为主线,植根本民族历史的法治课程设置会带来强烈的正向情感,有助于学生情感认知认同的形成。

域外这种融合式、跨学科的课程编制采用的是情境教育模式下的两个重要策略:一是利用角色理论,构建学生的主体地位,强化学生的主体意识;二是采取以学生个性化需求为核心编制课程的方法,缩短学生与课程间的心理距离,从而使学生在课程中保持最佳的情绪状态。[35] 跨学科编制的法治课程能够尽可能满足学生多元化的法治教育需求,赋予学生自主选择相应课程的权利,促进学生对法治课程的正面情感,也有利于课程实效性的提高。

(三)增加法治教育情境性与实践性的实践课堂

美国的法治教育很注重实践课堂的开展,重视将律师、法官或者检察官等法律从业人员引入课堂中。[36] 他们还通过服务学习或社区活动的形式,在校园之外开辟了更为现实的实践课堂。这种方式实际上是通过集体活动,向学生展现法治认同这种心理结构在群体性心理中的存在,利用"集体无意识"的影响力来塑造学生原本的心理结构。新加坡则通过设定"警察与少年"俱乐部,通过组织趣味性法律学习活动,

---

[31] See Harvard University, "Harvard University Course Catalog and Cross Registration", Accessed March 17, 2020. http://courses.harvard.edu.cn.

[32] See Princeton University, "Course Offerings Office of the Registrar", Accessed March 17, 2020. http://registrar.princeton.edu/course-offerings/.

[33] See Stanford University, "Stanford University Explore Courses", Accessed March 17, 2020. http://explorecourses.stanford.edu/browse.

[34] 参见赵明辉、杨秀莲:《法国义务教育新道德与公民教育课程:内容、特点及启示》,载《外国中小学教育》2018年第4期。

[35] 参见方展画:《"情境教育"模式对构建教育原理的启示》,载《课程教材教法》1999年第7期。

[36] 参见沈英:《美国中小学法治教育中的社区参与:内涵、实施及特色》,载《外国教育研究》2005年第1期。

吸引青少年到俱乐部进行法治学习。[37] 研究表明,实践课堂的开辟能让法治教育课程对学生的法律知识、法治态度和行为产生显著的积极影响。[38]

实践课堂采用了情境教育模式中"拓宽教育空间,注重应用操作能力培养,谋求教育的整体效益并实现学生全面发展"的策略。[39] 教学课堂与实践课堂是相辅相成的两类法治课堂。教学课堂注重理论和知识的教授,实践课堂则是采取更具备情境教育特点的方式,将法治课堂开拓到了理论课堂之外,从校内开展到了校外,非常符合法治教育实践性强的特点。

实践课堂能把学生在校内课堂中所形成的法治心理结构外显,训练他们的法治实践能力,并能让学生超越法治教育客体的身份成为普法宣传的主体。[40] 实践课堂不但是培养巩固学生践行法治能力的重要平台,更是学生从理论走向实践的桥梁。如果缺少了实践课堂,即使学生已经达成认知法治认同、情感法治认同与内化法治认同,也很难向实践法治认同转化。

(四)依法治校的管理模式构筑良好的校园法治教育氛围

内化法治认同的形成,需要个体在参与集体活动时感受到法治认同是一种群体性的心理结构,迫使个体主动或被动调节原本的自我,将法治认同这种心理结构嵌入到原本的自我之中。[41] 美国社会学家 Tapp 的研究也证明,促进青少年实现个体的法治认同需要从人与环境的建构着手。[42] 要启动、强化并完成这个过程,良好的校园法治氛围是最具影响

---

[37] 参见徐志芳:《新加坡中小学法制教育现状及启示》,载《班主任》2007 年第 5 期。

[38] See National Law-Related Education Evaluation Project (NLREEP), " Law-Related Education Project Final Report", Accessed March 17, 2020. https://eric. ed. gov/? id = ED220391.

[39] 参见李吉林:《情境教育的独特优势及其建构》,载《教育研究》2009 年第 3 期。

[40] 参见张冉:《践行法治:美国中小学法治教育及对我国的启示》,载《全球教育展望》2015 年第 9 期。

[41] 参见沙莲香主编:《社会心理学》,中国人民大学出版社 2002 年版,第 100 页。

[42] See Tapp et al. ,"Developing senses of law and legal justice", *Journal of Social Issue*, 1971, pp. 65 – 91.

力的因素。

于是,美国通过在校园内创造依法治校的法治氛围,依托社团选举、学生会事务管理和让学生参与到学校行政管理等方式,[43]在集体活动中显露群体性法治认同,帮助个体形成内化法治认同。新加坡学校也利用了依法治校的管理模式,严格惩戒违规违纪的行为。[44] 这种方式使新加坡高校形成了严守规则的法治氛围,在“集体无意识”的影响下,学生更倾向于实现自我与社会心理结构的一致性,逐渐形成内化法治认同。

值得一提的是,构筑良好法治教育校园环境实际上又进一步拓展了法治教育的空间,使法治教育能为学生提供与现实经验更加紧密相连的教育背景。它与教学课堂、实践课堂共同构成了法治教育课堂,增加了法治教育的延展性和渗透力。良好的法治教育校园环境为教学课堂和实践课堂提供了现实的滋养力,三者一起共同实现法治教育的整体效益。

三、“量体裁衣”:以情境教学模式促进高校学生法治认同的生成

完整的法治认同是指导学生践行法治的重要心理结构。提高高校学生法治认同水平是法治教育应有的目标,也是推动我国法治建设的重要环节。整合相关经验后发现,域外法治教育非常强调利用情境教育模式中的四个策略来提升学生的法治认同水平。高校可以从中有针对性地选择可以适用的相关经验,完善高校法治教育,实现促进高校学生法治认同的目标。

---

[43] 参见张冉:《践行法治:美国中小学法治教育及对我国的启示》,载《全球教育展望》2015年第9期。

[44] 参见徐志芳:《新加坡中小学法制教育现状及启示》,载《班主任》2007年第5期。

(一)以通识为主、兼设专业的融合式课程体系缩短学生与课程的心理距离

法治教育课程可以采用通识教育[45]课程为主干,专业融合式课程为补充贯穿本硕博三个时期的课程编制,[46]依据年级的不同和专业的不同来开设丰富的课程。但若只设置通识教育这一种课程编制,会使法治教育课程面临"通识教育工具性价值不足"的困境,因此法治教育应当同专业教育联系起来,建立专业融合式的课程,以此作为通识法治教育课程的补充。[47]

高校现有的思政课程都属于通识课程,且包含了部分法治教育的内容。但这些课程没能覆盖本科高年级学生。法治认同的形成,正如苏力指出的,"法治不仅仅是一个逻辑化结构的社会关系,时间是法治的内生力量"。[48] 法治教育是一个长时间、连续性的工程,应该贯穿本硕博三个阶段才有利于法治认同的形成与稳定。

在建设通识课程的基础上,高校还可以采取专业融合式的法治教育课程编制,设计融合式的法治教育课程作为各个专业学生的必修课。[49]这类课程利用了情境教育模式中缩短学生与课程间心理距离的教育策略,围绕专业(潜在职业)需求,有针对性地满足学生的法治需求,实现法治对学生的价值,能激发学生对法治的积极情感,引导他们靠近法治而不是背离法治。

(二)利用情境化的教学方法和内容提升学生的主体意识

情境教育模式往往通过现实的教学素材和互动性很高的教学方法,

---

[45] 通识教育是一种面向全体的教育,它是供给学生多学科、多种认知方式的广泛教育,参见王晓阳、曹盛盛:《美国大学通识教育模式、挑战及对策》,载《中国高教研究》2015 年第 4 期。

[46] 参见李栗燕:《网络时代法治人才培养的革新向度》,载《法学教育研究》2018 年第 2 期。

[47] 参见王晓阳、曹盛盛:《美国大学同时教育模式、挑战及对策》,载《中国高教研究》2015 年第 4 期。

[48] 苏力:《二十世纪中国的现代化和法治》,载《法学研究》1998 年第 1 期。

[49] 参见李栗燕:《新时代高校法治教育与思政教育的互促性探析》,载《法学教育研究》2019 年第 2 期。

来提高课程对学生的吸引力,增强学生的主体地位。这些教学方法能让学生积极地参与到课堂中,同时能够提升学生课堂学习的实效性。情境化教学方法还能够帮助学生在互动中强化情感认知认同并逐渐形成内化法治认同。[50] 另外,教师还可以通过项目学习小组的方式,鼓励不同专业背景的学生探究本专业框架下的法治问题,研发跨学科项目,[51]以此实现提高学生科研水平与促进学生法治认同的双赢目标。

针对践踏法治等社会乱象造成学生情感法治认同被削弱[52]的问题,考虑到个体对新闻等信息存在"负面偏好"的倾向,[53]他们在储备法治案例时会更多地关注负面的法治信息,从而不全面地看待法治现实。因此,高校法治教材教学内容要选择与学生相关的热点正向案例,[54]强化学生的积极法治情感。案例与学生生活相关,又能够让学生体会法治对自己的工具性价值,能够激发学生对法治的正向情感,强化学生的情感法治认同。

(三)利用"三位一体"的课堂设置拓宽教育空间并培育学生的应用能力

构建教学课堂、实践课堂和隐性课堂三位一体的课堂设置,能开拓教育空间,增强法治教育对应用能力的培养,实现教育的整体效益,提升学生的法治认同水平,从而发展学生的法治素养。[55] 这是情境教育模式的重点策略。同时,内化法治认同需要在实践活动中被整合习得。故而实践课堂的开辟对提升法治认同水平起着关键性作用。[56]

在传统教学课堂之外,高校可以考虑链接社会资源人士,共同开辟法治教育实践课堂,通过社区联动的途径,让学生通过服务学习等方式,

---

[50] 参见李钰:《美国学校情境教学的策略与实践》,载《教学与管理》2003 年第 13 期。

[51] 参见胡瑞等:《高等学校促进学科交叉融合的实现策略——以麻省理工为例》,载《华中农业大学学报(社会科学版)》2012 年第 3 期。

[52] 参见徐蓉:《法治教育的价值导向与大学生法治信仰的培育》,载《思想理论教育》2015 年第 2 期。

[53] 参见张威:《中西比较:正面报道和负面报道》,载《国际新闻界》1999 年第 1 期。

[54] 参见李吉林:《情境教育的独特优势及其建构》,载《教育研究》2009 年第 3 期。

[55] 参见叶奕乾等主编:《普通心理学》,华东师范大学出版社 2004 年版,第 267 页。

[56] 参见李钰:《美国学校情境教学的策略与实践》,载《教学与管理》2003 年第 13 期。

在现实的社会活动中感受群体性的法治认同心理结构。这种形式能够有效地将学生暴露在已经建构起法治认同的社区中,通过在社区的观察、行动帮助学生形成内化法治认同。校外实践课堂比起校内教学课堂更具实践性与现实性,它植根于社区社会,是考验高校学生法治知识、法治心理与法治能力的综合性课堂,因此能够引导学生在行动中形成实践法治认同。

创建良好的校园法治教育环境是打造校内隐性课堂的重要举措,它对学生有全方位的引导功能,是提升学生法治认同水平的有效途径。建设法治校园氛围,需要高校在进行校园治理时,注重校内规章制度建立的科学性和合法性,在进行管理时做到严格按照校内规章制度行事,并且在执行过程中体现公平公正公开的原则,让学生信服。[57] 高校还可以鼓励学生社团在选举社团代表时遵循相关的章程,树立严格的规则意识,塑造良好的法治氛围。这样一种依法治校的校园治理模式能够在实际的语境中向学生展现现实存在的法治认同,并在个体与环境的互动中,逐步形成内化法治认同。[58] 高校还应当开展丰富多彩的法治教育活动,帮助学生在兴趣和环境中进一步感受法治的魅力,渲染出更加强烈的校园法治氛围,使教育力量能够长期地、稳定地、有机地、全面地影响学生。[59]

四、结语

新时期在提高全民法治素养的目标下,提高高校学生法治认同水平,是提升该群体法治素养的应有之义,同时能够使我国法治建设具备

---

[57] 参见孙德岩:《我国青少年法治教育存在的问题及对策探析》,载《成都教育学院学报》2006 年第 8 期。

[58] 参见王莹莹:《欧美各国法制教育现状研究及其启示》,载《教育观察》2018 年第 2 期。

[59] 参见谢佑平、王永杰:《多元视野下的美国青少年法治教育:途径、策略及启示》,载《青少年犯罪问题》2007 年第 3 期。

精神价值,使法治运行拥有内在动力机制,使法治秩序的形成拥有文化心理保证。[60] 当代高校法治教育对学生法治认同的培育不应当是单纯灌输式的过程,应该是一种渐进式的塑造过程。高校可以从理论到实践,从校内到校外多方位全方面地从认知、情感,内化到实践四方面来实现培育学生完整法治认同的目标。如此,将促进法治认同作为完善高校法治教育的基准点,能够为我国法治教育的创新,为未来法治社会输送合格法治公民,提高全民法治素养提供可进一步探究的理论与实践路径。

On the Improvement of the Rule-of-Law Education in Chinese Colleges and Universities

Li Liyan　Tan Zixuan

Abstract:In the new era, the construction of rule of law in China has proposed the goal of improving the ethics of the entire nation. Rule-of-law identity, as one of the components of the ethics of the rule of law, affects the level of individual law literacy. Rule-of-law identity, as a type of social identities, requires individuals to have a rational knowledge of the rule of law, to obtain a positive emotional experience in contextual intergroup relationships, and to internalize into the psychological structure of the self and eventually transform it in practice. The shortcomings of Rule-of-Law Education in Chinese colleges and universities, such as the insufficient supply of knowledge about the rule of law and the lack of contextuality and practicality in the education and teaching process, have led to the inability of

[60] 参见于语和、吕姝洁:《中国传统法律文化与当今的法治认同》,载《北京理工大学学报(社会科学版)》2016 年第 4 期。

college students to form a complete rule-of-law identity. Based on the comparison and analysis of the experience related to raising the rule-of-law identity level of students with rule-of-law education in other countries and regions, the author proposes that colleges and universities can use the situational teaching model to improve the existing education model and achieve the goal of improving students' rule-of-law identity.

Key Words: rule-of-law identity, mental structure, foreign experience, situational education

法务反哺

司法学徒制对法学教育的补充作用新探

齐昌聪*

摘　要：司法学徒制是我国长期司法实践中形成的有益经验，在员额制改革背景下，法官与法官助理、书记员职业分化明确，有“去学徒化”倾向。受制于高等教育重理论、重知识传授的局限性，当前法官助理、书记员知识结构与法官后备人才需求逐渐脱节，我国法官精英化教育不能弥补法学技艺、经验教育不足的缺陷。改革现行司法教育培训体系，探索将司法学徒式教育作为现有法官后备人才培养的重要通道，由司法教育培训隐形的权责关系走向显性的权责关系，法官与助理由上下级的行政服从关系调整至师徒间的专业指导关系，并提出了构建我国司法学徒制教育作为法学教育重要补充的基本思路和具体要素。

关键词：法学教育　司法培训　人才培养　学徒制

随着法官员额制和人员分类改革的推进，法官

---

* 齐昌聪，西北工业大学马克思主义学院博士研究生。研究方向：思想政治教育与法治教育。

后备人才培养越来越受到重视,法学教育需要司法教育培训的具体实践作为补充,但如何培养面临着现实难题。法官助理、书记员受现行编制、职能定位、教育管理及发展所限,难以在完整意义上保障后备法官人才培养的需求,即从一名司法辅助人员(学徒)向职业法官的教育培养过程。传统的法官对书记员的“传帮带”,提供了很好的启示,但是人员分类改革带来的职业分化对这种法官培养机制带来冲击,现行的公务员式法官教育培训又和法官职业教育需求格格不入,传统的司法隐形教育权责关系亟待转化为现代司法教育显性权责关系,在借鉴中外有益经验的基础上,发展现代司法学徒制,将传统面向实践的学徒式教育培训模式与现代司法审判制度和教育理念相结合,这一教育模式的核心是将学习教育与工作紧密结合,提高司法人才的职业素养和专业水平。为此,本文通过考察域外经验和检视本土雏形,探讨司法学徒制教育的法学教育补充作用,在既有实践的基础上,构建我国司法学徒制的施行理路。

一、司法教育培训的现实及需求

根据司法实践的需求,除了学习高校的专门法学知识,还需要具备以下几类学习内容:一是知识型学习,主要是与实践密切相关司法解释的理解与适用、运用类案识别与指导性案例的裁判、典型判例与裁判思路的统一等,从职业实践需求出发,积累审判经验,解决实践中的疑点、难点与空白点法律问题,并从类案裁判的角度,做到判决的一致性、论理的通透性和维护司法的权威性。二是思维型学习,典型的是运行三段论推理模式的学习等,以及与三段论推理不同的类比推理,裁判案件的案例适用思维,首先识别生效案件和待判决案件是否具有类似之处,然后根据生效案件的裁判要旨,结合法律规定、原则、精神,供待判决案件参照试用,这些裁判思维需要长期习得才能掌握,“在判例识别技术中,识别出相同点和不同点,并对相同点和不同点的重要性做出判断,是非常关键的技术。这其中包含了价值判断”。[①] 识别类似案件不难，但是熟练运用裁判规则需要学习、体悟、践行。三是经验型学习，判决不能算是法律规范的精准复刻，司法裁判活动也不是三段论的简单操作，裁判还是一项运用经验的实践活动，“从以往生效的裁判中形成的个人的经验、价值判断、公共政策等参照因素加以吸收”。[②] 将法律运用于事实是经验思维的成果，在考量裁判结果时往往还要适用比例原则，需要和既往案件进行综合平衡，也需要同当前司法环境相适应。四是规范型学习，司法裁判活动需要提供合格的公共法律产品，因为在裁判的各个环节，既有法律明确的规范，还有许多需要时间操作加以弥补的规范，既有显性规范，也有隐形规范，如审委会汇报的审理报告等。另外还有职业伦理规范、司法礼仪等外在规范的学习。

职业化法官助理、书记员的教育逐渐归化到法学知识教育的层次中，职业教育在实践中也只能称为司法公务员式教育，其特点为：(1)教育的主体是公务员教育管理机关，主要是组织人事部门，法院内部的政治部门开展的教育主要以思想政治教育为主，按照集中教育形式并结合每年的教育实践活动主题开展集中教育。(2)教育内容没有系统化和体系化，其中政治类教育会随着每年集中教育的主题变化而变化，业务教育主要根据新法新规、重要司法解释、司法改革专项等按照节点进行对应性培训，其他培训会在年初制定公务员教育培训计划供全年分布式执行。(3)教育的形式主要以集中开展教育为主，专项教育培训为辅，授课内容也主要由专家或专门人士集中授课，形式较为单一，培训后一般不考核评估培训的效果。(4)教育培训的权责划分上，教育培训权责并没有清晰的界定，属于隐形权责，对于教育者和受教育者而言也没有双向互动，双方并不产生相应的权责关系。

从教育的形式上来看，主要分为：(1)入职教育；(2)党校教育；(3)法官学院教育；(4)主题教育活动教育；(5)新法、新规颁布后的专项

① 邹碧华：《要件审判九步法》，法律出版社2010年版，第17页。

② 参见胡田野：《论司法案例研究与法官裁判思维的养成》，载《人民司法(应用)》2018年第13期。

教育;(6)单项技能教育,这些形式皆可视为“公务员式助理”。具体情况见表1。

表1 当前法院教培情况一览

教育形式	教育内容	教育主体	教育形式
入职教育	思想政治教育、公务员基本素养	公务员局、组织部	入职培训
党校教育	主题教育,党员培训	党校	党校培训
法官学院教育	综合性专业教育、理论教育	法官学院	专家授课
专项教育	新法、新规颁布后的理论及实务	法院教培处	专家授课
单项技能教育	办公室业务培训、审判管理培训、书记员技能培训	法院组织人事部门或教育培训部门	实务讲授
主题教育	按照统一部署开展主题教育实践活动	各级主题教育活动领导小组	集中教育
其他教育	新的软件培训,新闻宣传培训等	相应主管部门	理论与实务培训

资料来源:以上内容收集整理自SX省2019年度教育培训计划。

司法教育培训应当摆脱现行司法公务员式教育。主要是由于:

第一,司法公务员式教育背离了法官职业教育初衷。从学习内容上看,思想政治教育、通识性职业技能教育、专门职业知识教育占据法院教育培训大多数内容,这些教育内容为职业所需,集中教育固然提升了教育的效率,少数还安排了结业考试,但无法保证教育质量,从形式和内容上都无法保障法官后备人才的培养教育。

第二,司法公务员式教育背离了法官的入额标准。通过公务员式的教育培训,其结果对法官遴选作用不大,法官遴选还是会受到行政职级的影响,以西北A基层法院为例,③其设定员额配备的33%比例,通过测算后入额者为法院正副院长、法庭庭长和副庭长、资深审判长,以及少部分法官入额,在入额时,对审判经验与能力很少考虑甚至不考虑。无论是对法官需求的辅助人员素质和技能,还是审判辅助人员为晋升法官的意愿而需要的职业技艺、司法经验培养,都与司法公务员式教育之间产生分裂与张力。从现行政策来看,除了从社会公开遴选,一般从法院内部择优选升。④ 职业分化导致了法官与助理之间的分工负责关系,如果仅仅是因为职业分工,法官与助理的分工负责就更倾向于行政式的上下级服从关系,这种关系区分标志是科层化的司法职务等级。法官入额的标准具有较高的法律文化素养和法律思维能力要求,要赢得助理的尊重,应当通过审判技艺、经验和裁判的效果来体现,为助理树立良好的榜样,优秀法官本身也会成为助理学习的目标。

第三,司法公务员式教育难以辅助法学教育衔接"社会化"。法律共同体中高校教师和具有一定执业年限的律师向法官职业的流动渠道已经打开。后备法官教育阶段,对职业发展而言,对内是逐级晋升的阶段,对外是与其他法律职业交流互动的阶段,这需要实现教育的"社会化",即法官职业教育与其他教育的通融性。如果单纯适用公务员式教育而与其他法律职业相区别,会形成一个简单以职业划分的小圈子,脱离职业共同体,"不自觉地割断法律与社会的联系,将法律规范视为匠人手中的工具,从而失去更广阔的视野",⑤无法强化法官职业教育与社会法律职业的联系,也无从实现法律职业共同体导入社会价值和向社会输出司法裁判规则的目的。

---

③ 源于笔者在西部某省会城市A基层法院的调研统计数据。在2018～2019年度,共开展全院性培训6次,主题教育活动36次,其他各类涉及新入职人员、党员及入党积极分子和专项培训65次。

④ 如陕西省规定,内部遴选法官一般从法官助理中择优产生,外部遴选主要针对律师和高校研究人员。

⑤ 王晨光:《法官的职业化精英化及其局限》,载《法学》2002年第6期。

二、员额制改革背景下司法教育培训的困境

本轮司法改革的主要目标是推进法官职业化,进行员额制改革,分为两个相互承接的层次:通过法官遴选实现法官选任的精英化;⑥通过区分法官与司法辅助人员,以司法辅助人员助力法官职能定位职业化,设立法官助理作为审判辅助人员的重要组成,其职能定位“是司法改革人员分类管理中的重要一环,审判团队的重新组合,打破了原有的固定模式”。⑦ 让法官集中于审判工作,通过对法官择优遴选入额,其他未入额法官即转任司法辅助人员。由于员额制改革前,法官职务序列与公务员序列挂钩并行,相应的培训按照公务员教育培训体系进行,有其内在逻辑的一惯性要求。但是将法官的职业教育等同于公务员教育培训,本身制约了法官的司法专业化发展,也使得公务员教育培训的效果大打折扣,“司法官职务序列层次与行政官员的对应关系淡化了司法官的司法属性、弱化其主体地位、限制其职业发展,制约着机构改革、办案方式、办案责任制等其他司改措施的顺利推行”。⑧ 同时,员额制改革前后发生了一些细微的变化:一是取消了助理审判员,使书记员、法官助理与员额法官之间的过渡训练职位不存在了。在以往助理审判员可以代行审判员职务,但在合议庭中不能担任审判长,在简易审理程序中可以独任审理,可见关于助理审判员定位为审判员的见习阶段,是书记员、法官助理

---

⑥ 主要体现:2014年6月6日,中央全面深化改革领导小组第三次会议审议通过《关于司法体制改革试点若干问题的框架意见》,要求把法院、检察院工作人员分为法官、检察官、司法辅助人员、司法行政人员四类;最高人民法院《关于全面深化人民法院改革的意见》具体措施是通过法官遴选委员会产生四级法院的员额法官,并将法官和审判辅助人员从职责分工、角色定位等相区分。区别于以往法官渐进式成长道路,此次法院员额制改革更注重角色的重新定位。

⑦ 王珊珊:《审判团队好帮手精英法官后备军——人民法院推进法官助理制度改革综述》,载《人民法院报》2018年3月12日,第6版。

⑧ 王守安:《司法官职务序列改革的体制突破与司法价值》,载《当代法学》2014年第1期。

成长为审判员的必由之路。但员额制改革后,员额法官直接从书记员或者社会具有相当资格人士中择优遴选,缺乏这样一个必要的过渡性训练阶段。二是关于员额法官遴选资格中,员额制设置的过渡期内和过渡期外,初任员额法官缺乏后续供给的无缝衔接。⑨ 过渡期内关于职业任职条件规定得较为模糊,主要原因是法官的审判经验等难以具体对应到实践中去。从当前来看,初任员额法官的遴选主要源于已经具有审判职称的原法官群体,这一问题并不突出,但是过渡期后有审判经验的后备法官人才逐渐消化完,如何设置初任员额法官遴选的审判资格条件,将会是一个突出的问题,也进一步凸显了法官后备人才专门培训教育的必要性、紧迫性。三是书记员、法官助理的职业发展前景问题突出。员额制改革前,法官的晋升基本是科层制晋升,职业期待稳定而明确。员额制改革对人员进行了分类管理,由分类和定位带来的人员再分配、职业规划再调整、人岗匹配再适应,对法院人才队伍是一种冲击,⑩同时也影响法官后备人才的稳定性。员额制改革后,法官助理、书记员的教育培训,以及作为法官后备人才的培养面临新的问题和改革带来的新挑战,如何让司法教育培训适应当前新形势、新任务,也需要纳入到配套改革的范畴统一考虑。

司法权在国家权力结构中的地位,要求法官在任职要求、法官职业教育培养方式方法上,均有别于公务员式教育。司法权的属性、权力运行方式同行政权相异,司法权本质上是判断权,司法权的行使是法官理性、经验和智慧的结晶。司法权的行使过程除了内在的公平正义理念主导依法独立履行职责,还是经验的积累和技艺的锤炼,裁判技艺长期才能习得,本身就有可传承性。法官后备人才主要是指法官助理和书记员,是司法配套改革中最重要的审判辅助职业群体。长期以来,我国司法对法官助理、书记员的教育,无论是对内教育管理层级的设定,职位、

⑨ 参见王伟俊等:《员额法官养成机制的改革路径探析——以法官分段、多元养成为视角》,载《法院改革与民商事审判问题研究》,人民法院出版社2018年版,第121页。

⑩ 参见许琛:《到位与归位:基层法院审判辅助人员管理制度构建的路径》,载《中山大学法律评论》2019年第1期。

职权、职责划分,还是教育培训形式内容等,存在法官后备人才教育"流程化"、管理"行政化"和衔接"社会化",是当前司法职业化教育的盲点、难点和痛点。

(一)职业分化后法官后备人才教育的"流程化"

按照现有法院教育培训模式,将法官助理、书记员置于职责分工流程之中,完成结案流程、事务性工作,为求结案效率而无暇顾及学习和技艺的积累和提升。"在传统的'一审一书'办案模式下,法官需要花费大量时间精力在庭审与裁判之外的事务性和程序性工作上。"[11]法官与书记员的工作分工不分家,相互协作完成。但往往因为权责不清、职责不明备受诟病,成为改革的主要动因。但是职责划分并没有解决以下问题:一是审判工作量大,通过职责划分并不能完全解决效率问题,而且会带来新的问题。一方面,多项工作由助理或者书记员"一肩挑";另一方面,一些"体力"劳动如调查送达、扫描上传、钉卷等大家都不愿意干,产生新的矛盾,甚至一些法院事务需要"服务外包"才能解决。二是职业分化严重。法官职责与法官助理、书记员职责明晰、细分程度高,且相互职责被人为割裂。三是司法工作中的技艺、经验需求被掩盖。司法改革设置的专业化合议庭、法官专业会议、法院内设机构改革扁平化等,将法官与法官助理的参与范围、工作职能作了切割和分离,法官助理所需要习得的经验技艺,由于职能划分而被掩盖。另外,缺乏相应指导的法官助理、书记员,在与当事人大量近距离接触过程中,增加了法官助理、书记员的职业焦虑,兼之我国未成熟的法制环境和司法认同度,不利于健康的职业发展环境,冲抵了学习的热情。

(二)法官后备人才教育管理的"行政化"

改革中重点落实了"让审理者裁判,由裁判者负责"的理念和机制,特别是在防止和纠正非程序的行政化审批、干预或领导过问案件中。要

---

⑪ 王珊珊:《审判团队好帮手精英法官后备军——人民法院推进法官助理制度改革综述》,载《人民法院报》2018年3月12日,第6版。

实现司法的现代化,“应当走法院体制非行政化的道路”,⑫法官管理行政化违反了审判案件的亲历性,颠倒了法官办案的主体地位,违反了司法规律,同样,法官助理、书记员的管理行政化也应当引起足够的警惕,防止司法改革走“回头路”。法官助理、书记员教育管理的“行政化”,主要是指法官后备人才及其学习教育管理“被纳入行政体制的命令与服从关系中,使司法被行政格式化”。⑬ 法官助理、书记员须按照行政化的教育管理模式参与其中,与法官所需教育旨趣相对分立。具体体现:一是院长、庭长对法官助理、书记员的业务领导关系。作为法官后备人才的法官助理、书记员本身承担着法官所不从事的行政事务,审判辅助属性被行政属性所淹没。二是职业化发展之路的行政化激励机制分散了法官助理、书记员的学习业务技能注意力。职务职级并行套改后,法官助理、书记员按照相应的套改序列,区别于法官晋升序列、类同于公务员序列,按照综合管理类公务员的相关规定进行管理,⑭激励途径产生区别,对于法官助理、书记员的激励也采用了公务员式晋升激励机制。三是审判辅助事项运行管理模式的行政化。院长、庭长、审判长通过“法院管理类文书的签核程序,审判监督管理的审批事项”,⑮以及非审判组织的讨论平台,乃至上下级之间的请示或报告,法官助理、书记员具体承担了这种承接作用,将从行政职务中获得的权威,使审判辅助工作行政化。⑯行政化的教育管理模式,潜移默化地规训着法官后备人才的培养,审判权真正的技艺和经验不能允许法官助理或者书记员通过实践习得,往往

---

⑫ 张卫平:《论我国法院体制的非行政化——法院体制改革的一种基本思路》,载《法商研究(中南政法学院学报)》2000 年第 3 期。

⑬ 张卫平:《论我国法院体制的非行政化——法院体制改革的一种基本思路》,载《法商研究(中南政法学院学报)》2000 年第 3 期。

⑭ 参见《深圳市法院工作人员分类管理和法官职业化改革方案》《深圳法院深化司法体制综合配套改革全面落实司法责任制工作规划(2018~2019)》等政策性文件。

⑮ 郑博涵:《院庭长审判监督管理权配置模式研究——以审批事项设置标准为切入》,载《中国应用法学》2019 年第 4 期。

⑯ 参见林娜:《如何走出院庭长办案的困境:兼论我国审判权运行机制改革试点方案的补强》,载《司法体制改革与民商事法律适用问题研究[上]——全国法院第 26 届学术讨论会获奖论文集》,人民法院出版社 2015 年版,第 241 页。

走上审判岗位了才从头再学。

(三)法学教育尚未衔接司法职业教育的“社会化”

法学教育既需要作为法学知识层面的高校专业知识教育,如果进入特定职业门类,还需要和具体职业教育相结合,即“社会化”过程,也有研究者认为法学教育存在职业教育和通识教育的“两难境地”,⑰这是因为,法律实践是实践性较强的社会活动之一。法律并非孤立规范,它与社会息息相关,准确地理解和适用需要长期学习、经验积累,乃至形成特有的职业技艺,许多理论研究者早早坦承“法学教育不应当和职业教育相脱节”。⑱ 至于高等教育中法学教育是否应当注重知识教育,抑或注重职业教育,学术界尚无统一认识。⑲ 但是进入相应的职业门类,所需要的职业教育就成为当时之需,如果在高校教育中缺乏职业教育,就需要在工作后补足职业教育的缺失。

鉴于法制教育的传统缺失和现代司法技能培育孱弱,法学教育衔接司法职业教育的“社会化”之路很艰辛:一是职业化改革后,法官被赋予更高的职业期待。就裁判的技能、审判的经验、社会的形象等提出了更高的要求,公众对司法公信力及司法权威提出更高的期待,对于法官后备人才的培养也提出了更高的要求。二是作为职业化的专业判断和作为通识的社会化公众判断需要消弭的分歧。三是作为司法公开的具体内容,法官还需要面对社会公众,做好社会主义核心价值观的导入与司法裁判理念的输出,在司法公开化、民主化与专业化之间,“能保证媒体在形塑司法公正杜绝司法腐败中起到舆论监督作用”,⑳因为在形成判断时,法官采用了阶梯式的判断技艺,法官“应寻找案件中其他可能的事

⑰ 王晨光:《法学教育的宗旨——兼论案例教学模式和实践性法律教学模式在法学教育中的地位、作用和关系》,载《法制与社会发展》2002 年第 6 期。

⑱ 郭明瑞、王福华:《高等法学教育的反思与审视》,载《法制日报》2001 年 9 月 2 日,第 3 版。

⑲ 参见周汉华:《法律教育的双重性与中国法学教育改革》,载《比较法研究》2000 年第 4 期;霍宪丹:《法律教育》,中国政法大学出版社 2010 年第 1 版,第 52 ~ 53 页;葛洪义:《关于中国法学教育改革的几点认识》,载《中国法学教育研究》2015 年第 2 期。

⑳ 傅郁林:《当信仰危机遭遇和谐司法——由彭宇案现象透视司法与传媒关系》,载《法律适用》2012 年第 12 期。

实线索,只有在排除其他可能时才能依弱化模式认定案情”。[21] 司法从社会导入价值和向社会输出规则的能力均待加强。在高等教育设定的目标与教学内容中,法学教育往往偏重于知识教学层面,社会化的职业教育过程往往依赖于法官后备人才的培养教育,司法教育培训过程中隐含的权责关系需要进一步明晰化、规范化,法官助理、书记员的教育培训需要走出一条制度化、规范化的道路。

三、推进司法学徒制教育的可能性

(一)司法学徒制教育的本土雏形

“司法学徒制”在我国已有雏形,但呈现出定位不明的状态:主要是我国的“司法学徒制”未能与“法学教育”对接,表现为:

第一,中基层法院审判辅助人员都经历了“过渡型”司法职业教育,以补足法学教育的短板。长期以来,为破解“复转军人进法院”“顶岗”“案多人少”等实践难题,大部分中基层法院都存在新入职人员作为审判辅助人员的过渡期,借助着助理、书记员、法警等职务,完成过渡期的训练。根据审判辅助人员的来源类型和发展方向,大致可以分为两种类型:一是进入法院工作时非法学专业而需要长期从业的。没有经过法学专业训练但经安排在法院工作,在工作内容上从事助理性质的庭审准备、庭审记录等工作,有的从事外出调查、接待当事人、律师等工作,经过实践训练后,一部分具备法官职业素养的人员被选出作为助理审判员逐渐进入法官序列,还有一部分没有完成转换的,在历次改革中,逐渐脱离审判一线转为行政岗,或者转为书记员。二是见习过渡型。主要为公务员改革后,经过专业法学教育,通过公考任职审判辅助岗位,以审判辅助人员身份跟随审判员见习,在此过程完成了学习裁判方法和思维技能的职业教育。

[21] 曹志勋:《经验法则适用的两类模式——自对彭宇案判决说理的反思再出发》,载《法学家》2019 年第 5 期。

在过渡期,审判辅助人员实为“司法学徒”,通常在此期间作为书记员跟随法官基本历练了办案的所有环节和大部分技能,补足了专业知识之外的裁判案件、接待当事人、撰写裁判文书、调解案件、化解信访等技艺与经验,有的通过学、思、悟成功完成了从学生向法官的职业蜕变,从知识层面转向实践层面,为审判人员储备后备力量。

第二,高校实习生的“见习性”司法学徒教育。法院作为高校法科生见习基地,吸纳了实习生,在此过程中完成了高等院校专门知识教育向社会司法实践教育的历程。通过学分制为高校大学生提供了司法实践的机会。但是在这样短暂的教育过程中,还存在问题:一是实习期为3个月至4个月,通常为一学期的时间,安排的时间对于实践需求而言还较短。在短短几个月时间内未来得及完成学习任务就需要返校,来不及熟悉法院工作,于法院工作而言无从获益,于学生而言难说学有所获。二是在见习期由于缺乏正式身份,仅能作为实习生参与部分实践活动,和法官助理、书记员不同,没有证件无法参与文书送达、外出调查、财产保全等,使其见习的范围进一步限缩为订卷、记录、收发文件等事务性辅助工作,无法具体参与到司法裁判的实践活动中,在短期内也不会对法律思维、裁判经验等有所助益。

对“司法学徒”而言,书记员、法官助理的技能均非学习目标,如果将书记员、法官助理的职责定位为其职业要求,无疑不利于法官后备人才的储备,也不利于通过有吸引力的职业前景留住法律专业人才。传统的渐进式过渡和书记员、法官之间的有机衔接,存在合理的内核和可资借鉴之处。法院、检察院实习生也能够接触到司法实践。但是按照职责内容、实践效果划分,很难有明确的法官后备人才培养教育目的,无法为审判输送专业人才,也会让高校实习流于形式而发挥实际意义。由此可知,对关注职业前景的“司法学徒”,以培养未来法官为目标对其才具有足够吸引力,司法学徒目标与法官后备人才的培养机制目标是一致的。

(二)司法学徒制教育的域外借鉴

司法学徒制的域外经验主要是顺应现代学徒制的勃兴。现代学徒制作为一种人才培养制度,“在西方发达国家与地区正在成功地实施和运行”,[22]学徒制与大学教育是一种相辅相成的关系。著名的兰德尔法学教育改革,就是“完成了美国法律教育由学徒制到大学教育的根本转型”。[23] 在治理现代化背景下,学徒制通过对社会资源的统合,将职业人才教育的“学校人”转化为职业情境下培养教育的“实践人”。英美法系与大陆法系对法、检及律师等一般都按照高等法学教育、统一执业考试和专门职业训练的模式,实现了职业的精英化,主要是职业化。对比而言,美国联邦最高法院为大法官配备了4~5名助理,联邦上诉法院和地方法院也会为法官配备2~3名助理,配备的短期助理大多源于已届或者新届毕业的法学院毕业生。[24] 英国的助理制度稍有差异,助理由相应主事法官承担,而学徒一般作为助手,但是法科生毕业后成为律师前,需要接受专门的律师公会组织的教育培训,相当于学徒制训练。综合而言,英美国家采用了正式助理和学徒相补充的机制,德法等助理一般任用较为正式的助理。

(三)司法学徒制需要破解的难题

1.破解“适用性”难题。在员额制改革的前提下,对法官职业化改革而言,择优选升员额法官进而压缩法官数量是必由之路,对员额法官配比相适应的法官助理、书记员也成为必需。对于法官助理、书记员的教育培训应当适应员额制改革之路,司法学徒制适应法官职业教育的目的,主要有以下原因:(1)职位和职数的适用性。一般而言,法官与助理的配备应当呈相应比例,[25]借鉴美国的做法,首先应当根据不同审级法院所承担审判职能匹配数量和内容相称的审判辅助。最高人民法院、高级人民法院以业务指导等宏观协调业务为主,中基层法院承担的办案量加重,配比助理职数一般自下而上比例递减。在司法学徒培养教育目标

---

[22] 吴学峰、徐国庆:《现代学徒制:对象、意义与实施策略》,载《现代教育管理》2016年第11期。

[23] 秦策、张镭:《司法方法与法学流派》,人民出版社2011年版,第61页。

[24] 参见江振春:《美国联邦最高法院与法官助理制度》,载《南京大学学报(哲学·人文科学·社会科学版)》2010年第2期。

[25] 司法学徒制中还要区分正式的法官助理和书记员,以及实习学生等,由于都从事审判业务性辅助,就工作职责、工作内容等存在很多共性,故在论述中不再详细区分。

方面,中基层法院以培养审执实践能力为主,最高人民法院和高级人民法院则以培养具备一定法律理论素养的法官为目标,因而最高人民法院和高级人民法院的司法学徒经由必要的中基层法院审判经验积累经历为宜。(2)教与学的适用性。从司法学徒制培训教育的内容上,应当强化司法实践能力,并辅助以强化理论调研能力。

2. 破解"驱动性"难题。中基层法院法官助理、书记员公务员招录近年来屡屡有报考岗位的空缺,㉖这从侧面反映了社会对法院法官助理、书记员工作认同度不高,职业体验不好,从业动力不足,需要进一步从内在驱动力上增强法官助理、书记员的职业吸引力,为法官后备人才培养增添动力。一是拓宽培养机制,将司法学徒制教育视为法学教育的延续。大学教育以法学知识传授兼具法学理论阐释为主,就职业体验而言,其中培养机制过窄是重要原因,增加法官职业要求的"学习性"应是司法学徒制教育的核心要素。二是培训履职能力,在当前的见习期,对工作职能的划分,有的区分了事务性辅助和业务性辅助,庭前准备、文书草拟等属于法官助理性质的业务性辅助,文书送达、案件记录等属于事务性辅助,对实习生安排较多的是门槛较低的事务性辅助,职业分工致使不同工作人员无法学习全面的知识。而司法学徒制应当采用循序渐进式履职能力培养,一般先跟随学习书记员的基础技能,在具备后应当提供学习助理技能的机会和途径。三是增强学习意愿,不同于司法公务员式教育仅侧重职业要求、履职能力,司法学徒制教育遵从了教育中师徒传承的教学关系,更加注重学习过程中对优秀法官的追随和效仿,增强了职业追求等更深层的职业体验。四是增加交流互动。按照公务员式的人事分配方式,缺乏双向选择权,入职后被统一分配至某一岗位,不能双向交流互动,缺少与自己仰慕的法官老师之间的互动交流,不能按照意愿和选择跟随和学习。

3. 破解"承接性"难题。一是从职业定位看,双向承接法学教育与职业教育,司法学徒制教育通过师徒"传、帮、带"等个性化教育,和当前

㉖ 参见上海市第二中级人民法院课题组:《司法辅助人员配置问题研究》,载《人民司法》2019 年第 19 期。

公务员式集中式、统一化的培训教育不同,司法学徒制强调教育的过程性、开放性和体验性。法官助理、书记员在辅助性事务处理上,参与了众多与当事人直接接触的程序性事项办理,发挥“借助参与程序缓释了对抗情绪”[27]的作用,同时积累职业专门知识和社会知识,有时还会带有个体化的思考和分析训练,双向承接司法与社会职业期待。二是延伸职业教育职能。司法学徒旨在培养法官后备人才,对走出校门的法科毕业生而言,经历司法学徒制教育,既是法学教育的延伸,也是通过学习教育转任员额法官的通道。“职业法律家的典型是法官、律师、检察官,然而其承担的职务范围却很广泛”,[28]也会为从事律师、法学教师等其他法律职业奠定良好的职业积累。三是为共通性职业提供司法专业知识教育。将司法职业放在法律职业共同体视角下,没有必要为各个职业的专门知识教育设置过多障碍,阻断交流。适应宽口径的职业培训需求,才能形成共同的知识,有助于法与社会的交流。“专业知识的共通性才构成了职业分工的独特性”,[29]如果作为职业过渡,司法学徒制既为法院提供社会人,也向社会输出法律人,推动了法律职业共同体的互动交流。基于司法学徒制的教育经历,能够为更多法律职业提供更好的体验性。

四、司法学徒制的补充作用

在公务员式教育培训的基础上,应当尊重司法规律,特别是法官的教育成长规律,在符合我国司法改革具体国情的基础上,除了采用集中统一的教育培训,还可以在此基础上,设计和完善具有中国特色的司法学徒制。

(一)基本施行理路

司法改革背景下,员额法官相较于以往法官数量无疑将会缩减,员额

---

[27] 江国华、韩玉亭:《论法官的角色困境》,载《法制与社会发展》2015 年第 2 期。

[28] 孙笑侠:《法律家的技能与伦理》,载《法学研究》2001 年第 4 期。

[29] Stephen Pepper, “Locating Morality in Legal Practice: Lawyer? Client? The Law?”, *Legal Ethics*, 2011, p. 174.

法官编制总数有限,人案矛盾较为突出。分类改革后,审判辅助人员构成更加复杂,既要为审判力量常态增长储备人才,也要深挖法官办案增量潜力。在此情况下,法官后备人才训练机制的司法学徒式法官助理、书记员,法官通过"传、帮、带"提升法官助理、书记员的经验储备与技能训练,可以有效缓解法官办案压力,增强辅助人员活力与职业期待。

司法改革中,较为明确地提出了"去行政化"的改革思路,对于法院人事管理也将从纵向行政管理趋向横向扁平化管理,回归以审判为中心的法官审判。学徒制遵循契约精神,这与司法学徒式教育内涵形成呼应,法官及其助理从上下级的领导与被领导关系,调整至师徒间的专业指导与被指导关系,无疑会促进以法官为核心的审判团队建设,改变审判庭室内的行政权力结构,转向因审判经验丰富、法律理论功底深厚、裁判公正高效产生的导师权威。

司法学徒制教育打破了职业之间的壁垒,增强了法律职业之间流动性。司法的人民性决定了对司法权威的生成,除裁判本身的精英化外,区别于域外成熟的法治社会,可以借力司法学徒制教育,将司法职业的经验与技能、司法的思维与体验传递于体制外,共同促成法律职业乃至社会共识,这主要通过两个层次:一是经过司法学徒训练的法官助理或书记员,能够成为沟通法官与当事人、社会公众的沟通媒介。二是法官助理可以向其他法律职业流动,在此过程中也形成了司法理念、裁判方法的法律职业共同体间的流动。

(二)具体内容构建

广泛的参与主体、明晰的角色定位、政策法律框架支撑和资金人事制度保障是司法学徒制的关键要素。在相应的职责框架内,明确法院、组织教培部门、法官、助理等利益相关方的责任,给予师徒关系有官方承认的正式地位。新入职法官助理、书记员都可以纳入司法学徒制教育,按照个人意愿与双向选择,匹配师傅与徒弟,完成"教"与"学"的双向选择。明确学习应获得的能力、技能与知识,根据学习内容区分书记员阶段和助理阶段,设置与法官交流的跟随性学习。根据前文所述的"适用性",司法学徒首先应当练好基本功,从书记员做起,如庭前准备、法庭记录、订卷归档等，同时按照法官的指导，撰写庭前备忘录、参与调查取证等，并在法官的指导下修正完善，通过辅助完成业务性工作，具体学习裁判思维，积累审判经验，循序渐进到更高学习阶段。法院、组织教育培训部门参与教育内容与教育标准概要性描述的设计，评估学习成效并保证司法学徒制的质量。司法学徒制教育应允许其运用开放型、体验式的知识结构和思维方式。

保证质量与持续发展。中基层法院为主要的适用主体，最高人民法院和高级人民法院原则上应从中基层遴选助理。由于审理案件的类型和职能定位的不同，最高人民法院和高级人民法院需达到一定法学理论水平，因而具有中基层司法学徒教育经历为佳。一般每位法官配置 1 ~ 3 名学徒，对师徒岗位需求和供给开展定期评估调整，配置比例按法院层级自下而上依次递减。司法学徒制教育不宜设置过长的年限，以达到后备法官人才储备为宜，否则过长的培养期限将师徒关系异化为身份依附关系。在学习过程中，采用系统性分析及能力诊断，对学习者进行常规性评估，但不宜再采用考试或者技能测试，这需要针对培训质量，开展改进性研究。

树立成果导向和输入输出的平衡。为达到确切的学习效果，学徒配对的过程区别于行政分配，采用面试等选择形式，允许师傅与徒弟双向选择，根据教育背景、专业需求、价值倾向等，互选与自己契合的师徒。增强师徒之间“教”与“学”的成就感。根据综合描述标准应当承认司法学徒制所获得的学习成果，完成某训练过程可获得相应的培训证书，将培训成果作为选人用人的重要参考依据。

完善资金人事制度保障。法院应当列支专项资金来保障教育培训费用。对参与教育培训过程的法官，根据学徒效率给予合理的劳动报酬。在教育培训中给予组织人事方面的支持，建立动态调整的良性选人用人机制。应当将司法学徒制教育经历定义为法学教育的延伸和补充，对于司法学徒赋予宽松的任职、离职限制。

（三）政策框架与试点

对于司法学徒制的教育形式在法律层面明确地位并赋予权利。将专门的职业教育和学徒制教育纳入教育培训法律框架，由中央政法委或最高人民法院负责国家层面的施行政策和整体方案，制订长远规划目标，明确培训的标准、内容和培训要点大概要性描述，在省市层面具体负责细化。对于司法学徒制可以按照司法改革一般规律，在采取试点的基础上，开展试点总结成效，然后推广施行。各个地方法院有权自主实施培训项目或落实培训计划。

五、结语

目前学术界对当前司法教育尚未提出司法公务员式法官助理和司法学徒式法官助理的分类，但从域外经验看，两者的来源、职责、前景等均有很大差异，两者的教育模式也有很大不同。我国目前践行的应当是司法公务员式教育，仍然没有消除职业分化带来的张力，这并不意味着我国没有司法学徒制的土壤；我国司法传统中，存在“师徒传帮带”的有益经验，但是对司法教育的权责关系还界定的不很清楚，仍依附于公务员管理关系之中，司法教育因定位不准而发展受限，应当明确提出法官受教育权，并由此构建权责清楚的司法教育关系。当前，关于司法学徒制的理论探讨还未充分展开，笔者有感于此类司法学徒制教育对司法改革的必要性，提出以司法学徒制教育作为法学教育的必要补充，共同保障法官精英化、职业化的实现。

An Empirical Study on the Supplementary Effect of Judicial Apprenticeship on Legal Education

Qi Changcong

Abstract: Judicial apprenticeship is a useful experience formed in

China's long-term judicial practice. In the context of the judicial reform and the transformation of the enrollment admission, the career differentiation of judges, judge assistants and clerks are clear, and there is a tendency to "de-apprenticeship" in this line of work. Subject to the limitations of higher education focusing on theories and the transfer of knowledge, the current knowledge structure of judge assistants and clerks is gradually disconnected from the needs of judges' reserve talents. The elite education of judges inChina cannot make up for the shortcomings of inadequate skills and experience in legal education. The author of this paper suggest that the following measure should be taken, including reforming the current judicial education and training system, exploring the way that takes judicial apprenticeship as an important for the training of existing judges' reserve talents. In the meantime, the implicit relations of the rights and responsibilities in judicial training should be transformed to explicit relations and the current superior-subordinate administrative judge-assistant relationship should be altered to teacher-apprentice professional instructive relationship. On the basis of these points, the fundamental thoughts and specific elements of establishing judicial apprenticeship as an important supplementary of domestic legal education are discussed.

Key Words: legal education, judicial training, legal personnel training, judicial apprenticeship

《法学教育研究》稿约

《法学教育研究》创办于2009年,是国内较早系统关注法学教育研究的专门性学术出版物,由西北政法大学主办、法律出版社定期出版。自2017年起本书每年出版4卷,现已入选CSSCI收录集刊(2017~2018)目录。

宗旨:本书恪守科学性、实践性、创新性、开放性原则,集中出版法学教育教学研究成果,探索法学教育教学规律,促进法学教育事业的发展。

主要栏目:理论探讨、教学研究、比较研究、教材体系、管理经纬、学问人生、教育法制、法务反哺、法学资讯等栏目。

《法学教育研究》致力于搭建高水平的学术探讨平台,所有来稿均以学术价值为遴选标准。敬请作者来稿时提供:(1)中英文题目及作者姓名,标题尽量确切、简洁;(2)中英文摘要(不超过200字);(3)中英文关键词(3~5个);(4)作者简介(含姓名、工作单位、职称、学历学位、研究方向、通信地址、邮政编码、联系电话、电子邮箱),如果来稿系作者承担的省级以上科研基金项目,请注明项目名称和编号;(5)正文;(6)注释。

注释:是对文内某一特定内容的进一步解释或补充说明。用①②③……数字标注序号,采用当页脚注整篇连续编号形式。著作类包括“序号,著者:《书名》,出版社出版年,起止页码”。论文类包括“序号,作者:《题目》,载《报刊名》出版日期或期号”。

声明:《法学教育研究》已许可中国学术期刊(光盘版)电子杂志社在中国知网及其系列数据库产品中以数字化方式复制、汇编、发行、信息网络传播全文。《法学教育研究》已许可北大法宝法学期刊数据库以电子形式对本书进行制作、以不脱离于数据库的形式进行传播和销售;《法学教育研究》已被维普网全文收录。如无特别说明,作者提交文章发表的行为即视为同意上述声明。

本书的微信公众号为 fxjyyj-xfd,定期发布相关信息,敬请关注,官方网站为 http://ler. nwupl. cn/。本书的网络采编系统现已开通,网址为 http://fxjy. cbpt. cnki. net,请您通过网络采编系统投稿。

联系方式:

E-mail:fxjyyj@126. com

电话:029 - 88182796

地址:西安市长安区西长安街558号

西北政法大学长安校区80号信箱　邮编:710122

图书在版编目(CIP)数据

法学教育研究. 第30卷 / 杨宗科主编. -- 北京 : 法律出版社, 2020
ISBN 978-7-5197-5122-7

Ⅰ. ①法… Ⅱ. ①杨… Ⅲ. ①法学教育-研究-中国 Ⅳ. ①D92-4

中国版本图书馆CIP数据核字(2020)第220496号

法学教育研究(第30卷)
FAXUE JIAOYU YANJIU (DI-30 JUAN)

杨宗科 主编

责任编辑 黄琳佳 曲 杰
装帧设计 李 瞻

出版 法律出版社
总发行 中国法律图书有限公司
经销 新华书店
印刷 北京建宏印刷有限公司
责任校对 王沁陶
责任印制 陶 松
编辑统筹 学术·对外出版分社
开本 710毫米×1000毫米 1/16
印张 27.25
字数 371千
版本 2020年10月第1版
印次 2020年10月第1次印刷

法律出版社/北京市丰台区莲花池西里7号(100073)
网址/www.lawpress.com.cn
投稿邮箱/info@lawpress.com.cn
举报维权邮箱/jbwq@lawpress.com.cn
销售热线/400-660-8393
咨询电话/010-63939796

中国法律图书有限公司/北京市丰台区莲花池西里7号(100073)
全国各地中法图分、子公司销售电话:
统一销售客服/400-660-8393/6393
第一法律书店/010-83938432/8433 西安分公司/029-85330678 重庆分公司/023-67453036
上海分公司/021-62071639/1636 深圳分公司/0755-83072995

书号:ISBN 978-7-5197-5122-7 **定价**:98.00元
(如有缺页或倒装,中国法律图书有限公司负责退换)